Jin Zhao
Wissenschaftsdiskurse kontrastiv

Diskursmuster
Discourse Patterns

Herausgegeben von
Beatrix Busse und Ingo H. Warnke

Band 18

Jin Zhao

Wissenschaftsdiskurse kontrastiv

Kulturalität als Textualitätsmerkmal
im deutsch-chinesischen Vergleich

DE GRUYTER

ISBN 978-3-11-070968-1
e-ISBN (PDF) 978-3-11-058773-9
e-ISBN (EPUB) 978-3-11-058554-4

Library of Congress Cataloging-in-Publication Data
Names: Zhao, Jin, 1968- author.
Title: Wissenschaftsdiskurse kontrastiv : Kulturalitat als Textualitätsmerkmal im deutsch-chinesischen Vergleich / Jin Zhao.
Description: Boston : De Gruyter, 2018. | Series: Diskursmuster = Discourse patterns ; Band 18
Identifiers: LCCN 2018007850 | ISBN 9783110585339 (hardcover)
Subjects: LCSH: Scientific literature--Germany. | Scientific literature--China. | Technical writing--Social aspects--Germany. | Technical writing--Social aspects--China. | Discourse analysis.
Classification: LCC PE1475 .Z53 2018 | DDC 808.06/66--dc23 LC record available at https://lccn.loc.gov/2018007850

Bibliografische Information der Deutschen Nationalbibliothek
Die Deutsche Nationalbibliothek verzeichnet diese Publikation in der Deutschen Nationalbibliografie; detaillierte bibliografische Daten sind im Internet über http://dnb.dnb.de abrufbar.

© 2020 Walter de Gruyter GmbH, Berlin/München/Boston
Dieser Band ist text- und seitenidentisch mit der 2018 erschienenen gebundenen Ausgabe.
Satz: Meta Systems Publishing & Printservices GmbH, Wustermark
Druck und Bindung: CPI books GmbH, Leck
Coverabbildung: Sarelita/istock/Thinkstock

www.degruyter.com

Vorwort

Die vorliegende Studie verknüpft zwei Gegenstände von grundlegender sprachtheoretischer Relevanz miteinander, die auch gegenwärtig weit oben auf der Agenda des Faches stehen: zum einen die Bestimmung der Bedingungen von Texthaftigkeit, die nicht nur für eine Definition des Textbegriffs erforderlich ist, sondern auch für eine verstehende und erklärende Rekonstruktion des Zustandekommens textvermittelter Kommunikation aus Lesersicht; zum anderen die Konzeptualisierung und Beschreibung kulturspezifischer Gepflogenheiten des Umgangs mit Sprache als Bestandteil kommunikativer Praktiken.

Im Schnittpunkt beider Gegenstandsbereiche geht es darum zu klären, wie bestimmte Aspekte der Textkonstitution kulturell geprägt sind, genauer: auf welche Elemente von ‚Kultur' sie zurückgreifen, was zugleich für ihre abstrakte Bestimmung wie für ihre kontrastive Beschreibung elementar ist. Eine kulturelle Spezifik lässt sich nicht nur, wie bereits vielfach geschehen, für komplexe Textgattungen aufzeigen, sondern auch für sehr basale Verfahren der Herstellung von Text, insofern diese auf kulturell geprägtes Wissen, den musterhaften Einbezug verschiedener Sinne in die (multimodale) Kommunikation und auf Ressourcen der Einzelsprache(n) zurückgreifen (vgl. Hausendorf u. a. 2017).

Die konkrete Beschreibung von Kulturalität in der Textkonstitution verknüpft die Erkenntnisinteressen der allgemeinen Texttheorie mit denen der kultur-, gesellschafts- und geschichtsbezogenen Diskursanalyse. Dabei hängt die Bearbeitung der skizzierten Fragen nicht zuletzt von der Bestimmung des Kulturbegriffs ab. Die vorliegende Untersuchung verfährt hier nicht eindimensional, vielmehr werden verschiedene Ausprägungen von Kultur unterschieden, die für die Konstitution von Textualität relevant sind: die Spezifik der Einzelsprache; die kommunikativen Gepflogenheiten von (fachlichen) Praxis- und Diskursgemeinschaften; die historische Epoche und der historische Wandel mit einem Fokus auf Sprache und Kommunikation. In allen drei Hinsichten folgt die Arbeit methodisch der Logik des Vergleichs: Deutsch und Chinesisch, Linguistik und Sprachdidaktik, die Zeiträume 1955 bis 1964 und 2006 bis 2010 sind die Bestimmungsmerkmale der Teilkorpora.

Im Einzelnen untersucht werden Praktiken der textuellen Konstitution von Thematizität, der Herstellung von Intertextualität und der Textgestaltung in verschiedenen Stildimensionen, wie sie für die Wissenschaftskommunikation normativ als relevant erachtet werden. Die Befunde, etwa im Blick auf eine gewisse Konvergenz der Wissenschaftskulturen in jüngerer Zeit, werden nicht nur beschrieben, sondern auch durch Einbettung in einen größeren, in den Texten kommunikativ relevant gesetzten gesellschaftlich-kulturellen Zusammenhang erklärt. So leistet die Arbeit nicht nur einen Beitrag zur allgemeinen

Texttheorie, sondern ist auch im Blick auf die vergleichende Erforschung von wissenschaftssprachlicher Kommunikation – hier im Deutschen und im Chinesischen – und ihrer (gegenwärtigen) Dynamik aufschlussreich.

Die vorliegende Studie wurde ermöglicht durch die Verleihung des Friedrich Wilhelm Bessel-Forschungspreises der Alexander von Humboldt-Stiftung im Jahre 2011. Dieser erlaubte es der Autorin, für den Zeitraum eines Jahres im Austausch mit hiesigen Kolleginnen und Kollegen in Deutschland zu forschen. Gerne erinnere ich mich an die anregenden Debatten an der Universität Siegen in dieser frühen Phase der Arbeit. Nachdem in den vergangenen Jahren schon verschiedentlich Zwischenergebnisse veröffentlicht wurden, u. a. in der „Zeitschrift für Literaturwissenschaft und Linguistik" (LiLi), liegt nun das Gesamtwerk vor. Dieser in mehrfacher Hinsicht relevanten Studie wünsche ich ein interessiertes Publikum und vielfältige Resonanz!

Siegen, den 04. Dezember 2017   Stephan Habscheid

Zitierte Literatur

Hausendorf, Heiko/Wolfgang Kesselheim/Hiloko Kato/Martina Breitholz (2017): Textkommunikation. Ein textlinguistischer Neuansatz zur Theorie und Empirie der Kommunikation mit und durch Schrift. Berlin/Boston: de Gruyter.

Inhalt

Vorwort —— V

1 Einleitung —— 1

2 Diskussionen über Textualitätsmerkmale —— 4
2.1 Textdefinitionen —— 4
2.1.1 Form des Textes —— 5
2.1.2 Essentialität des Textes —— 13
2.2 Textualitätsmerkmale in prototypischer Hinsicht —— 18

3 Kulturalität als Textualitätsmerkmal —— 25
3.1 Kulturverständnis —— 25
3.1.1 Inhalte von Kultur —— 25
3.1.2 Dimensionen von Kultur —— 28
3.2 Kulturalität von Texten —— 32
3.2.1 Texte und Textsorten als allgemeines Kulturgut —— 32
3.2.2 Kulturgeprägtheit von Textsorten —— 33
3.3 Forschungsstand bezüglich der Kulturalität von Texten —— 39
3.3.1 In der Didaktik —— 39
3.3.2 In der Übersetzungswissenschaft —— 41
3.3.3 In der Fachsprachenforschung —— 42
3.3.4 In der Sprachwissenschaft —— 48
3.3.5 In der Interkulturellen Kommunikationsforschung —— 49
3.4 Forschungsaufgaben bezüglich der Kulturalität von Texten —— 51

4 Korpusbildung und Untersuchungsmethode —— 53
4.1 Merkmale wissenschaftlicher Zeitschriftenartikel —— 53
4.2 Forschung zu wissenschaftlichen Zeitschriftenartikeln —— 55
4.2.1 Untersuchungen bezüglich der Erstellung von Textsortentypologie —— 56
4.2.2 Untersuchungen bezüglich bestimmter Aspekte —— 57
4.2.3 Untersuchungen der sprachkulturell kontrastiven Studien —— 60
4.2.4 Untersuchungen bezüglich der Fachbereiche —— 61
4.3 Korpusbildung —— 62
4.4 Untersuchungsmethode —— 66
4.4.1 Untersuchungskriterien hinsichtlich der Thematizität —— 66

4.4.2	Untersuchungskriterien hinsichtlich intertextueller Beziehbarkeit —— **70**	
4.4.3	Untersuchungskriterien hinsichtlich stilistischer Einheitlichkeit —— **75**	
5	**Korpusanalyse —— 81**	
5.1	Thematische Analyse —— **81**	
5.1.1	Untersuchung chinesischer linguistischer Zeitschriftenartikel 2006–2010 —— **81**	
5.1.2	Untersuchung chinesischer linguistischer Zeitschriftenartikel 1955–1964 —— **93**	
5.1.3	Untersuchung chinesischer Zeitschriftenartikel in Chinesisch als Fremdsprache 2006–2010 —— **107**	
5.1.4	Untersuchung deutscher linguistischer Zeitschriftenartikel 2006–2010 —— **121**	
5.1.5	Untersuchung deutscher linguistischer Zeitschriftenartikel 1955–1964 —— **130**	
5.1.6	Untersuchung deutscher Zeitschriftenartikel in Deutsch als Fremdsprache 2006–2010 —— **139**	
5.1.7	Fazit —— **147**	
5.2	Analyse intertexuteller Bezüge —— **149**	
5.2.1	Untersuchung chinesischer linguistischer Zeitschriftenartikel 2006–2010 —— **150**	
5.2.2	Untersuchung chinesischer linguistischer Zeitschriftenartikel 1955–1964 —— **157**	
5.2.3	Untersuchung chinesischer Zeitschriftenartikel in Chinesisch als Fremdsprache 2006–2010 —— **162**	
5.2.4	Untersuchung deutscher linguistischer Zeitschriftenartikel 2006–2010 —— **167**	
5.2.5	Untersuchung deutscher linguistischer Zeitschriftenartikel 1955–1964 —— **171**	
5.2.6	Untersuchung deutscher Zeitschriftenartikel in Deutsch als Fremdsprache 2006–2010 —— **176**	
5.2.7	Fazit —— **179**	
5.3	Stilistische Analyse —— **181**	
5.3.1	Untersuchung chinesischer linguistischer Zeitschriftenartikel 2006–2010 —— **181**	
5.3.2	Untersuchung chinesischer linguistischer Zeitschriftenartikel 1955–1964 —— **195**	
5.3.3	Untersuchung chinesischer Zeitschriftenartikel in Chinesisch als Fremdsprache 2006–2010 —— **212**	

5.3.4	Untersuchung deutscher linguistischer Zeitschriftenartikel 2006–2010 —— **223**	
5.3.5	Untersuchung deutscher linguistischer Zeitschriftenartikel 1955–1964 —— **233**	
5.3.6	Untersuchung deutscher Zeitschriftenartikel in Deutsch als Fremdsprache 2006–2010 —— **242**	
5.3.7	Fazit —— **249**	
6	**Kulturalität wissenschaftlicher Zeitschriftenartikel —— 253**	
6.1	Kulturspezifik wissenschaftlicher Zeitschriftenartikel —— **253**	
6.2	Erklärungsversuche —— **256**	
6.2.1	Chinesischer und deutscher Sprachstil —— **256**	
6.2.2	Chinesische und deutsche Zitierkonvention – Tradition und Umformung —— **265**	
6.2.3	DaF und ChaF – praktisch orientierte neue Disziplinen —— **269**	

Literaturverzeichnis —— 273

Anhang: Korpus —— 287

1 Einleitung

Seit der Entstehung der Textlinguistik am Ende der 1960er Jahre fokussieren die wissenschaftlichen Diskussionen in dieser Disziplin v. a. zwei Fragestellungen, nämlich was Text eigentlich ist und was die musterhaften Ausprägungen von Texten sind. Während es bei der ersten Fragestellung um die Eigenschaften oder um die Essentialität von Texten geht, beschäftigt sich die zweite eher mit der Beschreibung von Textmustern und der Typisierung von Textsorten.

Die Textualitätsdiskussion, die sich vor allem in den Bemühungen um eine Definition des Begriffs Text zeigt, begleitet die Geschichte der Textlinguistik seit ihren Anfängen. Dies war insofern notwendig, als die junge Disziplin sich bezüglich ihres Erkenntnisobjektes zu profilieren oder von anderen linguistischen Disziplinen abzugrenzen begann. Sie setzte sich fort mit der Entwicklung weiterer Forschungsansätze und durch die Öffnung neuer Betrachtungsaspekte zum Text, vom transphrastischen über den semantisch-thematischen und dann zum pragmatischen und kognitiven. Selbst angesichts der später einsetzenden Verlagerung des Forschungsinteresses auf andere textlinguistische Aufgabenstellungen wie Textmusterbeschreibung bzw. Textsortenbestimmung ist die Auseinandersetzung mit dem Textbegriff bzw. den Textualitätsmerkmalen des Textes nicht in den Hintergrund getreten. Im Gegenteil, die beiden Forschungsaufgaben gehen Hand in Hand. Zum einen ist die Textualitätsforschung texttheoretischer Natur, denn sie beschäftigt sich mit den allen Texten gemeinsamen Regularitäten. Insofern bietet sie der Textsortenforschung nicht nur theoretische Voraussetzungen sondern auch Beschreibungsmodelle. Denn Textualitätsmerkmale zeigen verschiedene Aspekte des Textphänomens und sind zugleich auch Analysekriterien für Texte und Textsorten. Zum anderen liefert die Analyse von Textmustern und Textsorten weitere Impulse zur Textualitätsforschung, insbesondere in der Anwendung von Texten in neuen Kommunikationssituationen, der Entstehung neuer Textformen oder neuer Betrachtungsweisen der Textkommunikation, z. B. durch die zunehmende Anwendung von Texten in interkulturellen Begegnungen, das Aufkommen von Hypertexten im Internet und die Zunahme von Bildern in Printmedien, die Kontextualisierung von Texten in thematischen und pragmatischen Zusammenhängen usw., sodass in der jüngeren Zeit in der Konfrontation mit neuen Aufgabenstellungen bei der Textmusterbeschreibung und Textsortenanalyse auch neue Textualitätsmerkmale wie Kulturalität, Modalität, Medialität oder Diskursivität in den Blick kommen.

Forschungen zur Kulturalität als Textualitätsmerkmal sind in der gegenwärtigen Diskussion zur Selbstverortung der Linguistik als kulturanalytisch, medientheoretisch und praxeologisch fundierte Sprachwissenschaft (s. Ehlich

1998, Günthner/Linke 2006, Jäger 2006, *LiLi Themenheft Turn, Turn, Turn* 2013, Linke 2014) besonders notwendig und wichtig geworden. Denn in der zweiten Hälfte des 20. Jahrhunderts hat sich die Linguistik in einem ontologischen Verständnis auf den Erkenntnisgegenstand der „Sprache selbst" fokussiert, indem sie Sprache unter Ausschluss der kommunikativen, medialen und soziokulturellen Kontextualisierungsbedingungen idealisierend abstrahiert und auf grammatische Strukturen bzw. universelle Gesetzmäßigkeiten reduzierte (vgl. Jäger 2006: 35). Sprache wird im Sinne des Strukturalismus als ein überschaubares Gebilde von endlichen oder doch wenigstens diskreten Elementen mit gut definierten Eigenschaften konstruiert, die phonologisch, morphologisch, syntaktisch, semantisch usw. zu beschreiben sind. Die Separation von langue und die linguistische Konzentration auf langue werden in der Nachfolge Saussures als Akt der Emanzipation der Linguistik von der Philologie verstanden. In der post-strukturalistischen Sprachwissenschaft hat Chomsky mit seiner Generativen Grammatik die Wissenschaft von der Sprache kognitiv transformiert, sodass sie zu einem Zweig der Kognitionswissenschaft wurde. Die generative Linguistik hat ihr Interesse nicht am signifié, sondern ausschließlich an bestimmten formalen Eigenschaften des signifiant gezeigt, wobei die grammatischen Formen nicht mehr als notwendige Bedingungen gelingenden Sprachgebrauchs betrachtet werden, sondern auf der Ebene der neuronalen Ausstattung des Gehirns beschrieben werden. In diesem Kontext ist die Linguistik an naturwissenschaftlichem Denken orientiert und die kulturell kontextuellen Momente werden in zunehmendem Maße aus der Sprachwissenschaft verdrängt.

Sprache ist allerdings nicht als ein mechanisches Werkzeug zu verstehen, sondern als ein Medium, das „nicht nur nicht für sich, sondern [...] auch nicht aus sich heraus und nicht für sich allein bestimmbar [ist]" (Ehlich 1998: 11). Sprache ist auch nicht ein abbildendes Werkzeug, sondern ein bildendes Organ des Gedankens, das in der Tradition von Humboldt nicht nur ein kulturdarstellendes, sondern auch ein kulturgenerierendes Moment ist (vgl. Humboldt 2010: 426). Insofern verlangt eine kulturanalytisch, medientheoretisch und praxeologisch fundierte Sprachwissenschaft, den Fokus auf den anderen Teil des saussureschen Begriffspaars „signifié", nämlich auf die Bedeutungsaspekte und auf „parole", nämlich auf die kommunikative Verwendung und Funktion der Sprache zu richten, und damit die marginalisierte kulturwissenschaftlich orientierte Sprachforschung ins Zentrum der Linguistik zu stellen. Textlinguistik bzw. Textwissenschaft (s. van Dijk 1980: VIII, de Beaugrande 1997: 9) haben den Textbegriff aus einem strukturalistischen Verständnis herausgeführt und ihn kontinuierlich erweitert. Text ist nicht lediglich eine weitere Strukturebene neben den Phonemen, den Morphemen und den Sätzen, er ist vielmehr eine strukturelle und funktionale Einheit, die Kommunikationsaufgaben erfüllt und einen Teil der menschlichen Kommunikation darstellt. Kulturalität als Textualitätsmerkmal zu verstehen und zu erforschen, steht somit im Spannungsverhältnis zwischen der Sprachwissenschaft und der Kulturwissenschaft und kann zur kulturwissenschaftlichen Positionierung der Sprachwissenschaft neue und zentrale Aspekte beitragen (vgl. Günthner/Linke 2006: 20).

Das vorliegende Buch setzt sich mit der Kulturalität von Texten auseinander und geht zunächst auf die Diskussion von Textualitätsmerkmalen ein, um sie zu differenzieren und unter Verwendung der Prototypentheorie sowie auf der Grundlage des Kommunikationsmodells die prototypischen Textualitätsmerkmale herauszuarbeiten. Dabei wird Kulturalität als das zentrale Textualitätsmerkmal angesehen, das über anderen Textualitätsmerkmalen steht (Kapitel 2). Dieses Textualitätsmerkmal wird anschließend vor dem Hintergrund kulturwissenschaftlicher Auseinandersetzungen näher erläutert und beschrieben. Denn Kulturalität von Texten bedeutet nicht nur, dass Texte sowohl Produkt als auch Medium zum Ausdruck und zur Mitkonstitution des Kulturellen sind, sondern viel mehr auch, dass Texte in verschiedenen Kulturgemeinschaften und in einem bestimmten Zeitraum eine gemeinschaftsspezifische kulturelle Signifikanz aufweisen. Während der erste Aspekt eher in der Beziehung von Sprache und Kultur begründet liegt, beschäftigen sich unter dem zweiten Aspekt bereits viele verschiedene Disziplinen mit Texten. Eine systematische empirische Untersuchung der Kulturalität von Texten steht allerdings aus (Kapitel 3). Das vorliegende Buch versucht anhand von wissenschaftlichen Zeitschriftenartikeln die Kulturalität von Texten in Bezug auf interlinguale, interdisziplinäre und diachrone Dimensionen exemplarisch aufzuzeigen, indem Texte hinsichtlich ihrer Thematizität, ihrer stilistischen Einheitlichkeit und ihrer intertextuellen Beziehbarkeit nach konkreten Kriterien untersucht werden (Kapitel 4). In Kapitel 5 werden die Untersuchungsergebnisse dokumentiert und zusammengefasst. Die in der empirischen Untersuchung eruierte sprachlich, historisch und disziplinär bedingte Kulturspezifik der wissenschaftlichen Zeitschriftenartikel wird letztendlich soziokulturell erklärt (Kapitel 6), um zu zeigen, dass die textuelle Spezifik einer Textsorte als materielle Erscheinung mit der mentalen Kultur der entsprechenden Kulturgemeinschaft in engem Zusammenhang steht. Dies bedeutet, dass die kulturspezifische Realisierungsweise einer Textsorte nicht nur das spezifische Wissen, die Werte und Denkweisen der jeweiligen Kulturgemeinschaft widerspiegelt. Sondern sie konstituiert umgekehrt auch die geistige Tiefenstruktur einer Kultur mit. Die textuelle Spezifik ist somit soziokulturell erklärbar, was an sich wiederum eine Art der Kulturalität von Texten ist.

2 Diskussionen über Textualitätsmerkmale

2.1 Textdefinitionen

Diskussionen über Textualitätsmerkmale sind eng verbunden mit den Bemühungen um die Definition des Textbegriffs, denn in der Definition geht es um die Bestimmung des Begriffsumfangs und des Begriffsinhaltes, um das Forschungsobjekt der Textlinguistik zu profilieren und seine Essentialität zu beschreiben, oder, anders gesagt, Textualität zu kennzeichnen. Im Laufe der Zeit hat es allein in der Sprachwissenschaft „nahezu tausend Textdefinitionen" gegeben (Heinemann/Heinemann 2002: 64). Texte stehen jedoch auch im Schnittpunkt zahlreicher anderer Wissenschaften z. B. der Semiotik, der Philosophie, der Kulturtheorie, der Soziologie usw. und werden dort ebenfalls eingehend definiert bzw. beschrieben (vgl. Scherner 1996: 151 f.). Selbst in der Textlinguistik zeigen die Textdefinitionen ein durchaus heterogenes Bild. Dies mögen die folgenden Definitionen exemplarisch darstellen:

> Ein Text ist ein durch ununterbrochene pronominale Verkettung konstituiertes Nacheinander sprachlicher Einheiten. (Harweg 1968: 148)

> Ein Text ist eine abgeschlossene sprachliche Äußerung. (Dressler 1972: 1)

> Text ist die Gesamtmenge der in einer kommunikativen Interaktion auftretenden Signale. (Kallmeyer et al. 1974: 45)

> The word TEXT is used in linguistics to refer to any passage, spoken or written, of whatever length, that does form a unified whole. (Halliday/Hasan1 1976: 1, Kapitälchen im Original)

> A text is not something that is like a sentence, only bigger; it is something that differs from a sentence in kind. A text is best regarded as a semantic unit: a unit not of form but of meaning. (Halliday/Hasan2 1976: 1 f., kursive Hervorhebung im Original)

> Wir definieren einen TEXT als eine KOMMUNIKATIVE OKKURRENZ (engl. ‚occurrence'), die sieben Kriterien der TEXTUALITÄT erfüllt. Wenn irgendeines dieser Kriterien als nicht erfüllt betrachtet wird, so gilt der Text nicht als kommunikativ. Daher werden nicht-kommunikative Texte als Nicht-Texte behandelt. (de Beaugrande/Dressler 1981: 3, Kapitälchen im Original)

> Der Terminus ‚Text' bezeichnet eine begrenzte Folge von sprachlichen Zeichen, die in sich kohärent ist und die als Ganzes eine erkennbare kommunikative Funktion signalisiert. (Brinker 1985/^{5}2001: 17)

> Ich verstehe im folgenden unter Text immer eine monologische geschriebene sprachliche Äußerung von mehreren Sätzen Länge, wobei die Sätze untereinander einen – noch zu spezifizierenden – Zusammenhang haben. (Nussbaumer 1991: 3)

> Unter Texten werden Ergebnisse sprachlicher Tätigkeiten sozial handelnder Menschen verstanden, durch die in Abhängigkeit von der kognitiven Bewertung der Handlungsbe-

teiligten wie auch des Handlungskontextes vom Textproduzenten Wissen unterschiedlicher Art aktualisiert wurde, das sich in Texten in spezifischer Weise manifestiert. [...] Der dynamische Textauffassung folgend, wird davon ausgegangen, daß Texte keine Bedeutung, keine Funktion an sich haben, sondern immer nur relativ zu Interaktionskontexten sowie zu den Handlungsbeteiligten, die Texte produzieren und rezipieren. (Heinemann/Viehweger 1991: 126)

Texte sind eben keine singulären Phänomene, sondern sie sind Repräsentanten einer seriell organisierten diskursiven Praxis. (Warnke 2002: 133)

In diesen Definitionen werden Texte als eine Folge von sprachlichen Einheiten (Harweg, Nussbaumer) oder als sprachliche Ganzheit (Halliday/Hasan1) verstanden, als thematische Einheit (Halliday/Hasan2) oder als strukturell-funktionale Einheit (Brinker), als kommunikatives Mittel (Kallmeyer et al.), als kommunikative Erscheinung (de Beaugrande/Dressler) oder als kognitives Konstrukt (Heinemann/Viehweger), als sprachliche Äußerung (Harweg, Dressler, Halliday/Hasan1, Halliday/Hasan2, Brinker, Nussbaumer, Heinemann/Viehweger) oder als übersprachlicher Zeichenkomplex (Kallmeyer et al.), als Schrift- und Sprachtexte (Halliday/Hasan1) oder lediglich als Schrifttexte (Nussbaumer), als abgeschlossene Einheit (Dressler, Halliday/Hasan1, Halliday/Hasan2, Brinker) oder als Ausschnitt aus einem gesellschaftlichen Diskurs (Warnke), als sprachliche Form in der Quantität ‚mehr als ein Satz' (Halliday/Hasan2, Nussbaumer) oder als Realisierung von Textualitätskriterien zur Unterscheidung von Nicht-Texten (de Beaugrande/Dressler). Diese unterschiedlichen und teilweise auch kontroversen Begriffsbestimmungen versuchen, das Erkenntnisobjekt der Textlinguistik einzugrenzen und zu beschreiben. Dabei geht es m. E. einerseits um die Form oder den Umfang und andererseits um die Essentialität des Textbegriffs, was im Folgenden näher diskutiert wird.

2.1.1 Form des Textes

Die Kriterien wie Schriftlichkeit/Mündlichkeit, Mono-/Multimodalität, aber auch Abgeschlossenheit und Mehrsätzigkeit reflektieren die Größe des Textes, beschäftigen sich mit dem Umfang oder der Begrenzung des Begriffs und fragen danach, welche Kommunikationsformen überhaupt als Forschungsobjekt der Textlinguistik in Betracht kommen.

2.1.1.1 Schriftlichkeit und Mündlichkeit

Ob neben dem schriftlichen Sprachgebrauch auch mündlicher Sprachgebrauch als Text betrachtet werden kann, ist umstritten. Schon in der Begriffsgeschichte wurden Texte einerseits in der rhetorischen Tradition (oratio) v. a. als schriftlich konzipierter Redetext verstanden, während in der grammatischen und in der hermeneutischen Tradition andererseits sowohl die schriftliche als auch die mündliche Form als Text oder Rede bezeichnet werden (vgl. Scherner 1996: 108–134). In ihren Anfängen hat die moderne Textlinguistik die beiden medialen Formen problemlos in den Textbegriff integriert. Wenn man sich die programmatischen Äußerungen von Peter Hartmann, einem der Begründer der Textlinguistik, in Erinnerung ruft, ist es klar, dass die Textlinguistik von vornherein eine pragmatisch orientierte Disziplin war und Texte als Kommunikation zu verstehen sind: „Es wird, wenn überhaupt gesprochen wird, nur in Texten gesprochen." (Hartmann 1968: 122) oder „Nur texthafte und textwertige Sprache ist das Kommunikationsmittel zwischen den Menschen." (Hartmann 1971: 12) Dementsprechend werden die als Kommunikationsmittel fungierenden Texte naturgemäß sowohl als Schrift- als auch als Sprechtexte realisiert. Auch in den vielen späteren Einführungen in die Textlinguistik (wie bei de Beaugrande/Dressler 1981, Heinemann/Viehweger 1991, Vater 1992, Heinemann/Heinemann 2002, Adamzik 2004, Janich 2008) werden die beiden Varianten der textuellen Erscheinungen in den Textbegriff aufgenommen, denn die meisten Textlinguisten gehen davon aus, „dass Texte generell primär funktional geprägt sind, dass also mit ganz unterschiedlichen Textstrukturen der mündlichen oder der schriftlichen Kommunikation dieselben Zwecke bewirkt werden können" (Heinemann/Heinemann 2002: 97).

Spätestens seit der Mitte der 70er Jahre, in denen sich eine neue linguistische Teildisziplin entwickelte, die sich ausschließlich mit mündlich konstituierten „Gesprächen", „Konversationen", „Diskursen" oder „Dialogen" beschäftigte,[1] sind manche Textlinguisten vorsichtiger geworden, ob Sprechtexte weiterhin unter einem allgemeinen Textbegriff subsumiert und als Forschungsgegenstand der Textlinguistik gelten sollten. Brinker äußerte sich in seinem weit verbreiteten einführenden Buch *Linguistische Textanalyse* dazu folgendermaßen:

> Im Unterschied zur alltagssprachlichen Verwendung bezeichnet der Terminus ‚Text' in der Linguistik nicht nur schriftliche (schriftkonstituierte) sprachliche Gebilde, sondern auch mündliche Äußerungen. Allerdings ist dabei eine Einschränkung hinsichtlich der Kommunikationsrichtung zu machen: die linguistische Textanalyse beschäftigt sich vornehmlich mit dem monologischen Text (ein Schreiber bzw. Sprecher). Dialogische sprach-

---

[1] Die unterschiedlichen Bezeichnungen für die mündlich konstituierte Kommunikationsform und damit auch für die unterschiedlichen Konzepte zur Kennzeichnung von Gesprächen sind z. B. die Gesprächsanalyse (Henn/Rehbock 1979), die Konversationsanalyse (Kallmeyer/Schütze 1976), die Diskursanalyse (Wunderlich 1976) oder die Dialoganalyse (Hundsnurscher 1986).

liche Gebilde (Gespräche) werden demgegenüber weniger innerhalb der Textlinguistik untersucht als vielmehr im Rahmen einer neuen linguistischen Teildisziplin, der sog. Dialog- oder Gesprächsanalyse. (^{5}2001: 19 f.)

Jedoch wird hier nicht mehr vorrangig die Medialität Schriftlichkeit/Mündlichkeit als Kriterium zur Eingrenzung von Texten gesehen, sondern die Dialogizität oder Interaktivität. Denn unter dem „monologischen Text" wird auch die konzeptionell schriftliche Sprachkonstitution[2] in mündlicher Form verstanden (wie „Predigt"), während die interaktiv und konzeptionell mündliche sprachliche Form (wie „face-to-face-Gespräch" oder „Chat"), selbst wenn sie schriftlich festgehalten worden ist, aus der Domäne der Textlinguistik ausgegrenzt wird. Brinker trennt in seinen Einführungen in *Linguistische Textanalyse* und *Linguistische Gesprächsanalyse*. Auf ähnliche Weise werden im HSK-Band *Text- und Gesprächslinguistik* die beiden sprachlichen Kommunikationsformen jeweils in einem Halbband getrennt behandelt. Auch in den neueren textlinguistischen Einführungsbüchern (wie Hausendorf/Kesselheim 2008, Habscheid 2009) wird

---

2 Die Trennung zwischen einer medialen und einer konzeptionellen Ebene zur Charakterisierung von Mündlichkeit und Schriftlichkeit wird zwar für wichtig gehalten, aber die Kriterien zur Unterscheidung von konzeptioneller Schriftlichkeit und konzeptioneller Mündlichkeit sind umstritten. Dazu orientieren sich Koch/Oesterreicher (2008: 201 f.) v. a. an Kommunikationsbedingungen und benutzen neben Monologizität/Dialogizität noch eine Reihe anderer Parameter wie Öffentlichkeit/Privatheit, Fremdheit/Vertrautheit der Kommunikationspartner, geringe/starke emotionale Beteiligung, Situations- und Handlungsentbindung/-einbindung, referenzielle Distanz/Nähe, raum-zeitliche Distanz/Nähe, keine/kommunikative Kooperation, Reflektiertheit/Spontaneität und Themenfixierung/freie Themenentwicklung. Insofern bezeichnen sie die konzeptionelle Schriftlichkeit als die Form der kommunikativen Distanz und die konzeptionelle Mündlichkeit als die der kommunikativen Nähe. Da diese Parameter nicht generell mit den Eckpunkten des Kontinuums von Mündlichkeit und Schriftlichkeit korrelieren (z. B. ist eine Predigt trotz raumzeitlicher Nähe konzeptionell eher schriftlich, die als konzeptionell mündlich geltende Chatkommunikation aber weder privat, vertraut, situations- und handlungseingebunden, noch referentiell nah und räumlich nah), bevorzugt Dürscheid (2002: 52 f.) die Versprachlichungsstrategien als Unterscheidungskriterien, wie z. B. Informationsdichte, Kompaktheit, Integration, Komplexität, Elaboriertheit, Planung usw. Außerdem weist Dürscheid 2002: 58 f.) darauf hin, dass es nicht reicht, lediglich das Kontinuum von Mündlichkeit und Schriftlichkeit in konzeptioneller Hinsicht zu erweitern, sondern auch im medialen Bereich zwischen elektronisch und nicht elektronisch übermittelten Äußerungsformen zu unterscheiden, um den spezifischen Merkmalen der Internetkommunikation Rechnung zu tragen. An der Reduktion der Medialität auf den phonischen und den graphischen Code im Modell von Koch/Oesterreicher haben auch Fehrmann/Linz (2009) Kritik geübt. Da konzeptionelle Schriftlichkeit und konzeptionelle Mündlichkeit lediglich zwei Pole eines Kontinuums bilden, ist die Grenze dazwischen fließend. Bei der konzeptionellen Bestimmung einer sprachlichen Äußerung sollen m. E. sowohl die Kommunikationssituation inklusive der medialen Träger als auch die Versprachlichungsstrategien in Betracht gezogen werden.

ebenfalls diese konzeptionell schriftliche Kommunikationsform textlinguistisch betrachtet und als Text verstanden. Diese Ansicht teilt auch die vorliegende Arbeit.

2.1.1.2 Monomodalität und Multimodalität

Auch darüber, ob Text nur ein sprachliches Gebilde darstellt oder auch ein semiotisches Objekt bezeichnet, sind die Meinungen geteilt. Hausenblas (1977: 148) z. B. unterscheidet Texte in drei Formen: nämlich „linguale Texte (immer mit paralingualen Elementen)", „außerlinguale Texte" und „gemischte Texte (mit der Dominanz von lingualen oder außerlingualen Elementen)". Dementsprechend haben Kallmeyer/Meyer-Hermann die Textdefinitionen in zwei Typen zusammengefasst:

> Textdefinitionen können in erster Grobeinteilung danach unterschieden werden, ob das Definiens Text$_1$ oder Text$_2$ als sprachliche Komponente einer verbal kommunikativen Interaktion aufgefaßt wird (TYP I), oder ob damit kommunikative Einheiten gemeint sind, in denen auch nichtverbale Mittel kommunikativ fungieren (TYP II).[3] (1980: 243)

Allerdings ist angesichts des mit der Anwendung neuer elektronischer Medien verbundenen multimedialen Vorkommens der Kommunikationsphänomene, des Aufkommens der Hypertexte und des immer stärkeren Eindringens des Bildlichen in die Hegemonie der sprachlichen Kommunikation auch in den Printmedien die Diskussion in jüngerer Zeit wieder aktuell geworden und haben die Textlinguisten dazu angeregt, über ihren Gegenstandsbereich nachzudenken und sich erneut mit dem Umfang des Textbegriffs auseinanderzusetzen. In diesem Zusammenhang diskutiert man über „Die Zukunft der Textlinguistik" (Antos/Tietz 1997) oder stellt die Frage: „Brauchen wir einen neuen Textbegriff?" (Fix/Adamzik/Antos/Klemm 2002), wobei die beiden Phrasen jeweils als Titel eines Sammelbandes erscheinen. Der Letztere geht auf eine im Jahr 2000 ausgeschriebene Preisfrage und die Preisverleihung im Rahmen der Jahrestagung der Gesellschaft für Angewandte Linguistik im selben Jahr zurück. Neben der systematischen Berücksichtigung der Diskurse als übergeordnete Bezugsgröße für Texte und der Betrachtung von Textsorten unter dem Aspekt ihrer kulturellen Spezifik werden auch die Fragen diskutiert, ob das Phänomen Text übersprachlich zu fassen und ob angesichts neuer Textphäno-

---

[3] Nach ihrer Auffassung ist Text$_1$ ein deskriptiv-empirisches Bezeichnungsmittel für objektsprachliche Gegebenheiten, während Text$_2$ sich auf eine theoretische Einheit bezieht und als ein Konstrukt aus den Eigenschaften zu verstehen ist, die die Texthaftigkeit der Texte$_1$ ausmachen (vgl. Kallmeyer/Meyer-Hermann 1980: 242).

mene wie Hypertext der Textbegriff zu erweitern ist. Im Fokus der Diskussionen stehen damit zwei Fragestellungen, die allerdings getrennt betrachtet werden sollten.

Über die Notwendigkeit und Möglichkeit, die Sichtweise der Textlinguistik auf multimodale Kommunikationsphänomene zu erweitern, kann man sich eher einigen. In der Tat haben zahlreiche Linguisten die neuen Formen der Kommunikationsmittel durchaus zur Kenntnis genommen und versucht, diese auf der Grundlage textlinguistischer Forschungsmethoden und unter Bezugnahme auf die Methodik anderer Disziplinen zu untersuchen. Analysiert werden z. B. die Clusterisierung von Zeitungsartikeln aus verbalen, visuellen und graphischen Elementen (Püschel 1997), Pressefotos (Stegu 2000), Flyer (Androutsopoulos 2000), die deutsche Banknote (Claßen 2000) und Imagebroschüren (Zhao 2008). Hypertexte, die durch die Auflösung der Linearität der Textstruktur und durch netzförmige Anordnung der Informationen sowie durch eine mediale Hybridität gekennzeichnet sind, werden ebenfalls textlinguistisch untersucht (z. B. Kuhlen 1991, Lobin 1999, Storrer 2000), sodass inzwischen bereits von der Hypertextlinguistik die Rede ist (z. B. Huber 2003, Storrer 2008). Zur Frage, ob sich die Textlinguistik weiter in Richtung einer semiotischen Disziplin entwickeln sollte und multimodale Kommunikationsformen ausschließlich mit textlinguistischen Forschungsmethoden untersucht werden können, gibt es unterschiedliche Ansichten. Während einige Linguisten der Meinung sind, dass die Textlinguistik durchaus in der Lage ist, sich mit Sprach-Bild-Text zu beschäftigen und dass Bilder als sinnvolles Untersuchungsobjekt der Linguistik zu legitimieren sind (z. B. Sandig 2000, Stöckel 2004),[4] wird von anderen Textlinguisten eine umfassende Textwissenschaft gefordert (z. B. de Beaugrande 1997, Antos/Tietz 1997, Klemm 2002). Dagegen hat Meier (2002: 89) zu Recht die Frage gestellt, ob es für die Textlinguistik notwendig und praktisch ist, sich zukünftig als „Medienkulturdiskurssystemwissenschaft" zu verstehen. Die Untersuchung der multimodalen Kommunikationsphänomene verlangt vielmehr einen interdisziplinären Zugriff. In diesem Sinne braucht die Textlinguistik Verbündete aus der Semiotik, der Kulturwissenschaft, der Kommunikationswissenschaft, der Informatik usw., um „sich in Zukunft gegen neue Trends [zu] behaupten bzw. neue Trends mit aus[zu]bil-

---

[4] Sandig (2000) hat die einzelnen Textmerkmale (Textfunktion, Unikalität, Kohäsion, Kohärenz, Thema, Situationalität, Materialität) exemplarisch auf Sprach-Bild-Relationen überprüft und angewendet. Sie kommt dabei zu dem Ergebnis, dass solche Untersuchungen eine Aufgabe der Textlinguistik sind. Stöckel (2004) hat Bildern Textstatus zuerkannt und ein prototypisches Konzept für die Beschreibung der Textualität von Bildern erarbeitet.

den" (Antos/Tietz 1997: VII) und „zu neuen Ufern" zu gelangen (de Beaugrande 1997: 10).

In einer zweiten Fragestellung geht es um die Bezeichnungen für solche multimodalen Erscheinungsfomen. Darüber gibt es wiederum keinen Konsens. Sie werden einerseits als Text bezeichnet, womit der Radius des Textbegriffs vom rein Sprachlichen auf alle semiotischen Phänomene (z. B. auch Mode, Architektur usw.) ausgeweitet wird. Sie werden andererseits aber auch „semiotische komplexe Texte" (Spillner 1982), „Supertexte" (Fix 1996), „Puzzle-Texte" (Püschel 1997), „Gesamt-Text[...]" (Stegu 2000), „multimodaler Text" (Claßen 2000), „Sprach-Bild-Text" (Sandig 2000) oder „Gesamt- oder Supertexte" (Stöckl 2004: 97) genannt. Dieser terminologische Wirrwarr hat Konsequenzen für die Darstellung der praktischen Forschungsarbeiten. Für diese scheint es zum einen geboten zu sein, die semantische Besetzung des Textbegriffs und seine individuelle Verwendung zu erläutern, um für den Leser die begrifflichen Verwirrungen zu klären.[5] Zum anderen sind die Forschungsarbeiten von einer Art Funktionalität gekennzeichnet. Denn einerseits versucht man, ein erweitertes begriffliches Textverständnis mit einer spezifischen Bezeichnung vorzulegen, andererseits wird diese begriffliche Festlegung bei der weiteren konkreten Analyse nicht konsequent eingehalten, man greift stattdessen wieder auf das enge Textverständnis zurück.[6]

Diese Unstimmigkeit der Verwendung des Begriffs „Text" in ein und derselben Forschungsarbeit zeigt, wie stark semantisch vorbelastet der Begriff „Text" ist. Denn „Text" geht selbstverständlich sowohl in seinem Gebrauch im Alltag als auch in der wissenschaftlichen Tradition immer noch von seinem verbalen Vorkommen aus. Und selbst die terminologische Anwendung für die multimodalen Kommunikationspraktiken durch Substantivgruppen oder Komposita mit „Text" als Grundwort zeigt, wie schwer es ist, sich von der herkömmlichen Textbedeutung zu lösen.

---

[5] Sandig (2002) z. B. führt zunächst aus: „Den Terminus Text verwende ich für Schrifttext, Sprach-Bild-Text für die Kombination von Schrift und Bild zu einem Text.", bevor sie mit der eigentlichen Analyse beginnt. Jedoch ist der Textbegriff auch hier semantisch unterschiedlich besetzt.

[6] Stöckl (2004: 97) nennt die von ihm untersuchten illustrierten Zeitungs- und Zeitschriftenartikel und Werbeanzeigen „Gesamt- oder Supertexte", die bimodale Gesamtheiten aus visuellem und verbalem Text darstellen. Somit versteht er Bilder auch als Text (vgl. 96–115). Allerdings wird in seinen konkreten Analysen der verbale Teil mit „Text" , der visuelle Teil dagegen mit „Bild" bezeichnet. Z. B. heißt es an einer Stelle „Wesentliche Leistungen des Textes bei der Verankerung der Bildinhalte in der Kommunikationssituation bestehen vor allem darin, die sichtbaren Objekte näher zu charakterisieren [...]" (S. 27).

Um aus dem begrifflichen Dickicht in der Bezeichnung solcher multimodalen Kommunikationsphänomene herauszukommen, schlägt Adamzik (2002: 174 f.) den Terminus „Kommunikat" vor, der „monomedial oder multimedial gestaltet sein [kann] und [für den] als (Übertragungs-)Kanal [...] im Prinzip alles in Betracht [kommt], was (eventuell auch nur technisch vermittelt) Daten enthält, die den Sinnesorganen zugänglich ist [sic!]" (Adamzik 2004: 76). Dabei bleiben Texte weiterhin der „sprachlich manifest[e] Teil der Äußerung in einem Kommunikationsakt" (Große 1976: 13), sie werden als Bestandteile des Kommunikats angesehen. Bezüglich der Notwendigkeit der begrifflichen Ausdehnung von „Text" aufgrund der oben erwähnten Preisfrage weist Adamzik auf Folgendes hin:

> Weder die Entwicklung in der neueren Kommunikationstechnik (Multimedia und Hypertexte) noch die theoretische Diskussion um Texte als Bestandteile von Diskursen machen eine Erweiterung des Textbegriffs – und damit eine Abgrenzung vom alltagsweltlichen Konzept – notwendig. Die damit angesprochenen Phänomene können vielmehr durch die systematische Benutzung zusätzlicher Begriffe, Kommunikat und Diskurs, erfasst werden.[7] (2002: 181 f.)

Die Bezeichnung „Kommunikat" hat sich aufgrund ihrer begrifflichen Einheitlichkeit und interdisziplinären Offenheit (vgl. Zhao 2007) in Konkurrenz mit der Bezeichnung von „Text" als Grundwort sowohl in der theoretischen Diskussion als auch in der praktischen Forschung langsam durchgesetzt. Zur Zeit lässt sich insgesamt beobachten, dass übersprachliche Gebilde in der Textlinguistik vor allem mit „Text"[8] oder mit „Kommunikat" bezeichnet werden. In der vorliegenden Arbeit werden die Korpustexte, die manchmal auch graphische Darstellungen enthalten können, allgemein als „Text" bezeichnet.

2.1.1.3 Untergrenze und Obergrenze
Neben der Medialität als Kriterium zur Eingrenzung vom Text diskutiert man zudem über die Einsätzigkeit/Mehrsätzigkeit und die Abgeschlossenheit des

---

[7] In Bezug auf Hypertexte sagt sie in diesem Zusammenhang Folgendes: „Der Ausdruck Hypertext wirft da terminologisch wohl noch die geringsten Probleme auf, denn es handelt sich nicht um ein endozentrisches Determinativkompositum: Ein Hypertext ist nicht ein Unterfall von Text, sondern eben ‚mehr als Text', eine Menge miteinander verknüpfter Texte, die man nicht linear durcharbeitet, sondern nur selektiv und in nicht vorher bestimmter Reihenfolge rezipiert." (2002: 177 f.).
[8] „Text" ist weiterhin eine Bezeichnung für multimodale Kommunikationsformen, wie das sich auch in den neueren Einführungswerken der Textlinguistik zeigt (z. B. Hausendorf/Kesselheim 2008, Habscheid 2009).

Textes. Dabei geht es um seinen Umfang, und zwar um die Unter- und Obergrenze eines Textes.

Die Ansicht, dass ein Text aus mehr als einem Satz bestehen muss, ist eher von einer systemlinguistischen Denkweise geleitet, denn der Text ist demnach die nächste Größe oberhalb vom Satz und Sätze sind Bestandteile von Text. Das kommunikationsorientierte Textverständnis betrachtet den Text jedoch als Kommunikationsakt, der eine bestimmte Funktion erfüllt (Text-in-Funktion). Somit kann nicht nur eine Ein-Satz-Äußerung (wie „Kommen Sie bitte herein!") sondern auch eine Ein-Wort-Äußerung (wie „Hilfe!") als Text fungieren, denn diese Äußerungen drücken in einer konkreten Situation eine bestimmte Intention aus und haben damit eine bestimmte Funktion. Heinemann (2008: 137) weist in diesem Kontext darauf hin, „dass alle zielgerichteten sprachlichen Äußerungen als Texte einzustufen sind", die Länge des Textes spielt insofern keine wichtige Rolle mehr.

Die Abgeschlossenheit, die die Ganzheit und Autonomie eines Textes ausmacht, was sich auch in vielen der oben aufgelisteten Textdefinitionen widerspiegelt, wird als eine wichtige Kennzeichnung von Text angesehen, wie u. a. Brinker (2001) ausführt:

> Die Bestimmung, daß Texte begrenzte Satzfolgen darstellen, verweist auf die sog. Textbegrenzungssignale. [...]. Diese und andere Textbegrenzungssignale kennzeichnen also die Zeichen- bzw. Satzfolgen, die für den Emittenten den Charakter der Selbständigkeit und Abgeschlossenheit besitzen, kurz: die er als Texte verstanden wissen will. (Brinker [5]2001: 19)

Auch Hausendorf/Kesselheim (2008) haben die Begrenzbarkeit als eins der sechs Textualitätsmerkmale in ihr Textanalysemodell aufgenommen und weisen darauf hin, dass ohne die Signalisierung textueller Abgeschlossenheit nicht mehr von Intertextualität gesprochen werden kann (vgl. S. 26). Allerdings schlagen sowohl Brinker als auch Hausendorf/Kesselheim eine gewisse Einschränkung vor. Brinker beschränkt die Abgeschlossenheit eher auf die Perspektive des Textproduzenten und lässt offen, ob der Textrezipient möglicherweise andere Textgrenzen setzt. Hausendorf/Kesselheim führen zusätzlich aus: „Die Bildschirmschriftlichkeit des Internets bedeutet zumindest partiell die Auflösung solcher Grenzen: Mithilfe eines Mausklicks werden aus Intertextualitätshinweisen Verknüpfungshinweise, die die vermeintlich natürlichen Grenzen der Bücherschriftlichkeit auflösen." (S. 30)

Angesichts der neuen Kommunikationsformen im Internet ist es insgesamt schwieriger geworden, die Grenzen eines Textes klar zu bestimmen. Nach Vater ([3]2001: 15) ist „Abgeschlossenheit bzw. Vollständigkeit nur für bestimmte Textsorten charakteristisch". Bei Texten wie „Fortsetzungsromane[n] [...] im Internet, die Woche für Woche ohne absehbares Ende von unterschiedlichen Autoren weitergeführt werden" oder „WWW-Chats, die prinzipiell kein Ende finden müssen" (Klemm 2002: 145), gibt es keine eindeutige und einheitliche Textgrenze. Denn sowohl Produzenten als auch Rezipienten können ihre Textgrenze individuell ziehen. Und die Anwendung von Links als Verknüpfungsmittel im Internet bedeutet im Vergleich mit traditionellen Markierungen der Intertextualität in Druckmedien zumindest eine materielle Entgrenzung des Textes.

Auch die theoretische Diskussion über die Diskursivität von Text in der letzten Zeit hat erneut zur Reflexion über das Abgeschlossenheitskriterium des Textes geführt. Diskursivität bezeichnet „die Eigenschaft der Texte, Teil eines oder mehrerer Diskurse zu sein" (Warnke 2002: 137). Texte stehen somit immer in Abhängigkeit von anderen Texten und sind eingebunden in übergreifende Diskurse. In diesem Sinne kann der Text nicht mehr als absolut selbstständig und abgeschlossen angesehen werden, seine Abgeschlossenheit ist als relativ zu verstehen.

2.1.2 Essentialität des Textes

Anders als die Delimitationskriterien beschreiben die anderen in den Definitionen formulierten Kriterien u. a. Texte als Folge von sprachlichen Einheiten, als sprachliche, thematische oder strukturell-funktionale Einheit sowie als kognitives Konstrukt und beziehen sich damit eher auf das Wesen des Textes, nämlich auf Textualität im engeren Sinne. Jedoch beschränken sich die meisten Definitionen nur auf ein wesentliches Textualitätsmerkmal, sodass die einzelnen Definitionen sich inhaltlich sehr voneinander unterscheiden. Die Ausnahme machen u. a. Brinker und de Beaugrande/Dressler mit dem Vorschlag einer Integrationsdefinition. Insbesondere de Beaugrande/Dressler, die „Text" als Realisierung der Textualitätskriterien verstehen, listen sieben Kriterien auf, die nach Heinemann/Heinemann (2002: 101) „über Jahre hinweg eine dominierende Rolle in der textlinguistischen Diskussion [spielten]". Im Folgenden werden die sieben Textualitätskriterien aufgeführt und erläutert, was de Beaugrande/Dressler (1981) damit im Einzelnen meinen:
- Kohäsion: „Es betrifft die Art, wie die Komponenten des OBERFLÄCHENTEXTES, d. h. die Worte [...] miteinander verbunden sind. Die Oberflächenkomponenten *hängen* durch grammatische Formen und Konventionen *von einander ab*, so daß also Kohäsion auf GRAMMATISCHER ABHÄNGIGKEIT beruht. [...] Alle Funktionen, die man verwenden kann, um Beziehungen zwischen Oberflächenelementen zu signalisieren, fassen wir unter der Bezeichnung KOHÄSION zusammen." (S. 3 f.)

- Kohärenz: „Kohärenz betrifft die Funktionen, durch die die Komponenten der TEXTWELT, d. h. die Konstellation von KONZEPTEN (Begriffen) und RELATIONEN (Beziehungen), welche dem Oberflächentext zugrundeliegen, für einander gegenseitig zugänglich und relevant sind." (S. 5) „Kohärenz ist nicht bloß ein Merkmal von Texten, sondern vielmehr das Ergebnis kognitiver Prozesse der Textverwender." (S. 7)
- Intentionalität: „diese bezieht sich auf die Einstellung (engl. „attitude") des Textproduzenten, der einen kohäsiven und kohärenten Text bilden will, um die Absichten seines Produzenten zu erfüllen, d. h. Wissen zu verbreiten oder ein in einem PLAN angebotenes ZIEL zu erreichen." (S. 8 f.)
- Akzeptabilität: „Diese betrifft die Einstellung des Text-Rezipienten, einen kohäsiven und kohärenten Text zu erwarten, der für ihn nützlich oder relevant ist, z. B. um Wissen zu erwerben oder für Zusammenarbeit in einem Plan vorzusorgen. Diese Einstellung spricht auf Faktoren an wie Textsorte, sozialen oder kulturellen Kontext und Wünschbarkeit von Zielen" (S. 9)
- Informativität: „wir [...] meinen damit das Ausmaß der Erwartbarkeit bzw. Unerwartbarkeit oder Bekanntheit bzw. Unbekanntheit/Ungewißheit der dargebotenen Textelemente." (S. 10 f.) „Jeder Text ist schließlich irgendwie informativ [...]. Besonders geringe Informativität wirkt leicht störend, da sie Langeweile verursacht oder sogar zur Ablehnung des Texts führen kann." (S. 11)
- Situationalität: „Diese betrifft die Faktoren, die einen Text für eine Kommunikations-SITUATION RELEVANT machen." (S. 12)
- Intertextualität: „Diese betrifft die Faktoren, welche die Verwendung eines Textes von der Kenntnis eines oder mehrerer vorher aufgenommener Texte abhängig macht." (S. 12 f.) „Intertextualität ist, ganz allgemein, für die Entwicklung von TEXTSORTEN als Klassen von Texten mit typischen Mustern von Eigenschaften verantwortlich." (S. 13)

(Kapitälchen und kursive Hervorhebungen im Original)

Diese sieben Kriterien versuchen, das Phänomen „Text" aus verschiedenen Perspektiven zu bestimmen und sprechen fast alle von anderen Textdefinitionen hervorgehobenen textuellen Merkmale an. Kohäsion und Kohärenz sind textinterne Begriffe und beschreiben die Textstruktur, wobei der erste die grammatische Abhängigkeit des Textes auf der Oberfläche und der letztere den inneren semantisch-thematischen Zusammenhang des Textes meint. Die anderen sind dagegen textexterne Kriterien und beziehen sich auf die Kommunikationsaktivität des Textes. Die Intentionalität betrifft den Textproduzenten, ein bestimmtes Kommunikationsziel mithilfe von Texten zu erreichen. Allerdings ist die Art und Weise, wie die Intention erfüllt wird, von der jeweiligen Kommunikationssituation abhängig; die Situationalität sagt etwas über die kontextuelle Einbindung eines Textes aus. Die Akzeptabilität und die Informativität sind auf der Rezipientenseite angesiedelt; je nach Wissensvorrat und Kommunikationsgewohnheiten kann derselbe Text für verschiedene Rezipienten akzeptabel und informativ sein, oder eben auch nicht. Intertextualität meint den Bezug eines Textes auf seine Textsorte, nämlich die Textsortentypik der Texte.[9] Diese sieben Kriterien enthalten die jeweils in dem grammatischen, dem semantischen und dem pragmatisch-kommunikativen Ansatz fokussierten Texteigenschaften. Aber auch der kognitive Aspekt wird hier berücksichtigt, denn die Bildung der Kohärenz ist nicht nur textgeleitet, sondern auch wissensgeleitet. D. h., dass die Rezipienten bei der Herstellung des Textzusammenhanges oder der Konstruktion von Textsinn auf bestimmte mentale Voraussetzungen wie Wissens- oder Erfahrungsbestände zurückgreifen.

Die sieben Textualitätskriterien werden einerseits als „die Matrixkarte der Textlinguistik" (Warnke 2002: 127) angesehen und selbst bei der Erforschung der neuen Kommunikationsformen wie des Bildlichen (s. Stöckel 2004), des Hypertextes (s. Eckkrammer 2002, Storrer 2004) oder des Diskurses (s. Warnke 2002) werden sie herangezogen und als Anhaltspunkte genutzt. Andererseits werden sie aber auch verschiedentlich kritisiert.

Die Kritik konzentriert sich v. a. auf den in der Definition enthaltenen Anspruch, dass ein Text alle sieben Kriterien erfüllen muss und durch die Nichterfüllung eines der Kriterien zum Nicht-Text wird.[10] Damit stellt sich die Frage, ob die einzelnen Kriterien zur Bestimmung des Textes auch ausschließenden Charakter haben. Dagegen lässt sich jedoch vieles einwenden. So versteht Sandig (2000a: 95) z. B. die Kohäsion nicht als ein definitorisches Merkmal und weist darauf hin, dass eine eine Kohäsion aufweisende sprachliche

---

9 Die beiden Autoren haben zwar in ihren weiteren Ausführungen zur Intertextualität auch Bezugnahmen zwischen einzelnen Texten berücksichtigt, die sie als Textanspielung bezeichnen (vgl. de Beaugrande/Dressler 1981: 193). Aber in der Definition verstehen sie unter Intertextualität vorrangig die Musterbezogenheit der Texte.
10 Diesen Anspruch haben de Beaugrande/Dressler (1981) allerdings an anderen Stellen des Buches wieder relativiert, wenn sie sagen: „Ein Spracherzeugnis dürfte nur dann als Nicht-Text zurückgewiesen werden, wenn die Kriterien der Textualität so stark verletzt werden (z. B. durch völliges Fehlen jeglicher erkennbarer Kohäsion, Kohärenz und Situationsbezogenheit, etc.), daß kommunikative Verwendung ernstlich blockiert wird. [...] Solch eine Grenzlinie kann von textexternen Faktoren abhängen, wie z. B. Toleranz und Vorwissen der Anwesenden, oder verwendeter Textsorte." (S. 35) oder „Aber eine [Text]Sorte kann kaum absolute Grenzlinien zwischen ihren Vertretern und den Vertretern anderer Sorten ziehen, ebenso wenig wie es der Begriff des ‚Textes' vermag." (S. 193)

Äußerung durchaus auch kein Text sein kann,[11] während Klemm (2002: 146) z. B. anhand „einer stichwortartigen Vorlesungsmitschrift" oder „einem Einkaufszettel" argumentiert, dass diese Kommunikationsformen trotz der fehlenden Kohäsion doch Texte darstellen. Kohärenz wird zwar als ein zentrales Textualitätskriterium betrachtet, ist aber wiederum textsortenabhängig. Nach Klemm (2002: 146) kann Inkohärenz in Werbeanzeigen als Mittel zur Gewinnung von Aufmerksamkeit genutzt werden. Und im Extremfall kann auch inkohärenter Nonsens-Text ohne ein auf den ersten Blick erkennbares Thema in bestimmten Kontexten sinnvoll interpretiert (vgl. Vater ³2001: 17)[12] oder als Text verstanden werden, wenn er eine bestimmte Funktion erfüllt (vgl. Hausendorf/Kesselheim 2008: 25).[13] Auch die Intentionalität und die Akzeptabilität hält Vater (³2001: 42–44) für fragwürdige Kriterien, denn seiner Ansicht nach sind sie jeweils eher eine allgemeine Voraussetzung für erfolgreiches Kommunizieren als ein Kriterium für Textualität. Meines Erachtens ist die Intentionalität ein wichtiges Textualitätsmerkmal, aber die Intention des Textproduzenten muss im Text erkennbar sein und sozusagen im Text objektiviert werden, damit der Text seinen kommunikativen Sinn erfüllt. Dies erfolgt nicht unbedingt dadurch, dass der Textproduzent einen kohäsiven und kohärenten Text bildet. In manchen Fällen erreicht der Textproduzent sein Ziel im Gegenteil dadurch, dass er eben keinen kohäsiven oder kohärenten Text erzeugt.[14] Was die Akzep-

---

[11] Ihr nach Vater (1992: 18, ³2001: 16) zitiertes Beispiel lautet: „Es gibt niemanden, den ihr Gesang nicht fortreißt. Unsere Sängerin heißt Josefine. Gesang ist ein Wort mit fünf Buchstaben, Sängerinnen machen viele Worte."

[12] Wenn man das in der letzten Fußnote angeführte Beispiel im Kontext der Schilderung von Reflexionen eines Verehrers der Sängerin einbettet wie „nach der Vorstellung gehen ihm alle aufgeschnappten Gesprächsfetzen noch einmal durch den Kopf: Es gibt niemanden, den ..." (Vater ³2001: 17).

[13] Denn sie meinen mit dem Beispiel in der vorletzten Fußnote: „Die demonstrierte Sinnlosigkeit der aneinander gereihten Sätze, also der Verzicht auf thematische Hinweise, ist selbst ein Hinweis: er verweist auf die Musterhaftigkeit solcher zu didaktischen Zwecken erfundenen Nonsens-Texte."

[14] Nicht kohäsive Texte sind neben den vorhin genannten stichwortartigen Vorlesungsmitschriften oder Einkaufszetteln auch viele Gedichte, in denen lediglich der Titel als inhaltliche Klammer dient und jeder einzelne Satz für sich selbst stehen kann, wie das mit „Die Dämmerung" betitelte Gedicht von Alfred Lichtenstein zeigt: „Ein dicker Junge spielt mit einem Teich. Der Wind hat sich in einem Baum gefangen. Der Himmel sieht verbummelt aus und bleich, als wäre ihm die Schminke ausgegangen. Auf lange Krücken schief herabgebückt und schwatzend kriechen auf dem Feld zwei Lahme. Ein blonder Dichter wird vielleicht verrückt. Ein Pferdchen stolpert über eine Dame. An einem Fenster klebt ein fetter Mann. Ein Jüngling will ein weiches Weib besuchen. Ein grauer Clown zieht sich die Stiefel an. Ein Kinderwagen schreit und Hunde fluchen." (zitiert nach Vater ³2001: 53) Auch nicht kohärente Texte setzt ein Textproduzent manchmal bewusst ein, z. B. um zu zeigen, dass der Sprecher im Text Mühe hat, den kompli-

tabilität betrifft, ist sie kaum als Textualitätskriterium zu bezeichnen. Denn einerseits ist sie keine objektive Größe und je nach Rezipient kann eine sprachliche Äußerung als Text akzeptiert werden oder nicht. Andererseits bezieht sich die Akzeptabilität auf die rekonstruktionslogische Perspektive im Prozess der Textkonstitution und liegt immer dann vor, wenn andere Kriterien erfüllt sind (vgl. Habscheid 2009: 29). Die Situationalität ist zwar zur Bildung der Textualität wichtig, aber die Nichterfüllung dieses Kriteriums führt nicht automatisch zum Nicht-Text, denn ein nicht situationsadäquater Text kann durchaus als Text anerkannt werden (vgl. Vater ³2001: 52). Bei der Informativität haben de Beaugrande/Dressler (1981: 11) selber eingeräumt, dass jeder Text irgendwie informativ ist. Aufgrund ihrer graduellen Ausprägung ist sie als Kriterium zur Abgrenzung von Texten und Nicht-Texten an sich schon problematisch. Hinzu kommt die Subjektivität dieses Kriteriums, indem beispielsweise eine Äußerung in einer unbekannten Sprache aufgrund des großen Ausmaßes der Unerwartbarkeit und Unbekanntheit höchst informativ, aber für die Rezipienten als Text eben schwer zu akzeptieren sein kann. (vgl. Vater ³2001: 46)

In diesem Kontext wirft Vater (³2001: 52) zu Recht die Frage auf, „ob wirklich nur die Gesamtheit der Textualitäts-Kriterien Textualität ausmacht". In der Tat stellen die einzelnen Kriterien keine zwingenden Voraussetzungen für die Bestimmung von Text dar, sondern sie sind lediglich in verschiedenen Texten oder Textsorten mehr oder weniger ausgeprägt. Insofern ist es auch nicht möglich und nicht sinnvoll, eine scharfe Grenze zwischen Text und Nicht-Text zu ziehen.

Ein anderer Kritikpunkt bezieht sich auf die Heterogenität der Textualitätskriterien von de Beaugrande/Dressler. Nach Feilke (2000: 76) bieten die Autoren „in ihrem Syntheseversuch ein Spiegelkabinett texttheoretischer Begriffe an. Sie definieren ‚Textualität' über ein Ensemble von sieben Kriterien bzw. ‚konstitutiven Prinzipien' [...] – die völlig heterogenen Theorietraditionen verpflichtet sind". Diese Kritik zeigt das Dilemma der Textlinguistik: Einerseits gibt es schon eine Reihe von Textdefinitionen aus unterschiedlichen Perspektiven, abhängig von verschiedenen Forschungsansätzen und Forschungsinteressen, und selbst in diesem Integrationsversuch werden die verschiedenen Aspekte von Texten lediglich aneinandergereiht. Aber andererseits ringt man weiter „um einen adäquaten Textbegriff, der dem komplexen Gegenstand

---

zierten Sachverhalt zu verbalisieren, wie zum Beispiel in „Wessex Tales" von Thomas Hardy: „‚Nun, Sir', sagte der Konstabel, ‚er ist der Mann, den wir suchten, das stimmt; und doch ist er nicht der Mann, den wir suchten. Denn der Mann, den wir suchten, war nicht der Mann, den wir haben wollten, Sir, wenn Sie meine einfältige Rede verstehen.'" (zitiert nach Vater ³2001: 43).

sowie den jeweiligen Forschungsinteressen angemessen ist. [...] Im Sinne einer paradigmenübergreifenden Verständigung empfiehlt sich wohl eine einheitliche und mindestens in Ansätzen verbindliche begriffliche Basis." (Tietz 1997: 224)

Das Phänomen Text ist komplex, vielgestaltig und facettenreich, was einen unterschiedlichen Zugang zur Beschreibung dieses Phänomens ermöglicht und auch verlangt. Bereits in den 70er Jahren des letzten Jahrhunderts hat Brinker zum Forschungsgegenstand „Text" ausgeführt:

> Eine allgemein akzeptierte Textdefinition liegt allerdings bisher nicht vor. Es ist auch fraglich, ob es überhaupt möglich und sinnvoll ist, einen allgemeingültigen Textbegriff zu entwickeln, der es erlauben soll, zu bestimmen, was immer und überall als Text zu gelten hat. Eine solche Bestimmung würde wohl der angedeuteten Interdependenz von Zielsetzung und Gegenstandsbestimmung beim Aufbau einer Theorie nicht genügend Rechnung tragen. (1973: 9)

Diese Ansicht wird heute von immer mehr Textlinguisten geteilt, die schließlich zu der Erkenntnis gelangt sind, dass es eine alle Ansätze bzw. alle Aspekte übergreifende Textdefinition nicht gibt und auch nicht geben wird (z. B. Vater [3]2001: 19; Heinemann/Heinemann 2002: 102; Klemm 2002: 159; Adamzik 2002: 181 und 2004: 31; Fix 2008: 18). Wenn wirklich von einem einheitlichen Textbegriff gesprochen werden soll, so ist es ein prototypischer Textbegriff, der „dadurch gekennzeichnet [ist], daß er nicht einheitlich ist" (Sandig 2000a: 109). In diesem Sinne sind die sogenannten Textualitätskriterien auch keine ausschließenden Kriterien, sondern Beschreibungsdimensionen für wesentliche Eigenschaften von prototypischen Texten (vgl. Adamzik 2004: 53).

2.2 Textualitätsmerkmale in prototypischer Hinsicht

Sandig (2000a: 93 f.) hat versucht, die Prototypentheorie auf die Beschreibung von Texten anzuwenden und die folgenden Kriterien zusammengestellt:
1. „Kategorien werden nicht immer durch die Verbindung von ‚notwendigen und hinreichenden' Merkmalen definiert."
2. „Kategorien verfügen nicht immer über klar definierte Grenzen."
3. „Kategorien haben Merkmale, sind über sie beschreibbar. Aber Merkmale müssen nicht immer alle vorhanden sein."
4. „Merkmale sind nicht grundsätzlich binär, d. h. sie treffen nicht immer ‚entweder-oder' zu, sondern manchmal auch ‚mehr oder weniger'."
5. „Merkmale sind untereinander gewichtet, d. h. mehr oder weniger wichtig oder zentral."

6. „Merkmale sind außerdem ‚gradiert', indem sie auf Kategorienmitglieder mehr oder weniger zutreffen können."
7. „Nicht alle Mitglieder einer Kategorie verfügen über den gleichen Stellenwert. Es gibt bessere und schlechtere Vertreter einer Kategorie. Die besten Vertreter sind die Prototypen."
8. „Prototypische Vertreter einer Kategorie weisen Merkmalbündel auf [...]; sie haben mit anderen Mitgliedern der Kategorie die meisten Merkmale gemeinsam und möglichst wenige mit anderen Kategorien. Aufgrund übereinstimmender aber auch verschiedener Merkmale besteht ‚Familienähnlichkeit' zwischen den Vertretern einer Kategorie."

Auf Texte übertragen lässt sich Folgendes daraus schließen:
- „Text" als Kategorie kann mit Merkmalen beschrieben werden.
- Die Merkmale haben keinen ausschließenden Charakter. Sie sind als relative Größe zu verstehen und sind in verschiedenen Texten mehr oder weniger präsent.
- Die Merkmale weisen eine unterschiedliche Gewichtung auf, es gibt zentrale Merkmale aber auch weniger relevante Merkmale.
- Es gibt prototypische Texte, die die meisten zentralen Merkmale besitzen.

So ein prototypisch zu verstehender Textbegriff zeichnet sich durch seine Offenheit aus. Die Merkmale stellen keine statische, in sich abgeschlossene Menge dar, sondern sie können mit der Entwicklung der Textlinguistik und mit der Gewinnung weiterer Forschungsaspekte durch neue Merkmale ergänzt werden.[15] Somit ist „Text" auch nicht hermetisch gegen neue Kommunikationsformen wie multimodale Kommunikate abgeriegelt, die als Randerscheinungen durchaus in die Kategorie „Text" aufgenommen und als „Text" bezeichnet werden können. In diesem Zusammenhang verlangt auch die linguistische Textforschung Offenheit gegenüber anderen Disziplinen und anderen Forschungsmethoden.

Zudem ist ein prototypisch zu verstehender Textbegriff durch seine Dynamik gekennzeichnet. Denn nicht alle Merkmale werden in allen Texten bzw. Textsorten in vollem Umfang realisiert, sondern sie prägen verschiedene Texte und Textsorten mehr oder weniger aus. Somit können im einzelnen Text oder in der einzelnen Textsorte verschiedene Merkmale in einer bestimmten Kombination und jeweils mit einer bestimmten Gewichtung vorkommen. In diesem Sinne sind Texte auch keine absolute feste Größe zur Unterscheidung von

---

[15] Beispielsweise werden auch Diskursivität in Zusammenhang mit der Diskussion über die diskursive Einbindung der Texte sowie Medialität in Bezug auf das Aufkommen der multimodalen Kommunikationspartikel in der jüngeren Zeit als Textualitätsmerkmale betrachtet.

Nicht-Texten. Es gibt lediglich mehr oder weniger prototypische bzw. mehr oder weniger kommunikativ funktionale, kohärente, kohäsive und verständliche Texte, mit fließenden Übergängen.

Für die Textualitätsforschung ist allerdings die Diskussion interessant, welche Merkmale, die die Mehrheit der Texte gemeinsam aufweist, für zentral zu halten sind und prototypische Texte überhaupt erst prototypisch machen. Die Bestimmung von Basismerkmalen erfolgt jedoch weniger aszendent, im Sinne von empirischen Untersuchungen, in denen die Merkmale als Basismerkmale betrachtet werden, die die meisten Textsorten gemeinsam aufweisen. Vielmehr ist die Diskussion darüber eher deszendent oder erfahrungsmäßig geprägt. Für Sandig (2000a: 99) sind die Textfunktion, die Situationalität, das Thema/die Kohärenz, die Kohäsion und die Musterhaftigkeit die zentralen Merkmale, denn „Texte als in der Regel komplexe Einheiten werden in Situationen (Situationalität) verwendet, um in der Gesellschaft Aufgaben zu lösen (Intentionalität/Textfunktion), die auf Sachverhalte (Thema; Kohärenz) bezogen sind. Kohäsion sorgt lokal für die Integration". Nicht zuletzt sieht sie im Textmuster als Muster für gesellschaftlich relevantes Handeln „spezifische Konstellationen („Bündel') aus den zentralen Merkmalen mit speziellen Ausprägungen" (Sandig 2000a: 109). Hausendorf/Kesselheim (2008) definieren Texte als „ein lesbares Etwas, das begrenzbar, in seinen Erscheinungsformen verknüpft und thematisch zusammengehörig, pragmatisch nützlich, musterhaft und auf andere Texte beziehbar ist" (S. 23). Damit bestimmen sie die Begrenzbarkeit, die intratextuelle Verknüpfbarkeit, die thematische Zusammengehörigkeit, die pragmatische Nützlichkeit, die Musterhaftigkeit und die intertextuelle Beziehbarkeit als Textualitätsmerkmale, die durch sprachliche, situative und kontextuelle Hinweise beschrieben und analysiert werden können. Da die Basismerkmale oder prototypischen Merkmale von Text schließlich verschiedene Texteigenschaften aus verschiedenen Perspektiven darstellen, sind sie auch als Beschreibungsdimensionen von Text aufzufassen. Brinker (^{5}2001) analysiert Texte in struktureller und funktionaler Hinsicht, wobei die Textstruktur weiterhin unter dem Aspekt der grammatisch bedingten Textkohäsion und der thematisch bedingten Textkohärenz untersucht wird. Heinemann/Heinemann (2002: 134 f.) nennen vier Ebenen der Textmusterbeschreibung, und zwar Funktionalität, Situationalität, Thematizität und Formulierungsadäquatheit. Ähnlich schlägt Adamzik (2004:58 f.) bei der Textanalyse vier Beschreibungsdimensionen vor, nämlich Thema, Funktion, sprachliche Gestalt und Situation, um den Grundfragen „Was, Wozu, Wie und In welchem Kontext" nachzugehen. Dabei hält sie die sprachliche Gestalt für die Dimension, die in Beziehung zu anderen Dimensionen der kommunikativen Interaktion steht. Zum Vergleich werden die oben genannten Basismerkmale der Texte tabellarisch dargestellt:

Tab. 1: Basismerkmale der Textualität im Überblick.

de Beaugrande/ Dressler 1981	Hausendorf/ Kesselheim 2008	Sandig 2000a	Brinker 1985/2001[5]	Heinemann/ Heinemann 2002	Adamzik 2004
Kohäsion	Verknüpfbarkeit	Kohäsion	Textstruktur: grammatische Kohärenz	Formulierungs- adäquatheit: Kohäsion als möglicher Teil inbegriffen	sprachliche Gestalt: Kohäsion als Teil davon
Kohärenz	thematische Zusammengehörigkeit	Thema/ Kohärenz	thematische Kohärenz	Thematizität	Thema/Inhalt
Intentionalität	pragmatische Nützlichkeit	Funktion	Textfunktion	Funktionalität	Funktion
Situationalität		Situationalität		Situationalität	situativer Kontext: typologische u. referenzielle Intertextualität inbegriffen
Intertextualität	Musterhaftigkeit	Musterhaftigkeit			
	intertextuelle Beziehbarkeit				
Informativität					
Akzeptabilität					
	Begrenzbarkeit				

Da Texte in der pragmatisch orientierten Textlinguistik als kommunikative Okkurrenz zu verstehen sind, verweisen die zentralen Textualitätsmerkmale auf die wichtigsten Aspekte zur Beschreibung von Texten (der konzeptionellen Schriftlichkeit) im kommunikativen Prozess. Um diese zu eruieren, sollen im Folgenden Texte in einem kommunikativ-funktionalen Modell dargestellt werden:

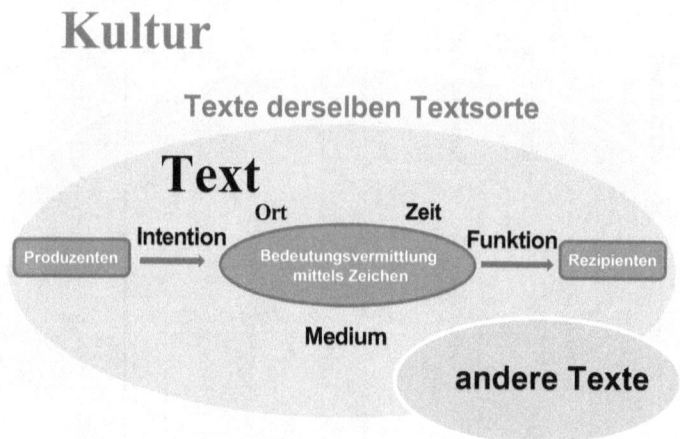

Abb. 1: Kommunikativ-funktionales Textmodell.

In diesem Modell werden Texte als Vermittlung von Bedeutung mithilfe von Zeichen verstanden, die von Produzenten für Rezipienten mit ihren möglichen Erwartungen an einem Ort in einer Zeit für ein bestimmtes Medium produziert werden, um ein bestimmtes Ziel zu erreichen, die dann von Rezipienten mit bestimmten Erwartungen wahrgenommen werden. Texte stehen außerdem sowohl musterbezogen als auch inhaltlich mit anderen Texten in Verbindung und sind als Ganzes in eine bestimmte Kultur eingebettet.

Dabei ist die **Funktionalität** eines der Grundmerkmale der Textualität, eine Sicht, die von allen Linguisten in Tabelle 1 geteilt wird. Denn Textproduzenten verfolgen bei ihrer sprachlichen Handlung immer eine bestimmte Kommunikationsintention. Wenn diese im Text ausgedrückt und für Rezipienten erkennbar ist, erfüllt der Text seine kommunikative Funktion. Somit wird die Funktionalität „als Resultat der Intentionalität einer Produktionshandlung gesehen, die den Textsinn artikuliert" (Feilke 2000: 75). Allerdings erhält ein Text den Sinn, oder erfüllt seinen Zweck erst im Rahmen einer Kommunikationssituation (vgl. Brinker ⁵2001: 83). Immer erst in der Verbindung mit einer konkreten Situation kann von der Funktion eines Textes gesprochen werden. In der Tat können in verschiedenen Situationen derselben sprachlichen Erscheinung durchaus unterschiedliche Funktionen zugesprochen werden.[16] Letztendlich sind die zeitlichen, räumlichen, medialen und partnerbezogenen Elemente situative Vorgaben für eine Textkommunikation und bilden den kommunikativen Kontext, in dem ein Text seine Funktion mit Hilfe der thematischen und der sprachlichen Struktur realisiert. In diesem Sinne haben Hausendorf/Kesselheim die Situationalität eben nicht als Textualitätsmerkmal verstanden, sondern als Quelle, die Hinweise für die konkrete Textanalyse geben kann. Dieser Ansicht folgt die vorliegende Arbeit.

Darüber hinaus bezieht sich „die Bedeutungsvermittlung mittels Zeichen" auf die inhaltsbezogene Texttiefenstruktur und die sprachbezogene Textoberfläche, die die beiden unentbehrlichen Ebenen eines jeden Textes darstellen. Somit wird die **Thematizität** als ein weiteres Textualitätsmerkmal angesehen, bei der es um die inhaltliche Struktur geht, die den Text zu einer inhaltlich geschlossenen Einheit macht. Für die sprachliche Oberfläche wird traditionell von der Kohäsion gesprochen, die v. a. durch die Verbindung der sprachlichen Einheiten mithilfe von Rekurrenz und Konnexion gekennzeichnet ist. Allerdings greift sie zu kurz und betrifft nur einen Teil der sprachlichen Oberfläche. Sie bildet auch keine notwendige und hinreichende Bedingung für Textualität (vgl. 2.1.2). Heinemann/Heinemann (2002) sprechen stattdessen von „Formulierungsadäquatheit", Adamzik (2004) verwendet die Bezeichnung „sprachliche Gestalt". Dabei kann „prinzipiell alles, was in Untersuchungen der Systemlinguistik an Kategorien für die Beschreibung von Einzelsprachen entwickelt wurde, in textlinguistischen Analysen von Relevanz sein" und Kohäsion wird lediglich als „ein Sonderaspekt" davon behandelt (Adamzik 2004: 144). In diesem Zusammenhang schließe ich mich Fix (2005) an und verwende für die textuelle Kennzeichnung auf der sprachlichen Oberfläche ihren Begriff **stilistische Einheitlichkeit**. Damit wird die Art und Weise, nämlich das Wie zum Ausdruck gebracht, in der das Was (Thema) im Hinblick auf einen Mitteilungszweck, nämlich das Wozu (Funktion) gestaltet wird (vgl. ebd.: 48). Schließlich zeichnet sich jeder Text durch seine Stilgebundenheit aus, indem er sprachliche und/oder nichtsprachliche Elemente auf einer bestimmten Stilebene verwendet und sie auf eine bestimmte Art und Weise kombiniert.

Da einzelne Texte nicht für sich isoliert, sondern immer im Zusammenhang mit anderen Texten stehen, sei es typologisch über das Textmuster der Textsor-

---

[16] Beispielsweise kann ein Gedicht, das ursprünglich eine ästhetische Funktion hat, eine Appellfunktion erhalten, wenn es als Werbetext benutzt wird.

te oder referenziell durch inhaltliche Bezugnahmen, werden die **Musterhaftigkeit und intertextuelle Beziehbarkeit** ebenfalls als Grundmerkmale der Texthaftigkeit betrachtet.

Im obigen Textmodell werden Texte als Kommunikationshandlungen verstanden, was auch einschließt, dass Texte als Mittel der Wissensrepräsentation und der Wissenskonstitution (vgl. Antos 1997: 45) und in ihrer Form als Zeichenkomplex kulturgeprägt sind. Das bedeutet nicht nur, dass Texte als Kommunikationsform an sich bereits einen kulturellen Status haben und als kulturelles Gut zu betrachten sind, denn Kommunikation und Kultur sind lediglich zwei Modi desselben Phänomens (vgl. Zhao 2008: 46–53), sondern auch, dass sich die einzelnen Texthandlungen in der jeweiligen Kommunikationsgemeinschaft durch die spezifischen kulturellen Merkmale dieser Gemeinschaft auszeichnen, die sich wiederum in der Textfunktion, dem Textinhalt, dem Textstil, dem Textmuster und dem intertextuellen Bezug niederschlagen können. In diesem Sinne wird **Kulturalität** ebenfalls als ein grundlegendes Textualitätsmerkmal apostrophiert, das über anderen Textualitätsmerkmalen steht und in diesen inbegriffen ist. Auf Kulturalität als Texteigenschaft wird im nächsten Kapitel eingegangen.

3 Kulturalität als Textualitätsmerkmal

3.1 Kulturverständnis

Ähnlich wie der Begriff „Text" stellt „Kultur" einen facettenreichen und in gewisser Hinsicht schillernden Begriff dar. Wie Bausinger (2003: 271) festgestellt hat, ist der Kulturbegriff „alles andere als eindeutig oder unproblematisch, er ist selbst kulturabhängig". In der Tat gibt es in der Wissenschaftsgeschichte und in verschiedenen Disziplinen sowie in verschiedenen sprachlichen bzw. nationalen Traditionen verschiedene Auffassungen und Definitionen[17] von „Kultur", ganz abgesehen vom inflationären Gebrauch des Wortes in der Alltagskommunikation neuerer Zeit.[18] Um das Wesentliche des Kulturbegriffs zu umreißen, werden im Folgenden die Inhalte und die Dimensionen des Kulturbegriffs erörtert.

3.1.1 Inhalte von Kultur

In der Anthropologie, die die Menschen und die menschliche Kultur zum Forschungsgegenstand hat, hat Posner (1992: 12 f.) den Kulturbegriff in drei Bedeutungshinsichten behandelt. Es sind
- die materielle Kultur, die sich auf Artefakte und die Fertigkeiten ihrer Herstellung sowie Verwendung bezieht,
- die soziale Kultur, die Institutionen und die zugehörigen Rituale bezeichnet,
- die mentale Kultur, die als Mentefakte und Konventionen verstanden wird.

Durch Kombination dieser drei Aspekte kommt Posner für die Anthropologie (1992: 14)[19] zu vier verschiedenen Bedeutungen von „Kultur," nämlich Kultur als

---

[17] Nach Bolten (2001: 10) haben amerikanische Forscher bereits in den 60er Jahren über 250 unterschiedliche Bedeutungen von „Kultur" ausfindig gemacht. Laskavceva (2002: 283) zufolge gibt es zur Zeit mehr als 500 verschiedene Definitionen.
[18] Z. B. Wörter wie „Schuhkultur", „Weinkultur", „Misstrauenskultur" usw., die nach Bausinger (2003: 272) dazu dienen, Trivialitäten aufzuplustern. Die Konjunktur des Kulturbegriffs im Alltagsleben hat ihm zufolge ihre Gründe in der starken Ausdifferenzierung der Gesellschaft und in der Alltagserfahrung der Begegnung mit fremder Kultur durch die weiträumige Mobilität breiter Bevölkerungsschichten.
[19] Es gibt natürlich auch einen materiellen Kulturbegriff, (1928: 15), der Kultur als die Menge alles Artifiziellen bezeichnete, wie bei Folsom. Allerdings wird in verschiedenen Traditionen der Anthropologie für die materielle Kultur z. B. der Begriff „Zivilisation" oder „Technologie" verwendet (vgl. Posner 1992: 13).

- die mentale Kultur allein,
- die mentale Kultur zusammen mit der materiellen Kultur,
- die mentale Kultur zusammen mit der sozialen Kultur,
- die Einheit von materialer, sozialer und mentaler Kultur.

Die wissenschaftlichen Auseinandersetzungen mit dem Kulturbegriff in den Geisteswissenschaften sind v. a. von einem mentalistischen und totalistischen Kulturverständnis geprägt.

Für den Bereich des internationalen Managements definiert z. B. Hofstede (1993: 19) Kultur als „die kollektive Programmierung des Geistes, die die Mitglieder einer Gruppe oder Kategorie von Menschen von einer anderen unterscheidet". Aus ähnlicher Perspektive bezeichnet Thomas (1993: 380) in der interkulturellen Psychologie Kultur als „ein universelles, für eine Gesellschaft, Organisation und Gruppe aber sehr typisches Orientierungssystem", welches „das Wahrnehmen, Denken, Werten und Handeln aller Mitglieder" beeinflusst und „ein für die sich der Gesellschaft zugehörig fühlenden Individuen spezifisches Handlungsfeld" strukturiert. Kultur ist in diesem Sinne geistige Orientierung für das menschliche Verhalten und zugleich ein Ordnungsmechanismus, der das Wahrnehmen und das Denken steuert. Auch in der Kulturwissenschaft beschränkt sich der Kulturbegriff z. B. bei Hansen (^{3}2003) auf geistige Prozesse. Er definiert Kultur als vier inhaltlich voneinander zu unterscheidende Standardisierungen der Kommunikation, des Denkens, des Empfindens und des Verhaltens bzw. Handelns. Kommunikation und Verhalten bzw. Handeln beziehen sich auf die materiellen und sozialen Aspekte der Kultur. Allerdings verweist er bei der Kommunikation auf die Konvention des Zeichens und somit auf die über seine materielle Funktion hinausgehende symbolische Funktion eines Artefaktes (S. 61). Ähnlich meint er, dass Verhalten, Handlungen und Institutionen hoch ritualisiert seien und ihr Hauptakteur die mentale Kultur darstelle, denn hinter ihnen steckten bestimmte Bedeutungen (S. 123–143). Schließlich betont er, die „moderne Kulturwissenschaft ist sich also einig – oder wird sich bald einig werden –, daß die Gegenständlichkeit von Kultur als kollektive Geistigkeit bestimmt werden muß" (S. 248). Er geht davon aus, dass die „materielle Kultur [...] zwar das Produkt von Standardisierungen, aber selbst keine solche [ist]" (S. 148). Der Grund liegt für ihn darin, dass der materiellen Erscheinung immer etwas Individuelles anhafte. Dagegen bedeute kollektive Geistigkeit das entindividualisierte Gemeinsame und nicht die Summe aller individuellen Umsetzungen. Insofern seien nicht Materialität und die Institutionalisierung das Wesentliche der Kultur, sondern nur ihre kollektive Geistigkeit. (S. 247 f.)

Anders als die mentalistische Betrachtungsweise, die Kultur als Wissensinhalte und Glaubensvorstellungen oder als Sinnschichten der Objekte, Tatbestände und Ereignisse versteht, bezeichnen die Vertreter des totalistischen Kulturbegriffes die Kultur als Gesamtheit der Lebensweisen. Sie umfasst die Gesamtheit der Werkzeuge, der Handlungen und der Gedanken. In der Ethnographie hat Tyler bereits im Jahr 1871 (S. 1) die Kultur als Inbegriff von Wissen, Glauben, Kunst, Moral, Gesetz, Sitte und allen übrigen Fähigkeiten und Gewohnheiten definiert.[20] In der interkulturellen Wirtschaftskommunikation geht Bolten (2001: 12) z. B. von den Bedeutungsvarianten des lateinischen Wortes colere im deutschen Wort Kultur (bewohnen/ansässig sein, pflegen/ausbilden, bebauen/Ackerbau treiben, verehren/anbeten) aus und bezeichnet Kultur, in Anlehnung an ihre ursprüngliche lateinische Bedeutung als „bewohnen/ansässig sein", im weiteren Sinne als „die Lebenswelt, in der wir uns bewegen, die wir uns durch unser Zusammenleben geschaffen haben und ständig neu schaffen". Dieses Kulturverständnis löst nicht nur die Polarisierung von Kultur und Natur auf, sondern meint auch alle Lebensäußerungen – materielle wie immaterielle. In der Ethnologie versteht Geertz (1987/³1994: 9) – im Anschluss an Max Weber[21] – Kultur als von Menschen „selbstgesponnene[s] Bedeutungsgewebe". Er vertritt einen semiotischen Kulturbegriff, der Kultur als ein Symbolsystem auffasst und interpretiert oder erläutert. Dies schlägt nicht zuletzt auch eine Brücke zwischen der mentalen Ebene und ihrer Materialisierung in Form von Artefakten und Institutionen. Denn ein semiotischer Kode besteht immer aus einem Signifikanten und einem Signifikat, die jeweils den Bedeutungsträger und die Bedeutung an sich bezeichnen und voneinander abhängig zu analysieren sind. In der Semiotik vertritt Posner (1992) ebenfalls einen semiotisch zu verstehenden totalistischen Kulturbegriff. Er betont den semiotischen Status der materialen, der sozialen sowie der mentalen Kultur und kommt zu dem Ergebnis:

> Wenn eine Gesellschaft als Menge von Zeichenbenutzern, eine Zivilisation als Menge von Texten und eine mentale Kultur als Menge von Kodes definiert werden kann, so sind diese drei Bereiche notwendig miteinander verbunden, und keiner kann ohne Bezug auf den anderen untersucht werden.[22] (S. 32)

---

[20] „Culture or civilization taken in its wide ethnographic sense, is that complex whole which includes knowledge, belief, art, morals, law, custom, and any other capabilities and habits acquired by man as a member of society."
[21] „Kultur ist ein vom Standpunkt des Menschen aus mit Sinn und Bedeutung bedachter endlicher Ausschnitt aus der sinnlosen Unendlichkeit des Weltgeschehens." (Weber 1968: 180)
[22] Mit „eine Gesellschaft als Menge von Zeichenbenutzern" meint Posner, dass sowohl Individuen als auch Institutionen und Gesellschaften als Kulturträger Zeichenbenutzer sind und den Bedeutungsstrang der sozialen Kultur bilden (S. 16–18). „Texte" beziehen sich seiner Meinung nach auf Artefakte, die nicht nur eine Funktion, sondern auch eine kodierte Bedeutung haben (S. 21). Mit „Kode" bezeichnet er Systeme von Signifikant-Signifikat-Paaren, denn Mentefakte

Im vorliegenden Buch schließe ich mich dem totalistischen Kulturverständnis an und bin der Meinung, dass die Geistigkeit und ihre Materialisierung zwei Seiten einer Medaille darstellen. Denn einerseits sind Artefakte bzw. Fertigkeiten und Institutionen bzw. Verhaltensweisen Produkte mentaler Kultur, sie sind deren materieller Ausdruck. Hinter sichtbaren Werkzeugen, Kunstprodukten, Handlungen, Ritualen usw. stehen bestimmte Gedanken, Ideen, Normen. Insofern bleibt der materiellen und der sozialen Kultur ohne ihre mentale Seite nur ihr phänomenologischer Status. Da sind sie wie ein Baum ohne Wurzeln. Andererseits brauchen Werte, Gedanken, Vorstellungen usw. ebenfalls ihre physischen Erscheinungen, ansonsten sind sie wie Luftschlösser, unfassbar oder zumindest doch schwer erfahrbar, weil „der Geist ohne materielle Mittel und ohne einen materiellen Anlaß Ideen niemals haben, geschweige denn mitteilen kann" (Santayana 1951, zitiert nach Schütz/Luckmann 2003: 45). Nicht zuletzt enthält das totalistische Kulturverständnis auch eine dynamische Kulturauffassung, nicht nur, weil Artefakte bzw. Fertigkeiten und Institutionen bzw. Verhaltensweisen im gemeinsamen wirtschaftlichen wie sozialen Leben kommunikativ entwickelt werden und somit Produkte der Kommunikation bzw. die Kommunikation selbst sind. Vielmehr sind kulturelle Bedeutungen und Erfahrungen auch materiell verkörpert und medial ausgestaltet und werden „im Prozesse des interaktiven Ausdrucks, der Darstellungsform und situierten Interpretation erzeugt" (Günthner/Linke 2006: 18).

3.1.2 Dimensionen von Kultur

Kultur weist eine räumliche und eine zeitliche Dimension auf. Mit Raum ist hier nicht der geografische Raum gemeint, sondern eine Bezugsgröße der Kultur. Dabei sind zwei Lesarten zu unterscheiden. Im anthropologischen Sinne wird Kultur als Gesamtheit der geistigen und materiellen Formen bzw. Produkte der Menschheit verstanden und bezieht sich auf die Gattung Mensch gegenüber der Tierwelt. Kultur gilt somit „als das eigentliche, den Menschen vom Tier unterscheidende *humanum*" (Bausinger 2003: 272) und definiert den Menschen selbst sowie sein Verhältnis zur Welt. Allerdings wird Kultur „nicht nur als universales Charakteristikum des Menschen gesehen, sondern auch in ihren unterschiedlichen Ausgestaltungen erkannt" (ebd.: 273). In dieser zweiten Lesart ist Kultur auf bestimmte Trägergruppen[23] unterschiedlichen Um-

---

betreffen zwar nur das Signifikat, aber das Signifikat kann nicht ohne Signifikant existieren (S. 32).

23 Individuen sind zwar auch Träger und überhaupt grundlegende Faktoren der Kultur, aber jedes Individuum hat seine spezifischen biologischen Voraussetzungen, seinen persönlichen

fangs und Gewichts bezogen und gibt sich in ihren unterschiedlichen geistigen wie materiellen Angeboten zu erkennen. Dies wird im Folgenden näher erläutert.

Sowohl im Alltagsleben als auch in der Wissenschaft lässt sich beobachten, dass die Gruppe als Bezugsgröße der Kultur oft mit „Nation", „Staat" oder „Land" gleichgesetzt wird.[24] Dabei bedeutet Kultur z. B. oft die deutsche, die chinesische, die amerikanische oder die französische Kultur, die interkulturelle Kommunikation die Kommunikation zwischen verschiedenen Nationen. Nationen oder Staaten sind zwar die wichtigsten Bezugsgrößen der Kultur, insbesondere in der Zeit der wirtschaftlichen Globalisierung mit ihren zunehmenden Begegnungen von Menschen aus verschiedenen Ländern. Aber sie dürfen die anderen Trägergruppen nicht verdrängen. Denn das politische Kriterium ist und bleibt nicht die einzige Möglichkeit, die Gruppe oder Lebenswelt zu definieren, auf die sich die Kultur bezieht. Hinzu kommt das territorial-geographische Kriterium zur Unterscheidung von kontinentaler, regionaler oder lokaler Kultur, das soziale bzw. soziokulturelle Kriterium zur Unterscheidung der Kultur des Bürgertums, der Arbeiterschaft, des Unternehmens usw., das religiöse Kriterium zur Unterscheidung von christlicher, islamischer, buddhistischer oder jüdischer Kultur, das sprachliche Kriterium zur Unterscheidung von frankophoner, anglophoner Kultur usw. (vgl. Bolten 2001: 13 ff., Lüsebrink 2005: 12 f.).

Da Kulturen Bezug auf unterschiedliche Lebenswelten oder Gruppen nehmen können, schließe ich mich hier terminologisch Hansen (^{3}2003) an und verwende zur Bezeichnung der räumlichen Dimension von Kultur den Begriff „Kollektiv". Dieser kann als Oberbegriff alle denkbaren menschlichen Gruppierungen umfassen, die jeweils eine bestimmte Anzahl von Mitgliedern enthalten, die sich einem Kollektiv zugehörig fühlen. Allerdings sind je nach der Anzahl der zur Verfügung stehenden Identitätsangebote Kollektive in unter-

---

Charakter, seine individuelle Entwicklungsbiographie und somit seinen besonderen Lebens- und Kommunikationsstil. Er umfasst deswegen sowohl die kulturelle Prägung als auch die persönlichen Besonderheiten. Außerdem kann ein einzelnes Individuum die Zeitlichkeit nicht überwinden, um die Kultur zu tradieren. Zwar bilden Individuen einen Zugang zur Kulturforschung, sie sind aber nicht die Bezugsgröße der Kultur selbst.

24 Die nationale Kodierung zeigt sich z. B. auch in den Literatur- und Kulturwissenschaften, die aufgrund der jeweiligen politischen und mentalen Geschichte meistens als nationale Literatur- und Kulturwissenschaften untersucht werden (vgl. Vietta 2007: 19–25). Auch in der am Ende der 80er Jahre des letzten Jahrhunderts entstandenen interkulturellen Kommunikationsforschung bzw. der -praxis ist mit Kultur immer die nationale Kultur gemeint, wie etwa *Interkulturelle Kommunikation Deutsch-Chinesisch* (Zhu/Fluck/Hoberg 2006), *Interkulturelle Kommunikation im deutsch-amerikanischen Arbeitsalltag* (Kremer 2004), *Interkulturelle Kommunikation in der deutsch-französischen Wirtschaftskooperation* (Guérin-Sendelbach 2001) usw.

schiedlichem Umfang und unterschiedlicher Komplexität zu unterscheiden, die in verschiedenen Beziehungen zueinander stehen können. Beispielsweise umfasst ein komplexes Kollektiv Unterkollektive, die wiederum unter dem kulturellen Einfluss ihres Dachkollektivs stehen und somit in einer spezifischen von ihrem Dachkollektiv geprägten Form erscheinen (z. B. die Beziehung zwischen dem komplexen Kollektiv Nation und seinen Untergruppierungen). Neben diesen ineinander verschachtelten Beziehungen gibt es auch Kollektive, die sich überschneiden (z. B. die Beziehung zwischen Schule und Jugend im jeweiligen Land) oder parallel nebeneinander stehen (wie die Beziehung zwischen verschiedenen Nationen oder zwischen verschiedenen Unternehmen). Aber in allen Fällen bleiben Kollektive nicht in sich geschlossen und von der Außenwelt isoliert. Vielmehr stehen sie in kommunikativem Austausch miteinander und teilen oder mischen sich dadurch auch in ihren kulturellen Angeboten. In diesem Kontext hat Bolten (2001: 13) anschaulich formuliert: „Kulturen sind keine Container, sie sind nicht klar voneinander abgrenzbar, sondern – als Zeichen ihrer Vernetzung – an den Rändern mehr oder minder stark ausgefranst zu denken".

Mit dem Terminus Kollektiv werden Kulturen nicht mehr zwangsläufig fest an Nationen gebunden, sodass die Grenze zwischen Kulturen und Subkulturen überwunden wird. Eine soziale Gruppe kann durchaus ihre eigene Kultur bilden, solange sie durch die Solidarität ihrer Mitglieder gekennzeichnet ist und umgekehrt ihre Mitglieder sich mit dieser Gruppe identifizieren. Somit kann z. B. die Kultur einer bestimmten Hochschule als eine Hochschulkultur bezeichnet werden und nicht mehr als Subkultur einer Nation.

Die zeitliche Dimension der Kultur weist einerseits auf die Tradierung und andererseits auf den Wandel der Kultur hin. Die geistigen Ressourcen werden in Texten, Bildern, Bauwerken, Riten, Institutionen usw. bewahrt und durch Sozialisationsprozesse über Generationen hinweg überliefert. Dieser Mechanismus wird von Posner (1992: 46) „kollektive Informationsspeicherung" genannt und funktioniert nach Assmann (1988: 9) als „kulturelle[s] Gedächtnis", das „als Sammelbegriff für alles Wissen [zu verstehen ist], das im spezifischen Interaktionsrahmen einer Gesellschaft Handeln und Erleben steuert und von Generation zu Generation zur wiederholten Einübung und Einweisung ansteht". Durch das kulturelle Gedächtnis werden die Mitglieder einer Gemeinschaft zusammengehalten und Gruppenidentität gestiftet. Jedoch bleibt die Kultur einer Gemeinschaft historisch nicht immer in derselben Form und stabil, sondern sie ist in einem stetigen Wandel begriffen. Der Grund liegt nach Assmann (ebd.: 13) wohl in der Rekonstruktivität des kulturellen Gedächtnisses. Die Gesamtheit des Wissensvorrats ist zwar potentiell für jede Epoche verfügbar, aber jede Gegenwart setzt sich zu ihm in aneignende, auseinandersetzende, bewahrende und verändernde Beziehung. Denn ihm zufolge „existiert [das Kulturgedächtnis] in zwei Modi: einmal im Modus der Potentialität als Archiv, als Totalhorizont angesammelter Texte, Bilder, Handlungsmuster, und zum zweiten im Modus der Aktualität, als der von einer jeweiligen Gegenwart aus aktualisierte und perspektivierte Bestand an objektiviertem Sinn".

Treibende Kraft des Kulturwandels ist insbesondere die Kommunikation sowohl innerhalb eines Kollektivs als auch zwischen verschiedenen Kollektiven. In der Kommunikation werden Informationen nicht hundertprozentig bewahrt, weitergegeben und angenommen, sie ist somit immer mit einem Informationsverlust oder einer Informationsergänzung verbunden, sodass sich historische Erfahrungen im Verlauf der Tradierung verändern. Die Komunikation zwischen verschiedenen Kollektiven bewirkt den Austausch und die Vermischung kultureller Angebote und kann die materielle, soziale und mentale Kultur eines Kollektives bereichern bzw. ändern. Darüber hinaus spielen auch wichtige historische Ereignisse wie technische Erfindungen, geografische Entdeckungen, politische Bewegungen beim Kulturwandel eine bedeutende Rolle, denn sie können Mentalität, Denkweisen, Weltanschauungen und Werte der Menschen nachhaltig beeinflussen, was sich wiederum in ihrer Materialisierung niederschlägt.[25] Nicht zuletzt sind die Funktionen einzelner Individuen im Kulturwandel bedeutsam. Denn Kommunikationen, neue Entdeckungen oder Erfindungen sowie politische Bewegungen werden von einzelnen Menschen unter bestimmten gesellschaftlichen, wirtschaftlichen, historischen und politischen Bedingungen zuerst initiiert bzw. durchgeführt. Initiativen und Ideen entstehen mit der individuellen Aktualisierung des Kulturgedächtnisses oder aus der individuellen Mischung divergenter Kulturelemente. Wenn diese Initiativen oder Ideen von immer mehr Menschen einer Gemeinschaft angenommen werden, tritt Kulturwandel ein. Aber nicht nur der Wandel und die Entwicklung, sondern die Entstehung der Kultur selbst ist ihrem Wesen nach kommunikativ. Kultur ist umgekehrt Gegenstand, Mittel und Ergebnis von Kommunikation und kann nur in der Kommunikation vermittelt werden und fortbestehen.

Aufgrund des historischen Wandels bezieht sich die Kultur eines Kollektivs immer auf eine begrenzte Zeit und jede Kulturbeschreibung stellt immer eine Momentaufnahme dar.

---

25 Beispiele sind die Erfindung des Computers und das Internet, die Entdeckung des neuen Kontinents Amerika 1492 von Kolumbus und in unserer Zeit der Aufbau von Raumstationen, die 68er-Bewegung in Deutschland und die Wiedervereinigung Deutschlands 1991 usw., die die Denk- und Lebensweise der jeweiligen Kollektive verändert haben.

3.2 Kulturalität von Texten

So wie Kultur in zwei Lesarten zu verstehen ist, besitzt die Kulturalität von Texten ebenfalls zwei Bedeutungen: Texte sind als allgemeines Kulturgut der Menschheit im anthropologischen Sinne zu betrachten und Texte sind in verschiedenen Kollektiven sowie in verschiedenen historischen Phasen kulturell geprägt. Im Folgenden wird dies näher erläutert.

3.2.1 Texte und Textsorten als allgemeines Kulturgut

Das erste Verständnis der Kulturalität von Texten besagt, dass Texte sowohl Mittel zum Ausdruck und zur Mitkonstitution des Kulturellen als auch kulturelles Produkt als solches sind. Zwar ist die Kommunikation im weiteren Sinne durchaus semiotisch, aber im Wesentlichen durch die Anwendung der sprachlichen Zeichen gekennzeichnet. Sprache bildet „das zentrale Symbolisierungsmedium [...], das es Menschen ermöglicht, in Symbolisierungsakten ihre Lebenswelt und ihr Verhalten zu dieser Welt zu gestalten und in der objektivierenden Veräußerlichung der symbolischen Formen fassbar (und damit auch kollektiv verhandelbar) zu machen" (Linke 2003: 44). Sprache als Kulturmittel hat somit nach Ehlich (1998: 9) drei grundlegende Funktionen, nämlich „Erkenntnisstiftung im Medium Sprache (gnoseologische Funktion), die Praxisstiftung vermittels Sprache (teleologische Funktion) und die Gesellschaftsstiftung durch das Medium Sprache (kommunitäre Funktion)". Diese Vorstellung von Sprache im Sinne der Wirklichkeitsstrukturierung oder gar -konstruierung, steht im Mittelpunkt des sogenannten linguistic turn, der die kulturwissenschaftlichen Neuorientierungen seit Ende der 1960er Jahre überhaupt erst herbeigeführt hat (vgl. Bachmann-Medick 2010: 33-36). In diesem Kontext sind Texte, sowohl in der mündlichen als auch in der schriftlichen Form, die grundlegenden Kennzeichen der Sprachverwendung, sie sind Ausdrucksmittel aller Kulturbestandteile, ohne sie können Werte, Denken, Verhaltensweisen, Interaktionsweisen usw. weder praktiziert noch tradiert und Wissen weder repräsentiert noch konstituiert werden.

Texte sind aber nicht nur Instrumente zum Ausdruck, zur Gestaltung und zur Generierung von Kultur, sondern selbst Kulturartefakte. Denn die Sprache entwickelt sich als Produkt der menschlichen Evolution sowie Vergesellschaftung und als natürliche Ausstattung der menschlichen Art hat sie einen konstitutiven Anteil an der Kultur. In der Linguistik wird die Sprache nach Saussure (^{3}2001: 19) nicht nur als Zeichensystem, sondern auch als soziale Einrichtung verstanden. Die Sprachzeichen sind somit die kulturelle „Ladung" der Bedeutung (vgl. Christ 1991: 77 f.). Aber nicht nur die Sprachzeichen, sondern auch die Grammatikstruktur und die Sprache als Ganzes spiegeln eine spezifische Kultur und Weltansicht wider und bestimmen den Geist sowie die Identität einer Sprachgemeinschaft, da nach Wilhelm von Humboldt „auch auf die Sprache in derselben Nation eine gleichartige Subjektivität einwirkt, [und] so [...] in jeder Sprache eine eigenthümliche Weltansicht [liegt]" (Humboldt 2010: 434). Wenn Sprache als kulturelles Produkt aufzufassen ist, sind daher Texte, in denen Sprache in der Kommunikation in Erscheinung tritt, an sich Hervorbringungen der Kultur.

Texte werden aber in bestimmter Form organisiert und folgen konventionellen Mustern. Gerade in den Organisationsformen bzw. -mustern zeigen Texte ihren die Lebenswelt gestaltenden Charakter auf und drücken ihre Kulturalität aus. D. h., dass sich die Kulturalität von Texten auch in den Textsorten niederschlägt, die „nach dem jeweiligen kommunikativen Bedarf, sich ausbildende Konventionen oder Schemata zur Bildung bestimmter Texte [sind] [...], so etwas wie Routineformeln auf der Textebene" (Adamzik 1995: 28). Denn Textsorten sind letztendlich eine Art der ordnenden Auseinandersetzung der Menschheit mit der Welt (vgl. Fix 2008: 110). Sie existieren zwar nur auf der Metaebene beim Sprechen über Texte (vgl. ebd.: 113), bieten aber wichtige Orientierungen bei der Textproduktion wie der Textrezeption und regeln somit überhaupt die textuelle Kommunikation. Schließlich werden in den Textsorten und ihren entsprechenden Textmustern[26] sozusagen die „Selbstdeutung und Weltdeutung" (Linke 2003: 45) der Menschheit widergespiegelt. In diesem Sinne gebührt nach Fix (2008: 111) Textsorten ein grundsätzlicher kultureller Status:

> Bereits die Tatsache, dass Textsorten existieren, also das Faktum, dass Gemeinschaften über Textsorten als Mittel ihres Handelns verfügen, ist ein kulturelles Phänomen. [...] [Die] Routinen, die Mitglieder einer Kulturgemeinschaft hervorgebracht haben, um miteinander leben und handeln zu können, [sind] an der Konstitution von Kultur beteiligt [...]. Textsorten haben also einen grundsätzlichen kulturellen Status.

3.2.2 Kulturgeprägtheit von Textsorten

Das zweite Verständnis der Kulturalität von Texten bezieht sich auf ihre Kulturgeprägtheit durch die räumliche sowie zeitliche Dimension der Kultur. Ihre

---

[26] Im vorliegenden Buch werden in Anlehnung an Fix (2008: 195, Fußnote 8) die Begriffe „Textsorte" und „Textmuster" unterschiedlich verwendet. „Textmuster" soll den qualitativen Aspekt der jeweiligen Textgruppe erfassen und über die jeweiligen inhaltlichen, funktionalen und formalen Gebrauchsbedingungen für Texte dieser Textgruppe informieren. Dagegen soll

Kulturalität realisiert sich immer in verschiedenen Kulturgemeinschaften eines bestimmten Zeitraums und gibt sich in für das jeweilige Kollektiv bzw. für die jeweilige Zeit spezifischer Weise zu erkennen. Die Erfassung der Besonderheiten oder Eigenschaften von Texten einer Gemeinschaft in einer bestimmten Zeit führt zwangsläufig zum Vergleich der in verschiedenen Kollektiven praktizierten Texte. Vergleichbar sind allerdings nicht irgendwelche beliebigen Textexemplare, sondern Texte oder Textmuster derselben Textsorte. Insofern bezieht sich die Kulturalität von Texten in diesem Sinne immer auf die Kulturbezogenheit von Texten als Exemplare einer bestimmten Textsorte und versteht sich als Kulturgeprägtheit der Textsorten.

Ähnlich wie die kommunikativen Gattungen, die sich v. a. auf die Musterbildung (mündlicher) dialogischer Sprachkommunikation beziehen, können Textsorten leicht revidiert als „historisch und kulturell spezifische, gesellschaftlich verfestigte und formalisierte Lösungen kommunikativer Probleme betrachtet [werden, deren] Funktion in der Bewältigung, Vermittlung und Tradierung [menschlicher] Erfahrungen der Lebenswelt besteht" (Günthner 2001: 16, vgl. Luckmann 1988). Da es in verschiedenen Kulturgemeinschaften bzw. zu verschiedenen Zeiten andere kommunikative Probleme geben kann und selbst für ähnliche kommunikative Probleme unterschiedliche Lösungen zu entwickeln sind, ist unter der Kulturgeprägtheit von Textsorten m. E. vor allem Folgendes zu verstehen:

Das bedeutet zum ersten, dass es in verschiedenen Kulturgemeinschaften oder in derselben Kulturgemeinschaft, aber zu verschiedenen Zeiten ein unterschiedliches Repertoire von Textsorten gibt. D. h., die Textsorte einer Kultur kann in einer anderen Kultur unbekannt bzw. wenig bekannt sein oder zumindest nicht verwendet werden. Günthner (2001: 21) weist in Bezug auf die kommunikativen Gattungen darauf hin:

> Gattungstraditionen verschiedener kultureller Gruppen können sich dadurch unterscheiden, daß in einer Gruppe ein bestimmtes kommunikatives Problem gattungsmäßig verfestigt ist, d. h. daß für eine immer wiederkehrende kommunikative Aufgabe eine bestimmte konventionalisierte Form zur Lösung dieser Aufgabe zur Verfügung steht, während eine andere Kulturgemeinschaft keine feste Gattung für das betreffende Problem hat.

Dies trifft ebenfalls auf Textsorten zu. Zu nennen sind z. B. die Textsorte Parlamentsdebatte und die Textsorte Predigt, die im Festland China aufgrund eines anderen politischen Systems und des nicht-christlichen Lebens eher unbekannt sind; andererseits ist Jiulingci – Reimsprüche zum Trinkwettspiel – die

---

„Textsorte" den quantitativen Aspekt der Gruppenorganisation der Texte erfassen und bezieht sich auf eine Klasse von Texten, die einem gemeinsamen Textmuster folgen.

traditionell Teil der chinesischen Weinkultur und eine andere Textsorte als die in der westlichen Kultur bekannten Trinksprüche (vgl. Kotthof 2007) sind, oder das Gebet im buddhistischen bzw. taoistischen Ritus zur Erlösung der Seele eines Verstorbenen, in Deutschland unbekannt. Auch viele literarische Gattungen wie Tangshi, nämlich Tang-Gedichte, oder Songci, nämlich eine Dichtung nach vorgegebenen Melodien und mit ungleichmäßigen Verszeilen, sind historisch verankerte Textsorten. Diese sind jeweils stark gebunden an die Tang-Zeit (618–907) und die Song-Zeit (960–1279) und werden im heutigen China nicht mehr praktiziert.

Die Kulturgeprägtheit von Textsorten bedeutet außerdem, dass scheinbar gleiche Textsorten unterschiedliche Realisierungsformen oder verschiedene Funktionen haben können. Da Textsorten in den jeweiligen Kulturgemeinschaften historisch entwickelte Konventionen sind, folgt eine ähnlich bezeichnete Textsorte in verschiedenen Kulturen nicht demselben Textmuster und wird nicht unbedingt nach demselben Kriterium bestimmt. Dazu gibt es viele linguistische Untersuchungen. Beispielsweise hat Liang (1991) bei der kontrastiven Analyse von deutschen und chinesischen wissenschaftlichen Rezensionen herausgefunden, dass diese Textsorte in den beiden Sprachen sowohl in der Titelgestaltung und der Einführung als auch im Teil der Kerninformation und der Schlussbewertung inhaltlich anders strukturiert ist und funktional andere Schwerpunkte setzt. Den größten Unterschied sieht er in der kritischen Auseinandersetzung deutscher Rezensionen mit dem Rezensionsobjekt und der Dominanz von positiven Bewertungen in der chinesischen Rezension. Allerdings wandelt sich das Textmuster in der jeweiligen Sprachkultur und damit auch der Unterschied dieser Textsorte zwischen diesen beiden Sprachen. 20 Jahre später kommen Zhao/Zeng (2013) durch eine ähnliche kontrastive Untersuchung und einen zusätzlichen diachronischen Vergleich zu dem Ergebnis, dass der einst von Liang festgestellte Unterschied, dass die deutsche Rezension die Meinungsverschiedenheit betont und die chinesische Rezension eher das Positive im Rahmen des Gültigen zu entdecken sowie hervorzuheben versucht, sich stark relativiert hat. Denn in den chinesischen Rezensionen findet sich häufiger Kritik, während in den deutschen Rezensionen kritische Bewertungen nicht mehr dominieren. Außerdem zeigen die chinesischen wissenschaftlichen Rezensionen größere Veränderungen als die deutschen, und zwar in dem Textmuster, das tendenziell dem wissenschaftlichen Artikel ähnelt. Andere linguistische Untersuchungen z. B. zu Kontaktanzeigen (Zhang 2009) und zu Todesanzeigen (Chen 2013) haben auf ähnliche Weise gezeigt, dass dieselbe Textsorte in verschiedenen Sprachkulturen in vielen Aspekten wie Textstruktur, Sprachstil, inhaltlichen Kategorien aber auch nonverbal in Bezug auf das Layout und die Bilder sowie extraverbal in Bezug auf Anzeigenmenge und Erscheinungsform in der Presse deutliche Unterschiede aufweist und somit kulturspezifisch ist.

Auch können in ähnlichen Kommunikationssituationen vorkommende Texte, die als dieselbe Textsorte bezeichnet werden, in verschiedenen Kulturen unterschiedliche Funktionen besitzen. Die vergleichende Analyse der vier chinesischen Hauptaufsatzsorten *Jixuwen*, *Yilunwen*, *Shuomingwen* und *Sanwen* mit den entsprechenden deutschen Aufsatzsorten Erzählung, Erörterung, Beschreibung und Schilderung zeigt z. B., dass chinesische Aufsatzsorten nicht nach der Textfunktion sondern nach der Themenentfaltung klassifiziert werden, da sie alle eine argumentative Funktion haben können (vgl. Lehker 1997). Demgegenüber werden deutsche Textsorten v. a. nach der Textfunktion bestimmt.

Schließlich verweist die Kulturgeprägtheit von Textsorten auch auf die Zusammenhänge der textuellen Spezifik einer Textsorte und der zugrunde liegenden mentalen Kultur sowie der sozialen Umgebung der jeweiligen Kulturgemeinschaft. Die Besonderheiten des Textsortenspektrums und der Realisierungsweise einer Textsorte in einer Kultur haben als materielle Erscheinungen ihre Wurzeln in der einschlägigen kulturellen Tiefenstruktur und sind vom sozialen Leben beeinflusst. Daher sind sie durch die geistigen Ressourcen erklärbar und sollen auch so erklärt werden, nicht nur um die textuellen Besonderheiten bzw. Veränderungen besser zu verstehen, sondern auch um ein vertieftes Verständnis für die kulturellen Zusammenhänge zu bekommen. Diese Verbindungen der kulturellen „perceptas" mit den zu Grunde liegenden „konceptas" (Bolten 2001: 17) werden in der interkulturellen Kommunikationsforschung gefordert und sind auch zunehmend Gegenstände der linguistischen Forschung. Beispielsweise hat Zhao (2008) deutsche und chinesische Imagebroschüren aus der Pharma- und Textilbranche auf der verbalen, paraverbalen, nonverbalen und extraverbalen Ebene kontrastiv untersucht, um die unterschiedlichen Kulturstile herauszuarbeiten. Die Unterschiede, die auf der Oberfläche dieses Kommunikats erscheinen, lassen sich v. a. hinsichtlich der unterschiedlichen Entwicklungsstufe der deutschen und der chinesischen Unternehmen in der Marktwirtschaft, der Aktzentsetzung auf Software oder Hardware, der allgemeinen Zentrierung auf den Menschen, der Betonung der Unternehmensleitung bzw. namhafter Personen und der sachlichen oder emotionalen Darstellungsweise zusammenfassen, was letztendlich auf dem Hintergrund der deutschen bzw. der chinesischen Geistes- und Wirtschaftsgeschichte erklärt wird. Als Gründe dafür werden angeführt, dass der chinesische Kulturstil mit seiner hierarchischen Denkweise und indirekten emotionalen Kommunikationsformen sowie der gegenwärtigen Technikvorliebe im Unterschied zum deutschen steht, der durch die Idee der Gleichberechtigung aller Menschen, Sachlichkeit und Innovatonsimpulse gekennzeichnet ist. Ein anderes Beispiel neueren Datums ist die Untersuchung der deutschen und chinesischen Anmoderationen wissenschaftlicher Konferenzvorträger (Zhu 2015), die herausgefunden hat, dass die Vorstellung des wissenschaftlichen Werdegangs der Referenten im Gegensatz zur deutschen kein Bestandteil der chinesischen Anmoderation ist. Zur Erklärung wird darauf hingewiesen, dass in der chinesischen Anmoderation vermieden wird, den Lebenslauf der älteren Wissenschaftler mit jenen der jüngeren zu kontrastieren, denn es fehlt den chinesischen Wissenschaftlern älterer Generation aufgrund vieler politischer Bewegungen an einer regulären wissenschaftlichen Ausbildung mit Promotion und sie sollen nicht durch Darlegung ihrer wissenschaftlichen Laufbahn im Vergleich zu den jüngeren in der wissenschaftlichen Öffentlichkeit blamiert werden.

Nicht zuletzt ist die Veränderung von Textsorten in Abhängigkeit von gesellschaftlichen Veränderungen oder dem Wandel des geistigen Lebens zu sehen und kann sogar Hinweise auf mögliche Entwicklungstendenzen der mentalen Kultur bieten. In der oben erwähnten Studie über die kontrastive und diachronische Untersuchung der deutschen und der chinesischen wissenschaftlichen Rezensionen führen z. B. Zhao/Zeng (2013) die Musterveränderung der chinesischen wissenschaftlichen Rezension in Richtung eines wissenschaftlichen Artikels auf die Amerikanisierung der chinesischen Wissenschaftskultur zurück, mit entsprechenden Maßnahmen im Wissensmanagement seit der Jahrtausendwende. Den Grund für die vermehrte Kritik, die in Gegensatz zu der gesichtsschonenden und harmoniebetonenden Verhaltensweise der chinesischen Kultur steht, sehen sie eher in der Internationalisierung der chinesischen Wissenschaft und der damit verbundenen Anpassung an die internationalen Standards. Daraus schließen sie auch auf die Entstehung einer chinesischen Kritikkultur zunächst in der Scientific community, was möglicherweise langsam in andere Kommunikationsgemeinschaften eindringt.

Kulturalität als grundlegendes textuelles Moment ist zwar in der germanistischen Linguistik anerkannt, wird allerdings bezüglich des zweiten Verständnisses, nämlich der historisch bedingten Einzelkulturspezifik der Textsorten, oft mit Einschränkungen versehen. Fix z. B. analysiert die Textsorte „moderne Sage" und „Wohnungsanzeige" in einigen Kulturen exemplarisch und unterscheidet zwischen Textsorten mit einem geistig-ordnenden Zugriff auf die Welt sowie Textsorten mit einer praktisch-ordnenden Auseinandersetzung mit der Wirklichkeit. Sie weist darauf hin, dass die erstere Gruppe der Textsorten eher globaler Natur und weniger an die Einzelkultur gebunden seien, während die letztere eher lokal und einzelkulturspezifisch geprägt sei. (vgl. 2008: 140–144) Der Grund dafür liegt ihrer Meinung nach darin, dass die erste Gruppe der mental-reflexiv-emotiven Bewältigung von Lebenssituationen dient und dabei überkulturell und langfristig gedacht werden müsse. Dagegen diene die zweite Gruppe lebenspraktischen Zwecken und dabei müsse man kulturell kurzfristig denken. (vgl. 2008: 192 f.) Literarische Texte seien eher global, dagegen Sachtexte einzelkulturspezifisch zu verstehen. Die Textanalyse von Fix ist eher qualitativer Natur und nicht repräsentativ. Sie wählt z. B. einerseits westdeutsche und DDR-spezifische Sagen und andererseits den Extremfall einer stark formreduzierten Wohnungsanzeige im heutigen Russland als Argument aus, um die zwei Kategorien anhand dieser Textsorten zu demonstrieren und ihre Befunde darzustellen. Das Ergebnis ihrer Textanalyse lässt sich aber nicht ohne weiteres generalisieren. In diesem Kontext ist noch einmal ausdrücklich auf die Vielschichtigkeit und die Dynamik der Kulturalität von Texten bzw. der Kulturgeprägtheit von Textsorten zu verweisen. Denn die einzelkulturelle Geprägtheit der Textsorten sagt lediglich etwas über ihren kulturellen Status aus. Inwieweit, in welcher Intensität und in welcher Hinsicht eine Textsorte kulturbedingt ist, lässt sich nicht pauschalisieren und ist relativ zu betrachten. Das Ergebnis hängt davon ab, welche Kulturgemeinschaften in Kontrast gezogen werden, welche Textsorte in welchem Kommunikationsbereich analysiert wird und welche Parameter zum Textvergleich verwendet werden. Was literarische Texte betrifft, die grundlegende menschliche Emotionen ausdrücken, mag es sein, dass ihre gattungsbezogene Textstruktur und ihre grundlegenden Textmotive global ähnlich sind und historisch relativ stabil bleiben, obwohl innovative Veränderungen der Form durchaus vorkommen können (wie die Anwendung der Montagetechnik auf literarische Texte). Ihre Kulturgeprägtheit schlägt sich aber v. a. im Sprachstil und im Inhalt bzw. im Szenario nieder, textuelle Bestandteile, die sich von Kollektiv zu Kollektiv und von Zeit zu Zeit unterscheiden. Die chinesische Sage ist z. B. hinsichtlich der inhaltlichen Besetzung und des sprachlichen Stils völlig anders als die deutsche. Insofern muss die Untersuchung einzelner Textsorten berücksichtigt werden und die auf konkrete Textsorten bezogenen Untersuchungsergebnisse dürfen auch nicht vorschnell verallgemeinert werden, wenn von der Kulturalität von Texten die Rede ist.

Da sich der Aufmerksamkeitsfokus der Geisteswissenschaften bei der Verkulturwissenschaftlichung ihrer Disziplinen seit dem cultural turn (vgl. Linke 2003: 36) vor allem auf gesellschaftsbezogene und nicht auf die allgemeine menschliche Kultur im anthropologischen Sinne gerichtet hat, werden sich im Folgenden die Darstellung und die Erforschung der Kulturalität der Texte auf das zweite Verständnis der Kulturalität, nämlich auf die Einzelkulturspezifik der Textsorten beziehen.

3.3 Forschungsstand bezüglich der Kulturalität von Texten

Die Auseinandersetzungen mit der Kulturprägung von Texten sind nicht ganz neu und waren bzw. sind nicht vollständig an einen sprachwissenschaftlichen Ansatz gebunden. Die Diskussion darüber fand in verschiedenen Disziplinen statt. Seit den 1960er Jahren und zunehmend seit dem Beginn der 1980er Jahre haben sich u. a. die Fremdsprachendidaktik, die Übersetzungswissenschaft, die Fachsprachenforschung, die kontrastive Textlinguistik und seit den 1990er Jahren auch der Forschungsbereich Interkulturelle Kommunikation damit beschäftigt. Auch heute ist die interdisziplinäre Zusammenarbeit ein Kennzeichen dieses Forschungszweigs.

3.3.1 In der Didaktik

Ein Vorläufer der Beschäftigung mit der Kulturprägung von Texten stellt die didaktisch motivierte Untersuchung von Kaplan (1966) dar. Aufgrund von Beobachtungen im Unterricht von English as a Second Language an verschiedenen Universitäten in den USA mit dem Ergebnis, dass sich englischsprachige Aufsätze von Nichtmuttersprachlern von denen von Muttersprachlern insbesondere auf der Textebene unterschieden, hatte Kaplan 600 englischsprachige Prüfungsaufsätze ausländischer Studierender auf ihre Absatzstrukturierung hin untersucht. Daraus ergaben sich fünf typische Absatzstrukturen, die Kaplan den fünf Sprachgruppen Englisch, Semitisch,[27] Orientalisch,[28] Romanisch[29] und Russisch zuordnete. Nach Kaplan sind englischsprachige Texte linear aufgebaut, während semitische Texte parallel konstruiert sind. Dagegen sieht er orientalische Texte als einen sich nach innen bewegenden Kreis und somit indirekt und spiralförmig. Romanische Texte enthalten vom Thema abweichende, die Linie des Hauptthemas allerdings nicht beeinträchtigende Textteile, während russische Texte durch Abschweifungen gekennzeichnet sind, die sich oftmals als unwichtig erweisen. In letzterem Fall wird die Linie des Hauptthemas unterbrochen.

Obwohl die Untersuchung von Kaplan später bezüglich des zugrundegelegten Datenmaterials, der Untersuchungsmethode sowie des Inhalts stark kritisiert wurde,[30] machte er durch seine Pionierarbeit doch darauf aufmerksam,

---

27 In dieser Gruppe wurden arabische und hebräische Texte zusammengefasst.
28 In dieser Gruppe wurden chinesische und koreanische Texte zusammengefasst.
29 In dieser Gruppe wurden französische und spanische Texte zusammengefasst.
30 Lehker (1996: 163–171) hat die Kritik in methodischer und inhaltlicher Hinsicht zusammengefasst: In Bezug auf die Methode ist das Datenmaterial zahlenmäßig zu klein, um umfassende

dass verschiedene Sprachkulturen unterschiedliche Vertextungsmuster aufweisen und Texte unterschiedlicher kultureller Herkunft kulturspezifische Denkweisen bzw. Merkmale enthalten.

Diese kulturrelevanten Forschungsaspekte wurden in der Didaktik aufgenommen und in mehreren Forschungsarbeiten weitergeführt. Eßer (1997) geht davon aus, dass die wissenschaftliche Textproduktion und ihre Textsorten kulturell geprägt sind, was die fremdsprachliche Textproduktion und die fremdsprachlichen Texte beeinflusst. Sie vergleicht anhand von 30 Texten deutsche und mexikanische Textmuster von „wissenschaftlichen Hausarbeiten" bzw. des „schriftlichen Referats" in der Sprach- und Literaturwissenschaft und kommt zum Ergebnis, dass das deutsche Textmuster durch Theorielastigkeit, digressive Struktur und eine nüchterne, unpersönliche Darstellungsweise bestimmt ist. Dagegen zeichnet sich nach ihrer Untersuchung das mexikanische Textmuster durch Konkretheit, koordinierende Themenentfaltung, subjektiv gefärbte Darstellungsweise und sprachliche Eleganz aus. Sie fordert daraufhin zur Sensibilisierung der Fremdsprachenlernenden für solche kulturbedingten Musterunterschiede der Texte auf und entwickelt Didaktisierungsvorschläge für einen universitären Schreibunterricht im Rahmen Deutsch als Fremdsprache. Auch Hutz (1997) hat für didaktische Zwecke eine kontrastive linguistische Analyse von wissenschaftlichen Zeitschriftenartikeln vorgenommen. Er untersucht 60 deutsch- und englischsprachige Fachzeitschriftenartikel aus dem Bereich der Sozialpsychologie auf ihre Makrostruktur, Mikrostruktur und Sprachrealisierung hin, und kommt zu dem Ergebnis, dass diese Fachzeitschriftenaufsätze im Deutschen und im Englischen sowohl Ähnlichkeiten als auch Unterschiede aufweisen. Für den fachbezogenen Unterricht Englisch als Fremdsprache hat er eine Aufgabentypologie von der Rezeption zur Produktion entworfen und weist darauf hin, dass sich die muttersprachlichen Textmuster nur z. T. mit denen im Englischen decken und dass diese Textmuster hinsichtlich ihrer Häufigkeit und Anordnung kulturell geprägt sind. Insofern sieht er in der Bewusst-

---

Aussagen über Texte aus einzelnen Sprachfamilien treffen zu können. Außerdem wurden das Untersuchungskorpus und das Analyseinstrumentarium nicht detailliert dargestellt, sodass eine Überprüfung der Analyseergebnisse nicht möglich ist. Darüber hinaus wurden die Analyseergebnisse nicht einheitlich an L2-Texten dargestellt, sondern z. T. an ins Englische übersetzten L1-Texten. Inhaltlich gesehen ist es unzulässig, generelle Aussagen über ganze Kontinente oder Sprachfamilien zu machen, denn die Strukturierungsunterschiede von Texten sind lediglich auf Unterschiede zwischen Kulturen zurückzuführen. Zudem ist es nicht korrekt, L2-Texte zu untersuchen, um die Kulturspezifik der Muttersprache zu analysieren. Denn inwieweit ein Transfer von muttersprachlichen zu fremdsprachlichen Texten stattfindet, hängt von vielen Faktoren ab. Deswegen sollten zu diesem Zweck eher muttersprachliche Texte analysiert und verglichen werden.

machung von Textschemata in der Zielsprache eine wesentliche Aufgabe im fachbezogenen Fremdsprachenunterricht.

3.3.2 In der Übersetzungswissenschaft

In der Übersetzungswissenschaft wurde längst festgestellt, dass der systematische Vergleich textsortenspezifischer Merkmale für die Übersetzungsdidaktik und die Übersetzungspraxis von Bedeutung ist (vgl. Wilss 1977: 145 ff.). Schon seit Anfang der 1970er Jahre gibt es Versuche, durch interlinguale Vergleiche bestimmter Textsorten empirische Ergebnisse für ein textsortengerechtes Übersetzen bereitzustellen (vgl. Schmidt 1996: 430 f.). Bekannt wurden solche Forschungstätigkeiten bzw. ihre Diskussion aber erst nach der Einführung des Begriffs „Kontrastive Textologie" von Hartmann (1980) und Spillner (1981). Dabei wird verlangt, dass man „die Charakteristika von Textsorten auf allen Sprachebenen interlingual vergleicht" (Spillner 1981: 243). Zu diesem Forschungszweck schlägt Arntz (1990) drei methodische Schritte vor, nämlich die Analyse von Texten in Sprache A, die Analyse von Texten in Sprache B und den Vergleich der Analyseergebnisse der ersten beiden Schritte. Verglichen werden in diesem Zusammenhang nicht nur die textinternen (strukturellen), sondern auch die textexternen (kommunikativen) Aspekte. Dieser in der Übersetzungswissenschaft verankerte Ansatz wurde schließlich von anderen Disziplinen wie der Textlinguistik, der Fachsprachenforschung und später auch der Interkulturellen Kommunikationsforschung aufgegriffen und für die Untersuchung der Kulturgebundenheit der Textsorte fruchtbar gemacht, da er im Grunde genommen den Ausgangspunkt für eine kulturwissenschaftliche Textanalyse darstellt.

Um eine textsortengerechte und kultursensibilisierte Übersetzung vorzunehmen, ist der Sprachvergleich einer der wichtigen Übersetzungsmethoden in der Übersetzungswissenschaft. Dabei beschränkt sich die Aufmerksamkeit nicht lediglich auf die Wort- und morphologisch-syntaktische Ebene, sondern richtet sich auch auf Texte und Textsorten. Beispielsweise wurden in der Sektion des ersten Kongresses des Franko-Romanistenverbandes „Sprachvergleich und Übersetzen: Französisch und Deutsch" im Jahr 1998 und in den entsprechenden Kongressakten in Form eines Sammelbandes (Reinart/Schreiber 1999) „Plattenkritik", „Bedienungsanleitung", „Hypertexte" usw. im Deutschen und im Französischen kontrastiv untersucht, um Anregungen für die Übersetzungspraxis zu geben. Schließlich ist Übersetzen ein „kultureller Transfer" (Vermeer 1994: 30), dabei geht es weniger um eine „getreue Abbildung des Originals" (Snell-Hornby 1994: 25) als viel mehr um eine „Neugestaltung des Textes [...] als Teil der Zielkultur" (ebd.: 13).

3.3.3 In der Fachsprachenforschung

Insbesondere in der Fachsprachenforschung der 1980er Jahre wurde die Universalität bzw. die Kulturgebundenheit von Fachtexten diskutiert. Das Universalitätskonzept besagt, dass der wissenschaftliche Diskurs eine universelle, nicht an einzelne Sprachen gebundene Gattung sei. Begründet wird dies damit, dass in Fachtexten die gleichen intellektuellen und methodischen Handlungen ausgeführt, geteilte Begriffssysteme verwendet sowie das gleiche Instrumentarium des wissenschaftlichen Erkenntnisgewinns erprobt werden. Dieses Konzept wurde v. a. von Widdowson eingebracht:

> I assume that the concepts and procedures of scientific inquiry constitute a secondary cultural system which is independent of primary cultural systems associated with different societies. So although for example, a Japanese, and a Frenchmen, have very different ways of life, beliefs, preoccupations, preconceptions, and so on deriving from the primary cultures of the societies they are members of, as scientists they have a common culture. In the same way, I take it that the discourse conventions which are used to communicate the common culture are independent of the particular linguistic means which are used to realize them. Thus, for example, the expression of cause and effect relations and the formulation of hypotheses are necessary rhetorical elements in scientific discourse, but they can be given a very wide range of linguistic expression. So I would wish to say that scientific discourse is a universal mode of communicating, or universal rhetoric, which is realized by scientific text in different languages by the process of textualization. (Widdowson 1979: 51 f.)

Andere Vertreter des Universalitätskonzeptes wie Schwanzer (1981) und Ulijn (1982) hingegen beschrieben die Universalia in den wissenschaftlichen Fachsprachen v. a. durch Vergleiche syntaktischer und lexikalischer Phänomene und sahen die Universalität z. B. im Gebrauch künstlicher Symbole, in der Sachbezogenheit, der Entpersönlichung des Ausdrucks sowie der ökonomischen Darstellung. Dieses Konzept wird heute aufgrund des Mangels an empirischen Untersuchungen und der eurozentrischen Sichtweise kritisch beurteilt (vgl. Gläser 1992: 83–86).

Die Gegenposition zum Universalitätskonzept in der Fachsprachenforschung betonte dagegen die kulturellen Besonderheiten der Einzelsprachen, die man durch kontrastive Fachtextuntersuchungen nachzuweisen versuchte (vgl. Gläser 1992: 86 f.). Bezugspunkt dafür ist eine Hypothese von Galtung (1983), die verschiedene intellektuelle Stile postuliert. Galtung unterscheidet zwischen einem sachsonischen, einem teutonischen, einem gallischen und einem nipponischen intellektuellen Stil. Dabei steht die sachsonische Struktur für die englischsprachigen Länder mit England und den USA als Vertretern und wird metaphorisch als auf dem soliden Boden der Empirie errichtete kleine Pyramiden beschrieben, womit ihre Ausrichtung auf Thesenbildung und die

Darstellung von Fakten betont wird. Der teutonische Stil erstreckt sich von Deutschland bis nach Osteuropa einschließlich der ehemaligen Sowjetunion. Dieser wird als gigantische Pyramidenkonstruktionen veranschaulicht und als hierarchisch, abstrakt und theorieorientiert beschrieben. Die gallische Wissenschaft umfasst die romanischen Länder und Rumänien und wird als eine von Symmetrie gekennzeichnete Hängematte charakterisiert, sie lege ihren Wert nicht nur auf die Theoriebildung und Paradigmenanalyse, sondern betone v. a. die Spracheleganz. Schließlich bezieht sich die nipponische Kultur auf Japan und lässt sich als buddhistisches Rad verstehen, sie sei enzyklopädisch und akzentuiere die soziale Beziehung. Diese unterschiedlichen Denk- und Formulierungsstile, so Galtung, würden die Wissenschaftler eines bestimmten Kulturkreises beeinflussen, insofern könnten die Fachtexte, die die Wissenschaftler als Kommunikationsmittel verwenden, auch nicht universal sein.

Während Galtung seine These noch essayartig ohne empirisches Material formulierte, versuchte der deutsch-australische Fachsprachenforscher Michael Clyne (1981, 1984, 1987, 1991) anhand empirischer Untersuchungen die kulturspezifischen Differenzen in der Organisation wissenschaftlicher Texte nachzuweisen. In seiner Untersuchung von 52 englisch- und deutschsprachigen wissenschaftlichen Texten aus den Bereichen Linguistik und Soziologie kommt er zu dem Ergebnis, dass englische Texte linear aufgebaut und weniger abschweifend sind und mehr metatextuelle Hinweise auf den Textaufbau (advance organizers) geben, während deutsche Texte eine eher asymmetrische und leicht bis sehr digressive Struktur aufweisen.[31] D. h., auch die wissenschaftlichen Texte sind in ihrem strukturellen Aufbau kulturell geprägt und sozusagen kulturspezifisch.

Sowohl das Universalitätskonzept als auch das Konzept der Kulturspezifik werden hinsichtlich ihrer Pauschalisierung kritisiert, da sich das erstere in sei-

---

31 Gabriele Graefen (1994) setzt sich kritisch mit den Begriffen „Linearität", „Digression", „räumliche Verteilung" sowie „Vektorialität" eines Textes in Clynes Untersuchungen auseinander und weist darauf hin, dass diese formalen Strukturunterschiede letztendlich auf inhaltliche Differenzen in der Planung und Gewichtung von Textteilen zurückgeführt werden können. Insofern plädiert sie dafür, bei der kontrastiven Untersuchung deutscher und englischer Wissenschaftstexte als Methode in zunehmendem Maße die sprachlichen und nichtsprachlichen Mittel in der Verständigung zwischen Autor und Leser in deutschen und englischen Texten zu untersuchen. Auch Pöckl (1995) kritisiert die wertende Begrifflichkeit in der Textbeschreibung von Clyne, denn englische Texte werden z. B. mit den positiv konnotierten Wörtern „linear", „symmetrisch" bzw. „explizit" und anderssprachige Texte mit den abwertenden Attributen „nicht-linear", „asymmetrisch" bzw. „inkohärent" charakterisiert. Das drückt nicht nur einen angloamerikanischen Ethnozentrismus aus, sondern kann auch dazu führen, dass angloamerikanische Textmuster als nachahmenswerte Modelle aufgefasst werden.

ner Argumentation vor allem auf naturwissenschaftliche Texte und das letztere sich auf die Analyse von geisteswissenschaftlichen Texten bezieht. Damit wird eine Relativierungshypothese aufgestellt. Schröder (1989: 37) fordert eine Differenzierung innerhalb der wissenschaftlichen Disziplinen sowie ihrer Fachsprachen, wobei er nur den naturwissenschaftlich-technischen Texten universelle Strukturen zuspricht und gesellschaftswissenschaftliche Fachtexte als kulturgebunden beschreibt. Gnutzmann/Oldenburg stellen diese beiden Konzepte ebenfalls infrage und formulieren die folgenden Thesen:

- „Je mehr ein Fachgebiet kulturübergreifenden, also einzelkulturabhängigen Charakter hat, das heißt sein eigentlicher Gegenstandbereich nicht in der Primärkultur liegt und somit nicht oder kaum ‚gesellschaftsbezogen' ist, desto größer ist die Tendenz zur Verwendung sprachübergreifender, universeller Diskursmuster."
- „Je mehr der Gegenstandsbereich eines Fachgebietes in der Primärkultur verankert ist, je mehr er als ‚gesellschaftsbezogen' charakterisiert werden kann, desto wahrscheinlicher ist, daß bei der Versprachlichung wissenschaftlicher Sachverhalte kulturspezifische Diskursmuster verwendet werden."

(Gnutzmann/Oldenburg 1990: 213)

Zur Überprüfung ihrer Relativitätshypothese haben Gnutzmann/Lange (1990) und Oldenburg (1992) Teiltexte von deutschen und englischen Fachzeitschriftenartikeln („Einleitung" bzw. „Introduction", „Zusammenfassung" bzw. „Conclusion") untersucht und herausgefunden, dass Teiltexte naturwissenschaftlicher wie technischer Fächer (z. B. Mathematik, Maschinenbau) sprachübergreifende Strukturen besitzen, während Teiltexte der Geistes- und Sozialwissenschaft (z. B. Pädagogik, Linguistik, Wirtschaftswissenschaften) variable Textmuster aufweisen. Sie verifizieren dahingehend auch ihre Hypothesen.

Die Relativitätshypothese motivierte eine Reihe weiterer Untersuchungen, die in verschiedenen Fachgebieten, mit verschiedenen Textsorten und z. T. auch über die englische Sprache hinaus ganztextlich durchgeführt wurden. Sachtleber (1993) hat zehn deutsche und zehn französische Kongressakten (verschriftlichte Vorträge) aus dem Bereich Linguistik bezüglich ihrer Textorganisation verglichen und deutliche Unterschiede sowohl bei der Textoberfläche als auch hinsichtlich der thematischen Entfaltung und der Handlungstypen festgestellt. Sie zieht den Schluss, dass zumindest in den sogenannten kulturabhängigen Disziplinen einzelsprachliche Vertextungsmuster existieren und mit textlinguistischen Mitteln zu beschreiben sind. In der bereits in 3.3.1 vorgestellten Untersuchung von Hutz (1997) werden dagegen deutsche und englische wissenschaftliche Artikel aus dem Fachgebiet Sozialpsychologie in den

Fokus genommen. Sein Untersuchungsergebnis, dass es sowohl auf der makrostrukturellen als auch auf der mikrostrukturellen Sprachebene eine Reihe interlingualer Gemeinsamkeiten aber auch Unterschiede gibt, führt er darauf zurück, dass sich die Sozialpsychologie weder der Naturwissenschaft noch der Geisteswissenschaft eindeutig zuordnen lässt und sich im Spannungsfeld zwischen ihnen befindet. Somit stehen nach Hutz (1997) sozialpsychologische Texte in einer Zwischenposition auf einem Kontinuum zwischen kulturübergreifenden und kulturspezifischen Diskursmustern. Er lehnt eine generalisierende Aussage zugunsten eines der beiden Konzepte ab und schließt sich der fachgebietsbedingten Relativitätshypothese an. Noch breiter angelegt ist die Untersuchung von Busch-Lauer (2001), indem sie deutsche und englische Fachtexte aus dem Fachbereich Medizin und Linguistik nicht nur interlingual sondern auch interdisziplinär betrachtet und zudem sowohl Textsortenvarianten der Zeitschriftenaufsätze (Experimentalstudien, Fallstudien sowie Übersichtsartikel in der Medizin und Originalarbeiten sowie Übersichtsartikel in der Linguistik) als auch verschiedene Textsorten der Fachtexte (neben Zeitschriftenartikeln auch Leserbriefe) in ihrer Korpusbildung berücksichtigt. Der interlinguale Vergleich ergibt, dass englische Texte in beiden Fachgebieten stärker agenszugewandt und adressatenbezogen, die deutschen Texte dagegen eher agensabgewandt und objektbezogen sind und dass sich englische und deutsche Texte insbesondere bezüglich der Textsorte Leserbriefe in der fachlichen Auseinandersetzung mit fachlichen Inhalten und ihren Autoren unterscheiden. Mit dem interdisziplinären Untersuchungsergebnis lässt sich nachweisen, dass die Textgestaltung medizinischer Texte im Wesentlichen einem Prozess-Ergebnis-Charakter und zudem je nach der Textsorte einem konventionalisierten Textmuster folgt. Hingegen sind linguistische Texte erörternd-argumentativ, was sich in nicht so stark konventionalisierten Textsortenmustern niederschlägt. Busch-Lauer weist darauf hin, dass Textsorten in verschiedenen Fächern unterschiedliche Relevanz und sprachlich-textuelle Ausprägung in Form von Textsortenvarianten haben, da der Kommunikationsgegenstand und die in einem Fach verwendeten Untersuchungsmethoden die Textgestaltung entscheidend prägen. Mithilfe der Untersuchung von Instruktionen von Autoren in Fachzeitschriften führt sie die Standardisierung von medizinischen Texten darauf zurück, dass die Dominanz der anglo-amerikanischen Forschung in diesem Fachgebiet zu einer Anglisierung der fachlichen Kommunikation geführt und textuelle Unterschiede zwischen deutschsprachigen, L2-englischen und L1-englischen Fachtexten durch die Anpassung an die anglophonen Normen immer mehr aufgehoben hat. Im Gegensatz dazu sind ihrer Meinung nach in der Linguistik derartige Entwicklungen nicht in einem solchen Umfang zu beobachten, denn linguistische Texte werden stärker von subjektiven Kommunikationsbedingungen bestimmt. Sie zieht die Schlussfolgerung, dass man nicht von einer globalen Universalität der Wissenschaft sprechen kann, sondern differenzieren muss.

Es gibt aber auch Untersuchungen, deren Ergebnis nicht eindeutig für die Relativitätshypothese spricht. Trumpp (1998) hat z. B. fünf Textsorten (wissenschaftliche Artikel in Fachzeitschriften und Kongressakten, Abstracts, Fachbuchbesprechungen, Auszüge aus Lehrbüchern und Fachzeitschriftenartikel für Praktiker) in drei Sprachen (Englisch, Deutsch und Französisch) in der Sportwissenschaft untersucht. Im interlingualen Vergleich zeigt sich, dass sich die drei Sprachen je nach Textsorte in der Ausprägung eines Vertextungskriteriums zwar gleichen aber auch deutlich unterscheiden und die Unterschiede bezüglich der Textsorte hinsichtlich der Untersuchungsparameter anders und mit unterschiedlicher Intensität verteilt sind. Zur Überprüfung der Relativitätshypothese hat sie Fachtexte nicht nach Disziplinen sondern nach Forschungsmethoden getrennt analysiert, und zwar mit der Überlegung, dass diese beiden stark miteinander korrelieren. Allerdings wird die Hypothese, dass zwischen empirischen Texten die sprachkulturbedingten Unterschiede in der Vertextung wissenschaftlichen Wissens geringer sind als zwischen nicht-empirischen Texten, nicht bestätigt. Denn sie kann keine signifikanten Unterschiede in allen untersuchten Parametern finden.

Sowohl das Universalitätskonzept, das Konzept der Kulturspezifik als auch die Relativitätshypothese haben meines Erachtens gemeinsam, dass sie alle Kultur lediglich als Sprachkultur und andere kollektivbezogenen Kulturformen nicht als solche verstanden haben. Das sogenannte „secondary cultural system" in der Wissenschaft nach Widdowson (1979: 519) stellt nach unserem Kulturverständnis in 3.1.2 jedoch durchaus eine eigene Kultur in der Scientific community dar. Ähnlich sollte es z. B. auch die Kultur der Naturwissenschaft, die Kultur der Geisteswissenschaft und die Kultur einer bestimmten Disziplin geben. Dabei stehen diese Kulturen bestimmter wissenschaftlicher Gemeinschaften miteinander sowie mit der entsprechenden Sprachkultur in enger Beziehung und üben wechselseitigen Einfluss aus. Die Diskussion über Universalität, Kulturspezifik und Relativität der Wissenschaftssprache bedeutet letztendlich, ob und inwieweit die Sprachform der Scientific communitiy von den verschiedenen Sprachkulturen beeinflusst wird oder nicht.

Das Universalitätskonzept muss jedoch bereits an der Bezeichnung „Universalität" scheitern, wenn unter Universalität „allgemeine Erscheinungen (Einheiten, Eigenschaften, Beziehungen) in möglichst vielen oder allen Sprachen der Erde" (Schwanzer 1981: 214) zu verstehen sind. Abgesehen davon, dass der vom Universalitätskonzept postulierte einheitliche wissenschaftliche Sprachstil nicht in allen natürlichen Sprachen untersucht wurde, was methodisch auch schwer zu realisieren wäre, hält er nicht einmal disziplindifferenzierenden Untersuchungen stand. Die Relativitätshypothese hält an einem Teil der Universalien der Wissenschaftssprache fest und spricht zumindest der naturwissenschaftlichen bzw. technischen Sprache die größere Tendenz zur Universalität zu. Allerdings wurde diese Hypothese bisher auch nicht an allen oder zumindest an möglichst vielen Sprachen und nicht in allen Disziplinen überprüft. Außerdem zeigen die einzelnen Untersuchungen bei einer beschränkten Anzahl von Sprachen und Disziplinen zwar in den meisten Fällen die größere Tendenz der naturwissenschaftlichen Disziplinen zu universellen Diskursmustern im Gegensatz zu den geistwissenschaftlichen Disziplinen, allerdings verlangt das Wort „Tendenz" bereits eine gewisse Relativierung, denn die einzelnen Untersuchungen verweisen nicht nur auf die sprachübergreifenden interdisziplinären Gemeinsamkeiten, sondern auch auf Unterschiede, wie die oben dargestellten empirischen Forschungen gezeigt haben. Somit kann man bei der Relativitätshypothese höchstens von den mehr übereinzelsprachlichen Gemeinsamkeiten der naturwissenschaftlichen bzw. technischen Disziplinen im quantitativen Sinne sprechen, wobei ihnen eine weniger sprachbezogene Kulturalität nicht vollständig abzusprechen ist. Obwohl im Zuge der Internationalisierung der Wissenschaften – insbesondere der Naturwissenschaften – eine gewisse Angleichung der wissenschaftlichen Denkmuster in der Wissenschaft nicht geleugnet werden kann, die auch empirisch bestätigt wurde,[32] lassen sich gewisse einzelsprachspezifische Besonderheiten in einer bestimmten Textsorte immer finden, solange Texte in Natursprachen statt in Kunstsprachen geschrieben werden. Hinzu kommt, dass die Globalisierung nicht nur zur Angleichung sondern auch zum verstärkten Bewusstsein der Bewahrung der eigenen kulturellen bzw. sprachlichen Identität führt.

Am kulturspezifischen Konzept wird oft kritisiert, dass es übergeneralisiert sei. Denn man könne die Forschungsergebnisse (z. B. von Clynes) nicht ohne weiteres auf andere wissenschaftliche Bereiche und andere Textsorten übertragen (vgl. Hutz 1997: 67). In der Tat ist es immer an eine konkrete Textsorte und an einen konkreten Kommunikationsbereich gebunden, wie und inwieweit Texte sprachkulturbezogen sind. Obwohl die verschiedenen Kollektive derselben Sprachgemeinschaft von den Denkmustern und Sprachanwendungsgewohnheiten der gemeinsamen Sprachkultur als Dachkultur geprägt sind, können sie durchaus jeweils ihre eigenen Varianten und somit auch ihre eigene Identität bilden.

---

[32] Ylönen et al. (1989) haben medizinische Fachtexte des Deutschen zwischen 1884 und 1989 diachronisch untersucht und die Entwicklung kulturspezifischer Muster des medizinischen Diskurses hin zur Angleichung an angloamerikanische Vertextungsschemata gezeigt.

Natürlich kann eine Textsorte zwischen verschiedenen Disziplinen und verschiedenen Sprachen neben den Unterschieden durchaus Gemeinsamkeiten aufweisen. Diese transkulturellen Konvergenzen der Textsorte schließen das Verständnis der Kulturgeprägtheit von Textsorten, bei der die Aufmerksamkeit eher auf der Untersuchung der Unterschiede liegt, nicht aus. Außerdem bedeutet Kulturgeprägtheit von Textsorten in der Wissenschaft nicht, dass eine Textsorte einer Sprache in allen wissenschaftlichen Kommunikationsbereichen demselben Vertextungsmuster folgt und im Vergleich zu dieser Textsorte in allen anderen Sprachen dieselben Unterschiede aufweist. Vielmehr bedeutet dies lediglich, dass eine Textsorte in verschiedenen Sprachen und in verschiedenen Kollektiven bezüglich bestimmter Vergleichsparameter der Vertextung anders realisiert ist, wobei die Unterschiede sowie die Intensität der Unterschiede je nach dem Vergleichssprachpaar und je nach der wissenschaftlichen Disziplin variieren können. Insofern bin ich der Meinung, dass Textsorten auch in der Wissenschaft kulturgeprägt sind, sowohl sprachkulturell als auch disziplinbezogen.

3.3.4 In der Sprachwissenschaft

Zu Beginn der 1970er Jahre war die kontrastive Linguistik noch stark mit dem strukturalistischen Aspekt verwoben und wurde aufgrund ihrer Festlegungen auf die phonetisch-phonologische, morphologisch-syntaktische oder semantische Sprachebene auch als „Kontrastive Grammatik" bezeichnet (vgl. Baumann/Kalverkämper 1992: 10). Erst am Ende der 1970er Jahre wurde die methodologische Öffnung hin zur Dimension von Texten vollzogen (vgl. ebd.: 13). Allerdings sind selbst nach der Einführung des Begriffs „Kontrastive Textologie" in die Sprachwissenschaft nur wenige vergleichende Textforschungsarbeiten in den 1980er Jahren entstanden, die auf die Kulturgebundenheit von Texten eingehen.

Erst mit der Entwicklung der Interkulturellen Kommunikationsforschung und durch die Einführung der interkulturellen Perspektive in die verschiedenen Disziplinen in den 1990er Jahren erlebt die interlinguale Textforschung einen Aufschwung. In der Text(sorten)linguistik wird der soziale (kulturelle) neben dem sprachlichen und kognitiven Aspekt bei der Textsortenuntersuchung vermehrt beachtet (vgl. Fix 2008: 103), wobei Kulturalität als zusätzliches Kriterium von Textualität gilt (vgl. ebd.: 134). Was konkrete Forschungen betrifft, so widmen sich viele textlinguistische Arbeiten eigens dem Thema der Kulturspezifik von Textsorten (z. B. die Beiträge in Fix/Habscheid/Klein 2001). Analysiert werden einerseits die Makrostruktur und andererseits die kommunikativen Muster der Textsorte, sodass Aussagen über die Unterschiede bzw. die

Besonderheiten derselben Textsorte oder die unterschiedliche Realisierung derselben Kommunikationsfunktion in verschiedenen Sprachen gemacht werden können. Die verglichenen Sprachen sind nicht mehr nur auf Deutsch, Englisch, Französisch oder andere europäische Sprachen beschränkt. Beispielsweise ist auch Chinesisch zunehmend vertreten (z. B. Liang 1991; Lehker 1997; Yin 1999).

Interessanterweise wurde zu Anfang des neuen Jahrtausends in der Textlinguistik die Bezeichnung „Kontrastive Textologie" wieder belebt und man begann mit dem Versuch, diese als selbstständige linguistische Teildisziplin zu etablieren. Allerdings wird inzwischen der Vergleichsrahmen weiter abgesteckt. Denn es geht in diesem Zusammenhang nicht mehr lediglich um die Untersuchung der kulturellen Geprägtheit von Textsorten bzw. kommunikativen Mustern allein, sondern auch um die Erforschung der unterschiedlichen Strukturen von Textsortennetzen und Diskurssystemen, in denen die Einzelkulturen ebenfalls sichtbar werden. Der Zweck dabei ist, die Kluft zwischen Textsorten und kulturellen Denk- und Lebensformen zu überbrücken (vgl. Adamzik 2001: 37 f.).

Zu erwähnen ist außerdem, dass in der jüngeren Zeit die neue Forschungsrichtung „Interkulturelle Linguistik" in die Diskussion eingebracht wurde (s. Hermanns 2003, Földes 2003). Nach Hermanns (2004: 363 f.) bezeichnet Interkulturelle Linguistik alle Linguistik, die bei Bestimmung und Beschreibung ihres Gegenstandes Sprache hinsichtlich ihrer Kulturgebundenheit untersucht und auf Unterschiede und Gemeinsamkeiten verschiedener Sprachkulturen achtet. Neben Semantik und Semiotik sieht er Pragmatik als wichtige Bezugsdisziplin der Interkulturellen Linguistik an, wobei Textsorten, kommunikative Gattungen, Sprechakte usw. unter ihrem interkulturellen Aspekt behandelt werden. Was die Textsorten angeht, geht er davon aus, dass Kulturen sich durch die in ihnen gängigen Textsorten sowie durch deren (kulturübliche) Gestaltungsformen voneinander unterscheiden (vgl. ebd.: 369), was ebenfalls eine Kulturgeprägtheit von Textsorten voraussetzt.

3.3.5 In der Interkulturellen Kommunikationsforschung

Während Textsorten in der linguistischen Forschung den eigentlichen Untersuchungsgegenstand darstellen, dienen sie in der Interkulturellen Kommunikationsforschung als Mittel zum Zweck, um die tieferliegenden kulturellen Unterschiede oder die allgemeinen kulturspezifischen Denkstrukturen aufzuzeigen. Dabei beschränken sich die Forschungen nicht mehr auf die z. B. von Pöckl (1999) angeführten Textsorten mit hohem bis mittlerem Standardisierungsgrad wie Lebenslauf, Kochrezept oder Anzeige. Vielmehr werden auch komplizierte

Textsorten auf ihre verbalen (lexikalischen, syntaktischen und rhetorisch-stilistischen Vertextungsmittel, Makrostrukturen, funktionalen und thematischen Elemente usw.), paraverbalen (Typographie, Satzanordnung, Spaltenanordnung, Interpunktion, Schriftart, Schriftgröße usw.), nonverbalen (Format, Papierqualität, Farbe, Layout, Bilder usw.) und extraverbalen (Zeit, Raum, soziale Variablen usw.) Merkmale hin untersucht. Denn diese unterschiedlichen Vertextungselemente innerhalb eines Kultursystems und im Rahmen der Realisierung einer Textsorte bilden schließlich einen in sich homogenen Verweisungszusammenhang (vgl. Bolten et al. 1996: 415). Bolten et al. (1996) haben z. B. amerikanische, britische, deutsche, französische und russische Geschäftsberichte aus der Automobilbranche auf diesen verschiedenen semiotischen Ebenen analysiert und die Hypothese von Galtung (1983) über die unterschiedlichen intellektuellen Stile weitgehend bestätigt. Ähnlich hat Zhao (2008) (vgl. 3.2.2) deutsche und chinesische Imagebroschüren aus der pharmazeutischen Industrie und aus der Textilindustrie ebenfalls auf diesen vier Ebenen verglichen, wobei Bilder als eines der wichtigsten Vertextungsmittel dieser Textsorte hinsichtlich der Bildtypen, der Bildstruktur, des Bildinhalts und der Bildfunktion detailliert untersucht wurden. Die unterschiedlichen Kommunikationsstile hat sie schließlich, ausgehend von der deutschen und chinesischen kulturellen Tiefenstruktur, zu erklären versucht.

Diese Forschungssicht wurde im Zuge der Verkulturwissenschaftlichung der Geisteswissenschaften auch von der Linguistik übernommen. Beispielsweise wird in der Sprachgeschichtsbeschreibung die Sprachgeschichte zunehmend als Kulturgeschichte verstanden (vgl. Gardt/Haß-Zumkehr/Roelcke 1999). Als Folge davon wird der Akzent sprachhistorischer Analysen nicht mehr auf die Einbettung sprachlicher Phänomene in umfassendere kulturelle Zusammenhänge gelegt, sondern die historische Textanalyse geht über die Mechanismen der linguistischen Pragmatik hinaus, sodass die Erschließung von Textsinn als Weg zur Rekonstruktion von außersprachlichem Kontext zu verstehen ist (vgl. Linke 2003: 46). In der Textlinguistik werden ebenfalls immer mehr über die Textsortenanalyse hinaus die sprachkulturbedingten Besonderheiten bzw. die historischen Veränderungen der Textmuster aus der jeweiligen mentalen Kultur bzw. dem sozialen Leben erklärt, wie die Arbeit von Zhao/Zeng (2013) gezeigt hat (vgl. 3.2.2).

Zusammenfassend hat die Kulturgebundenheit von Texten in der Textlinguistik und in ihren benachbarten Disziplinen bereits eine allgemeine Anerkennung gefunden. In der Forschung zeigt sich darüber verstärkt die Tendenz zur interdisziplinären Zusammenarbeit. Während die Untersuchungsergebnisse der Textlinguistik weiterhin der Fremdsprachendidaktik und der Übersetzungswissenschaft zur Verfügung gestellt werden, bedienen sich diese Disziplinen der textlinguistischen Untersuchungsmethode direkt, um sie in ihrem Praxisalltag zu nutzen. Darüber hinaus lässt sich bei der Analyse der Kulturgeprägtheit von Textsorten beobachten, dass die Erklärung der linguistischen Forschungsergebnisse aus der kulturellen Tiefenstruktur bzw. das Schließen von den linguistischen Phänomenen auf soziales und kulturelles Leben zunehmend als Bestandteil der Forschung zur Kulturgeprägtheit der Textsorten angesehen wird. Allerdings beschränken sich die Untersuchungen vorerst auf die unterschiedlichen Textsortenrealisierungen, während es Forschungen zum Textsortenrepertoire in einer Kultur so gut wie nicht gibt. Denn letztere sind mit sozialwissenschaftlichen Forschungen zu vergleichen und verlangen über die linguistischen Disziplinen hinaus eine breitere interdisziplinäre Zusammenarbeit.

3.4 Forschungsaufgaben bezüglich der Kulturalität von Texten

Aus den obigen Darstellungen ist zu ersehen, dass die konkreten Text- bzw. Textsortenuntersuchungen sowie die Diskussionen in verschiedenen Disziplinen zwar die verschiedenen Aspekte der Kulturgebundenheit von Texten mehr oder weniger gezeigt, aber nicht direkt auf die Kulturalität als eins der wichtigen Textualitätsmerkmale verwiesen haben. Insgesamt mangelt es bisher an systematischen empirischen Untersuchungen der Kulturalität von Texten. Folgende Punkte sind bei Forschungen zur Kulturalität von Texten besonders zu beachten:
– Neben dem interlingualen Vergleich sind auch die anderen interkollektiven Dimensionen bezüglich der Erforschung der Kulturalität von Texten in den Blick zu nehmen. Denn Kultur in Bezug auf „Lebenswelten" oder „Kollektive" ist nicht zwangsläufig fest an „Sprachgemeinschaft", „Nation" oder „Ethnie" gebunden. So sind auch verschiedene soziale Gruppen zu berücksichtigen, zum Beispiel Altersgruppen, Geschlechtsgruppen, Berufsgruppen, Gruppen verschiedener sozialer Schichten etc. Texte einer Textsorte oder ähnlicher Textsorten sind durch den spezifischen Sprach- und Handlungsstil des jeweiligen Kollektivs charakterisiert und dadurch voneinander differenziert.
– Bei der Untersuchung der Kulturalität von Texten sollte deutlicher die Genese der Textsorte beachtet werden. Denn die Kultur einer Gemeinschaft bleibt nicht statisch, sondern ist historischen Veränderungen unterworfen. D. h., Kultur weist auch eine diachronische Dimension auf. Durch Vergleiche entlang der diachronischen Achse kann nämlich die historische

Dimension der Kulturalität von Texten sichtbar gemacht werden. Obwohl in der Forschung zur Sprachgeschichte gefordert wird, diese ansatzweise als eine Art Textsortengeschichte zu verstehen mit dem Ziel, das zum jeweiligen historischen Zeitpunkt bestehende Spektrum von Textsorten und der historisch bedingten Veränderungen von bestimmten Textmustern zu erfassen (vgl. Schenker 1977, Steger 1998), ist die diachrone Beschreibung des Textsortenwandels unter dem Aspekt einer Kulturalitätsanalyse noch selten.
- Die Kulturgeprägtheit von Textsorten besagt auch, dass die anderen Textualitätsmerkmale, d.h. die Textfunktion, der Textinhalt, der Textstil, das Textmuster und der intertextuelle Bezug kulturbezogen sind. Wie die Kulturalität und diese Textualitätsmerkmale aufeinander zu beziehen sind, dazu fehlen bislang leider noch Forschungsarbeiten.

Angesichts der aktuellen Forschungssituation wird im folgenden Teil des Buches versucht, wissenschaftliche Zeitschriftenartikel in der Geisteswissenschaft interlingual, interdisziplinär und diachron zu vergleichen, um die Kulturgeprägtheit dieser Textsorte und die Beziehung zwischen der Kulturalität und anderen Textualitätsmerkmalen zu diskutieren.

4 Korpusbildung und Untersuchungsmethode

Nach der vorangegangenen theoretischen Erörterung wird in diesem Buch die Kulturalität von Texten exemplarisch anhand der Analyse wissenschaftlicher Zeitschriftenartikel in interlingualer, interdisziplinärer und diachroner Dimension empirisch dargestellt, wobei zugleich auch über die Beziehung zwischen Kulturalität und anderen Textualitätsmerkmalen diskutiert wird. In diesem Kapitel werden wir zunächst die wissenschaftlichen Zeitschriftenartikel als Forschungsgegenstand vorstellen und dann auf die Korpusbildung und die konkrete Untersuchungsmethode zur Analyse der Korpustexte eingehen.

4.1 Merkmale wissenschaftlicher Zeitschriftenartikel

Wissenschaftliche Zeitschriftenartikel sind, einfach gesagt, die in einer wissenschaftlichen Zeitschrift veröffentlichten Texte, die jeweils eine inhaltliche und formale Geschlossenheit sowie eine relative Selbstständigkeit aufweisen. Ihre Entstehung ist eng verbunden mit der wissenschaftlichen Entwicklung und ist Ergebnis der Institutionalisierung von Wissenschaft. Denn erst wenn ein gesamtgesellschaftlicher Bedarf an Wissen sowie an Wissenserweiterung besteht, d. h. „an Verständigung über den erreichten Wissensstand, an Feststellung der Defizite und an Zugänglichkeit des neu erarbeiteten Wissens", können wissenschaftliche Zeitschriftenartikel „eine *gesellschaftlich notwendige Form* der schnellen Verständigung und Mitteilung" werden (Graefen 1997: 56, kursiv im Original). Graefen (ebd.: 56) nennt vier Voraussetzungen für ihre Entstehung:

- die drucktechnische Möglichkeit der schnellen Produktion, Vervielfältigung und Verbreitung von Texten,
- die Loslösung der Wissenschaft(en) von Religion und schöner Literatur,
- die ökonomische und politische Nutzbarkeit von Wissenselementen, so daß Forschung ein Mittel der Verwertung werden konnte,
- die durch Ausbildungsprozesse gefestigte Existenz einer beruflich mit Forschung befaßten ‚Schicht' von Fachleuten und Wissenschaftlern.

Die erste wissenschaftliche Zeitschrift war *The Philosophical Transactions of the Royal Society of London*, gegründet im Jahr 1665 (vgl. Swales 1990: 110). Allerdings hatten die Beiträge in der Anfangszeit einen Briefstil, indem der Herausgeber in der ersten Person mitteilte, welche interessanten Informationen er seinen Briefwechseln mit Gelehrten entnahm; erst im Laufe des 18. Jahrhunderts wurde dieser persönliche Stil überwunden und die Beiträge nahmen immer mehr den Stil moderner wissenschaftlicher Artikel an (vgl. Bazermann 1988, zitiert nach Swales 1990: 110, Graefen 1997: 54, Graefen/Thielmann 2007: 70 f.). In Deutschland wurden wissenschaftliche Zeitschriften erst herausgegeben, nachdem im Jahr 1700 die Berliner Akademie der Wissenschaft von Leibniz gegründet worden war (Graefen 1997: 53). Jedoch wurden aufgrund der weitgehenden sprachlichen Trennung zwischen der mündlichen Form auf Deutsch und der schriftlichen Form auf Lateinisch bzw. auf Französisch im deutschsprachigen Raum die Beiträge im 18. Jahrhundert vorwiegend auf Lateinisch oder Französisch geschrieben. Erst gegen Ende des 18. Jahrhunderts konnten sich deutschsprachige wissenschaftliche Artikel etablieren[33] (vgl. Sachtleber 1993: 18–22, Graefen 1997: 51–54). In China war die Entstehung wissenschaftlicher Zeitschriftenartikel ebenfalls eng mit der Institutionalisierung der Wissenschaft verbunden, und zwar mit der Herausgabe von wissenschaftlichen Journalen von Hochschulen bzw. von deren Vorläufern. Im Jahr 1889 gab das St. John's College in Shanghai das Journal *Yuehan Sheng (The St. Johns Echo)* heraus, die erste wissenschaftliche Zeitschrift Chinas überhaupt. Mit etwas Abstand folgte dann im Jahr 1905 das agrarwissenschaftliche Journal *Beizhi Nonghua Bao* von der Hohen Agrarschule Zhili und ein Jahr später das *Dongwu Yuebao* von der Dongwu Universität in Suzhou (vgl. Wang/Xiong 2006: 8). Diese Zeitschriften markieren den Beginn bzw. die Entstehung der wissenschaftlichen Zeitschriftenartikel in China.

Aufgrund der komprimierten Form und der Aktualität des von ihnen vermittelten bzw. verbreiteten Wissens spielen wissenschaftliche Zeitschriftenartikel in der wissenschaftlichen Kommunikation eine wichtige Rolle. Sie werden als „the key genre both quantitatively and qualitatively" (Swales 1990: 177), als „Leitgattung der modernen Wissenschaftssprache" (Weinrich 1995: 159) und als „Kern des aktuellen, effizienten Informationsaustausches zwischen Wissenschaftlern bzw. Fachleuten" (Busch-Lauer 2001: 16) bezeichnet. Zwar wird nach der Einschätzung Lipperts (1981: 5) ihre Bedeutung häufig eher für die naturwissenschaftliche Kommunikation betont:

> Der Fortschritt der Geisteswissenschaft schlägt sich im wesentlichen in Büchern, jener der Naturwissenschaften und der Medizin in Zeitschriften nieder.

---

33 Nach Schiewe (2007: 38–43) hat Gottfried Wilhelm Leibniz (1646–1716) den entscheidenden Anstoß zur Umgestaltung des Wissenschaftsdiskurses von der lateinischen zur deutschen Sprache in Deutschland gegeben, Christian Thomasius (1655–1728) diese Umgestaltung praktiziert, indem er 1687 die erste deutschsprachige Vorlesung an der Universität Leipzig gehalten, und Christian Wolff (1679–1754) die Ausgestaltung einer deutschen Wissenschaftssprache in der ersten Hälfte des 18. Jahrhunderts systematisch entwickelt hat.

Dennoch weisen Auer/Baßler (2007: 25f.) darauf hin, dass sich auch in den Geisteswissenschaften die Gattung der wissenschaftlichen Publikation verändert hat. Denn während in den 50er Jahren des letzten Jahrhunderts in der Anglistik z. B. noch das Buch das herausragende Medium für wissenschaftliche Neuheiten gewesen sei, habe sich das Verhältnis inzwischen eindeutig zu Gunsten der wissenschaftlichen Zeitschriftenartikel und Beiträge in Sammelwerken verlagert.

Insgesamt können wissenschaftliche Zeitschriftenartikel wie folgt beschrieben werden (vgl. Gläser 1990: 66–73, Graefen 1997: 57f., Hutz 1997: 77):
- Sie sind Produkte einer wissenschaftlichen Auseinandersetzung des Autors mit einem Forschungsthema bzw. einem wissenschaftlichen Problem und somit ein Beitrag zum Fortschritt der Wissenschaft.
- Sie ermöglichen den schnellen und effizienten Informationsaustausch zwischen Wissenschaftlern und erleichtern den schnellen Zugriff auf aktuelle Informationen.
- Sie bilden eine wichtige Form der fachinternen Kommunikation zwischen Wissenschaftlern. Der Autor besitzt einen durch Forschung entstandenen Wissensvorsprung und durch Vermittlung dieses Wissens an andere Wissenschaftler in derselben Diskursgemeinschaft kann ein Wissensausgleich erreicht werden, indem der Rezipient dieses Wissen zur Kenntnis nimmt und in das vorhandene Wissen integriert.
- Sie vermitteln Fachinformationen und haben insgesamt eine informative Textfunktion. Sie sind Oberbegriff für mehrere Textsortenvarianten wie Übersichtsartikel über den Forschungsstand, den Problemaufsatz bzw. den erörternden Fachartikel, die Experimentalstudie und die Fallstudie.

4.2 Forschung zu wissenschaftlichen Zeitschriftenartikeln

In der zunehmenden Verwissenschaftlichung der Gesellschaft spielt die wissenschaftliche Kommunikation sowohl innerhalb einer Kultur als auch interkulturell eine immer wichtigere Rolle. Als ein wichtiges Mittel der Wissenschaftskommunikation sind wissenschaftliche Zeitschriftenartikel somit schon seit langem für die textlinguistische Forschung von großem Interesse und es wurden bereits zahlreiche Arbeiten dazu veröffentlicht. Allerdings werden die Forschungen in verschiedenen Fachbereichen, unter verschiedenen Fragestellungen, in Bezug auf unterschiedliche Sprachen und mit spezifischen Schwerpunktsetzungen betrieben.

4.2.1 Untersuchungen bezüglich der Erstellung von Textsortentypologie

In der textsortentypologischen Forschung werden allgemeine Merkmale wissenschaftlicher Zeitschriftenartikel beschrieben, was aber im Rahmen der Textsortendeskription vor allem zur Verifikation der entsprechenden Texttypologie dient. Gläser (1990) hat z. B. für die Typologisierung englischer Fachtexte ein Stufenmodell entwickelt, „das in deszendenter Richtung von textexternen Faktoren in Form des fachlichen Kommunikationsbereiches und der speziellen Kommunikationssphäre ausgeht, Texte nach ihrer kommunikativen Funktion spezifiziert, Textsorten als prototypische Textbildungsmuster ausweist und sie schließlich nach den Kriterien der Textualität differenziert" (S. 46). Auf der ersten Hierarchiestufe dieses Modells werden Texte nach fachinterner und fachexterner Kommunikation unterschieden, wobei das Kriterium Spezialisierungsgrad und Fachlichkeitsgrad eine gewisse Rolle spielt. Für die fachinterne Kommunikation werden auf der nächsten Stufe der Typologie aufgrund der dominierenden kommunikativen Funktion eines Fachtextes vier Gruppen von Textsorten differenziert: fachinformationsvermittelnde, interpersonale/kontaktive, direktive und didaktisierende Textsorten. Die weitere tiefere Stufe der Einordnung eines Fachtextes ist dann durch die Standards der Textualität bestimmt, wobei zwischen Primärtextsorten, abgeleiteten Textsorten, Prä-Textsorten und Quasi-Textsorten unterschieden wird. In diesem Modell wird unter einem wissenschaftlichen Zeitschriftenartikel eine fachinformationsvermittelnde Primärtextsorte der fachinternen Kommunikation verstanden, die neben anderen Textsorten gleichen Typus wie Monographie, Fallstudie, Experimentalbericht, Dissertation, Essay, Patentartikel, Lexikonartikel usw. steht (vgl. S. 50). In der nachfolgenden Darstellung wird kurz auf die Textfunktion, den Fachwortschatz, die Makrostruktur, die Kommunikationsverfahren, die metakommunikativen Äußerungen und andere sprachlich-stilistische Merkmale eingegangen (vgl. S. 66–73), was die Einordnung dieser Textsorte in das Typologisierungsmodell weitgehend bestätigt.

Göpferich (1995) hat eine Fachtextsortentypologie für informative Texte des Fachgebiets der Naturwissenschaften und Technik entwickelt. In diesem Modell spricht sie allen Textsorten eine informative Funktion zu und differenziert sie erst durch Präzisierung der kommunikativen Funktion nach der Art der Informationen sowie dem Zweck, zu dem sie vermittelt werden. Dabei werden auf der obersten Hierarchiestufe der Typologie vier Fachtexttypen ermittelt, und zwar juristisch-normative, fortschrittsorientiert-aktualisierende, didaktisch-instruktive und wissenszusammenstellende Texte. Auf der zweiten Stufe werden Fachtexttypvarianten ersten Grades nach dem Kriterium des Theorie- bzw. Praxisbezugs klassifiziert, während auf der dritten Stufe Fachtexttypvarianten zweiten Grades nach der Art der optischen und sprachlichstilistischen Informationspräsentation unterschieden werden. Konkrete Textsorten werden schließlich auf der vierten und fünften Stufe der Typologie aufgrund ihrer Primär- bzw. Sekundärfunktion positioniert. In diesem Modell gehört der Fachzeitschriftenartikel ähnlich wie Bericht, Versuchsprotokoll, Monographie, Dissertation usw. zu den Primärtextsorten der fortschrittsorientiert-aktualisierenden Texte, deren kommunikative Funktion in der Informationsvermittlung zum Zweck des Fortschritts von Wissenschaft und Technik besteht, und ist durch faktenorientierte schlichte Darstellungsweise gekennzeichnet. (vgl. S. 123–133) Diese pauschalisierende Beschreibung dient zwar der Einordnung des Fachzeitschriftenartikels in ein Typologisierungsmodell und kann Textsorten nach bestimmten Kriterien voneinander differenzieren, ist dabei aber von einer umfassenden Untersuchung des wissenschaftlichen Zeitschriftenartikels noch weit entfernt.

4.2.2 Untersuchungen bezüglich bestimmter Aspekte

Es gibt viele Arbeiten, die angesichts der Komplexität von umfassenden Untersuchungen des wissenschaftlichen Zeitschriftenartikels sowie angesichts der großen Datenmenge aus methodischen Gründen diese Textsorte nur hinsichtlich einzelner Textsorteneigenschaften bzw. hinsichtlich bestimmter Teiltexte untersucht haben.

Vor allem die Teiltexte „Einführung" und „Zusammenfassung" wurden bisher ausführlich untersucht. Swales (1981) hat Einleitungen englischer wissenschaftlichen Zeitschriftenartikel aus diversen Fachgebieten untersucht und vier Moves festgestellt (M1: Establishing the field, M2: Summarizing previous research, M3: Preparing for present research, M4: Introducing present research). Gnutzmann/Lange (1990) haben die Unterteilung von Swales aufgegriffen und Einleitungen englischer und deutscher Aufsätze aus dem Fachbereich der Linguistik analysiert. Allerdings haben sie in den beiden Sprachen jeweils 11 verschiedene Realisierungsmuster gefunden und kommen zu dem Ergebnis, dass eine „‚Ungenormtheit' von Einleitungen linguistischer Beiträge" vorliege (S. 100). Ebenfalls im Fachbereich der Linguistik haben Gnutzmann/Oldenburg (1991) den Teiltext „Zusammenfassung" in englischen und deutschen wissenschaftlichen Aufsätzen kontrastiv untersucht und die verschiedenen Teiltextsegmente identifiziert (A: Summary of the author's own research, B: Summary of earlier research in the field, C: Discussion of the strengths and weaknesses of the author's own research, D: Open questions and their possible solution, E: Evaluation of the results of the author's own research and their implications). Allerdings weisen sie darauf hin, dass es zwischen Zusammenfassungen englischer und deutscher Texte erhebliche sprachkulturelle Unterschiede gibt.

Oldenburg (1992) legt eine weitere Arbeit vor, die sich ausschließlich mit der Untersuchung von Zusammenfassungen beschäftigt. Sie betrifft jeweils 30 deutsch- und englischsprachige wissenschaftliche Zeitschriftenaufsätze aus den Fächern Maschinenbau, Wirtschaftswissenschaften und Linguistik. Mit der Spezifizierung des Teiltextsegmentes A in drei Varianten benutzte er v. a. die Unterteilung von Gnutzmann/Oldenburg als Raster und stellt vier Typen von Zusammenfassungen fest: zusammenfassende Zusammenfassungen, diskutierende Zusammenfassungen, schlussfolgernde Zusammenfassungen und komplexe Zusammenfassungen (vgl. S. 136 f.). In seiner Diskussion der Ergebnisse weist er darauf hin, dass im interlingualen Vergleich die Unterschiede in den linguistischen Zeitschriften am stärksten ausgeprägt und im intralingualen Vergleich die Unterschiede zwischen den drei verschiedenen Fachbereichen der englischsprachigen Zeitschriften evidenter sind (vgl. S. 218 f.). Auch die Arbeit von Trumpp (1998), die unter dem Aspekt des wissenschaftlichen Artikels sportwissenschaftliche Zeitschriftenartikel und Kongressartikel untersucht hat, beschränkt sich bei der makrostrukturellen Analyse nur auf die Teiltexte „Einleitung" und „Schlussteil". Ihr Forschungsschwerpunkt zielt darauf ab, wissenschaftliche Artikel interlingual (Englisch, Deutsch und Französisch) zu vergleichen (vgl. 3.3.3) und liegt eher bei der Analyse der Gliederungssignale, der Metakommunikation und der Darstellungshaltung des Autors.

Während bei den oben dargestellten Arbeiten die Makrostrukturanalyse der Teiltexte im Vordergrund steht, widmet sich die Arbeit von Petkova-Kessanlis (2009) eher der Analyse der Handlungsstruktur der Teiltexte „Einführung" und „Zusammenfassung". Sie hat einleitende und abschließende Teiltexte von insgesamt 70 linguistischen Aufsätzen aus vier deutschen Zeitschriften analysiert und jeweils Handlungen sowie Teilhandlungen in diesen zwei Teiltexten ermittelt. In ihrer Arbeit werden für den einleitenden Teiltext die zwei Handlungen, „Kontakt zum Leser herzustellen" und „Interesse bzw. Aufmerksamkeit für den Hauptteil zu wecken" bestimmt, die in sechs Teilhandlungen realisiert werden (etwas als Problem deklarieren, das Problem explizieren, Problemlösung andeuten, Ziel ankündigen, Problemlösung bewerten, Problemlöseweg ankündigen). Der abschließende Teiltext hat dagegen die kommunikative Absicht, den Kontakt zum Leser zu beenden, und wird in drei Teilhandlungen realisiert: die Ergebnisse der Problemlösung pointieren, die Problemlösung bewerten und auf die Konsequenzen der Problemlösung hinweisen.

Ganztextbezogene Untersuchungen, die vorwiegend die Textstruktur betreffen, wurden vor allem von Swales (1990), Hutz (1997) und Busch-Lauer (1991, 2001) durchgeführt. Swales' Arbeit (1990) richtet ihr Interesse auf die Erforschung der Struktur englischer wissenschaftlicher Zeitschriftenartikel.

Er hat auf der Grundlage der bisherigen Untersuchungsergebnisse über englische wissenschaftliche Zeitschriftenartikel vor allem aus Naturwissenschaft und Technik, ein Strukturmodell dieser Textsorte aufgestellt. Die sogenannte IMRAD-Struktur besteht aus „Introduction", „Methods", „Results" and „Discussion", die wiederum jeweils durch einzelne Moves realisiert werden. Zur Charakterisierung der Fachsprache der pädagogischen Psychologie und zur Klassifizierung der für die Fachkommunikation auf diesem Fachgebiet relevanten Fachtextsorten hat Busch-Lauer (1991) dagegen verschiedene Textsorten (den wissenschaftlichen Zeitschriftenaufsatz, die Monographie, den Enzyklopädieartikel, das Hochschullehrbuch, die Fachbuchrezension und den populärwissenschaftlichen Zeitschriftenartikel) untersucht. Dabei beschreibt sie die Makrostruktur der verschiedenen Textsorten, ermittelt die Kommunikationsverfahren, stellt die metakommunikativen Elemente und die nichtverbalen Informationsträger dar und analysiert die sprachstilistischen Mittel. In der Untersuchung zur Makrostruktur stellt sie zwei Grundtypen von Zeitschriftenartikeln fest, nämlich die Experimentalstudie mit einer standardisierten Makrostruktur, die der IMRAD-Struktur von Swales (1990) weitgehend ähnelt, und der erörternde Fachartikel, der keine standardisierte Makrostruktur aufweist. Anders als bei der Experimentalstudie wird der erörternde Fachartikel nur ganz allgemein beschrieben. Nach Busch-Lauer (S. 99) setzt sich ein erörternder Fachartikel aus drei Phasen des Problemlösungsprozesses zusammen: Einleitungsteil – Problembenennung, Hauptteil – Problembearbeitung/Problemlösung und Schlussteil – Problemlösung/Ausblick auf weitere Problemstellungen. Bezüglich des Hauptteils weist sie lediglich darauf hin, dass „die Abfolge und Gestaltung der einzelnen Teiltexte im wesentlichen der vom Textproduzenten beabsichtigten Art der Themenentfaltung" unterliegt (S. 100). Eine andere Arbeit von Busch-Lauer (2001), die im Rahmen der Diskussion über die Kulturspezifik von Texten in 3.3.3 bereits dargestellt wurde, hat englische und deutsche wissenschaftliche Zeitschriftenartikel aus dem Fachbereich Medizin und Linguistik v. a. strukturell untersucht. Dabei stehen die medizinischen Texte im Mittelpunkt, die linguistischen Texte werden eher zum Vergleich herangezogen und deswegen auch deutlich weniger ausführlich behandelt. Ihre Untersuchung zeigt, dass die medizinischen Texte der IMRAD-Struktur folgen, während diese Struktur in linguistischen Texten nur bei denjenigen vorkommt, die „auf der Darstellung von Experimenten und Versuchen bzw. auf Datenmaterial beruhen" (S. 64). Die anderen linguistischen Texte tragen dagegen nach Busch-Lauer den Charakter von erörternden Fachartikeln mit der Dreigliederung, die sie in ihrer oben bereits genannten Arbeit (1991) schon kurz beschrieben hat. Die Arbeit von Hutz (1997), die ebenfalls in 3.3.1 und 3.3.3 erwähnt wurde, hat englische und deutsche wissenschaftliche Zeitschriftenartikel in der

Sozialpsychologie untersucht und verglichen. Die Textanalyse beschränkt sich nicht mehr auf die makrostrukturelle Ebene, sondern dient auch auf anderen Ebenen z. B. zur situativen Einordnung der Fachtexte und zur sprachlichen Realisierung. Für wissenschaftliche Zeitschriftenartikel in der Sozialpsychologie wird, als eins der Untersuchungsergebnisse, das IMRAD-Schema als sprachübergreifend festgestellt.

Neben diesen Arbeiten, die Teiltexte oder Ganztexte der wissenschaftlichen Zeitschriftenartikel zum Forschungsgegenstand haben, konzentrieren sich andere Arbeiten auf die Erforschung bestimmter textueller Eigenschaften dieser Textsorte. Graefen (1997) hat 20 deutsche Texte aus 20 verschiedenen Zeitschriften der Fachrichtungen Naturwissenschaft und Technologie, Mathematik, Geisteswissenschaften und Sozialwissenschaften hinsichtlich ihrer Textorganisation qualitativ analysiert. Ihr Augenmerk richtet sich auf die deiktischen und die phorischen Mittel zur Textorganisation und sie kommt zu der Schlussfolgerung, „daß der Erfolg der mit der Textart realisierten Interaktion nur durch eine enge ‚formale' Kooperation zwischen Autor und Leser zustandekommt" (S. 326). Ihr Untersuchungsergebnis besagt aber auch, „daß es einen Funktionsverlust des phorischen Teilsystems im Deutschen gibt, der partiell mit deiktischen Elementen ausgeglichen wird" (ebd.). Thielmann (2009) beschäftigt sich mit der Frage, wie die Autoren mit dem Wissen der Leser umgehen. Er hat insgesamt 11 englischsprachige und 11 deutschsprachige wissenschaftliche Zeitschriftenartikel aus 11 verschiedenen Disziplinen auf den Analyseebenen der Textart (wissenschaftliche Einleitung), der sprachlichen Einzelhandlung (kausale Verknüpfungen) und des einzelnen Wortes kontrastiv untersucht und hat deutliche Unterschiede herausgefunden.

Griffig (2006) hat die Intertextualität der linguistischen Zeitschriftenartikel untersucht. Er hat ein systematisches, handlungstheoretisch ausgerichtetes Untersuchungsmodell hinsichtlich der Erforschung der Intertextualität von Texten entwickelt und 60 einleitende Textteile aus englischen und deutschen wissenschaftlichen Zeitschriftenaufsätzen der modernen synchronen Linguistik analysiert und interlingual verglichen. Anhand der verschiedenen Analysedimensionen wie „Bezugsträger", „Integration und Nicht-Integration des Bezugsträgers", „Originalnähe" sowie „Fachliche Bewertung und Vergleiche" ermittelt er interlinguale Unterschiede bezüglich der Intertextualität.

4.2.3 Untersuchungen der sprachkulturell kontrastiven Studien

Aus den obigen Darstellungen ist zu ersehen, dass es in der Forschung zu wissenschaftlichen Zeitschriftenartikeln auch zahlreiche sprachkulturell kontrastive Forschungsarbeiten gibt. Die meisten Arbeiten stehen im Zusammenhang mit der Überprüfung der Relativitätshypothese, wie die Arbeiten von Gnutzmann/Lang (1990), Gnutzmann/Oldenburg (1991), Oldenburg (1992), Hutz (1997), Trumpp (1998) und Busch-Lauer (2001), die in 3.3 bereits in dieser Hinsicht ausführlich dargestellt wurden. Eindeutig ist allerdings, dass dabei insbesondere das Sprachpaar Deutsch-Englisch vertreten ist.

4.2.4 Untersuchungen bezüglich der Fachbereiche

Was die Fachbereiche der zu untersuchenden wissenschaftlichen Zeitschriftenartikel betrifft, stehen bei den Forschungen zu dieser Textsorte Texte aus dem Bereich Naturwissenschaft und Technik deutlich im Vordergrund; hinsichtlich der Makrostruktur der naturwissenschaftlichen und technischen Artikel kann man von gesicherten Erkenntnissen sprechen. Was die geisteswissenschaftlichen Zeitschriftenartikel angeht, werden entweder nur Teiltexte untersucht (z. B. Gnutzmann/Lange (1990), Gnutzmann/Oldenburg (1991) oder Petkova-Kessanlis (2009)) oder die geisteswissenschaftlichen Texte nur zum Vergleich herangezogen (z. B. Busch-Lauer (2001)). Die einzige Arbeit, die mit einer ganzheitlichen Untersuchung geisteswissenschaftlicher Zeitschriftenartikel vergleichbar ist, ist die Arbeit von Sachtleber (1993). Sie hat linguistische Kongressakten auf der Ebene der Textoberfläche, der thematischen Ebene und der illokutiven Ebene untersucht und interlingual zwischen dem Deutschen und dem Französischen verglichen. Allerdings führt diese Arbeit aufgrund der Einschränkung des Korpus mit jeweils zehn deutschen und französischen Texten nicht zu einem statistisch aussagekräftigen Ergebnis.

Gläser (1998) akzentuiert in ihrem Artikel über wissenschaftliche Zeitschriftenartikel im Allgemeinen die Unterschiede zwischen Texten dieser Textsorte in den Geistes- und Sozialwissenschaften sowie in den Natur- und Technikwissenschaften und kommt zur heute noch aktuellen Feststellung, dass

> der akademisch-wissenschaftliche Zeitschriftenaufsatz in den Geistes- und Sozialwissenschaften bisher in weitaus geringerem Maße als in der Medizin, in den Natur- und Technikwissenschaften untersucht worden ist. (S. 486)

Angesichts des jetzigen Forschungsstandes lässt sich zusammenfassend sagen, dass eine ganzheitliche Textmusterbeschreibung der wissenschaftlichen Zeitschriftenartikel aus dem Bereich Geisteswissenschaft, und zwar in nicht auf das Sprachenpaar Englisch-Deutsch beschränkter kontrastiver Hinsicht, für textlinguistische Forschungen noch ein Desiderat ist.

4.3 Korpusbildung

Zur Erforschung von Kulturalität als Textualitätsmerkmal werden wissenschaftliche Zeitschriftenartikel aus den Geisteswissenschaften als Untersuchungsgegenstand herangezogen. Dabei werden insgesamt sechs Teilkorpora hinsichtlich der sprachlichen, der sozialen und der historischen Dimension der Kultur gebildet. Was die sprachliche Dimension betrifft, bilden deutsche und chinesische wissenschaftliche Zeitschriftenartikel zur kontrastiven Analyse jeweils ein Teilkorpus. Die soziale Dimension wird durch den Einbezug von zwei Disziplinen berücksichtigt, und zwar der Sprachwissenschaft und der Fremdsprachendidaktik. Diese zwei Disziplinen sind zwar benachbart, weisen aber aufgrund ihrer unterschiedlichen Schwerpunktsetzung in Theorie und Praxis gewisse Unterschiede in ihren wissenschaftlichen Zeitschriftenartikeln auf. Zur Darstellung des möglichen Wandels dieser Textsorte hinsichtlich der historischen Dimension bilden deutsche und chinesische linguistische Zeitschriftenartikel im Zeitraum 1955/1964 und 2006/2010 jeweils ein Teilkorpus. Während die wissenschaftlichen Zeitschriftenartikel zwischen 2006 und 2010 jeweils aus der modernen germanistischen Linguistik und der sinologischen Linguistik stammen, wird für den Zeitraum zwischen 1955 und 1964 auf Artikel der deutschen und der chinesischen Sprachwissenschaft zurückgegriffen.[34]

---

[34] In der deutschen Sprachwissenschaft etablierte sich in den 20er Jahren des letzten Jahrhunderts nach der Ablösung vom junggrammatischen Positivismus die sogenannte „inhaltsbezogene Grammatik", die sich in ihrer eher „völkischen" Sprachbetrachtung v. a. mit Wörterbüchern, sprachlichen Problemen der Ostsiedlung, Dialektforschung und Sprachgeschichte beschäftigte (vgl. Renz 1981: 24). Diese sprachwissenschaftliche Forschungslinie wurde in der Bundesrepublik Deutschland nach 1945 relativ bruchlos fortgeführt und bis in die frühen 60er Jahre vorangetrieben. Erst in der Mitte der 60er Jahre wurden theoretische Neuerungen und Neuorientierungen geschaffen, sodass der Anschluss an den Standard der internationalen Forschung und an deren Weiterentwicklung erreicht werden konnte (vgl. Prinz/Weingart 1990: 15f, Stempel 1990: 171). Das heißt, dass die deutsche Sprachwissenschaft bis Mitte der 60er Jahre einen eigenen Sonderweg gegangen ist. Relativ vergleichbar ist die Entwicklungsgeschichte der sinologischen Linguistik. Da die traditionelle chinesische Linguistik sich vorwiegend mit Phonologie, Lexikologie, Wortbedeutung, Etymologie und Schriftkunde auseinandersetzte, entstand eine vergleichbare linguistische Forschung wie die westliche Linguistik erst nach 1898, als das *Ma Shi Wentong* von Ma Jianzhong erschien, das den Anfang der Grammatikerforschung der chinesischen Sprache kennzeichnet. Es ist die erste von einem Chinesen verfasste Grammatik der chinesischen Sprache, die nach dem Vorbild der westlichen Grammatikschreibung die klassische chinesische Schriftsprache beschreibt. Die Grammatikforschung, auch über die moderne Hochsprache, hat sich bis zur Gründung der Volksrepublik China weiter entwickelt und danach einen großen Aufschwung erlebt. (vgl. Wang 2006) Bis in die Mitte der 60er Jahre diente linguistische Forschung in China v. a. der Volkserziehung, indem eine Schriftreform durchgeführt wurde und grammatische Kenntnisse popularisiert wurden, um die

Das Teilkorpus für die germanistische Linguistik im Zeitraum zwischen 1955 und 1964 besteht aus Texten aus zwei Zeitschriften: *Muttersprache* und *Wirkendes Wort*. *Muttersprache* ist eine Vierteljahresschrift für deutsche Sprache und wurde bereits 1886 gegründet. Sie ist das sprachwissenschaftliche Publikationsorgan der Gesellschaft für Deutsche Sprache und wurde in die wissenschaftliche Literaturdatenbank Arts and Humanities Index (A&HCI) aufgenommen. Die Zeitschrift *Wirkendes Wort* wurde 1950 als eine der ersten germanistischen Fachzeitschriften in Deutschland nach dem Krieg gegründet und erschien bis 1987 jeweils mit sechs Heften, danach mit drei Heften im Jahr. Bis 2002 umfassten ihre Beiträge die Bereiche der deutschen Sprache, der deutschen Literatur und der Didaktik der deutschen Sprache und Literatur. In das Teilkorpus für die germanistische Linguistik in der modernen Zeit werden neben den Texten aus der *Muttersprache* zusätzlich solche aus der Zeitschrift *Deutsche Sprache* aufgenommen. Denn die Zeitschrift *Wirkendes Wort* hat nach dem Jahr 2002 keine sprachwissenschaftlichen Beiträge mehr publiziert und muss deswegen außer Acht gelassen werden. Die Vierteljahreszeitschrift *Deutsche Sprache* ist das Publikationsorgan des Instituts für Deutsche Sprache und steht ebenfalls in der Liste des Arts and Humanities Indexes.

Für die Zusammensetzung des Teilkorpus für die sinologische Linguistik sowohl im Zeitraum zwischen 1955 und 1964 als auch zwischen 2006 und 2010 wurde die im Jahr 1952 gegründete Zeitschrift *Zhongguo Yuwen* ausgewählt. Sie ist die einzige sinologisch linguistische Zeitschrift in China, die sich bereits kurz nach der Gründung der Volksrepublik etabliert hat; sie ist das Publikationsorgan des Forschungsinstituts für Linguistik der Chinesischen Akademie der Sozialwissenschaften. Das 1935 gegründete *Fudan Xuebao* (*sheke ban*) (*Journal of Fudan University (Social Sciences)*) und das 1955 gegründete *Beijing Daxue Xuebao* (*ze she ban*) (*Journal of Peking University (Philosophy and Social Sciences)*) sind das umfassende Publikationsmittel der jeweiligen Universität und publizierten z. T. auch sprachwissenschaftliche Artikel. Sie wurden deswegen für die Bildung des Teilkorpus der sinologischen Linguistik im Zeitraum 1955 bis 1964 als Ergänzung herangezogen. Da im *Journal of Fudan University*

---

moderne Gemeinsprache zu standardisieren und die sprachliche Ausdrucksfähigkeit der breiten Bevölkerungsschichten zu verbessern (vgl. He 2008). Gegenüber den modernen westlichen linguistischen Forschungen war sie aber nicht aufgeschlossen. Dies geschah erst nach der Kulturrevolution (1966–1976). In dieser Zeit wurden keine wissenschaftlichen Forschungen betrieben und das Erscheinen fast aller wissenschaftlichen Zeitschriften eingestellt. Erst nach der Öffnungs- und Reformpolitik im Jahr 1978 hat die sinologische Linguistikforschung Anschluss an die internationale linguistische Diskussion gefunden. Insofern blieb die chinesische sinologische Linguistik bis Mitte der 60er Jahre auch von der internationalen linguistischen Forschung isoliert und konzentrierte sich eher auf die eigenen praktischen Probleme.

(*Social Sciences*) zwischen 2006 und 2010 kein einziger sprachwissenschaftlicher Artikel erschienen ist, wurde das Teilkorpus der sinologischen Linguistik neueren Datums neben *Zhongguo Yuwen* und dem *Journal of Peking University (Philosophy and Social Sciences)* noch durch die Zeitschrift *Yuyan Wenzi Yingyong (Applied Linguistics)* ergänzt. Sie wurde 1992 gegründet und stellt ein Publikationsorgan des Instituts für Angewandte Linguistik des chinesischen Erziehungsministeriums dar.

Das Teilkorpus Deutsch als Fremdsprache besteht aus Texten aus folgenden zwei Zeitschriften: *Deutsch als Fremdsprache* und *Zielsprache Deutsch*. *Deutsch als Fremdsprache* ist ein weltweit verbreitetes und international anerkanntes Fachorgan zur Theorie und Praxis des Deutschunterrichts für Ausländer, während *Zielsprache Deutsch* ein peer-reviewed journal und als solches im European Reference Index for the Humanities (ERIH) gelistet ist. Für die Bildung des Teilkorpus Chinesisch als Fremdsprache stehen ebenfalls zwei Zeitschriften zur Verfügung. Sie sind *Yuyan Jiaoxue yu Yanjiu (Language Teaching and Linguistic Studies)* und *Shijie Hanyu Jiaoxue (Chinese Teaching In The World)*. Beide Zeitschriften werden von der Beijing Language and Culture University herausgegeben. Sie stehen in der in China gängigen Rankingliste der Zeitschriften und gelten als wichtigste Zeitschriften im Bereich Chinesisch als Fremdsprache.

Jeweils 20 Originalarbeiten aus den genannten wissenschaftlichen Zeitschriften wurden für die sechs Teilkorpora nach den folgenden Kriterien ausgesucht:

- Muttersprachlichkeit der Verfasser: Um die Kulturspezifik der wissenschaftlichen Zeitschriftenartikel aus der interlingualen Perspektive untersuchen zu können, werden nur von deutschen bzw. chinesischen Muttersprachlern verfasste Texte berücksichtigt, sodass die fremdsprachlichen Interferenzen hinsichtlich der Textorganisation und des Sprachgebrauches ausgeschlossen sind.
- verschiedene Einzelverfasser: Bei der Auswahl der Korpustexte wurde darauf geachtet, dass jeder der 120 Texte von einem anderen Verfasser geschrieben wurde, damit der mögliche Einfluss der persönlichen Gewohnheiten auf die Textorganisation sowie des Individualstils auf den Sprachgebrauch minimiert werden.
- Verteilung der Korpustexte auf verschiedene Zeitschriften, ihre Jahrgänge und Jahreshefte: Zur Bildung jedes einzelnen Teilkorpus werden zwei bis drei Zeitschriften aus einem Zeitraum von fünf oder von zehn Jahren verwendet. Durch eine möglichst gleichmäßige Verteilung der Korpustexte können die durch die einzelne Zeitschrift, die Zeit oder die Themen bedingten Einflüsse auf die Zeitschriftenartikel möglichst gering gehalten werden, sodass die Untersuchungsergebnisse aussagekräftiger sind.

Tabelle 2 gibt einen Überblick über die einzelnen Teilkorpora.

Tab. 2: Das Korpus.

Disziplin	Zeitraum	Zeitschriften	Verteilung der Texte	Anzahl der Texte im Teilkorpus
germanistische Linguistik	2006–2010	Muttersprache	10	20
		Deutsche Sprache	10	
germanistische Linguistik	1955–1964	Muttersprache	10	20
		Wirkendes Wort	10	
Deutsch als Fremdsprache	2006–2010	Deutsch als Fremdsprache	10	20
		Zielsprache Deutsch	10	
sinologische Linguistik	2006–2010	Zhongguo Yuwen [chinesische Philologie]	10	20
		Yuyan Wenzi Yingyong (Applied Linguistics)	5	
		Beijing Daxue Xuebao (ze she ban) (Journal of Peking University (Philosophy and Social Sciences))	5	
sinologische Linguistik	1955–1964	Zhongguo Yuwen [chinesische Philologie]	13	20
		Beijing Daxue Xuebao (ze she ban) (Journal of Peking University (Philosophy and Social Sciences))	4	
		Fudan Xuebao (sheke ban) (Journal of Fudan University (Social Sciences))	3	
Chinesisch als Fremdsprache	2006–2010	Yuyan Jiaoxue yu Yanjiu (Language teaching and Language studies)	10	20
		Shijie Hanyu Jiaoxue (Chinese teaching in the World)	10	

4.4 Untersuchungsmethode

In Kapitel 2 und 3 wurde bereits erörtert, dass Kulturalität als ein wichtiges Textualitätsmerkmal drei Bedeutungsdimensionen aufweist und sich in den anderen fünf grundlegenden Textualitätsmerkmalen wie Funktionalität, Thematizität, stilistischer Einheitlichkeit, Musterhaftigkeit und intertextueller Beziehbarkeit niederschlägt. Da diese fünf Textualitätsmerkmale zugleich auch Untersuchungsdimensionen von Texten darstellen, werden sie als tertium comparationis bei der Untersuchung der Texte in den sechs Teilkorpora verwendet, die sich jeweils in weitere konkrete Untersuchungskriterien differenzieren lassen. Da die Musterhaftigkeit ein Textualitätsmerkmal ist, „das auf den anderen Textualitätsmerkmalen aufruht" und in dem „die Geschichte der Ausprägung und Entwicklung von Textualität ihren manifesten Ausdruck" findet (Hausendorf/Kesselheim 2008: 29), braucht es diesbezüglich keine eigenständige Textuntersuchung. Die Musterhaftigkeit wissenschaftlicher Zeitschriftenartikel in den sechs Teilkorpora wird auf der Grundlage der Untersuchungsergebnisse hinsichtlich der anderen Textualitätsmerkmale diskutiert. Die Funktionalität bezieht sich auf den Zweck, den ein Text in einer bestimmten Kommunikationssituation anhand bestimmter Medien zu erfüllen hat. Die Textfunktion wird somit durch den Kommunikationskontext bereits vorbestimmt und im Text durch die Textstruktur und sprachliche Mittel realisiert. Die Originalarbeit als eine Variante des wissenschaftlichen Zeitschriftenartikels ist ein Kommunikationsmittel zwischen Wissenschaftlern: Informieren ist ihre dominierende textuelle Funktion. Diese Grundfunktion weisen alle Texte in den sechs Teilkorpora über sprachliche, disziplinäre und historische Dimensionen hinweg auf. Die Funktionalität wird deswegen auch nicht gesondert untersucht, aber es wird anhand der Untersuchung der thematischen Struktur und der stilistischen Einheitlichkeit diskutiert, ob andere zusätzliche Funktionen in den jeweiligen Teilkorpora auf der Textoberfläche angezeigt werden.

Im Folgenden werden die konkreten Untersuchungskriterien hinsichtlich der Thematizität, der intertextuellen Beziehbarkeit und der stilistischen Einheitlichkeit dargestellt und diskutiert.

4.4.1 Untersuchungskriterien hinsichtlich der Thematizität

Thema ist der Kern des Textinhalts, der den Gedankengang eines Textes darstellt (vgl. Brinker [5]2001: 56). Allerdings geht es hier bei der Untersuchung der Thematizität nicht um die Bestimmung der Textthemen, nämlich um das „Was", sondern um die Analyse der thematischen Entfaltung, um das „Wie".

Mit der thematischen Entfaltung ist die gedankliche Ausführung des Themas gemeint. Nach Brinker (^{5}2001: 61) kann die Entfaltung des Themas in Bezug zum Gesamtinhalt des Textes „als Verknüpfung bzw. Kombination relationaler, logisch-semantisch definierter Kategorien beschrieben werden, welche die internen Beziehungen der in den einzelnen Textteilen (Überschrift, Abschnitten, Sätzen usw.) ausgedrückten Teilinhalte bzw. Teilthemen zum thematischen Kern des Textes (dem Textthema) angeben". Brinker (^{5}2001: 65–87) unterscheidet vier Grundformen der thematischen Entfaltung:

- Die deskriptive Themenentfaltung: Dabei wird ein Thema in Teilthemen dargestellt und in Raum und Zeit eingeordnet. Die wichtigsten thematischen Kategorien sind Spezifizierung (Aufgliederung) und Situierung (Einordnung). Diese Form der Themenentfaltung ist für informative Texte besonders charakteristisch, ist aber auch in instruktiven, normativen und appellativen Texten zu finden.
- Die narrative Themenentfaltung: Sie ist v. a. für Alltagserzählungen charakteristisch und besteht aus drei thematischen Grundkategorien, und zwar Situierung, Repräsentation und Resümee.
- Die explikative Themenentfaltung: Dabei wird ein Sachverhalt (Explanandum) dadurch erklärt, dass er sich aus bestimmten anderen Sachverhalten, die man zusammen als das „Explanans" bezeichnet, logisch ableiten lässt. Das Explanans besteht aus zwei Teilen, den Anfangs- oder Randbedingungen einerseits und den allgemeinen Gesetzmäßigkeiten andererseits. Das Thema wird dagegen im Explanandum ausgeführt. Diese Form der Themenentfaltung ist v. a. für bestimmte Textsorten charakteristisch, die auf eine Erweiterung des Wissens zielen. Sie verbindet sich dabei oft mit der deskriptiven Themenentfaltung, kann aber auch in das komplexe Verfahren des Argumentierens integriert werden.
- Die argumentative Themenentfaltung: Dafür ist der Zusammenhang von These, Argumenten, Schlussregel und Stützung der Regel wesentlich. Zusätzlich kann die Kategorie „Einbettung" die These und auch die Argumente in einen bestimmten Kontext einordnen, um Argumentationsmöglichkeiten zu restringieren und somit die Argumentation zu stützen. Die argumentative Themenentfaltung ist v. a. für appellative Texte kennzeichnend, kommt aber auch in normativen und bestimmten informativen Texten vor.

Allerdings eignet sich die Analyse der thematischen Entfaltung anhand dieser vier Grundformen eher für die Untersuchung kurzer Texte bzw. Teiltexte mit einer relativ überschaubaren thematischen Struktur. Für die Untersuchung komplexer Texte wie den aus Teiltexten bestehenden wissenschaftlichen Zeitschriftenartikel, in dem die einzelnen Teiltexte wiederum vom Hauptthema abgeleitete Nebenthemen enthalten und somit jeweils eine eigene thematische Entfaltung ausbilden können, brauchen wir zusätzlich andere Methoden.

In der Fachkommunikation ist die Untersuchung der Fachtexte stark vom Begriff „Makrostruktur" geprägt. Nach Hutz (1997: 92f.) kann zwischen drei Ansätzen zur Klärung des Begriffs „Makrostruktur" unterschieden werden:

- Makrostruktur als propositionale Textstruktur: Im Sinne von van Dijk[35] repräsentiert die Makrostruktur die übergeordnete Textbedeutung, die aus den Propositionen der Oberflächenstruktur eines Textes mit Hilfe von Makroregeln abgeleitet wird.
- Makrostruktur als funktional-kommunikative Handlungsabfolge: V. a. von Gülich/Raible (1977), Weise (1984) und Hengst (1985) vertreten, wird die Makrostruktur als Funktionsabfolgeschema verstanden, die durch die Kommunikationsintention des Textautors, die jeweiligen Kommunikationsbedingungen und den Kommunikationsgegenstand bestimmt werden. Dabei spiegelt sich der Textaufbau in der Vernetzung von über- und untergeordneten Kommunikationsverfahren wider.
- Makrostruktur als konventionalisierter Textbauplan: Nach dieser Auffassung wird die Makrostruktur als eine bestimmte Abfolge von hierarchisch geordneten Textsegmenten betrachtet, die die Entfaltung des Grundthemas abbildet. Sie repräsentiert den Gedankengang eines Textproduzenten und äußert sich an der Textoberfläche in einer bestimmten Abfolge und Kombination von Teiltexten. Vertreten wird dieser Ansatz v. a. von Buhlmann/Fearns (1987), Hoffmann (1988), Gläser (1990) und Gnutzmann/Oldenburg (1991).

Die Makrostuktur als konventionalisierter Textbauplan wird auch inhaltlich-funktionaler Ansatz genannt (vgl. Gläser 1990: 55), er wird bei der Untersuchung von Fachtexten häufig angewendet (z. B. Swales 1990, Gnutzmann/Lange 1990, Gnutzmann/Oldenburg 1991, Oldenburg 1991, Busch-Lauer 1991, 2001, Hutz 1997). Dieser Ansatz wird auch für die Analyse der Thematizität der wissenschaftlichen Zeitschriftenartikel in der vorliegenden Arbeit herangezogen und im Folgenden in methodischer Hinsicht eingehend dargestellt.

Zur Erfassung der inhaltlichen Struktur wissenschaftlicher Zeitschriftenartikel wird ein Text zuerst anhand einer inhaltlich-funktionalen Analyse und mit Hilfe von verbalen bzw. nonverbalen Gliederungssignalen in Teiltexte gegliedert. Nach H. Oldenburg (1992: 63) sind Teiltexte „größere inhaltlich-

---

[35] Van Dijk (1980) hat den Begriff „Makrostruktur" bekannt gemacht und damit die semantische Tiefenstruktur des Textes zu erfassen versucht.

funktionale Einheiten von Texten, die formal und thematisch voneinander abgrenzbar sind. [...] Teiltexte sind relativ abgeschlossene Einheiten, die gemeinsam im Zusammenwirken den Text konstruieren und in den Textzusammenhang eingebettet sind."

Die einzelnen Teiltexte können strukturell weiter analysiert werden, um Teiltextsegmente zu ermitteln und diese inhaltlich-funktional zu untersuchen. Unter Teiltextsegmenten (TTS) versteht Busch-Lauer (2001: 109) „die inhaltlich-funktionalen Einheiten der Textorganisation, die die Binnenstruktur von Teiltexten aufgrund der kommunikativen Funktion des betreffenden Teiltextes festlegen. [...] Sie sind Bindeglied zwischen der propositionalen Struktur eines Fachtextes und der sprachlichen Realisierung der Teiltexte."

Für die Ermittlung von Teiltextsegmenten schlägt A. Oldenburg (1995: 112) vier Untersuchungsschritte vor:

1. Die Teiltextsegmente eines jeden Teiltextes werden unter Berücksichtigung inhaltlicher Aspekte intuitiv erfasst.
2. Die inhaltlich-kommunikative Funktion der einzelnen Teiltextsegmente wird beschrieben.
3. Es wird untersucht, ob die ermittelten Teiltextsegmenttypen auf der Grundlage der ihnen zugehörigen Teiltextsegmente weiter differenziert werden können.
4. Die ermittelten Teiltextsegmenttypen bilden das Analyseraster, nach dem das gesamte Textkorpus erneut analysiert werden muss, um die Teiltextbaupläne für den inter- und intralingualen Vergleich zu erfassen.

Somit werden die Typen der Teiltextsegmente nicht im Vorfeld festgesetzt, sondern empirisch-induktiv ermittelt.

Da linguistische oder die meisten geisteswissenschaftlichen Zeitschriftenartikel in Einleitungsteil, Hauptteil und Schlussteil zum Zweck der Problembenennung, Problembearbeitung und Problemlösung/Ausblick gegliedert sind (vgl. Busch-Lauer 1991, 2001), werden in der folgenden Untersuchung diese drei Teiltexte eines jeden Korpustextes hinsichtlich der Thematizität getrennt analysiert.[36] Der Einleitungsteil und der Schlussteil werden jeweils auf seine

---

36 Das in wissenschaftlichen Zeitschriftenartikeln häufig vorkommende Abstract wird allerdings nicht als thematischer Bestandteil eines wissenschaftlichen Artikels, sondern als eine eigenständige Textsorte angesehen. Denn nach Swales (1990: 178) sind abstracts „on the basis of widely-reported anecdotal evidence, written last. After publication, an abstract of the RA may appear in an abstracting journal". Auch der Titel eines Textes hat einen Sonderstatus. Denn er „ist eine metakommunikative Einheit, der wir Textstatus zusprechen, weil sie unabhängig vom Ko-Text eine je eigene Form von Kohäsion, Kohärenz, Intentionalität, Akzeptabilität, Informativität und Situationalität aufweist." (Nord 1993: 44) Insofern werden diese beiden

Teiltextsegmente hin untersucht, um die Typen der wichtigsten thematischen Zusammensetzung herauszuarbeiten. Diese Untersuchung erfolgt einerseits empirisch-induktiv, andererseits werden die bisherigen Untersuchungsergebnisse bezüglich dieser beiden Teiltexte (Swales 1981, Swales 1990, Gnutzmann/Lange 1990, Gnutzmann/Oldenburg 1991, Oldenburg 1992, Hutz 1997, Busch-Lauer 2001) herangezogen. Da in den Geisteswissenschaften die thematische Gestaltung des Hauptteils hinsichtlich der Zusammensetzung und der Reihenfolge der Teiltextsegmente nicht schematisiert ist, fehlt es im Rahmen der Makrostrukturanalyse der Fachtexte bisher an entsprechenden Untersuchungen. Dies wird in Kapitel 5 anhand des Konzeptes der thematischen Entfaltung von Brinker (^{5}2001: 65–87) ausführlicher erörtert mit der Frage, welche Formen der thematischen Entfaltung wie und mit welcher Häufigkeit in den Texten der jeweiligen Teilkorpora vorkommen.

4.4.2 Untersuchungskriterien hinsichtlich intertextueller Beziehbarkeit

Der Begriff „Intertextualität" wurde von der bulgarischen Literaturwissenschaftlerin und Psychoanalytikerin Julia Kristeva (1967) in die literaturwissenschaftliche Diskussion eingeführt. Er ist eng verbunden mit einer offenen Textauffassung, nach der der Text in seiner Entgrenzung als Teil eines universalen Intertextes zu verstehen ist. D. h., der Text wird nicht mehr als ein geschlossenes Objekt betrachtet, das von einem konkreten Autor geschrieben wurde, sondern vielmehr als ein „‚Mosaik von Zitaten', [das] sich aus anderen Texten speist und als ‚Gewirr von Stimmen' anderer Texte eine eigenständige Produktivität entfaltet" (Adamzik 2004: 96).

In der Linguistik wurde dieser Begriff zuerst von Zimmermann (1978) verwendet und von de Beaugrande/Dressler (1981) als wichtigstes Textualitätsmerkmal bezeichnet und in die textlinguistischen Diskussion eingebracht. Allerdings haben de Beaugrande/Dressler (1981) nicht Kristevas radikales Konzept aufgegriffen. Ihr Verständnis ist eher „moderat", um den Begriff von Linke/Nussbaumer (1997: 111) aufzunehmen. Sie stellen v. a. die typologische Intertextualität in den Vordergrund, die „für die Entwicklung von TEXTSORTEN als Klassen von Texten mit typischen Mustern von Eigenschaften verantwortlich" (1981: 13) ist. Aber sie nehmen auch andere Aspekte von Intertextualität auf. In literarischen Texten gibt es z. B. im Sinne einer referentiellen

---

Textteile bei der Untersuchung der Thematizität lediglich als mögliche Quelle, die Hinweise auf thematische Organisation des Textes bietet, aber nicht als eigener Untersuchungsgegenstand betrachtet.

Intertextualität Zitate oder Anspielungen „auf gut bekannte Texte, z. B. berühmte Reden oder literarische Werke" (1981: 188, 193 ff.). Als „ein[...] weiter[er] wichtige[r] Bereich der Intertextualität" (1981: 203) wird außerdem das Verfassen von Nacherzählungen, Berichten und Inhaltsangaben von Vorgängertexten bezeichnet, wobei in solchen Fällen eigentlich von der Beziehung zwischen zwei verschiedenen Textsorten mit demselben Inhalt die Rede ist.

Dieses moderate bzw. restriktive Intertextualitätsverständnis ist weiterhin Gegenstand der linguistischen Diskussion, wobei verschiedene Formen von intertextuellen Bezügen differenziert und klassifiziert werden. Zu erwähnen ist hier z. B. die Arbeit von Krause (2000), die zwischen allgemeiner Intertextualität und spezieller Intertextualität unterscheidet. Während die erstere sich auf die Textsortengeprägtheit aller Texte, nämlich die typologische Intertextualität bezieht, umfasst die letztere fünf verschiedene Typen:
- deiktische Intertextualität: „bei der der Textproduzent aus einem vorangegangenen Text etwas aufgreift, [...] oder in vergleichbarer Weise auf einen kommenden, meist von ihm beabsichtigten Text hinweist." (S. 63) Gemeint ist die referentielle Intertextualität, die eine Beziehung zwischen einzelnen Texten herstellt.
- kooperierende Intertextualität: „[E]s geht dabei um eine direkte Beziehung zwischen vollständigen Textexemplaren als Repräsentanten von Textsorten" (S. 63). Gemeint ist die Text(sorten)kooperation wie Briefwechsel, Aufruf und Stellungnahme, Buch/Aufsatz/Artikel und Rezension/Besprechung usw.
- transformierende Intertextualität: Dabei „geht es um die Umformung eines Ausgangstextes in einen oder mehrere neue Texte", die mit oder ohne Textsortenwechsel erfolgen kann (S. 64 f.). Gemeint ist die Beziehung z. B. von Erzählung zu Nacherzählung, Vorlesung zu Vorlesungsmitschrift, Originalgeschichte zu einer Version für Kinder usw.
- inkorporierende Intertextualität: Darunter werden die Formen von Textbezügen zusammengefasst, „die im Spannungsfeld von intra- und intertextueller Determiniertheit stehen" (S. 65). Diejenigen, deren intratextuelle Bindung zum ganzen Text weniger stark ist und die als eigenständige Texte eingestuft werden können, weisen eine inkorporierende intertextuelle Beziehung zum ganzen Text auf. Gemeint sind z. B. Abstract zu einem wissenschaftlichen Artikel, Vita zu Laudatio, Personenbeschreibung zu Steckbrief usw.
- translatorische Intertextualität: Dabei handelt es sich „um Texte verschiedener Sprachen" (S. 66).

Auch Jakobs (1997: 16–21) hat „Intertextualität" typologisiert, indem sie sich mit verschiedenen Konzepten der Intertextualität auseinandersetzt und sie zusammenfassend darstellt. Sie unterscheidet zwischen Intertextualität als allgemeinem und als speziellem Merkmal von Texten. Der erste Aspekt betrifft die generische, d. h. die typologische Intertextualität, sowie die translatorische Intertextualität und wird ergänzt durch die Intertextualität als Wissensbasis für die Rezeption und Produktion von Texten sowie durch die produktiv bedingte Intertextualität. Intertextualität als Wissensbasis betont gegenüber dem Kristevaschen Konzept die kognitive Fragestellung und hat daher einen übergeordneten Charakter. Die produktiv bedingte Intertextualität hat dagegen die Genese von Texten im Blick. Texte als Produkte des Schreibens und Formulierens können daher Ausgangspunkte weiterer Formulierungsprozesse „im Sinne von Textüberarbeitungen, -erweiterungen, -kürzungen sowie der Übernahme eines Textes oder von Teilen existierender Texte in neue Texte und kommunikative Zusammenhänge" werden und stellen sich somit „immer nur als ein Element in einem Kontinuum neu entstehender Textentitäten dar" (S. 18). Unter dem zweiten Aspekt werden dann nach Wilske/Krause (1987) die kooperative, die transformierende und die deiktische Intertextualität subsumiert.

Da die Text-Textwelt-Beziehung (vgl. Fix 2001: 506) im Sinne des grenzenlosen Textes von Kristeva linguistisch kaum operationalisierbar und die Textsorte-Textsorte-Beziehung nicht Gegenstand meiner Forschung ist, konzentriert sich die Untersuchung zur Intertextualität im Folgenden nur auf die Text-Text-Beziehung, indem verschiedene Formen der nachweisbaren Bezugnahme zwischen konkreten Texten analysiert werden. Die Text-Textsorte-Beziehung wird dagegen im Rahmen der Diskussion über die „Musterhaftigkeit" der Texte thematisiert.

Im Sinne der referentiellen Intertextualität erscheint die intertextuelle Bezugnahme an der Textoberfläche, die sich nach Griffig (2006: 96–100) aus den folgenden drei Elementen zusammensetzt:
- Bezugsträger: Damit werden die Verfasser derjenigen Texte bezeichnet, auf die Bezug genommen wird.
- Bezugsprädikator: Darunter werden diejenigen sprachlichen, graphischen oder typographischen Elemente einer bezugnehmenden Äußerung verstanden, die signalisieren, dass es sich bei dem Wiedergegebenen um einen intertextuellen Bezug handelt.
- Bezugsobjekt: Dabei geht es um den objektsprachlichen Untersuchungsgegenstand bzw. Sachverhalt.

Allerdings weist Griffig (2006: 99 f.) darauf hin, dass nicht jedes dieser drei Elemente immer an der Textoberfläche erscheinen muss:

> Oftmals werden nur zwei (oder auch nur eines) der Elemente ausdrücklich im Text genannt, während die anderen lediglich impliziert vorhanden sind bzw. aus dem Kontext

erschlossen werden können. Als ausschlaggebend für das empirisch zählbare Vorliegen eines ‚Intertextuellen Bezugs' wird in der konkreten Analyse die Nennung eines ‚Bezugsträgers' und/oder die Verwendung eines ‚Bezugsprädikators'angesehen.

Die sprachlich wie nichtsprachlich vielfältig erscheinenden[37] Bezugsindikatoren werden bei der Identifizierung der intertextuellen Bezüge berücksichtigt, aber in der folgenden Korpusuntersuchung nicht konkret analysiert bzw. klassifiziert. Die Intertextualität wird deswegen anhand der Kategorien „Bezugsträger" und „Bezugsobjekt" diskutiert.

Griffig (2006) hat bei der Untersuchung der intertextuellen Bezüge in deutschen und englischen Zeitschriftenaufsätzen vier Dimensionen erstellt, und zwar Bezugsträger, Integration & Nicht-Integration des Bezugsträgers, Originalnähe sowie fachliche Bewertungen & Vergleiche. Für jede Dimension hat er ein Raster entwickelt, mit dem er auch die sprachlich-grammatischen Erscheinungsformen genauer analysieren kann. Da die letzte Dimension die Bewertung des Referenzobjektes im bezugnehmenden Text betrifft und es sich daher um den qualitativen Aspekt des Bezugnehmens handelt, wird sie in der folgenden Korpusuntersuchung nicht berücksichtigt. In Anlehnung an Griffigs Raster zur Analyse der anderen drei Dimensionen (2006: 145–262) und unter Berücksichtigung des Untersuchungszwecks der Kulturbezogenheit der Intertextualität, erfolgt die Untersuchung nach folgenden Kategorien :

In Bezug auf die Bezugsträger:
1. hinsichtlich des Handlungsträgers des bezuggenommenen Textes: Wird ein konkreter Autor, ein(e) Fachkreis/Institution/Organisation, der Verfasser des bezugnehmenden Textes selbst oder ein(e) Disciplinary Giant/Fachkoryphäe[38] ohne bibliographische Angabe zitiert? Wie oft kommen diese verschiedenen Möglichkeiten jeweils vor?
2. hinsichtlich der Verortung des Bezugsträgers: Wird der Bezugsträger im Fließtext (als syntaktischer Teil im Text oder im „Autor-Jahr-(Seitenzahl)" System) verortet? Oder wird er als Fußnote oder Endnote lokalisiert?
3. hinsichtlich der Medien des bezuggenommenen Textes: Hat der Bezugsträger seinen Text in Printmedien oder in elektronischen Medien (Internet) publiziert?

---

[37] Griffig (2006: 102–111) nennt z. B. acht verschiedene Realisierungsformen des Bezugsindikators: finite verbale Bezugsprädikatoren, nominalisierte und nominale Bezugsprädikatoren, infinite verbale Bezugsprädikatoren, redewiedergebende Adjunkte, redewiedergebende Adjektive, Tempus- und Modusverschiebungen, graphische und typographische Mittel sowie konventionalisierte Abkürzungen und Verweiswörter.

[38] Darunter wird die sogenannte Zitierautorität verstanden, auf die aufgrund ihrer Reputation und ihres Bekanntheitsgrades ohne bibliographische Verortung im laufenden Text bzw. durch Nennung im Literaturverzeichnis Bezug genommen wird (vgl. Griffig 2006: 154 f.).

4. hinsichtlich des Literaturverzeichnisses: Da derselbe Bezugsträger mit demselben Text mehrmals zitiert werden kann, wird auch das Literaturverzeichnis des jeweiligen bezugnehmenden Textes betrachtet, um die tatsächlich bezuggenommenen Texte quantitativ zu erfassen.

In Bezug auf die Bezugsobjekte:
Dabei geht es um die Deutlichkeit der Referenz (vgl. Tegtmeyer 1997: 79), d. h., wie deutlich das Bezugsobjekt in den bezugnehmenden Text übernommen wird. Insgesamt kann man zwischen einem direkten und einem indirekten Zitat unterscheiden. Dabei wird unter einem direkten Zitat verstanden, dass „Ausführungen eines Dritten wörtlich in den eigenen Text übernommen werden" (Theisen [12]2005: 148). Dagegen bezeichnet man als indirektes Zitat „jede Form einer textlichen Anleitung, sinngemäßen Wiedergabe oder auch nur stützenden Argumentation unter Verwendung fremder Gedanken und Ausführungen" (ebd. S. 151). Darüber hinaus gibt es eine weitere Form, nämlich den „Verweis", wenn das Bezugsobjekt gar nicht im bezugnehmenden Text vorkommt, d. h. wenn „auf bestimmte Texte bzw. Textstellen lediglich hingewiesen [wird], ohne daraus (wörtlich oder sinngemäß) zu zitieren" (Griffig 2006: 236). Natürlich sind die Grenzen zwischen diesen drei Formen der Bezugnahme nicht immer deutlich zu ziehen und allein innerhalb des „indirekten Zitierens" gibt es ein breites Spektrum von paraphrasierendem, generalisierendem oder zusammenfassendem Zitat.[39] Für die empirische Untersuchung der wissenschaftlichen Zeitschriftenartikel finde ich es jedoch handhabbarer, die intertextuellen Bezüge unter den folgenden drei Kategorien quantitativ zu analysieren und zu ermitteln:
1. direktes Zitieren: Darunter wird zwischen wortwörtlichem Zitat mit bibliographischen Angaben und dem sogenannten inszenierten Zitat von Sprichwörtern, Redewendungen, Maximen usw. ohne Quellenangabe unterschieden, das letztere wird oft lediglich dem „Volksmund" oder dem „Hörensagen" zugeschrieben (vgl. Griffig 2006: 246). Auch das sogenannte Begriffszitat gehört ebenfalls zum direkten Zitieren, wobei es v. a. „um die

---

[39] Jakobs (1999: 94) weist darauf hin: „[Handlungen des Zitierens und Verweisens] können jeweils auf ein Spektrum von Verfahren des Bezugnehmens zurückgreifen, das sich zwischen Extremen wie dem wortwörtlichen Zitieren ganzer Texte und dem reinen Verweisen auf weiterführende Literatur erstreckt. Im Übergangsbereich zwischen sinngemäßem Zitieren und fokussierendem Verweisen (auf Texte) finden sich unter anderem zusammenfassende und generalisierende Formen des Bezugnehmens auf andere Texte in verschiedenen Spielarten. Die Verfahren werden häufig kombiniert verwendet und je nach Textsorte, Disziplin und anderen ‚Constraints' unterschiedlich intensiv genutzt."

von anderen Autoren bzw. die im Fachkreis gemeinhin verwendeten Fachwörter und -begriffe handelt" (Griffig 2006: 247).
2. indirektes Zitieren: Die verschiedenen Formen mit unterschiedlichem Intensitätsgrad wie sinngemäße oder zusammenfassende Wiedergabe werden nicht weiter differenziert, sondern als eine einzelne Kategorie betrachtet.
3. Verweis auf Literatur

4.4.3 Untersuchungskriterien hinsichtlich stilistischer Einheitlichkeit

Stil bedeutet nach Sandig (1995: 28) „immer ein ‚Wie', ‚die Art und Weise, wie ...'", was auf die Form- oder Gestaltseite eines Textes hindeutet. Die Gestalt wirkt insgesamt holistisch und lässt sich nach Fix (1996a: 321) wie folgt verstehen:

> ‚Gestalt' gehört zu den festen alltagsweltlichen Vorstellungen, die an den Stilbegriff geknüpft sind. Gestalt erscheint als ein flüssiger Begriff, der aber verfestigte Elemente [...] trägt. [...] Stil kann nur als Einheitliches, als Gestaltetes, d. h. als Ästhetisches existieren, da nur so Sichtbarkeit – die Grundbedingung von Stil – erreicht werden kann.

Somit wird die Einheitlichkeit oder „Gestalt" als Prinzip des Stils und als Voraussetzung für die Existenz von Stil angesehen.

Da Stil aber „verfestigte Elemente" trägt (Fix 1996a: 321), ist die stilistische Einheitlichkeit als Bündel kookkurrierend verwendeter konstitutiver Merkmale rekonstruierbar, die in ihrer Relevanz abgestuft sind (vgl. Sandig 1997: 261, Selting 2001: 9). Diese Merkmale stellen „auf die Häufigkeit, Verteilung und Verbindung der Stilelemente beruhende charakteristische Besonderheiten [...] [dar]. Sie dienen zur Kennzeichnung des Stils." (Pankow 2000: 253)

Als Stilelemente gelten einerseits die prototypischen Erscheinungen wie Stilfiguren und Sprachvarietäten, die letztere umfasst wiederum verschiedene Stilebenen und andere Varietäten mit ihren Konnotationen wie geographisch markierte (Dialekte), sozial markierte (soziale Stigma- oder Prestige-Signale), sondersprachlich markierte (Fachsprachen) oder diachronisch markierte (Archaismen) Varietäten (vgl. Sandig 1986: 108). Andererseits gibt es nach Sandig (1986: 124) verschiedene andere Möglichkeiten, beliebige sprachliche Einheiten zu Stilelementen zu machen. Denn eine Stilstruktur kann ihrer Ansicht nach durch die besondere Relation von Textelementen untereinander oder Stilwerte in Relation zur Situation, zur Handlung oder zum Thema der Handlung hergestellt werden. Mit anderen Worten können alle Textelemente durch ihre bestimmten Konstellationen bzw. durch ihren bestimmten Situationsbezug zu

Stilelementen gemacht werden oder als Stilelemente gelten. In diesem Zusammenhang ist es verständlich, dass selbst Sprachvarietäten wie die Fachsprachen nicht durch besondere grammatische Kategorien und eigenständige Sprachmittel, sondern durch die Häufigkeit ihres Vorkommens und die Kombination bestimmter grammatischer und sprachlicher Elemente in Fachtexten gekennzeichnet sind.

Sprachstile können hinsichtlich eines Individuums als Persönlichkeitsstil, hinsichtlich einer sozialen Gruppe als Gruppenstil, hinsichtlich einer Zeit als Epochenstil oder hinsichtlich einer Textsorte als Textsortenstil voneinander unterschieden werden (vgl. Wellmann 1997: 12). Im Korpus untersuche ich den Stil der Textsorte „wissenschaftlicher Zeitschriftenartikel" in verschiedenen Sprachen, in verschiedenen Disziplinen und in verschiedenen Zeiten, d. h., der Textsortenstil unter dem Einfluss von Gruppenstil und Epochenstil. Allerdings gehe ich hier von einem engeren Stilbegriff aus und beschränke die Untersuchung allein auf die sprachliche und nichtsprachliche Realisierung des Textstils auf der Mikroebene. Die anderen Komponenten wie der Kommunikationsgegenstand, die thematische Entfaltung bzw. die Makrostruktur, die ebenfalls zur stilistischen Realisierung einer Textsorte beitragen, analysiere ich im Rahmen der Thematizität.

Der wissenschaftliche Zeitschriftenartikel stellt eine wichtige Textsorte in der wissenschaftlichen Kommunikation dar, er weist folglich die stilistischen Besonderheiten der wissenschaftlichen Sprache auf. Der Wissenschaftsstil ist eine Abstraktion der verschiedenen Textsortenstile, er erfasst sozusagen das diesen Textsortenstilen Gemeinsame (vgl. Oldenburg 1997: 10 f.). Die Wissenschaftssprache wird als „Gesamtheit der Phänomene sprachlicher Tätigkeit" verstanden, „die im kulturellen Handlungsfeld der Wissenschaften auftreten und die zugleich dieses als theoriebildende und -verarbeitende Kommunikationsgemeinschaft sowie als gesellschaftliche Institution entscheidend konstituieren" (Kretzenbacher 1998: 134). Allerdings wird der Wissenschaftsstil hier nicht mit Fachstil gleichgesetzt, sondern „als Substil, und zwar als theoretisch-wissenschaftliche[r] Fachstil" (Oldenburg 1997: 12) aufgefasst. Somit ist die Wissenschaftssprache im vertikalen mehrschichtigen Fachsprachenmodell mit ihrem größten Fachlichkeits- und Fachsprachlichkeitsgrad ganz oben angesiedelt (Hoffmann ²1985: 65 f., auch vgl. Fluck ⁵1996: 13).[40]

---

[40] Hoffmann hat die Fachsprachen nach den Kriterien der Abstraktionsstufe, der äußeren Sprachform, des Milieus und der Teilnehmer an der Kommunikation in fünf Stufen unterteilt. Fluck hat in seinem Einführungsbuch in Bezug auf die vertikale Teilung der Fachsprachen ein zweischichtiges (praktischer Sachstil und theoretischer, wissenschaftlicher Fachstil) und ein dreischichtiges (Theoriesprache, die fachliche Umgangssprache und die Verteilersprache) Modell vorgestellt.

Im Allgemeinen werden Exaktheit (vgl. Baumann 1998), Explizitheit (vgl. Hahn 1998), Ökonomie (vgl. Fijas 1998), Anonymität (vgl. Oksaar 1998) und Verständlichkeit (vgl. Biere 1998) als stilistische Merkmale von Fachsprachen genannt, die die verschiedenen Textsorten in der Fachkommunikation je nach dem Fachlichkeits- und Fachsprachlichkeitsgrad mehr oder minder ausprägen und durch eine Vielzahl bestimmter lexikalischer Mittel und grammatischer Formen realisiert werden. In Anlehnung an die Untersuchungen des Fachsprachenstils und an die Untersuchungsergebnisse der interkulturellen Fachkommunikation werden die folgenden Kategorien in der Analyse der stilistischen Einheitlichkeit wissenschaftlicher Zeitschriftenartikel angewendet:

1. Objektivität

Objektivität bedeutet, dass wissenschaftliche Informationen möglichst neutral vermittelt werden sollen. Dabei sollen die Sachverhalte, die Handlungen bzw. das Ziel und die Ergebnisse im Fokus stehen, während der Textproduzent und der Textrezipient in den Hintergrund treten, um „den Wahrheitsgrad sowie die Objektivität und mögliche Allgemeingültigkeit der fachbezogenen Aussagen zu verstärken" (Oksaar 1998: 397). Allerdings kann nicht von einem absoluten „Ich-Verbot" (Weinrich 1989: 132) oder „Ich-Tabu" (Kretzenbacher 1994: 26) gesprochen werden, insbesondere in den Texten der Geisteswissenschaften, in denen die Tendenz zum persönlicheren Wissenschaftsstil sogar steigt (vgl. Auer/Bassler 2007a: 18 f.). Objektivität ist somit eine graduelle Eigenschaft von wissenschaftlichen Texten.

Die chinesische Sprache kennt keine Flexion und die passive Bedeutung wird nicht durch morpho-syntaktisch markierte Passiv-Satzkonstruktion, sondern mit Hilfe des Kontextes und durch lexikalische Mittel wie das Wortzeichen „bei" ausgedrückt, wobei dieses Wortzeichen „bei" in vielen Fällen auch weggelassen werden kann. Insofern wird in der folgenden Korpusuntersuchung auf die Analyse der Objektivität anhand einer Untersuchung der Passiv- und der Passiversatzformen verzichtet. Dagegen konzentriert sich die Untersuchung auf die selbstreferenzielle Bezeichnungen des Textproduzenten, und zwar:
- „ich"
- „wir", jeweils als Autorengruppe oder mit dem Einbezug von Adressaten
- die dritte Person, wie „der Autor", „der Verfasser", „die Arbeitsgruppe" oder auf Chinesisch „Bizhe" usw.

2. Klarheit

Unter Klarheit versteht man die Exaktheit, Explizitheit und Verständlichkeit eines Textes, um Fachinformationen eindeutig und klar den Rezipienten zu vermitteln. Als Realisierungsformen auf der Textoberfläche werden sie oft in der Verwendung von Fachterminologie, Vermeidung von Ellipsen, Text-Bild-Beziehungen, metakommunikativenAusdrücke usw. realisiert. In der vorliegenden Arbeit steht die Untersuchung der metakommunikativen Formulierungen und der Text-Bild-Beziehungen im Vordergrund.

metakommuikative Formulierungen: Dies sind Formulierungen über bestimmte Kommunikationshandlungen, um „die Adäquatheit der Teilschritte im Kommunikationsprozeß, die der Textproduzent vollzieht, zu sichern" (Baumann 1998a: 412). Mit dem Einbezug der Rezipientenperspektive wird die Metakommunikation im Text auch oft unter den Begriffen von „writer responsibility" und „reader responsibility" diskutiert, um zu analysieren, ob der Textproduzent gegenüber den Rezipienten die Verantwortung übernimmt, die Interaktion durch Anwendung bestimmter Orientierungsstrategien (wie explizite Vor- und Rückverweise) effektiv zu gestalten (vgl. Busch-Lauer 2001: 67). Als explizite Sprachhandlungen in Form von Satzteilen, Sätzen oder Teiltexten dienen metakommunikative Formulierungen der Veranschaulichung des Kommunikationsprozesses, der Steuerung des Rezipientenverhaltens und der Sicherung ihres Textverständnisses (vgl. Hutz 1997: 154) und trägt somit zur stilistischen Klarheit bei.

Auf der Grundlage verschiedener Funktionen der metakommunikativen Formulierungen schlägt Hutz (1997: 157–161) folgende Analysekriterien vor:
1. Metakommunikative Äußerungen zum Thema und zur Zielsetzung des Gesamttextes,
2. Metakommunikative Äußerungen zur Textorganisation bzw. Rezeptionssteuerung (Vorverweise und Ankündigungen, Rückverweise, Textstrukturierung und Hinweise auf den Textbauplan),
3. Metakommunikative Äußerungen zur Verstehenssicherung (Definitionen, Exemplifizierungen, Paraphrasen, Methaphorik/Vergleiche/Analogiebildung, Zusammenfassung/Fazit),
4. Metakommunikative Äußerungen zur Visualisierung der Textinformationen,
5. Metakommunikative Äußerungen mit Rezipientenbezug

Da die Visualisierung der Textinformation im Rahmen der Text-Bild-Beziehungen genau betrachtet wird, erfolgt die Untersuchung der metakommunikativen Äußerungen unter 1., 2., 3. und 5.

Text-Bild-Beziehungen: Wissenschaftliche Texte können bildliche Darstellungen (wie Graphiken, Tabellen usw.) enthalten, um sprachliche Informationen zu veranschaulichen; umgekehrt lassen sich bildliche Darstellungen durch Bildunterschriften bestimmten Textpartien zuordnen und durch verbale Erklärungen explizieren. Zu fragen sind:

- Ist die Bilddarstellung in den Text klar einzuordnen?
- Stehen die Bilddarstellung und der jeweilige Textabschnitt in einer Explizierungsrelation zueinander oder sind sie zur gemeinsamen thematischen Realisierung in einer komplementären Beziehung angeordnet?

3. Ökonomie

Ökonomie bedeutet die Informationsdichte der Fachsprachen und ist in der deutschen Sprache eng mit der Nominalisierung auf der lexikalischen Ebene mit bestimmten morphologischen Mitteln verbunden, über die die chinesische Sprache nicht verfügt. Wissenschaftliche Texte können aber auch „durch die Nutzung ganz anderer non- bzw. semiverbaler Mittel, wie Tabellen, Abbildungen, Graphika, Diagramme, Schemata u. ä. ganze Sachverhaltskomplexe und damit eine Fülle von Informationen auf kleinsten Raum [...] projizieren" und „eine knappe und übersichtliche Komprimierung des Inhalts" ermöglichen (Fijas 1998: 396). Zur Untersuchung der Ökonomie werden in der vorliegenden Arbeit deswegen u. a. Bilddarstellungen analysiert, und zwar nach Baumann (1998a: 411) in drei verschiedenen Typen:
- „Abbildungen von im Text genannten Objekten (Fotos, Schaubilder etc.)",
- „bildorientierte Umsetzungen von Textdaten (Histogramm, Kurve etc.)",
- „graphische Modelle begrifflicher Zusammenhänge (Grafika, Schemata etc.)"

4. Sachlichkeit

In der Wissenschaftskommunikation besteht traditionell ein Misstrauen gegenüber dem Medium Sprache[41] und es wird verlangt, dass die Sprache an sich möglichst im Hintergrund bleiben soll, damit die „Fakten, Zahlen, Ergebnisse [...] ‚unmittelbar' mitgeteilt werden" (Kretzenbacher 1995: 18). Als „Dienerin der Wissenschaft" soll die Sprache deswegen rational, emotionslos und sachbezogen, „im Gegensatz zur literarischen Sprache idealerweise so transparent wie klares Glas sein, um die Aufmerksamkeit des Lesers oder der Hörerin unmittelbar auf die dargestellten wissenschaftlichen Fakten und Thesen zu lenken" (Kretzenbacher 1995: 19).

Allerdings muss dieser stilistische Anspruch nach Sachlichkeit und Emotionslosigkeit relativiert werden, je nach der medialen Realisierungsform (mündlich oder schriftlich), nach Textsorte bzw. Kommunikationstyp, nach wissenschaftlicher Disziplin und Paradigma, nach Adressatenkreis und nach

---

41 „There can be no doubt that science is in many ways the natural enemy of language", so heißt das Motto, das der Monographie *The Language of Science* von Theodore Savory (1967) vorangestellt wurde.

kultureller sowie historischer Gebundenheit (vgl. Drescher 2003: 62–67). Insbesondere in den Geisteswissenschaften, in denen die Forderung nach Sachlichkeit keine so hohe Verbindlichkeit wie in den so genannten hard sciences besitzt, ist ein gewisses Maß an Affektivität möglich (vgl. ebd. S. 65). In der folgenden Korpusuntersuchung wird stilistisch untersucht, welche Spielräume affektive Sprachausdrücke in den Korpustexten haben.

Was die emotionalen Sprachausdrücke betrifft, hat Lehker (1997: 137 f.) folgende fünf Kategorien von Ausdrücken bzw. Textteilen zusammengestellt, die als affektiv gelten:

1. „direkte und indirekte Gefühlsäußerungen des Textproduzenten wie Abscheu, Hass, Ablehnung, Bedauern, Freude, Rührung, Zustimmung oder evaluative Ausdrücke"
2. „Ausdruck des Einfühlungsvermögens gegenüber Gefühlen der Rezipienten"
3. „Ansprechen von Werten, von denen angenommen werden kann, dass sie auch vom Rezipienten geteilt werden"
4. „Lebendiger Ausdruck wie Metapher, rhetorische Fragen usw."
5. „Emotive Sprache mit vager deskriptiver aber intensiver emotiver Bedeutung"

In der Untersuchung von Korpustexten werden „Lebendiger Ausdruck" mit verschiedenen Stilfiguren sowie Redewendungen und „Emotive Sprache mit vager deskriptiver aber intensiver emotiver Bedeutung" (z. B. sloganartige Formulierungen) schwerpunktmäßig analysiert.

5 Korpusanalyse

Anhand der Analysekriterien in 4.4 wird in diesem Kapitel versucht, die wissenschaftlichen Zeitschriftenartikel der sechs Teilkorpora hinsichtlich Thematizität, intertextueller Beziehbarkeit und stilistischer Einheitlichkeit zu untersuchen, und zwar mit Hilfe einer Triangulation von quantitativen und qualitativen Methoden. Die Untersuchungsergebnisse werden in interlingualer, interdisziplinärer und historischer Dimension verglichen und diskutiert.

5.1 Thematische Analyse

Bei der thematischen Analyse wird jeder Text in Eröffnungsteil, Schlussteil und Hauptteil untergliedert, wobei der Eröffnungsteil und der Schlussteil hinsichtlich der Teiltextsegmente und der Hauptteil hinsichtlich der thematischen Entfaltung näher untersucht werden.

5.1.1 Untersuchung chinesischer linguistischer Zeitschriftenartikel 2006–2010

5.1.1.1 Eröffnungsteil
Der Eröffnungsteil im Teilkorpus chinesische linguistische Zeitschriftenartikel 2006–2010 wird teilweise durch eine Zwischenüberschrift gekennzeichnet, bleibt aber zum Teil unmarkiert. Die folgende Tabelle gibt einen Überblick:

Tab. 3: Zwischenüberschrift im Eröffnungsteil ChLin2000er.

Eröffnungsteil	mit Zwischenüberschrift		ohne Zwischenüberschrift	
	引言 [Einführung]	inhaltsbezogene Zwischenüberschrift	nicht markiert	integriert
	8 (40%)	3 (15%)	7 (35%)	2 (10%)

Aus dieser Tabelle ist zu ersehen, dass 40% der Artikel mit „引言" als Einführung klar gekennzeichnet sind. Noch 15% sind mit einer inhaltsbezogenen Zwischenüberschrift wie „论题的缘起" [„Anlass zum Diskussionsthema"] (ChLin2000er3), „研究现状及本文要研究的问题" [„Forschungsstand und das Thema des Artikels"] (ChLin2000er6) oder „元语语境 ‚如果说' 与推理语境 ‚如果说'" [„Metasituation ‚wenn...' und Schlussfolgerungssituation ‚wenn...'"] (ChLin2000er8) eingeleitet, wobei der Hauptinhalt des Eröffnungsteils (z. B.

Forschungsstand, thematische Begriffe usw.) zur Zwischenüberschrift gemacht wird. Nicht markiert sind 35 % des Eröffnungsteils der Texte, die aber aufgrund der klaren Abgrenzung zum übrigen Teil des Textes mit Zwischenüberschriften doch leicht als Einführung kategorisiert werden können. Problematisch ist der Eröffnungsteil in zwei Texten, der entweder im Hauptteil integriert (ChLin2000er10) oder aus nicht markierten ersten Abschnitten und mit inhaltsbezogenen Zwischenüberschriften versehenen weiteren Abschnitten zusammengesetzt ist (ChLin2000er13), sodass der Rezipient diesen Teil durch inhaltliche Analyse selbstständig erfassen muss.

Bei der Analyse des Eröffnungsteils sind insgesamt fünf Teiltextsegmente (TTS) in Anlehnung an Hutz (1997: 117–123) und Busch-Lauer (2001) eruiert worden, die wiederum in verschiedenen Varianten erscheinen:

TTS 1 Einführung in den Untersuchungsgegenstand
    a) Bedeutung des Untersuchungsgegenstandes (die Wichtigkeit bzw. Aktualität des Untersuchungsgegenstandes in der Forschung bzw. in der Kommunikationspraxis unterstreichen)
    b) Allgemeine Aussagen zum Untersuchungsgegenstand (in Form einer Definition oder durch das Aufführen bestimmter Charakteristika)

TTS 2 Literaturbericht
    a) Aufzeigen der bisherigen Defizite
    b) Aufzeigen der Forschungsschwerpunkte

TTS 3 Legitimierung der eigenen Forschungsarbeit oder der eigenen Meinung
    a) Problematisierung von Forschungsergebnissen
    b) Forschungsbedeutungen

TTS 4 Vorstellung der eigenen Arbeit
    a) Zielsetzung bzw. Hauptinhalt der Arbeit
    b) Hypothesen
    c) Hinweise auf die Textstruktur des Fachzeitschriftenartikels

TTS 5 a) (metasprachliche) Darstellung von Material und Methoden der Untersuchung

TTS ist in diesem Teilkorpus wie folgt verteilt:

Tab. 4: TTS im Eröffnungsteil ChLin2000er.

Eröffnungsteil	TTS1		TTS2		TTS3		TTS4			TTS5
	17 (85 %)		6 (30 %)		8 (40 %)		17 (85 %)			4 (25 %)
	a	b	a	b	a	b	a	b	c	a
	7	13	3	3	6	2	16	1	3	4
	(35 %)	(65 %)	(15 %)	(15 %)	(30 %)	(10 %)	(80 %)	(5 %)	(15 %)	(25 %)

Im Folgenden werden die Erscheinungsformen der einzelnen TTS im Eröffnungsteil in diesem Teilkorpus im Einzelnen dargestellt:

Die meisten Zeitschriftenartikeln (85 %) weisen den TTS1 auf, um den Rezipienten in den Forschungsgegenstand einzuführen. Dabei sagen zehn Texte allgemein etwas über den Forschungsgegenstand aus (TTS1b) und vier Texte betonen seine Bedeutung (TTS1a), während drei Texte beide Aspekte aufzeigen (TTS1a + TTS1b).

Bei dem TTS1a kann der Stellenwert des Forschungsgegenstandes aus der Perspektive der Forschung (Beispiel 1) oder der Kommunikationspraxis (Beispiel 2) akzentuiert werden, wobei die Aussagen ohne Literaturangabe eher allgemein bleiben (wie „Es ist uns aufgefallen ..." oder „Es gibt gewisse Forschungen über ..."). Auch bei der Erklärung des Forschungsgegenstandes werden selten Definitionen im strengen Sinne verwendet, stattdessen werden Beispiele zur Veranschaulichung der Charakteristika des Forschungsgegenstandes (TTS1b) angeführt (Beispiel 3).

Beispiel 1:
汉语语言学学界对语块有一定的研究, 但是这一领域还有广阔的空间等待我们去开拓。
(ChLin2000er12)
[Es gibt gewisse Forschungen über Syntagmen in der sinologischen Linguistik, aber auf diesem Gebiet haben wir noch viel zu erschließen.]

Beispiel 2:
"有没有/有/没有+VP 句", 指 "有没有+VP"（甲类）, "有+VP"（乙类）, "没有+VP"（丙类）三类句式。其中的 "VP" 指动词或动词短语。我们注意到, 多年以来, 深受学者们关注的甲类句已经成为常用句式, 且正在进一步发展成熟。由于它的诱发因素以及别的因素的作用, 目前, 主要在口语中, 乙类 "有+VP" 句也在悄然萌生, 正成为一种新生的表示肯定的动词谓语词。丙类的 "没有+VP", 也有新的发展。
(ChLin2000er1)
[„Gibt es oder nicht/Es gibt/Es gibt nicht + VP" bezieht sich auf die drei Satzstrukturen „Gibt es oder nicht + VP" (Gruppe 1), „Es gibt + VP" (Gruppe 2) und „Es gibt nicht + VP" (Gruppe 3). Dabei werden mit „VP" Verben oder verbale Strukturen gemeint. Es ist uns aufgefallen, dass seit mehreren Jahren die sehr von den Gelehrten beachtete Satzstruktur der Gruppe 1 bereits allgemein verwendeter Satztyp ist und wird eine gewisse grammatische Reife erreichen. Dies zusammen mit anderen Elementen bewirken, dass z. Z. die Gruppe 2 „Es gibt + VP" in der mündlichen Sprache unbemerkt verwendet wird und gerade ein neues verbales prädikatives Wort zur Bejahung geworden ist. Die Gruppe 3 „Es gibt nicht + VP" hat auch eine neue Entwicklung.]

Beispiel 3:
本文题目所说的 "同宾结构" (object sharing construction) 如例 (1) 所示:
(1) a 张三买了一本书看　　b 张三给了李四一本书看
这种结构有三个鲜明特征。(ChLin2000er7)

[Die im Titel der vorliegenden Arbeit genannte „object sharing construction" kann im Beispiel (1) gezeigt werden:
a Zhang San hat ein Buch zum Lesen gekauft. b Zhang San hat Li Si ein Buch zum Lesen gegeben.
Diese Struktur hat drei deutliche Charakteristika.]

Mit 30 % ist TTS2 kein obligatorischer Bestandteil im Eröffnungsteil. Der Literaturbericht hat zum Ziel, die bisherigen Forschungsdefizite aufzuzeigen und damit die eigene Forschung zu legitimieren (Beispiel 4), oder die aktuellen Forschungsschwerpunkte zu präsentieren und auf diese Weise Anschluss für die eigene Forschung zu finden (Beispiel 5).

Beispiel 4:
两说均有启发性，但惜未能细致深入探讨。(ChLin2000er15)
[Diese zwei Arbeiten sind zwar aufschlussreich, aber sie haben keine genaue und eingehende Diskussion unternommen.]

Beispiel 5:
汉语复句研究已有的成果告诉我们，有两个方面值得重视：一是汉语复句关联标记的位置问题，二是汉语复句关联标记模式的类型学研究。(ChLin2000er6)
[Die Untersuchungsergebnisse der zusammengesetzten Sätze im Chinesischen haben uns auf zwei zu beachtenden Merkmale verwiesen: Erstens die Positionierung des Markierungszeichens der zusammengesetzten Sätze im Chinesischen und zweitens die Analyse des Markierungsmusters der zusammengesetzten Sätze im Chinesischen.]

Die eigene Forschung des Autors wird im TTS 3 explizit legitimiert, indem die bisherigen Forschungsergebnisse problematisiert (30 %) (Beispiel 6) oder die Bedeutung der eigenen Forschung direkt erläutert (10 %) wird (Beispiel 7). Allerdings zeigt sich dies nur bei zwei Texten (ChLin2000er5, ChLin2000er13) als Schlussfolgerung auf der Grundlage des Literaturberichtes im TTS 2 und die weitere Legitimierung bleibt eher allgemein.

Beispiel 6:
前人对其基本的类型、构成条件和表意功能等都进行了很多探讨，但是针对不同语体受事前置句的考察还缺少深入的描写和分析。(ChLin2000er11)
[Die Vorgänger haben sehr viel über die Grundstrukturen, Bildungsvoraussetzungen und die bedeutungsrepräsentative Funktion untersucht und diskutiert, aber es fehlt noch an tiefergreifenden Beschreibungen und Analysen des vorausgesetzten Objektes hinsichtlich verschiedener Textkommunikationsstile.]

Beispiel 7:
书面语和口语中语块的研究对 L1 习得、 L2 习得、语言的生成和理解过程以及计算机信息处理都有重要的意义，……。语块的研究对语言学理论也有启示，……。
(ChLin2000er13)

[Die Untersuchung der Syntagmen in der schriftlichen und mündlichen Sprache ist von großer Bedeutung für den Erwerb der ersten und der zweiten Sprache sowie für den Produktions- und Rezeptionsprozess und für die Informationsverarbeitung des Computers ... Die Untersuchung der Syntagmen ist ebenfalls aufschlussreich für die linguistische Theorie ...]

Mit 85% Auftretensfrequenz kann TTS4 als unentbehrlicher Bestandteil des Eröffnungsteils angesehen werden. Der Hauptinhalt der Arbeit wird meistens kurz und bündig vorgestellt (80%). Allerdings impliziert die Hälfte davon auch die Darstellung der Struktur des Artikels. Wie das Beispiel 8 angedeutet hat, wird der Hauptteil des Textes dreigeteilt und jeweils mit „语言使用类型" [„Typen der Sprachverwendung"], „语言使用上的特点" [„Merkmale der Sprachverwendung"] und „语言使用中存在的问题" [„Probleme der Sprachverwendung"] betitelt. Dagegen gibt es drei Texte, die die Textstruktur explizit vorankündigen (Beispiel 9). Außerdem stellt ein weiterer Text das Textthema als Hypothese auf (Beispiel 10).

Beispiel 8:
本文主要讨论以文本形式为主的手机短信的语言使用状况，包括语言使用类型、语言使用上的特点和语言使用中存在的问题。(ChLin2000er19)
[Die vorliegende Arbeit diskutiert v. a. die Sprachverwendung der in Textform erscheinenden SMS, inklusive der Typen, der Merkmale und der Probleme der Sprachverwendung.]

Beispiel 9:
本文安排如下：第一节回顾……并作出评价；第二节从……等方面为本文的论点……提供证据；第三节是余论。(ChLin2000er7)
[Die vorliegende Arbeit ist wie folgt aufgeteilt: Der erste Teil blickt auf ... zurück und bewertet diesen; im zweiten Teil werden in ... u. a. Hinsichten für die These dieser Arbeit Argumente aufgeführt; der dritte Teil ist die weitere Diskussion.]

Beispiel 10:
我们认为这里的关键问题是"保留成分的完整性"，下面让我们从这一点开始进行讨论。(ChLin2000er5)
[Wir glauben, dass das Hauptproblem hier „das Bewahren der Vollständigkeit der Komponente" ist, davon ausgehend werden wir im Folgenden diskutieren.]

Bei dem TTS5a werden meistens (empirischer) Untersuchungsgegenstand, -korpus, -umfang und -methode (ChLin2000er1, ChLin2000er9, ChLin2000er15) bzw. im nachfolgenden Text verwendete Abkürzungszeichen (ChLin2000er6) auf der Metaebene vorgestellt, wie Beispiel 11 zeigt.

Beispiel 11:
语料主要取自中央电视台 (CCTV) 诸专题栏目、电视剧，少数取自地方台和书、报。
(ChLin2000er1)
[Die empirischen Daten stammen v. a. aus bestimmten Programmen und Fernsehfilmen des CCTV, wenige aus lokalen Fernsehveranstaltungen und Büchern sowie Zeitungen.]

5.1.1.2 Schlussteil

Der Schlussteil ist in diesem Teilkorpus kein obligatorischer Bestandteil jedes Artikels, denn 18 Texte werden mit, zwei Texte jedoch ohne einen Schlussteil beendet. Die meisten Schlussteile (65 %) werden mit „余论"/„结论"/„结语"/ „小结" [„Schluss" bzw. „Zusammenfassung"] und einige (10 %) mit einer inhaltsbezogenen Zwischenüberschrift wie „网络成因" [„Gründe der Netzbildung"] (ChLin2000er1) gekennzeichnet, dagegen gibt es drei Texte, deren Schlussteil im Hauptteil integriert ist. Tabellarisch sieht es wie folgt aus:

Tab. 5: Zwischenüberschrift im Schlussteil ChLin2000er.

Schlussteil	mit Zwischenüberschrift		ohne Zwischenüberschrift
	余论/结论/结语/小结 [Schluss bzw. Zusammenfassung]	inhaltsbezogene Zwischenüberschrift	integriert
	13 (65 %)	2 (10 %)	3 (15 %)

Insgesamt werden folgende Teiltextsegmente in diesem Teilkorpus ermittelt:
TTS1 Zusammenfassung der eigenen Forschungsergebnisse
TTS2 Diskussion der Forschungsergebnisse
    a) Erläuterung der Gründe für die gefundenen Ergebnisse
    b) Vergleich mit anderen Forschungsergebnissen
    c) Relativierung der eigenen Forschungsergebnisse
TTS3 Bedeutung der Forschungsergebnisse
    a) Wert der Ergebnisse / Anwendungsmöglichkeiten
    b) Appellative Betonung der Wichtigkeit der Forschungen
TTS4 Offene Fragen
    a) Forschungsdesiderata oder -aussicht
    b) Handlungsvorschlag
TTS5 Metakommunikative Äußerungen

Zusammenfassend sieht die Verteilung der einzelnen Teiltextsegmente folgendermaßen aus (s. Tab. 6).

Viele Artikel (40 %) fassen mit dem TTS1 im Schlussteil den Hauptinhalt des Textes zusammen bzw. verdeutlichen die neuen wesentlichen Erkenntnisse. Beispiel 12 rekapituliert die Diskussionsaspekte des Forschungsgegenstandes:

Beispiel 12:
本文探讨了语体的性质、范畴、组成要素及其语法属性。(ChLin2000er10)
[Im vorliegenden Artikel ist über die Eigenschaft, den Umfang, die Komponenten sowie die grammatische Zugehörigkeit des Textkommunikationsstils diskutiert worden.]

Tab. 6: TTS im Schlussteil ChLin2000er.

Schlussteil	TTS1	TTS2			TTS3		TTS4		TTS5
	8 (40 %)	3 (15 %)			8 (40 %)		6 (30 %)		1 (5 %)
		a	b	c	a	b	a	b	
	8 (40 %)	1 (5 %)	1 (5 %)	1 (5 %)	7 (35 %)	3 (15 %)	3 (15 %)	3 (15 %)	1 (5 %)

Nur wenige Artikel (15 %) diskutieren im Schlussteil die Forschungsergebnisse aus dem Hauptteil. Dabei analysieren sie die Gründe für die Forschungsergebnisse (5 %) (Beispiel 13), rechtfertigen die eigenen Forschungsergebnisse durch Vergleich mit anderen (5 %) (Beispiel 14) oder relativieren die Forschungsergebnisse und geben damit einen Absolutheitsanspruch auf (5 %) (Beispiel 15):

Beispiel 13:
由前两部分可知，甲、乙、丙三类句式已粗呈网络状。那么，是什么原因促成的呢？……(ChLin2000er1)
[Aus den vorigen zwei Teilen ist es ersichtlich, dass der Satztyp 1, 2 und 3 bereits ein Netz gebildet haben. Aber was führt dazu? ...]

Beispiel 14:
朱氏后面这段话实际上暗示了两种分析法的初步结合。直系成分分析法可以说是沿着这个思路深入的结果。(ChLin2000er5)
[Das letztere Wort von Zhu hat in der Tat auf den ersten Schritt des Zusammenbringens der zwei Analysemethoden hingewiesen. Die Methode der Analyse von direkten Komponenten ist sozusagen das Ergebnis dieses Gedankengangs.]

Beispiel 15:
显然，不同形式的目的状语从句可能具有不同的分布条件。不过这个话题已经超出了本文的范围，需另文探讨。(ChLin2000er7)
[Offensichtlich haben verschiedene Formen des Finalsatzes verschiedene Verteilungsvoraussetzungen. Aber dieses Thema würde den Rahmen des vorliegenden Artikels bereits überschreiten und muss in einem anderen Artikel diskutiert werden.]

Acht Texte verweisen auf die Bedeutung der Forschungsergebnisse (40 %); dabei werden die Werte oder die Anwendungsgebiete von sieben Texten konkret aufgezeigt (35 %) und drei Texte (15 %) betonen auf appellative Weise die Bedeutsamkeit der eigenen Forschung. Zwei Texte kombinieren diese beiden Aspekte (Beispiel 16).

Beispiel 16:
语体对语言学、历时句法学以及文学理论的研究都具有重大的意义。……
凡此种种，均暗示出一个以语体为轴心的综合学科的形成与建立。语体之为用，亦大矣哉！
(ChLin2000er10)
[Der Textkommunikationsstil hat eine wichtige Bedeutung für die Forschung von Sprachwissenschaft, diachronischer Syntax und der Theorie der Literaturwissenschaft. ... All das weist auf die Formierung und Bildung einer umfassenden Disziplin mit dem Textkommunikationsstil im Zentrum. Der Textkommunikationsstil ist wirklich von großem Nutzen!]

TTS4 wirft offene Fragen hinsichtlich des Forschungsgegenstandes bzw. der -methode auf und kommt in zwei Varianten vor: Drei Texte (15 %) geben einen Forschungsausblick (Beispiel 17) und drei weitere Texte (15 %) machen Handlungsvorschläge (Beispiel 18), was durchaus appellativ zu sein scheint.

Beispiel 17:
这些问题的探索刚刚开始，限于篇幅，这里都不便铺开来说，随着研究的深入，以后将另文阐述。(ChLin2000er2)
[Die Untersuchung solcher Fragen hat gerade begonnen. Aus Platzgründen wird dies nicht ausführlich besprochen. Darüber werde ich mit der Vertiefung der Untersuchung später in einem anderen Artikel schreiben.]

Beispiel 18:
作为语文工作者，我们有义务和责任对网络语言进行研究，以期对其引导规范，这是我写作初衷。(ChLin2000er4)
[Als Philologen haben wir die Verpflichtung und die Verantwortung, über die Internetsprache zu forschen, um sie zu leiten und zu standardisieren, das war meine ursprüngliche Intention des Schreibens der vorliegenden Arbeit.]

Die metasprachliche Äußerung als Ergänzung der Arbeit kommt in diesem Teilkorpus lediglich in einem Text vor (5 %), wie Beispiel 19 zeigt:

Beispiel 19:
本文的越南语材料是由……翻译的，他还提供了……的文章。笔者多次与他讨论越南语的情况。谨致谢忱！(ChLin2000er11)
[Die vietnamesischen Sprachmaterialien wurden von ... übersetzt, er hat mir außerdem noch Artikel von ... zur Verfügung gestellt. Ich habe mehrmals mit ihm über die vietnamesische Sprache diskutiert. Hier möchte ich meine Dankbarkeit an ihn zum Ausdruck bringen.]

5.1.1.3 Thematische Entfaltung im Hauptteil
Bei der Analyse der thematischen Entfaltung ist bereits eingangs anzumerken, dass hier nur die Hauptstruktur des Zeitschriftenartikels erfasst wird. Denn oft sind in der deskriptiven Struktur argumentative bzw. explikative Teile oder in

der argumentativen Struktur deskriptive Teile eingebettet bzw. sogar von diesen durchzogen.

Im Teilkorpus sinologischer Linguistik zwischen 2006 und 2010 sind folgende Formen der thematischen Entfaltung zu finden:

Tab. 7: Struktur des Hauptteils ChLin2000er.

Form der thematischen Entfaltung	deskriptiv	argumentativ	IMRAD
Anzahl	18 (90 %)	1 (5 %)	1 (5 %)

Die meisten Artikel (90 %) organisieren ihren Hauptteil deskriptiv, und zwar in den beiden Formen 1) Spezifizierung und 2) Fragestellung/Problem-Lösungsangebot/Vorschlag. Im Folgenden werden sie im Einzelnen dargestellt.

1) Spezifizierung: Der Forschungsgegenstand wird unter verschiedenen Aspekten betrachtet und erklärt. Diese deskriptive Darstellungsform zeigt sich in 15 Texten (75 %). Dies wird anhand eines Beispieltextes (ChLin2000er4) veranschaulicht.

Beispiel 20:
Der Artikel mit dem Titel „网络语言的词汇语法特征" („Wortschatz- und Grammatikmerkmale der Internetsprache") analysiert die Merkmale der Internetsprache hinsichtlich des Wortschatzes und der Grammatik und gliedert den Hauptteil wie folgt:

Der Text untersucht zur Beschreibung der Merkmale der Internetsprache drei verschiedene Aspekte (Wortschatz, Syntax und Sonderzeichen), und erläutert diese wiederum aus zwei bis fünf Perspektiven. Bei dem ersten Aspekt (Wortschatz) gibt es sogar noch eine dritte Schicht, die den Wortschatz mit der Fremdsprachenabstammung in fünf Gruppen und den mit der Chinesischabstammung in zehn Gruppen einteilt und darstellt.

2) Fragestellung-Lösungsangebot: Insgesamt drei Texte (15 %) verwenden folgendes Muster: Frage ableiten durch Analyse anderer Meinungen oder Methoden – eigene Meinung oder Methode präsentieren (eventuell auch bewerten bzw. anwenden). Dies wird durch den Beispieltext (ChLin2000er3) näher erklärt.

Beispiel 21:
Der Artikel diskutiert den Umfang bzw. die Schicht sowie die Vermischung bzw. die Variation des Phonems. Die Gliederung sieht wie folgt aus:

5.1 Thematische Analyse

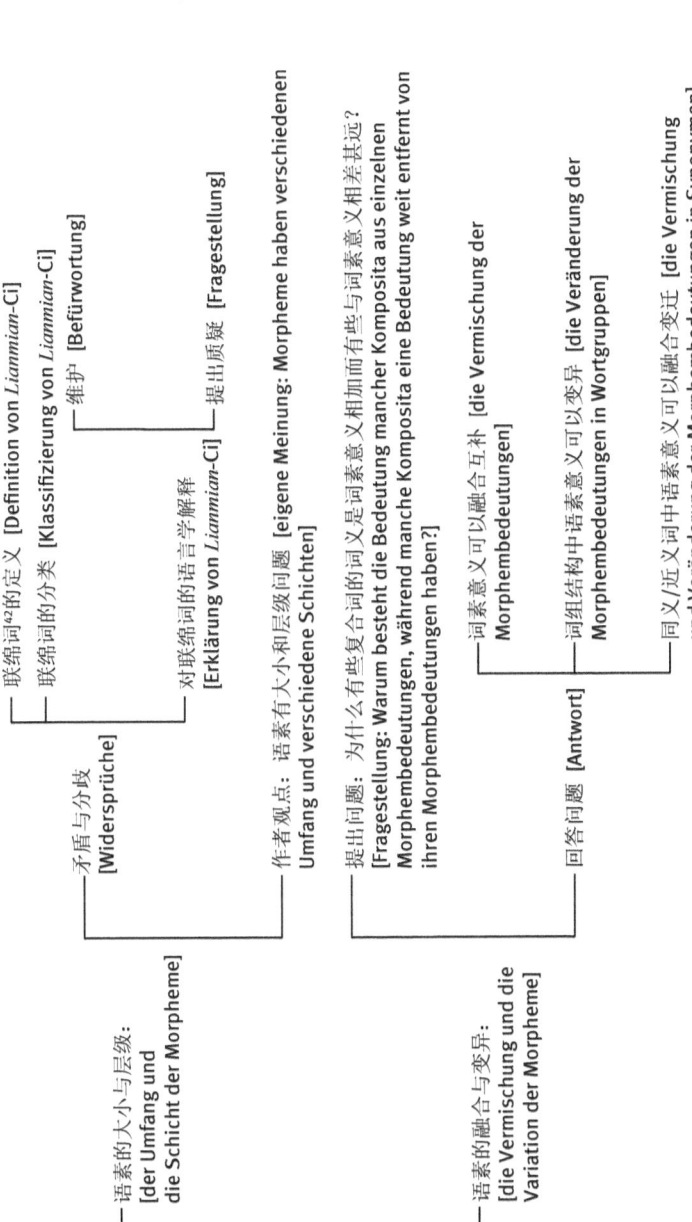

---

42 Mit *Lianmian*-Ci sind aus zwei oft alliterierenden oder gleichklingenden Zeichen zusammengesetzte Ausdrücke in der chinesischen Sprache gemeint.

In diesem Beispiel wird zwar der Gegenstand Morphem zuerst spezifiziert unter zwei Aspekten betrachtet, aber bei jedem Aspekt werden zuerst Probleme aufgeworfen oder Fragen gestellt. Anschließend wird die eigene Erklärung oder die eigene Antwort angeboten.

Neben dieser dominierenden deskriptiven Themenentfaltung gibt es einen weiteren Text (5%) mit argumentativer thematischer Entfaltung (ChLin2000er7). Der Artikel diskutiert einen Satztyp (object sharing construction) im Chinesischen, der zwei Verben mit demselben Objekt besitzt und weist darauf hin, dass dieser Satztyp eine besondere syntaktische Stellung hat. Die argumentative Struktur sieht wie folgt aus:

Beispiel 22:
These 1: 同宾结构不是兼语结构 [Object sharing construction ist keine pivotal construction.]
Argument 1: 关于兼语结构的理论观点有缺陷, 即自相矛盾和扩大兼语概念。 [Die bisherige theoretische Auseinandersetzung mit pivotal construction hat zwei Schwächen, nämlich den inneren Widerspruch und die Erweiterung der Kategorie der pivotal construction]
Argument 2: 同宾结构的动词和典型兼语结构的动词性质很不相同。 [Das Verb in der object sharing construction ist ganz anders als das Verb in der typischen pivotal construction.]

These 2: 同宾结构不是连动结构 [Object sharing construction ist keine serial verb construction.]
Argument 1: 同宾结构不具备连动结构的两个特性 [Object sharing construction besitzt nicht die zwei Wesensmerkmale der serial verb construction.]
Argument 2: 同宾结构和连动结构的语义辖域不同 [Object sharing construction und serial verb construction haben verschiedene semantische Bezugsgebiete.]

These 3: 同宾结构是目的状语从句 [Object sharing construction ist Finalsatz.]
Argument 1: V_2P充当了状语 [V_2P hat die adverbiale Funktion.]
Argument 2: V_2有从句结构的性质 [V_2 hat das Merkmal eines Nebensatzes.]
Argument 3: V_2作后置状语, 符合汉语中目的从句总体上后置于主句的倾向 [V_2 fungiert als dahinterstehende Adverbialbestimmung, die der Tendenz im chinesischen Finalsatz entspricht, den Nebensatz nach hinten zu verlegen.]

In diesem Beispiel werden drei Thesen aufgestellt, die jeweils theoretisch begründet werden. Die einzelnen Argumente werden mit Ergebnissen anderer

Forschungsarbeiten in Beziehung gesetzt, aber auch mit Beispielsätzen veranschaulicht.

Ein weiterer Artikel (5%) in diesem Teilkorpus verwendet die IMRAD-Struktur (ChLin2000er9). Der Text untersucht das nonsyllabische „r" bei Familiennamen im Beijing-Dialekt. Nach der Einführung wird die Untersuchung dieses Phänomens durch Fragebogen- und Interviewumfrage dargestellt. Allerdings werden die Methode und Ergebnisse zusammen präsentiert, wobei die Methode nicht genau erklärt wird. Denn bei der Fragebogenumfrage wird nur erwähnt, dass unter jedem Familiennamen drei Wahlmöglichkeiten angegeben werden, die zusätzlich mit einem Beispiel aus dem Fragebogen belegt sind. Aber wie der Fragebogen und warum er in dieser Form aufgebaut ist, wird nicht erläutert, und auch der Durchlauf der Umfrage und die Zahl der versendeten und der zurückgekommenen Fragebögen werden nicht erwähnt. Ähnlich wird mit der Darstellung der Interviewumfrage verfahren. Die Ergebnisse der beiden Untersuchungen werden dann im letzten Teil des Artikels ausführlich diskutiert und erläutert.

5.1.2 Untersuchung chinesischer linguistischer Zeitschriftenartikel 1955–1964

5.1.2.1 Eröffnungsteil

In diesem Teilkorpus gibt es in 18 Texten einen Eröffnungsteil, während zwei Texte ohne diesen Teil auskommen. Der Eröffnungsteil wird wie folgt präsentiert:

Tab. 8: Zwischenüberschrift im Eröffnungsteil ChLin1950er.

Eröffnungsteil	mit numerischer Markierung	ohne Markierung	
		Markierung des übrigen Teils	keine Abschnittgliederung
	5 (25%)	7 (35%)	6 (30%)

Aus der Tabelle ergibt sich, dass unter den 18 Zeitschriftenartikeln fünf Eröffnungsteile (25%) mit der Nummer „一" [„erstens"] gekennzeichnet und als solche erkennbar sind, wobei der ganze Artikel auf dieselbe Weise der Nummerierung und ohne Überschriften in Abschnitte gegliedert ist. In sieben weiteren Texten (35%) ist der Eröffnungsteil nicht markiert. Da dieser Teil im Gegensatz zum übrigen Teil des Textes mit Abschnittsmarkierung versehen ist, kann er leicht als Eröffnungsteil kategorisiert werden. Interessanterweise gibt es weitere sechs Texte (30 %) ohne Abschnittsgliederung, sodass der Eröffnungsteil hinsichtlich des Layouts in den ganzen Text integriert ist und von den Rezipienten erst durch inhaltliche Analyse identifiziert werden muss.

Dieses Teilkorpus hat einige zusätzliche Varianten der Teiltextsegmente, nämlich

TTS3 c) Legitimierung der Arbeit durch Theorien bzw. durch Verweise auf Autoritäten
TTS4 a 1) eigene Meinung

Tabellarisch kann die Verteilung der einzelnen Teiltextsegmente wie folgt zusammengefasst werden:

Tab. 9: TTS im Eröffnungsteil ChLin1950er.

Eröffnungsteil	TTS1		TTS2	TTS3		TTS4		TTS5
	9 (45 %)		1 (5 %)	8 (40 %)		15 (75 %)		2 (10 %)
	a	b	b	a	c	a	a 1	a
	3	8	1	3	5	8	7	2
	(20 %)	(40 %)	(5 %)	(15 %)	(25 %)	(40 %)	(35 %)	(10 %)

Diese Tabelle zeigt, dass TTS1 in neun Texten vorkommt und somit als ein wichtiger Bestandteil des Eröffnungsteils in diesem Teilkorpus anzusehen ist. Dabei gibt es zwei Varianten: Drei Texte (20 %) heben die Wichtigkeit bzw. Aktualität des Forschungsgegenstandes hervor (Beispiel 23) und acht Texte (40 %) stellen allgemeine Charakteristika des Untersuchungsgegenstandes dar (Beispiel 24), wobei zwei Texte davon die zwei Varianten dieses Teiltextsegments kombinieren (ChLin1950er3, ChLin1950er4).

Beispiel 23:
词义和概念的关系是语言学理论中最复杂、最重要的问题之一，争论很多。近年来，这个问题也已经引起了我国语言学家的兴趣，发表了好几篇有关的文章，看了之后，得益不小。(ChLin1950er4)
[Die Beziehung zwischen der Wortbedeutung und dem Begriff ist eine der kompliziertesten und wichtigsten Fragen in den linguistischen Theorien, darüber wird sehr viel diskutiert. In den letzten Jahren haben Linguisten unseres Landes Interesse an dieser Frage gezeigt und einige Artikel darüber publiziert. Ich habe sie gelesen und daraus Nutzen gezogen.]

Beispiel 24:
相声是民间口头艺术，是曲艺中的一种，具有不同于其他曲艺形式以及文艺形式的特点。相声艺术的特点是：...... (ChLin1950er3)
[Der komische Dialog ist eine mündliche Kunst aus dem Volk, eine der volkstümlichen Gesangs- und Vortragskunstformen (Qu Yi), hat seine eigenen und damit andere Merkmale als andere Qu Yi-Formen und andere Kunstformen. Seine Merkmale sind: ...]

Dagegen spielt der Literaturbericht in diesem Teilkorpus keine besondere Rolle. Denn nur in einem einzigen Text (5 %) werden im Eröffnungsteil relevante Forschungsarbeiten genannt, um die Bedeutung des eigenen Forschungsthemas hervorzuheben (Beispiel 25).

Beispiel 25:
几十年来，在泛论语言学的专著、语法专著或者谈词儿拼写的论文中，有许多谈到构词法的地方，给进一步探讨构词法的问题打下了基础。...... 这表明构词法的研究已逐渐深化，进入了构词法研究的新阶段。(ChLin1950er11)
[In den letzten Jahrzehnten wurde in den allgemeinsprachwissenschaftlichen bzw. grammatischen Monographien oder orthographischen Arbeiten oft die Wortbildung thematisiert, was eine Grundlage für die weitere Diskussion über Wortbildung geschaffen hat. ... Das zeigt, dass die Untersuchung der Wortbildung einen weiteren Schritt gegangen ist und eine neue Forschungsphase erreicht hat.]

Zur Legitimation der eigenen Arbeit wird in diesem Teilkorpus die Bedeutung der eigenen Forschungsarbeit durch die Problematisierung des Forschungstandes oder bestimmter Ansichten unterstrichen (15 %) (Beispiel 26). Andererseits kann die Wichtigkeit der eigenen Forschungsarbeit auch mit dem Verweis auf Autoritäten indirekt akzentuiert werden (25 %) (Beispiel 27). Im Beispiel 27 wird aus den Zitaten von Mao Zedong und Stalin über die Relevanz der Wesensmerkmale im menschlichen Erkenntnisprozess und über die gesellschaftliche Funktion der Sprache abgeleitet, dass eine Sprache ihre eigenen Merkmale besitzt und die Forschung zu den Sprachmerkmalen sowie zum Mechanismus des Sprachwandels von großer Bedeutung ist.

Beispiel 26:
汉语拼音采用音素制就产生了隔音的问题。...... 因此有不少的人提议把隔音方法简单化，主张只用一个符号或一个字母来表示。但是人们不仅怀疑，一律用同一符号或同一字母来隔音是不是显得太累赘而且影响美观呢？因为汉语韵母单独作音节的现象并不是偶尔出现的，而是很多很多的。(ChLin1950er9)
[Pinyin mit dem phonologischen System führt zum Problem der Silbentrennung. ... Insofern haben viele vorgeschlagen, die Methode der Silbentrennung mit einem Zeichen oder einem Buchstaben zu vereinfachen. Aber dabei tritt die Frage auf, ob die Silbentrennung mit diesem Zeichen oder diesem Buchstaben nicht zu umständlich und unästhetisch ist. Denn ein Vokal als selbstständige Silbe kommt im Chinesischen nicht selten vor, sondern sehr häufig.]

Beispiel 27:
毛泽东同志教导我们:"……尤其重要的,成为我们认识事物的基础的东西,则是必须注意他的特殊点,就是说,注意他和其他运动形式的质的区别。只有注意了这一点,才有可能区别事物。"语言之所以为语言,乃是因为它有自己的质。斯大林指出:"……"
(ChLin1950er7)
[Genosse Mao Zedong lehrt uns: „ ... Wir müssen auf die Besonderheiten dessen achten, das besonders wichtig ist und Grundlage unserer Erkenntnis darstellt. D. h., wir müssen auf die qualitativen Unterschiede zwischen ihm und den übrigen Entwicklungsformen achten. Nur wenn wir darauf geachtet haben, können wir die Dinge unterscheiden." Sprache ist deswegen Sprache geworden, nur weil sie ihre Eigenschaften hat. Stalin hat angewiesen: „...."]

Mit 75 % der Vorkommensfrequenz ist TTS4 in diesem Teilkorpus ein wesentlicher Bestandteil des Eröffnungsteils. In acht Texten (40 %) wird der Hauptinhalt des Artikels dargestellt, wobei drei davon (15 %) mehr oder weniger Strukturhinweise auf den nachfolgenden Teil des Artikels geben (Beispiel 28). Sieben Texte (35 %) dagegen präsentieren die eigene Meinung als These des argumentativ aufgebauten Textes (Beispiel 29).

Beispiel 28:
下面我们把疑问代词的任指用法分作三类来谈。这三类是(一)……,(二)……,(三)……。
(ChLin1950er20)
[Im Folgenden diskutieren wir die Fragepronomen ohne spezifische deiktische Hinweise in drei Gruppen. Sie sind 1. ..., 2. ... und 3. ...]

Beispiel 29:
自从有了人类社会,就有了语言。但是,语言是什么?语言的本质是什么?马克思主义语言学与资产阶级语言学是截然不同的两种回答。而只有马克思主义语言学,才能对语言本质问题提出唯一的科学的认识。(ChLin1950er5)
[Seitdem es die menschliche Gesellschaft gibt, gibt es Sprache. Aber was ist Sprache? Was ist das Wesen der Sprache? Die marxistische und die bürgerliche Linguistik geben zwei ganz verschiedene Antworten. Aber nur allein die marxistische Linguistik kann zur wissenschaftlichen Erkenntnis über die Frage des Sprachwesens gelangen.]

Darüber hinaus schränken zwei Texte ihren Untersuchungsgegenstand metasprachlich ein (ChLin1950er13, ChLin1950er19), was als TTS5 zu kategorisieren ist (Beispiel 30).

Beispiel 30:
在分别叙述各类主语前成分之前,先得给本文的"主谓句"划个范围。下面这几种句式不打算在本文里讨论。(ChLin1950er19)
[Bevor die verschiedenen Formen des Subjektvorfeldes im Einzelnen dargestellt werden, muss in der vorliegenden Arbeit ein Rahmen für den „Subjekt-Prädikat-Satz" abgesteckt werden. Die folgenden Satztypen werden nicht in diesem Artikel diskutiert.]

5.1.2.2 Schlussteil

In diesem Teilkorpus haben nur 15 Zeitschriftenartikel einen Schlussteil, während die übrigen fünf schon nach dem Hauptteil beendet wurden. Unter den 15 Texten sind fünf Schlussteile in den letzten Teil des Hauptteils und fünf in den ganzen Text integriert, denn bei den letzteren kommt der ganze Text ohne markierte Abschnittsgliederung aus. Vier Texte haben ihren Schlussteil wie andere Abschnitte des Artikels nummeriert. Zusammenfassend kann das tabellarisch so dargestellt werden:

Tab. 10: Zwischenüberschrift im Schlussteil ChLin1950er.

Schlussteil	integriert		nummeriert
	Text ohne Abschnittsmarkierung	Text mit Abschnittsmarkierung	
	6 (30 %)	5 (25 %)	4 (20 %)

Die Verteilung der Teiltextsegmente sieht wie folgt aus:

Tab. 11: TTS im Schlussteil ChLin1950er.

Schlussteil	TTS1	TTS2		TTS3	TTS4		TTS5
	6 (30 %)	5 (25 %)		4 (20 %)	8 (40 %)		1 (5 %)
		a	c	b	a	b	
	6 (30 %)	1 (5 %)	4 (20 %)	4 (20 %)	1 (5 %)	8 (40 %)	1 (5 %)

Aus dieser Tabelle ist zu ersehen, dass TTS1 zur Zusammenfassung des Hauptinhaltes weiterhin ein wichtiger Bestandteil des Schlussteils in diesem Teilkorpus bleibt (30 %) (Beispiel 31). Dagegen konzentriert sich die Diskussion (TTS2) eher auf die Relativierung der Forschungsergebnisse bzw. auf die Einschränkung des Forschungsgegenstandes (20 %), um letztendlich Bescheidenheit auszudrücken bzw. potenzielle Kritik zu vermeiden (Beispiel 32); dabei wird lediglich in einem Text die andere Variante benutzt und die Gründe der Forschungsergebnisse diskutiert (5 %) (Beispiel 33):

Beispiel 31:
依据上面的讨论，我们可以下一个结论说：…… (ChLin1950er1)
[Aufgrund der obigen Diskussion können wir zu dem folgenden Ergebnis kommen: …]

Beispiel 32:
这篇文章只是想在这个方面做一次小的尝试，接触的问题较多，内容不免庞杂零乱。至于真正解决问题，还有待与大家的努力。(ChLin1950er2)
[Dieser Artikel möchte nur in dieser Hinsicht einen kleinen Versuch unternehmen. Da es viele Probleme gibt, ist der Inhalt unvermeidlich sehr umfangreich, vielfältig und ohne jede Ordnung. Die Probleme wirklich zu lösen, braucht unsere gemeinsamen Anstrengungen.]

Beispiel 33:
鲁迅先生为什么能够这样善于运用色彩词呢？这是与他生活经验的丰富和写作态度的认真分不开的。(ChLin1950er15)
[Warum ist Herr Lu Xun so gut in der Verwendung der Farbwörter? Das kann nicht von seinen reichen Lebenserfahrungen und seiner Gewissenhaftigkeit beim Schreiben getrennt gesehen werden.]

Auffällig häufig werden in diesem Teilkorpus appellative Ausdrücke verwendet. Bei dem TTS3 wird die Bedeutung der Arbeit nicht durch Aufzeigen konkreter Anwendungsgebiete oder die Nennung theoretischer Wichtigkeit hervorgehoben, sondern allein durch abstrakte Floskeln in den Vordergrund gestellt (20 %) (Beispiel 34). Auch bei dem TTS4 sprechen sich alle acht Texte allgemein dafür aus, die Forschungen fortzusetzen (40 %) (Beispiel 35), lediglich ein Text stellt zusätzliche Forschungsmöglichkeiten in Aussicht (5 %) (Beispiel 36):

Beispiel 34:
只有在研究汉语的词汇的概念时，不要把文言与口语截然分家，才能看出祖国语言中词汇的发展规律来，才能逐渐地把祖国的语言中的词汇更发展丰富起来；才能体会出祖国语言中词汇的丰富内容来，如果割断历史地去讲祖国语言的词汇，不但是行不通的，其至也蒙蔽了学习祖国语言的第二代，使他们没法理解祖国语言的发展情况，因而也就降低了他们的语文程度，并给他们带来了学习祖国古典文学的困难。(ChLin1950er10)
[Nur wenn bei der Untersuchung des chinesischen Wortschatzes das klassische Chinesisch und die gesprochene Sprache nicht gänzlich voneinander getrennt werden, kann man die Regel der Wortschatzentwicklung in der Sprache unseres Vaterlandes erkennen, den Wortschatz in der Sprache unseres Vaterlandes weiter entwickeln und bereichern und die inhaltliche Reichhaltigkeit des Wortschatzes in der Sprache unseres Vaterlandes zu spüren bekommen. Aber wenn man bei der Analyse des Wortschatzes in der Sprache unseres Vaterlandes die Geschichte abtrennt, so ist dies nicht nur undurchführbar, sondern kann auch die uns nachfolgende Generation täuschen, die die Sprache unseres Vaterlandes lernt, sodass sie die Entwicklung der Sprache unseres Vaterlandes nicht versteht, ihr chinesisches Niveau reduziert wird und sie auch beim Lernen der klassischen Literatur unseres Vaterlandes Schwierigkeiten bekommt.]

Beispiel 35:
我们必须高举毛泽东思想的红旗，发挥马克思主义语言学的战斗作用，把语言学界的学术批判进行到底，并在这一场斗争中推动语言科学的进一步发展！(ChLin1950er14)
[Wir müssen die rote Fahne der Maozedong-Ideologie hochhalten, die Kampfkraft der marxistischen Sprachwissenschaft zur Geltung bringen, die wissenschaftliche Kritik im Bereich der Sprachwissenschaft zu Ende durchführen und in diesem Kampf die Entwicklung der Sprachwissenschaft vorantreiben!]

Beispiel 36:
复杂谓语的内部关系虽只有三种，类型和格式恐怕不止于此。还有许多有关的问题我没有谈到。还须要继续收集材料，做进一步的探讨。我相信我们总会有一天把这种特殊的语法结构弄清楚的。(ChLin1950er17)
[Es gibt zwar nur drei innere Beziehungen von dem komplizierten Prädikat, Typen und Formen aber wohl mehr. Es sind noch mehr einschlägige Fragen, auf die ich nicht zu sprechen komme. Wir müssen weitere Materialien sammeln und einen Schritt weiter untersuchen. Ich bin überzeugt, dass wir uns eines Tages Klarheit über diese spezifische Grammatikstruktur verschaffen werden.]

Zu erwähnen ist, dass TTS5 als Zusatzinformationen nur in einem Text vorkommt, wie das Beispiel 37 zeigt:

Beispiel 37:
由假借字联想到简体字和汉字改革的必要。末了，我要说一点我抚今思昔的感想：……
(ChLin1950er6)
[Von den homophonen Schriftzeichen ausgehend an die Kurzzeichen und an die Notwendigkeit der Reform der chinesischen Schriftzeichen zu denken. Am Ende wollte ich über meine Empfindungen sprechen, indem ich im Licht der Gegenwart an Vergangenes zurückdenke: ...]

5.1.2.3 Thematische Entfaltung im Hauptteil

Im Teilkorpus sinologische Linguistik zwischen 1955 und 1964 spielt neben der deskriptiven Themenentfaltung die argumentative eine wichtige Rolle. Dies zeigt sich in der folgenden Tabelle:

Tab. 12: Struktur im Hauptteil ChLin1950er.

Form der thematischen Entfaltung	deskriptiv	argumentativ
Anzahl	11 (55 %)	9 (45 %)

Unter der deskriptiven Themenentfaltung sind, wie im Teilkorpus sinologische Linguistik zwischen 2006 und 2010, auch die zwei Formen der Spezifizierung und der Meinungsäußerung zu finden. Allerdings besitzt die erste Form mit zehn Texten (50 %) die absolute Mehrheit, während die zweite Form mit einem Text (5 %) eher eine untergeordnete Rolle spielt. Im Folgenden werden die zwei Formen jeweils mit einem Beispiel veranschaulicht.

Beispiel 38:
Der Text (ChLin1950er3) erläutert die sprachlichen Besonderheiten der chinesischen Kunstform „Komischer Dialog", dabei wird das Thema in drei Teilthemen aufgeteilt und die einzelnen Teilthemen werden weiter unter verschiedenen Aspekten aufgegliedert. Die Spezifizierung der Teilthemen kann zweischichtig oder vierschichtig sein:

5 Korpusanalyse

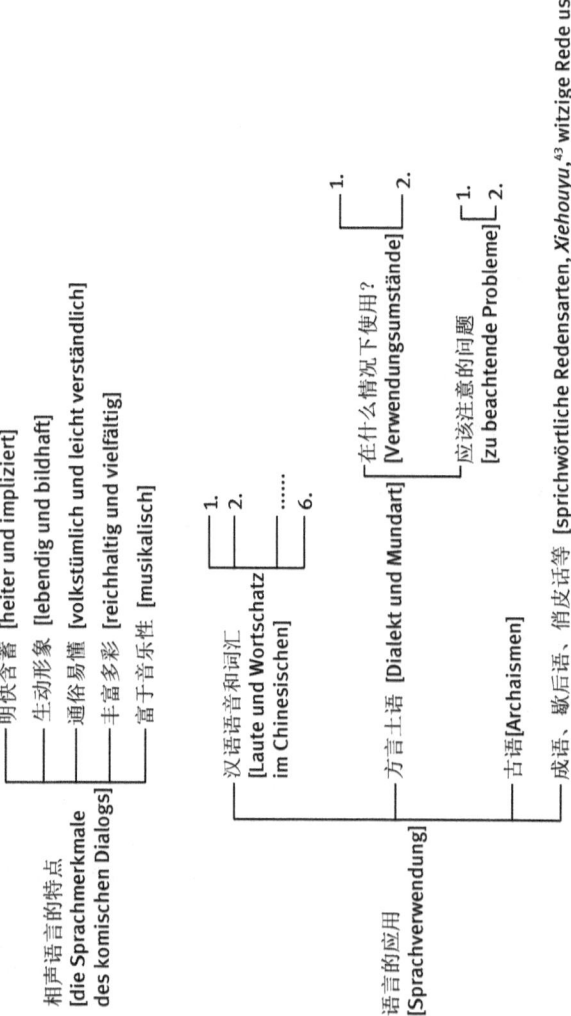

---
43 Damit ist das zweigliedrige Sprichwort gemeint, dessen erster Teil meist bildhaft umschreibt, was im zweiten Teil als Aussage formuliert ist.

Beispiel 39:
Der Artikel (ChLin1950er9) untersucht das Problem der Silbentrennung in der chinesischen Pinyin-Schrift. Der Text hat zuerst auf der Grundlage der Analyse von Silbentrennungsregelungen in „Das Konzept der chinesischen Pinyin-Umschrift (Entwurf)" im Vergleich zu den 3500 allgemeingebräuchlichen chinesischen Schriftzeichen die Frage aufgeworfen, ob die Regeln nicht bereichsunabhängig anwendbar sind. Anschließend hat der Autor eine eigene Lösung angeboten. Insofern entspricht diese thematische Entfaltung auch dem Muster Fragestellung/Problem – Lösungsangebot/Vorschlag.

Die argumentative Themenentfaltung ist in diesem Teilkorpus besonders stark vertreten. Wie die argumentative Struktur aufgebaut ist, wird zuerst anhand eines Beispieltextes mit dem Titel „论语言的社会本质" [„Zum sozialen Wesen der Sprache"] (ChLin1950er5) exemplifiziert:

Beispiel 40:

Teil 1:	资产阶级语言学关于语言本质问题种种看法是错误的。 [Die verschiedenen Sichtweisen der bürgerlichen Sprachwissenschaft hinsichtlich der Frage des Wesens der Sprache sind falsch.]
These 1:	语言不是自然现象，是社会现象。 [Sprache ist kein Naturphänomen, sondern ein soziales Phänomen.]
Einleitung:	1. 产生错误的可能原因：语言具有完整性和系统性，而有机体的特点也是具有完整性，所以把语言看成有机体，这是一种自然主义的看法。 [mögliche Gründe für die falschen Ansichten: Die Sprache hat eine Vollständigkeit und eine Systematik, genauso wie ein Organismus. Deswegen wird die Sprache für einen Organismus gehalten. Das ist eine naturalistische Denkweise.] 2. 这种错误看法对我国语言学界起过不好的影响。 [Diese falsche Ansicht hat einen schlechten Einfluss auf den linguistischen Kreis in China ausgeübt.]
Argument 1:	马克思主义语言学指出，民族共同语是在一种方言的基础上发展起来的，是社会现象。举例：汉民族共同语是在北方方言基础上发展形成的。 [Die marxistische Sprachwissenschaft hat darauf hingewiesen, dass sich die Gemeinsprache einer ethnischen Gruppe auf der Grundlage eines Dialektes entwickelt hat und ein soziales Phänomen ist. Beispiel: Die Gemeinsprache der Han-Nationalität ist auf der Grundlage des nordchinesischen Dialektes entstanden.]
Argument 2:	语言不是有机体。有机体的增长是生物过程，而语言的发展是社会过程。 [Sprache ist kein Organismus. Der Zuwachs eines Organismus ist ein biologischer Prozess, während die Entwicklung der Sprache ein sozialer Prozess ist.]
Argument 3:	语言不是有机体。有机体的衰老、死亡是自然界不变的规律，语言虽然也可以死亡，但是不是生物的必然性，只是可能性。 [Sprache ist kein Organismus. Das Altern und Sterben eines Organismus ist ein unveränderbares Naturgesetz. Eine Sprache kann zwar auch aussterben, aber das ist keine biologische Notwendigkeit, sondern nur eine Möglichkeit.]

Argument 4:	语言是社会现象，人对它不是无能为力的。举例:《人民日报》号召搞好现代汉语的规范化工作，而"规范"就是人为的。建议: 如何推广普通话。 [Sprache ist ein soziales Phänomen, dem gegenüber der Mensch nicht machtlos ist. Beispiel: Die „Volkszeitung" hat aufgerufen, das moderne Chinesisch zu standardisieren. Aber „standardisieren" ist gerade ein menschliches Verhalten. Vorschlag: Wie man das Hochchinesisch verbreitet.]
These 2:	语言不是个人现象，是社会现象。 [Sprache ist kein individuelles Phänomen, sondern ein soziales Phänomen.]
Einleitung:	1. 解释: 资产阶级语言学认为语言是个人精神的表现，是个人精神的创造。 [Erklärung: Die bürgerliche Sprachwissenschaft glaubt, dass Sprache der Ausdruck des individuellen Geistes und Schaffung des individuellen Geistes sei.] 2. 这种错误看法过去在我国语言学界也有影响。举例: 胡以鲁的《国语学草创》、杨树达的《高等国文法》、林祝敔的《语言学史》 [Diese falsche Ansicht hat früher auch Einfluss auf den chinesischen linguistischen Kreis ausgeübt. Beispiele: *Initialarbeit der chinesischen Sprachwissenschaft* von Hu Yilu, *Höhere chinesische Grammatik* von Yang Shuda, *Geschichte der Sprachwissenschaft* von Lin Zhuyu]
Argument 1:	恩格斯的引文和斯大林的引文说明，语言一开始就是社会的，是全民的。 [Aus den Zitaten jeweils von Engels und Stalin wird abgeleitet, dass die Sprache von Anfang an sozial und volksallgemein ist.]
Argument 2:	语言是社会公认的一套习惯，个人不能任意造词或任意改变语法结构。 [Die Sprache ist von der Gesellschaft allgemein anerkannte Konvention, jedes Individuum kann Wörter nicht nach eigenem Willen erzeugen und die grammatische Struktur nicht beliebig verändern.]
Argument 3:	索绪尔认为语言只有在言语中才得以客观体现，实质上是否认语言作为一种直接的客观现象而存在，把语言看成是个人现象，从而否认了语言的社会性。这是毫无根据的，是有害的。 [Saussure meint, dass Langue nur in Parole den objektiven Ausdruck finde, dadurch hat er in der Tat das direkte und objektive Dasein der Sprache abgeleugnet und die Sprache für ein individuelles Phänomen gehalten, sodass das soziale Wesen der Sprache nicht anerkannt wird. Diese Sichtweise ist grundlos und schädlich.]
These 3:	语言不是武断符号。 [Die Sprache ist kein eigenmächtiges Zeichen.]
Einleitung:	1. 中外古代思想家都讨论过词和事物的关系问题。 [Chinesische wie ausländische Denker des Altertums haben alle über die Beziehung zwischen Wörtern und Dingen diskutiert.] 2. 反动语义学派片面夸大词的任意性。举例: 语义学派的卡尔纳普、反动分子胡适、傅子东先生。评价: 这些人是狂妄无知的。 [Die reaktionäre semantische Schule hat die Willkürlichkeit der Wörter einseitig übertrieben. Beispiele: Carnap von der Semantikschule, der Reaktionär Hu Shi, Herr Fu Zidong. Bewertung: Diese Menschen sind arrogant und unwissend.]
Argument 1:	语言中只有一部分词是假设的。举例: 一二三四五是假设的，但是二十、三十、四十、五十等假设性就少，是论证的。

Argument 2:	[In der Sprache gibt es nur einen Teil der Wörter, die arbiträr sind. Beispiel: Eins, zwei, drei, vier und fünf sind hypothetisch, aber zwanzig, dreißig, vierzig, fünfzig sind weniger hypothetisch. Sie sind mehr argumentativ.]
	词和事物的关系一开始的时候没有必然联系。但是，某一事物的名称得到社会公认后，任何人是不能随意改变。举例：古代大哲学家荀子在《正名篇》中的引文。
	[Es gibt keine notwendige Beziehung zwischen Wörtern und Dingen am Anfang. Aber sobald eine Bezeichnung von der Gesellschaft allgemein anerkannt worden ist, darf sie niemand mehr beliebig verändern. Beispiel: Zitat aus dem *Text über die Richtigstellung der Begriffe* vom großen Philosophen des Altertums Xun Zi]
These 4:	语言不是个体意识现象。
	[Die Sprache ist kein Phänomen des individuellen Bewusstseins.]
Einleitung:	1. 解释：资产阶级语言学家把语言看成是个体意识现象，甚至把语言降低到动物水平。举例：布龙菲尔德《语言》中认为人类的语言是由一系列无穷无尽的刺激和反应构成的，他的门徒伏格林在《没有意义的语言学和没有词的文化》认为人类语言的的基本特性是在于它的多形态性。
	[Erklärung: Die bürgerlichen Sprachwissenschaftler halten die Sprache für ein Phänomen des individuellen Bewusstseins und haben die menschliche Sprache auf das Niveau der Tiere degradiert. Beispiel: Bloomfield hat in seinem Buch *Sprache* geglaubt, dass die menschliche Sprache aus einer Reihe unendlicher Impulse und Reaktionen besteht. Sein Anhänger Voegelin hat in seinem Buch *Die sinnlose Sprachwissenschaft und die Kultur ohne Wörter* die Meinung vertreten, dass das Grundmerkmal der menschlichen Sprache ihre Vielfältigkeit sei.]
	2. 评价：这些看法是错误和极端荒唐的，是思想意识的堕落。
	[Bewertung: Solche Ansichten sind falsch und extrem absurd, sie sind ideologisch verkommen.]
Argument 1:	斯大林引文：有声语言是人类区别于动物、达到人类今天所有进步的力量之一。
	[Zitat von Stalin: Die Tonsprache ist eine der Kräfte zur Unterscheidung der Menschen von den Tieren und zur Erreichung all der heutigen Fortschritte der Menschheit.]
Teil 2:	马克思、列宁、斯大林认为，语言是一种社会现象。
	[Marx, Lenin und Stalin sind der Meinung, dass die Sprache ein soziales Phänomen ist.]
These 1:	语音具有社会性。
	[Die Sprachlaute haben einen sozialen Charakter.]
Einleitung:	资产阶级否认语音的社会性，把语音看成生理现象或物理现象。
	[Die Bourgeoisie leugnet das soziale Wesen der Sprachlaute und betrachtet die Sprachlaute als ein biologisches oder physikalisches Phänomen.]
Argument 1:	语音是社会和人民创造出来的，不是自然声音。
	[Sprachlaute werden von der Gesellschaft und vom Volk geschaffen, sie sind keine Naturstimme.]

	Widerspruch des Gegenargumentes „拟声词是一种语音的自然现象" [„Lautmalerei ist ein phonetisches Naturphänomen"] 1) 拟声词数目非常少。 [Es gibt wenige Lautmalereien.] 2) 拟声词不是对自然音一点不差的模仿。 [Die Lautmalerei ist keine Nachahmung der Naturstimme ohne Abweichungen.] 3) 某一语言的拟声词在另外一种语言中完全不同。 [Die Lautmalerei in einer Sprache ist ganz anders als in einer anderen Sprache.]
Argument 2:	各民族语音结构的方式互不相同。举例：汉语和俄语 [Die phonetische Struktur verschiedener Volkssprachen ist verschieden. Beispiel: Chinesisch und Russisch]
Argument 3:	语音不结合成语词就没有表意功能。举例： 1) 批判：资产阶级语言学家认为音素可能和一定的意义有一种自然联系，这是毫无根据的。 2) 词语的意义不是语音成分的总和 [Wenn die Sprachlaute kein Wort bilden, haben sie keine semantische Bedeutung. Beispiele: 1) Kritik: Die bürgerlichen Sprachwissenschaftler meinen, dass Phoneme eine Naturbeziehung zu gewissen Bedeutungen besitzen. Das ist völlig unbegründet. 2) Die wörtliche Bedeutung ist keine Zusammensetzung aus den Bedeutungen der einzelnen Phone.]
Fazit:	马克思主义语言学科学地指出，语音有它的生理基础和物理基础，而更重要的是有它的社会基础。 [Die marxistische Sprachwissenschaft hat wissenschaftlich darauf hingewiesen, dass die Sprachlaute zwar ihre biologische und physikalische Grundlage haben, aber ihre soziale Grundlage noch wichtiger ist.]
These 2:	词义具有社会性。 [Die Wortbedeutung hat einen sozialen Charakter.]
Einleitung:	1. 资产阶级语言学家、反动的语义学家否认词义的社会性。举例：语义学派大将且斯，反动分子胡适 [Bürgerliche Sprachwissenschaftler und reaktionäre Semantiker leugnen das soziale Wesen der Wortbedeutung. Beispiele: der wichtigste Angehörige der Semantikschule Richards, das reaktionäre Element Hu Shi] 2. 评价：这是为帝国主义服务的罪恶嘴脸。 [Bewertung: Das sind verbrecherische Fratzen im Dienst des Imperialismus.]
Argument 1:	概念的产生是人类历史发展的结果。毛泽东、列宁、斯大林引文 [Die Entstehung der Begriffe ist das Ergebnis der Entwicklung der menschlichen Geschichte. Zitate von Mao Zedong, Lenin und Stalin.]
Argument 2:	马克思主义指出，思维是对客观的反映。因而词义也是反映客观现实的。举例："资本主义"、"民主"、"革命"、"自由" [Marxismus hat darauf hingewiesen, dass Denken die objektive Widerspiegelung des Daseins ist. Insofern spiegelt die Wortbedeutung auch das objektive Dasein wider. Beispiel: „Kapitalismus", „Demokratie", „Revolution", „Freiheit"]

Argument 3:	反证： 意义学派否定词义的社会性， 是为帝国主义服务的。举例： 外交上"法西斯主义"、"和平"等的使用 [Falsifizierung: Die Semantikschule leugnet das soziale Wesen der Wortbedeutung und meint, sie stehe im Dienst des Imperialismus. Beispiele: die Verwendung von „Faschismus", „Frieden" usw. in der Diplomatie.]
Fazit:	词义的阶级意识倾向性非常鲜明。帝国主义日趋灭亡的命运是任何反动学派也挽救不了的。 [Der Klassencharakter der Wortbedeutung ist sehr auffallend. Die reaktionäre Denkschule, egal wer sie ist, kann das Schicksal des Untergangs des Imperialismus nicht mehr abwenden.]
These 3:	语法结构也是社会的约定俗成。 [Die grammatische Struktur ist auch eine soziale Konvention.]
Einleitung:	1. 解释：任何语言都有它自己的语法结构规律。 [Erklärung: Alle Sprachen haben ihre eigene grammatische Struktur.] 2. 资产阶级语言学家不认识语法的本质，有很多错误言论。 [Die bürgerlichen Sprachwissenschaftler kennen das Wesen der Grammatik nicht, und haben viele unrichtige Meinungen.] 3. 这些错误看法过去对我国语言学界有极不好的影响。 [Solche falschen Ansichten haben früher einen ziemlich schlechten Einfluss auf den linguistischen Kreis unseres Landes ausgeübt.]
Argument 1:	马克思主义语言学认为，每种语言都有它自己的语法结构规律，无所谓优劣。举例：汉语、法语、日语 [Die marxistische Sprachwissenschaft ist der Meinung, dass jede Sprache ihre eigene grammatisch strukturelle Gesetzmäßigkeit besitzt, und dabei wird sie nicht als gut oder schlecht bewertet. Beispiel: Chinesisch, Französisch, Japanisch]
Argument 2:	马克思主义语言学认为，逻辑范畴和语法范畴不相等。逻辑范畴是思维的问题，而思维的规律全人类相同。语法范畴是语言上的问题，语言是民族的。举例：俄语、法语、德语中名词的性 [Die marxistische Sprachwissenschaft ist der Meinung, dass die Kategorie der Logik und die Kategorie der Grammatik nicht identisch sind. Bei der Kategorie der Logik geht es um die Frage des Denkens, dessen Gesetzmäßigkeit bei allen Menschen gleich ist. Dagegen geht es bei der Kategorie der Grammatik um die Frage der Sprache, die jeder ethnischen Gruppe zugehörig ist. Beispiele: das Genus der Nomina im Russischen, Französischen und Deutschen]
Fazit:	语法是社会的产物，是人民群众所创造的。 [Die Grammatik ist ein gesellschaftliches Produkt und wird von Volksmassen geschaffen.]
Einschränkung 1:	语言是社会现象，但是与其他社会现象有着本质的区别。斯大林引文 [Die Sprache ist zwar ein soziales Phänomen, unterscheidet sich aber wesentlich von anderen sozialen Phänomenen. Zitat von Stalin]

Einschränkung 2: 马克思主义语言学揭示了语言的社会本质，但是并不排斥个人对语言的作用。举例：《红楼梦》和《水浒传》的语言风格
[Die marxistische Sprachwissenschaft hat das soziale Wesen der Sprache aufgezeigt, schließt aber eine individuelle Wirkung auf die Sprache nicht aus. Beispiel: Der Sprachstil des Romans *Der Traum in der roten Kammer* ist anders als der Sprachstil von *Die Räuber vom Liangshan Moor*]

Wie dargestellt wurde, hat der Beispieltext eine komplexe Argumentationsstruktur, die aus zwei Argumentationsgruppen besteht: nämlich Kritik an den bürgerlichen Sichtweisen und Begründung der marxistischen Sichtweisen auf das Wesen der Sprache. Insgesamt werden jeweils vier und drei Thesen aufgestellt. Zwischen jeder These und den entsprechenden Argumenten wird eine Einleitung eingeschoben, in der die die These betreffenden Begriffe bzw. Hintergründe dargestellt, die als falsch angesehenen bürgerlichen Ansichten kritisiert bzw. der mögliche Grund dafür erklärt und der negative Einfluss der falschen Ansicht auf chinesische Sprachwissenschaft genannt werden. Nicht selten werden die bürgerlichen Ansichten ideologisch und emotional verurteilt. Im zweiten Teil folgt auf die Argumentation noch ein kleines Fazit.

Auch in den anderen argumentativen Texten werden auf ähnliche Weise Thesen auf der positiven und auf der negativen Seite gegeneinander gestellt (ChLin1950er4, ChLin1950er7, ChLin1950er8, ChLin1950er10, ChLin1950er14). D. h., einerseits werden die eigenen Ansichten dargestellt und argumentativ untermauert und andererseits werden zur Bekräftigung der eigenen Thesen die als falsch betrachteten Ansichten anderer scharf kritisiert; dabei bleibt das Objekt der Kritik nicht immer anonym, sondern wird als konkrete Person auch namentlich genannt. Bei den Argumenten handelt es sich sehr häufig um autoritäre Zitate von Marx, Engels, Lenin, Stalin bzw. Mao Zedong; das gilt für alle neun argumentativen Texte in diesem Teilkorpus. Insbesondere wird das unter Stalins Name erschienene Buch 《马克思主义与语言学问题》 [*Marxismus und Sprachwissenschaft*] in diesem Teilkorpus ständig zitiert und als Argument verwendet (in vier Texten). Darüber hinaus werden konkrete Sprachbeispiele als argumentative Unterstützung sowohl in diesem Beispielartikel als auch in den übrigen acht Texten genutzt. Die Argumentation ist meistens verifizierend. Aber auch die falsifizierende Methode, wie im Beispieltext gezeigt wird, beinhaltet häufig Kritik an falschen Ansichten. Dabei werden zuerst die falschen Ansichten präsentiert. Dann wird auf ihre Widersprüchlichkeit an sich oder auf ihre Ursachen bzw. Konsequenzen hingewiesen, die man für widersinnig bzw. reaktionär hält. Die Argumentationsstruktur ist insgesamt streng. Bei der Darstellung der eigenen Meinung werden durch Modaloperatoren wie „但是" [„aber"] gewisse Einschränkungen eingebaut, um eine Verabsolutierung der eigenen Ansichten zu vermeiden. Bei der Argumentation werden auch mögliche Gegenargumente widerlegt, um die eigene Sicht letztendlich zu rechtfertigen, wie das Argument 1 zur These 1 im Teil 2 im Beispieltext schon gezeigt hat.

5.1.3 Untersuchung chinesischer Zeitschriftenartikel in Chinesisch als Fremdsprache 2006–2010

5.1.3.1 Eröffnungsteil

In diesem Teilkorpus zum Chinesisch als Fremdsprache ist der Eröffnungsteil in den meisten Texten durch eine Zwischenüberschrift gekennzeichnet, teilweise mit dem üblichen Begriff „引言" [„Einführung"] (45 %) und teilweise mit einer inhaltsbezogenen Zwischenüberschrift (35 %), die z. B. mit „汉语文化教材的情感态度研究" [„Forschung zur emotionalen Einstellung der Lehrbücher über chinesische Kultur"] (ChaF10) oder „研究背景" [„Forschungshintergrund"] (ChaF17) häufig den Forschungstand oder Forschungshintergrund wiedergibt. Neben den drei Eröffnungsteilen, die ohne Markierung durch Zwischenüberschriften dennoch klar von den übrigen betitelten Teilen abzugrenzen sind, gibt es einen weiteren Text, dessen Eröffnungsteil aus zwei Teilen mit Zwischenüberschriften besteht und von den Rezipienten durch inhaltliche bzw. funktionale Analyse selbst konstruiert werden muss. Die Verteilung der Markierungsformen des Eröffnungsteils in diesem Teilkorpus kann tabellarisch wie folgt festgehalten werden:

Tab. 13: Zwischenüberschrift im Eröffnungsteil ChaF.

Eröffnungsteil	mit Zwischenüberschrift		ohne Zwischenüberschrift	
	引言 [Einführung]	inhaltsbezogene Zwischenüberschrift	nicht markiert	integriert
	9 (45 %)	7 (35 %)	3 (15 %)	1 (5 %)

Bei der Analyse der Teiltextsegmente zeigt sich jeweils eine zusätzliche Variante im TTS1a), TTS3 und TTS4, nämlich
TTS1a1) Bedeutung des Untersuchungsgegenstandes aufgrund von Problemen in der Praxis
TTS3d) Appellative Betonung der Forschungsnotwendigkeit
TTS4d) Theoretische Grundlagen und Methodik der Arbeit

Tabellarisch sieht die Verteilung der einzelnen Teiltextsegmente wie folgt aus:

Tab. 14: TTS im Eröffnungsteil ChaF.

Eröffnungs-teil	TTS1			TTS2		TTS3			TTS4		TTS5
	17 (85%)			14 (70%)		6 (30%)			19 (95%)		2 (10%)
	a	a1	b	a	b	a	b	d	a	d	a
	3	8	9	13	1	2	3	2	18	1	2
	(15%)	(40%)	(45%)	(65%)	(5%)	(10%)	(15%)	(10%)	(90%)	(5%)	(10%)

Aus dieser Tabelle ist ersichtlich, dass TTS1 in den meisten Eröffnungsteilen der Zeitschriftenartikel vorkommt (85%). Acht Texte betonen die Bedeutung des Forschungsgegenstandes jeweils aus der Perspektive seiner Aktualität (TTS1a) und seiner Defizite in der Kommunikationspraxis (TTS1a1), während sechs Texte die allgemeinen Charakteristika des Forschungsgegenstandes darstellen. Darüberhinaus kombinieren drei Texte TTS1a und TTS1b oder TTS1a1 und TTS1b.

In diesem Teilkorpus ist es besonders auffällig, dass die Bedeutung des Untersuchungsgegenstandes nicht nur mit TTS1a durch die Betonung der Popularität bzw. Aktualität des zu Erforschenden direkt eingeleitet (15%) (Beispiel 41), sondern vielmehr mit TTS1a1 durch Schilderung der Probleme hinsichtlich des Forschungsgegenstandes in der Praxis indirekt dargestellt wird (40%) (Beispiel 42, 43). Der Untersuchungsgegenstand wird außerdem auch durch allgemeine Erläuterung seiner Funktion, seiner Merkmale usw. vergegenwärtigt (45%) (Beispiel 44).

Beispiel 41:
而另一方面，随着电化教学技术的发展，利用视频进行汉语教学，已经从早先的点缀性的辅助教学手段，逐渐发展成为一种常规教学方法。……虽然这些视频材料很难与课文内容高度密合，但是精读课视听化却已经渐成趋势了。(ChaF9)
[Aber auf der anderen Seite ist bei dem Lehren und Lernen des Chinesischen mit der technischen Entwicklung das Audiovisuelle bereits von einer unterstützenden Unterrichtsmaßnahme zu einer konventionellen Lehr- und Lernmethode geworden. ... Obwohl solche audiovisuellen Materialien nicht vollständig zum Unterrichtsinhalt passen, ist der Einsatz audiovisueller Maßnahmen im intensiven Chinesischunterricht bereits Entwicklungstendenz geworden.]

Beispiel 42:
但是，在教学中人们往往更重视形旁在学习汉字中的作用，而忽视声旁的作用。(ChaF3)
[Aber man achtet beim Lehren und Lernen der chinesischen Zeichen mehr auf die Funktion der Sinn-Radikale und ignoriert die Funktion der Laut-Radikale.]

Beispiel 43:
汉字形、音、义的学习中字形最难。…… 字形错误是欧美留学生的常见现象，是汉字学习中的难点。(ChaF4)
[Unter der Form, dem Laut und dem Sinn der chinesischen Schriftzeichen ist die Form am schwersten. ... Fehler bei der Zeichenform sind üblich bei den amerikanischen und europäischen ausländischen Studenten, es ist auch der schwierige Punkt beim Lernen der chinesischen Schriftzeichen.]

Beispiel 44:
语用能力是衡量第二语言（以下简称"二语"）学习者利用目的语进行得体交际的重要语言能力。(ChaF16)
[Die pragmatische Kompetenz ist eine wichtige Sprachfähigkeit der Zweitsprachenlerner, die ihre Kommunikationsfähigkeit in der Zielsprache widerspiegelt.]

Mit einer Häufigkeit von 70 % ist der TTS2 in diesem Teilkorpus ein wichtiger Bestandteil des Eröffnungsteils. Anhand des konkreten Literaturberichts wird der Forschungsstand geschildert, es wird auf mögliche Forschungsdefizite verwiesen (Beispiel 45), für die eigene Untersuchung Anschlussmöglichkeiten an bisherige Forschungsergebnisse markiert (Beispiel 46) und eigene Forschungen begründet.

Beispiel 45:
然而以上研究所得到的"汉语是非问的习得顺序"较少从语言的自然度、普遍性、标记性角度进行分析和解释。因此， 本文着力从语言的普遍性、标记性、自然度等方面来分析和比较相关是非问项目……(ChaF12)
[Allerdings wird die aus den obigen Forschungen ergebene „Erwerbsreihenfolge der chinesischen Ja-Nein-Frage" selten vom Aspekt der Natürlichkeit, Allgemeinheit und Markiertheit der Sprache analysiert und erläutert. Deswegen wird sich die vorliegende Arbeit damit beschäftigen, den Ja-Nein-Fragesatz hinsichtlich der Allgemeinheit, der Markiertheit und der Natürlichkeit der Sprache zu analysieren und vergleichen. ...]

Beispiel 46:
以上研究说明，不论是中国人还是外国留学生，语音规则性意识都有随识字量和汉语水平提高而增强的趋势，而且都呈现出对识别高频汉字作用不明显，而对识别低频汉字作用明显的共同特点。这样，外国留学生在汉字学习方面就出现了一个矛盾：…… 如何解决这种矛盾，正是本文试图探讨的问题。(ChaF3)
[Aus den obigen Forschungsarbeiten ergibt sich, dass das lautliche Regelbewusstsein sowohl bei Chinesen als auch bei ausländischen Studenten mit der Zunahme der erlernten Schriftzeichen und mit der Erhöhung des chinesischen Sprachniveaus verstärkt wird, außerdem wirkt es mehr auf das Erkennen der chinesischen Schriftzeichen mit hoher Vorkommenshäufigkeit und weniger auf das Erkennen der chinesischen Schriftzeichen mit niedriger Vorkommenshäufigkeit. So gibt es einen Widerspruch bei ausländischen Studenten, die Chinesisch lernen: ... Wie dieses Problem gelöst werden soll, ist die Diskussionsthematik der vorliegenden Arbeit.]

TTS3 rechtfertigt die Notwendigkeit der eigenen Forschungsarbeit. Zwei Texte problematisieren ohne Literaturhinweise pauschal die Lehre und die Unterrichtspraxis, um indirekt die eigene Forschung zu legitimieren (Beispiel 47). Drei Texte[44] stellen die Bedeutung der Forschungsergebnisse sowie die Forschungsmethodik in den Vordergrund, um das Ziel und den Sinn ihrer Forschungsarbeit in Theorie und Praxis zu erklären (Beispiel 48). Dagegen gibt es noch zwei Texte, die auf appellative Weise die Notwendigkeit der eigenen Forschung hervorheben (Beispiel 49).

Beispiel 47:
多年来中外学者在改进汉字教学方面作了不懈的努力，汉字教学在理论和实践上都取得了进步，但是现状入难以令人满意。笔者认为，分析中国儿童学习汉字的过程，借鉴中国人教汉字的方法，也许可以为对外汉字教学提供一些启示。**(ChaF6)**
[Seit mehreren Jahren bemühen sich chinesische wie ausländische Gelehrte, die Lehre der chinesischen Schriftzeichen zu verbessern, sodass die Lehre der chinesischen Schriftzeichen sowohl in der Theorie als auch in der Praxis Fortschritte gemacht hat. Allerdings ist der Zustand noch nicht befriedigend. Der Verfasser glaubt, dass einige Hinweise für die Lehre der chinesischen Schriftzeichen bei den Ausländern geboten werden können, wenn man analysiert, wie chinesische Kinder chinesische Schriftzeichen lernen und wie man ihnen chinesische Schriftzeichen beibringt.]

Beispiel 48:
研究的成果不但能为对外汉字教学模式的改革提供重要的参照，而且，由于汉语"语""文"关系的特殊性，采用试验方法系统研究言语作为第二语言的汉字认知加工和汉字习得的过程和规律，有助于了解第二语言文字加工和习得的普遍性和特殊性，丰富第二语言文字习得理论。因此对此问题的研究具有较高的实践价值和重要的理论意义。**(ChaF14)**
[Die Forschungsergebnisse können nicht nur wichtige Hinweise für die Reform der Unterrichtsmuster Chinesisch als Fremdsprache bieten, sondern die experimentale Untersuchungsmethode zur systematischen Erforschung des Verfahrens und der Regelmäßigkeiten des chinesischen Schriftzeichenerwerbs und deren kognitiven Verarbeitung in der zweiten Sprache kann Erkenntnisse über die Allgemeinheit sowie die Besonderheit der Schriftverarbeitung und des -erwerbs in der zweiten Sprache vermitteln, sodass die Theorie zum Schriftlernen in der zweiten Sprache bereichert werden kann. Deswegen hat die Forschung zu dieser Thematik einen höheren praktischen Wert sowie eine wichtige theoretische Bedeutung.]

Beispiel 49:
因此，我们有必要对文化教材中体现态度意义的语言资源进行合理分类，并系统地把握其实现方式的具体特征。**(ChaF10)**
[Insofern ist es notwendig, dass wir die emotionale Einstellung zeigenden Sprachformen in den kulturvermittelnden Lehrbüchern klassifizieren und die konkreten Merkmale dieser Realisierungsformen systematisch analysieren.]

---

44 Ein Text davon kombiniert TTS3a und TTS3b.

TTS4 stellt die Thematik der Forschungsarbeit vor und ist mit einer Häufigkeit von 98 % ein unentbehrlicher Bestandteil des Eröffnungsteils in diesem Teilkorpus. 18 Texte geben die Hauptinhalte der Forschungsarbeit wieder (Beispiel 50), drei davon erläutern implizit die Struktur des Hauptteils (Beispiel 51) und ein weiterer Text erklärt die theoretischen Grundlagen der Arbeit (Beispiel 52).

Beispiel 50:
事实上，在教学中碰到的跟轻声相关的难题和分歧大多能在轻声的本体研究中得到较好的回答。(ChaF8)
[In der Tat können das in der Lehre vorkommende schwierige Problem der ohne Tonakzent gesprochenen Silbe und die damit zusammenhängenden Meinungsverschiedenheitenin der Untersuchung dieser Silbe an sich relativ gut gelöst werden.]

Beispiel 51:
本文主要考察与典型"呢$_2$"相关的一系列用法，并解释这些用法之间为什么会有一定的相关性，正是这种相关性导致其在形式上采用同一形式 (formal identity)，以及如何利用这种相关性进行教学。(ChaF11)
[Der vorliegende Artikel beschäftigt sich v. a. mit all den Verwendungsweisen des Typs „Ne$_2$" und erklärt, warum ein gewisser Zusammenhang zwischen diesen Verwendungsweisen besteht. Denn gerade dieser Zusammenhang führt zur formal identity. Der Artikel erklärt auch, wie dieser Zusammenhang der Unterrichtspraxis dient.]

Beispiel 52:
1.1. 假说 1:
推论 1–1:
推论 1–2:
1.2. 假说 2:
推论 1–1:
推论 1–2:
推论 1–3:
(ChaF5)
[1.1. Hypothese 1:
Schlussfolgerung 1–1:
Schlussfolgerung 1–2:
1.2. Hypothese 2:
Schlussfolgerung 2–1:
Schlussfolgerung 2–2:
Schlussfolgerung 2–3:]

Beim TTS5a (10 %) werden v. a. der Umfang, die Quelle des Untersuchungsmaterials, die Untersuchungsmethode usw. vorgestellt, wie das Beispiel 53 zeigt:

Beispiel 53:
本文调查对象为中山大学 96 名学汉语的留学生，……调查方法是同时让以上各班学生按指定的两个话题编写对话。调查得到语篇共 142 个，从中摘得问句 1174 句，是非问 375 句。(ChaF12)
[Das Untersuchungsobjekt sind die 96 ausländischen Studenten an der Zhongshan Universität, die Chinesisch lernen. [...] Die Untersuchungsmethode besteht darin, dass die Studenten aufgrund der angegebenen zwei Themen Dialoge schreiben sollen. Insgesamt sind 142 Texte für die Untersuchung erstellt worden, und in diesen gibt es 1174 Fragesätze, 375 sind Ja-Nein-Fragesätze.]

5.1.3.2 Schlussteil

Der Schlussteil ist in diesem Teilkorpus in 17 Zeitschriftenartikeln vorhanden und fehlt in den übrigen drei Texten. Die Hälfte der Texte (50 %) markiert den Schlussteil mit „余论"/„结语"/„小结" [„Schluss" bzw. „Zusammenfassung"] und vier Texte (20 %) mit einer inhaltsbezogenen Zwischenüberschrift wie „值得进一步研究的问题" [„die forschungsrelevanten Fragen"], dagegen ist der Schlussteil in drei Texten (15 %) in den Hauptteil integriert:

Tab. 15: Zwischenüberschrift im Schlussteil ChaF.

Schlussteil	mit Zwischenüberschrift		ohne Zwischenüberschrift
	余论/结语/小结 [Schluss bzw. Zusammenfassung]	inhaltsbezogene Zwischenüberschrift	integriert
	10 (50 %)	5 (25 %)	2 (10 %)

Eine neue Variante gibt es im TTS2:
TTS2 d) didaktische Vorschläge

Die Verteilung der einzelnen Teiltextsegmente und ihre Varianten zeigt die folgende Tabelle 16.

Diese Tabelle besagt, dass die Inhaltszusammenfassung einen wichtigen Bestandteil des Schlussteils auch in diesem Teilkorpus darstellt, denn TTS1 ist in knapp der Hälfte der Texte vorhanden (45 %). Sie wird oft mit z. B. „综上所述" [„als Fazit lässt sich sagen"] (ChaF2) oder „本研究 …… 得到的主要结论有：" [„Die vorliegende Forschung ist zu den Hauptergebnissen gekommen:"] (ChaF20) eingeleitet. Dagegen kommt TTS2 in acht Texten zur Geltung (35 %), und zwar in verschiedenen Varianten: In einem Text (ChaF4) werden Gründe für die gefundenen Erkenntnisse erörtert (TTS2a), nämlich kog-

Tab. 16: TTS im Schlussteil ChaF.

Schluss-teil	TTS1	TTS2				TTS3		TTS4	
	9 (45%)	8 (20%)				11 (55%)		7 (35%)	
		a	b	c	d	a	b	a	b
	9 (45%)	1 (5%)	2 (10%)	4 (20%)	2 (10%)	9 (45%)	2 (10%)	6 (30%)	2 (10%)

nitive Gründe für orthographische Fehler bei Chinesisch lernenden ausländischen Studenten. Anschließend werden Fragen aus der Einleitung noch einmal aufgenommen, nämlich die nach der Ausbildung der Fähigkeit ausländischer Studenten, die chinesischen orthographischen Fehler zu erkennen sowie die Frage nach der Bedeutung des muttersprachlichen Einflusses. Außerdem können durch Vergleich die eigenen Forschungsergebnisse als Bestätigung bzw. Erweiterung anderer Forschungen bewertet werden (10 %) (Beispiel 54). Darüber hinaus können die eigenen Forschungsergebnisse auch relativiert oder ihr Geltungsbereich eingeschränkt werden (20 %) (Beispiel 55), um nicht zur Zielscheibe von Kritik zu werden. Es werden auch weitere didaktische Schritte vorgeschlagen (Beispiel 56), wobei in einem Text TTS2d mit TTS2a kombiniert wird (ChaF4).

Beispiel 54:
本研究的发现虽然印证了前人的一些研究，…… 不过也有一些不同的发现。比如，……
[Die Ergebnisse der vorliegenden Forschung haben zwar einige frühere Forschungen bestätigt, ... zeigen aber auch einige neue Entdeckungen. Z. B. ...]

Beispiel 55:
对此，我们还缺乏经验，尤其在可操作性的要求下试制这样的词表更是一项挑战。本文的研究和试拟词表只是一种尝试。**(ChaF5)**
[Dazu fehlt es uns noch an Erfahrungen, insbesondere ist es eine Herausforderung, so eine handhabbare Wortliste zu entwickeln. Diese Forschungsarbeit und diese Probewortliste ist nur eine Art Versuch.]

Beispiel 56:
充分利用声旁与形声字存在的多种联系形式来为汉字教学服务。
首先，……
其次，……
再次，……　　　　**(ChaF3)**
[Die vielfältigen Beziehungen der Lautradikale mit Zeichen aus sinn- und lauttragenden Elementen sollen in vollem Maße ausgenutzt und dem Chinesischlehren bzw. -lernen dienlich gemacht werden.]

In diesem Teilkorpus wird mit 55 % sehr häufig auf die Bedeutung der Forschungsarbeit (TTS3) verwiesen. In den meisten Fällen werden die Werte bzw. die Anwendungsgebiete der Forschungsergebnisse genannt (45 %) (Beispiel 57), nur in zwei Texten (10 %) wird die Bedeutung appellativ formuliert (Beispiel 58).

Beispiel 57:
……了解这些不同的需求不仅有助于教师适时调整教学策略，因材施教，而且能最大限度地提高学生学习汉语的兴趣和效率。(ChaF7)
[... Die Informationen über diese verschiedenen Bedürfnisse können den Lehrenden nicht nur dabei helfen, ihr Unterrichtskonzept rechtzeitig daran anzupassen und die Lernenden je nach ihrem Aufnahmevermögen zu unterweisen, sondern auch das Interesse und die Leistungsfähigkeit der Lernenden beim Chinesischlernen bestmöglich zu stärken bzw. zu erhöhen.]

Beispiel 58:
近年来学界逐渐认识到对外汉语教学的多学科性，说明我们只有走出壁垒，向教育学、心理学、小学语文教学及其他学科学习，才能进入对外汉语教学的新境界。(ChaF6)
[In den letzten Jahren hat die akademische Welt die Interdisziplinarität des Chinesischen als Fremdsprache langsam zur Kenntnis genommen. Das bedeutet, nur wenn wir aus den eigenen Schutzanlagen herauskommen und von der Erziehungswissenschaft, Psychologie, Chinesischlehre in der Grundschule und anderen Disziplinen lernen, können wir zu einem neuen Stand des Lehrens und Lernens des Chinesischen als Fremdsprache gelangen.]

Dagegen werden mit einer Frequenz von 35 % von TTS4 entweder auf weitere Forschungsaussichten hingewiesen (Beispiel 59) oder Handlungsvorschläge gemacht (Beispiel 60):

Beispiel 59:
可以预见，态度意义还有其他间接实现方式，这里提到的量化只是其中一种，对于其他实现方式，我们将另文探讨。(ChaF10)
[Es ist vorauszusehen, dass die Einstellung noch auf andere indirekte Weise zu realisieren ist. Die hier erwähnte quantitative Weise ist nur eine der Möglichkeiten. Über die anderen Realisierungsformen werden wir in anderen Texten diskutieren.]

Beispiel 60:
我们希望本研究能够起到抛砖引玉的作用，使研究者和汉语教师更多地关注汉语语用能力研究和教学。(ChaF16)
[Wir hoffen, dass die vorliegende Untersuchung die Funktion hat, eine interessante Debatte in Gang zu setzen, sodass Forscher und Lehrer des Chinesischen als Fremdsprache dazu gebracht werden können, mehr auf die Forschung und Lehre hinsichtlich der pragmatischen Kompetenz des Chinesischen zu achten.]

5.1.3.3 Thematische Entfaltung

In diesem Teilkorpus gibt es sowohl Texte mit der deskriptiven thematischen Entfaltung als auch Texte mit der IMRAD-Struktur:

Tab. 17: Struktur im Hauptteil ChaF.

Form der thematischen Entfaltung	deskriptiv	IMRAD
Anzahl	11 (55 %)	9 (45 %)

Bei der deskriptiven Themenentfaltung kommt neben der Spezifizierung (vier Texte, 20 %), die oft im Text zur Vorstellung eines didaktischen Konzeptes verwendet wird, noch eine neue Form vor, und zwar das Modell Istzustand–Sollzustand–Vorschläge (sieben Texte, 35 %). Diese zwei Formen werden jeweils im Beispiel 61 (ChaF19) und Beispiel 62 (ChaF8) dargestellt:

Beispiel 61:

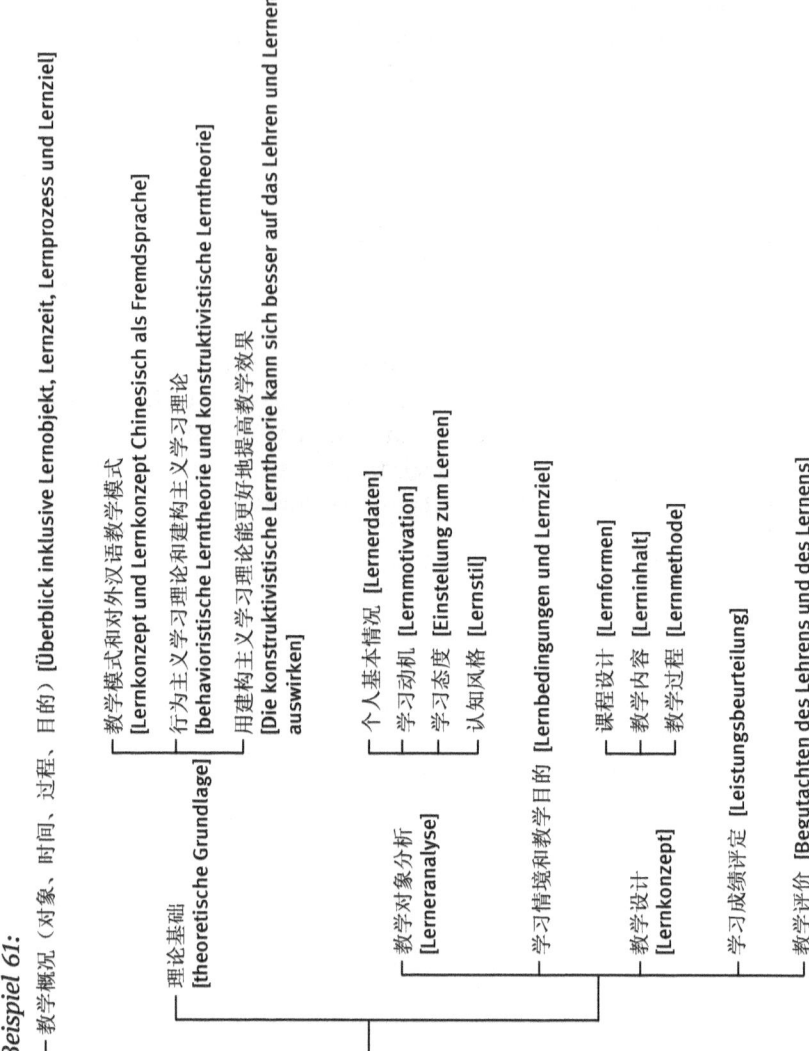

Dieser Beispielartikel hat das Ziel, ein Unterrichtskonzept zu präsentieren. Dabei ist der erste Teil „教学概况" [„Überblick inklusive Lernobjekt, Lernzeit, Lernprozess und Lernziel"] in knappen Worten eine Art Zusammenfassung, die im übrigen Teil im Einzelnen spezifiziert wird. Der theoretische Teil begründet, warum die konstruktivistische Lerntheorie der Ausgangspunkt für den Konzeptentwurf ist und damit die Grundlage für die weitere Darstellung ist. Der nachfolgende Teil orientiert sich an den wichtigsten didaktischen Elementen: Lerner, Lernsituation und Lernziel, Lernkonzept, Beurteilung der Lernleistung und Begutachtung des ganzen Konzeptes. Diese Methode der didaktischen Einordnung der einzelnen Aspekte lässt sich ebenfalls bei drei anderen Artikeln finden, die jeweils die Entwicklung einer Grundwortschatzliste (ChaF5), die Konzeptualisierung eines intensiven audiovisuellen Lehrbuches (ChaF9) und die Bildung einer Schriftzeichendatenbank (ChaF15) thematisieren.

118 — 5 Korpusanalyse

Beispiel 62:

Ist-Zustand: 对外汉语教学界虽然在主观上把轻声教学作为教学的重点和难点，但又不太注重对轻声教学的研究并探讨更加有效地教学方法，以至于学生听辨实际语境中的轻声有困难。[Zwar wird im Chinesisch als Fremdsprache das Lehren und Lernen der ohne Tonakzent gesprochenen Silben subjektiv als Schwerpunkt und Schwierigkeit angesehen, aber man legt nicht so viel Wert auf die diesbezügliche Forschung, um effektive Lehrmethoden zu entwickeln, sodass die Lernenden Schwierigkeiten bei der Differenzierung von den ohne Tonakzent gesprochenen Silben in der realen Sprachkommunikation haben.]

Soll-Zustand: 语言学研究成果 [linguistische Forschungsergebnisse]
 ├─ 轻声的性质 [die Merkmale der ohne Tonakzent gesprochenen Silben]
 ├─ 轻声词的分类 [die Klassifizierung der Wörter ohne Tonakzent gesprochenen Silben]
 └─ 轻声的调值 [die Tonhöhe der ohne Tonakzent gesprochenen Silben]

Vorschläge:
 ├─ 轻声的词汇教学 [ohne Tonakzent gesprochene Silben beim Wortschatzlernen]
 ├─ 轻声的调值教学 [Lernen der Tonhöhe der ohne Tonakzent gesprochenen Silben]
 ├─ "上声-轻声"的变调 [Tonhöhenveränderung bei mit „drittem Ton + ohne Tonakzent gesprochenen Silben"]
 └─ 轻声的标调 [Tonmarkierung der ohne Tonakzent gesprochenen Silben]

In dieser Form der deskriptiven Themenentfaltung werden häufig die Probleme oder Schwierigkeiten beim Lehren bzw. Lernen mehr oder weniger genau geschildert, sodass sie als Ist-Zustand der Lehr- bzw. Lernpraxis hinsichtlich des Themas bezeichnet werden können. Außer in diesem Beispieltext ist allerdings in allen anderen sechs Texten diese Schilderung des Ist-Zustandes nicht als selbstständiger Abschnitt in den Hauptteil eingebettet, sondern in den Eröffnungsteil integriert. Außerdem wird dies in manchen Texten nur marginal erwähnt, wie „……对学习者会产生一定的干扰，从而导致迁移性语际偏误" [„Dadurch entstehen gewisse Störungen gegenüber den Lernern, sodass interlinguale Transferfehler zustande kommen"] (ChaF2). Die Darstellung des Soll-Zustands macht dagegen den Hauptinhalt eines Textes aus. Sie kann die linguistische Beschreibung eines bestimmten Sprachphänomens wie in diesem Beispieltext, aber auch die Vorstellung der didaktischen Prinzipien (ChaF1) oder eines didaktischen Musterbeispiels sein (ChaF6, ChaF13). Letztendlich werden angesichts der Lehr- bzw. Lernprobleme und auf der Grundlage der linguistischen oder didaktischen Forschungsleistungen didaktische Vorschläge für die Unterrichtspraxis gemacht.

Die IMRAD-Struktur ist in diesem Teilkorpus sehr stark vertreten. Unter den neun Artikeln, die diese thematische Struktur verwenden, besitzen fünf Texte neben der „Introduction" im Eröffnungsteil eine vollständige Struktur, nämlich „Methode, Result und Discussion" im Hauptteil. Dagegen werden bei anderen Artikeln entweder „Result" mit „Discussion" (ChaF12) oder „Methode" mit „Result" (ChaF4, ChaF17) zusammengelegt oder „Methode", „Result" und „Discussion" (ChaF10) in einem großen Abschnitt zusammengefasst. Bei dem letzteren werden nach der Vorstellung des Korpus die Untersuchungsergebnisse in drei Unterabschnitten gegliedert beschrieben, wobei kommentarische Äußerungen in jedem Unterabschnitt eingeschoben worden sind, die als „Discussion" klassifiziert werden können. Beispiel 23 (ChaF14) zeigt die typische IMRAD-Struktur in diesem Teilkorpus:

Beispiel 63:
In diesem Artikel geht es um die Untersuchung der Lehr- und Lernmethode der chinesischen Schriftzeichen. Experimentell werden zwei Lernmethoden „Mehr passive Schriftzeichen als aktive" und „genauso viel aktive Schriftzeichen wie passive" verglichen. Die thematische Struktur sieht wie folgt aus:

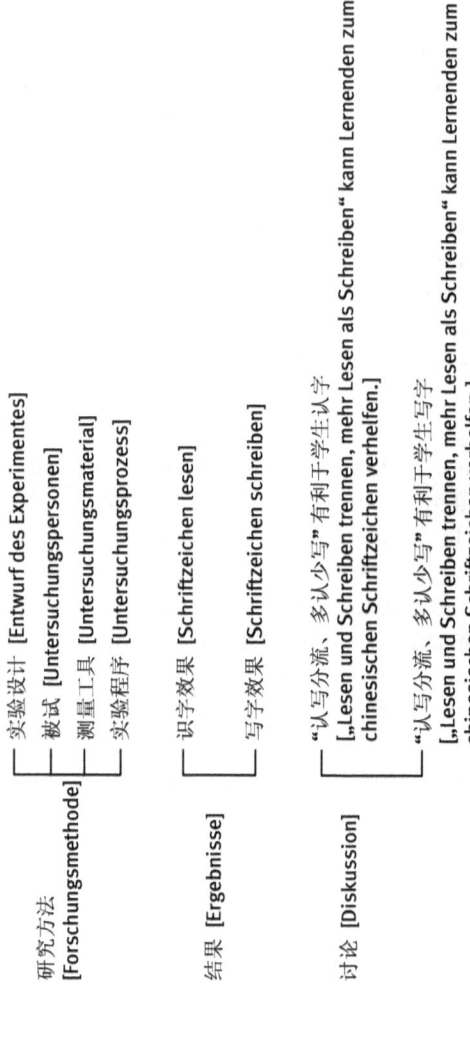

5.1.4 Untersuchung deutscher linguistischer Zeitschriftenartikel 2006–2010

5.1.4.1 Eröffnungsteil

In diesem deutschen Teilkorpus von linguistischen Zeitschriftenartikeln zwischen 2006 und 2010 werden acht Texte (40 %) mit „Einleitung" eröffnet, während sieben Texte (35 %) mit funktional-semantischen Zwischenüberschriften wie „Motivation und Begründung" (DtLin2000er2), „Fragestellung" (DtLin2000er11), „Das Problem" (DtLin2000er12) oder „ Gegenstand und Ziel" (DtLin2000er15) aber auch mit rein inhaltlichen Zwischenüberschriften wie „Grammatiken und ihre Benutzer" (DtLin2000er19) eingeleitet werden. In drei Texten (15 %) ist der Eröffnungsteil nicht markiert, kann aber aufgrund seiner klaren Trennung von den übrigen Teilen des Textes mit Zwischenüberschriften dennoch als Einführung gelten. Nicht klar differenziert ist der Eröffnungsteil in zwei Texten, wo er in den Hauptteil integriert ist und von den Rezipienten erst durch eigene Analyse als solcher erkannt wird. Zusammenfassend sieht es wie folgt aus:

Tab. 18: Zwischenüberschrift im Eröffnungsteil DtLin2000er.

Eröffnungsteil	mit Zwischenüberschrift		ohne Zwischenüberschrift	
	Einleitung	inhaltsbezogene Zwischenüberschrift	nicht markiert	integriert
	8 (40 %)	7 (35 %)	3 (15 %)	2 (10 %)

Was die Teiltextsegmente im Eröffnungsteil betrifft, kommen in diesem Teilkorpus zwei neue Varianten dazu, und zwar
TTS3 b1)   Begründung des eigenen Themas
TTS 5 b   metakommunikative Erklärung der Voraussetzung der Arbeit

Die Verteilung des TTS in diesem Teilkorpus wird folgendermaßen zusammengefasst:

Tab. 19: TTS im Eröffnungsteil DtLin2000er.

Eröffnungsteil	TTS1		TTS2		TTS3			TTS4				TTS5
	18 (90 %)		7 (35 %)		5 (25 %)			18 (90 %)				1 (5 %)
	a	b	a	b	a	b	b1	a	b	c	d	b
	8	13	3	4	3	1	1	10	1	10	2	1
	(40 %)	(65 %)	(15 %)	(20 %)	(15 %)	(5 %)	(5 %)	(50 %)	(5 %)	(50 %)	(10 %)	(5 %)

TTS1 ist in 18 Texten vorhanden, wobei in drei Texten TTS1a) und TTS1b) kombiniert vorkommen. TTS1a) stellt die Bedeutung des Untersuchungsgegenstandes durch die Betonung seiner Wichtigkeit in der Forschung bzw. in der Praxis dar (40 %) (Beispiel 64). Dagegen führt TTS1b) bestimmte Charakteristika des Untersuchungsgegenstandes auf (Beispiel 65) und spielt mit 65 % Vorkommenshäufigkeit in diesem Teilkorpus eine wichtige Rolle.

Beispiel 64:
Sport, insbesondere Fußball, ist der Super-Diskurs unserer Zeit. (DtLin2000er1)

Beispiel 65:
In der Grammatiktheorie werden Relativsätze üblicherweise semantisch-pragmatisch hinsichtlich ihrer Nicht-/Restriktivität unterschieden. Als restriktiv gelten die Relativsätze, die die Extension ihrer (im Regelfall nominalen) Bezugsgröße einschränken. Nicht-restriktive Relativsätze hingegen verändern die Extension der Bezugsgröße nicht. (DtLin2000er14)

Was den TTS2 angeht, ist der Literaturbericht kein obligatorischer Bestandteil des Eröffnungsteils in diesem Teilkorpus. Denn lediglich drei Texte (15 %) mit der Problematisierung der Forschungsergebnisse (Beispiel 66) und vier Texte (20 %) mit der Darstellung der Forschungsvoraussetzung zur Einordnung der eigenen Forschungsarbeit berichten über den thematisch bezogenen Forschungsstand (Beispiel 67).

Beispiel 66:
Auch bei anderen Autoren finden sich lediglich pauschale, in den meisten Fällen nicht empirisch überprüfte Tendenzaussagen[5]. Offen bleibt außerdem die Frage, wie längere Referenzketten (vgl. Lernertext (1)) gestaltet werden (sollten)[6]. (DtLin2000er11)

Beispiel 67:
In allen bisherigen Untersuchungen wurde deutlich, dass bei der Identifizierung, Lokalisierung und Evaluierung von Dialekten durch den linguistischen Laien neben vereinzelten Aussprachephänomenen v. a. extralinguistische Variablen wie geografische ökonomische, religiöse, soziale Faktoren ausschlaggebend sind. (DtLin2000er13)

TTS3 erscheint nur in fünf Texten, und zwar in drei verschiedenen Varianten. Dabei wird in drei Texten die eigene Forschungsarbeit durch die Betonung des Forschungsdesiderats (Beispiel 68) legitimiert und in jeweils einem Text durch die direkte Unterstreichung der Bedeutung der eigenen Forschungsarbeit (Beispiel 69) sowie durch die Begründung des eigenen Forschungsthemas (Beispiel 70).

Beispiel 68:
Die Überlagerung der beiden Sprachen – Deutsch und Türkisch – wird vornehmlich als negativ wahrgenommen, ihre Existenz allein auf kognitive Unzulänglichkeiten im Zuge des Spracherwerbs zurückgeführt (Pfaff 2005, 198). Als sprachlich-diskursives Muster, so die These dieses Artikels, hat die Mix-Language jedoch eine wichtige Funktion im Bereich des Emotionalen und trägt ein kulturelles Potenzial bei der Identitätskonstruktion. (DtLin2000er8)

Beispiel 69:
Alle drei Gründe sprechen dafür, den Alliterationen mehr Aufmerksamkeit als bisher zu schenken, zumal die kommunikativen Funktionen von Alliterationen die Relevanz und Produktivität dieses Stilmittels belegen. (DtLin2000er2)

Beispiel 70:
Die Beantwortung von Fragen dieser Art ergibt sich nicht automatisch durch eine Orientierung an bestimmten Benutzergruppen. Deshalb möchte ich mit vorliegendem Beitrag für eine empirische Grammatikbenutzungsforschung plädieren: Nur durch gezielte Befragungen potenzieller Grammatikbenutzer können wir mehr über die tatsächliche Grammatikbenutzung erfahren. (DtLin2000er19)

TTS4 mit der Vorstellung der eigenen Arbeit kommt in 18 Texten vor und ist somit obligatorisch im Eröffnungsteil des Korpustextes. In drei Texten treten die Varianten TTS4a) und TTS4c) zusammen auf, und jeweils in einem Text wird TTS4a) mit TTS4d) und TTS4a) mit TTS4b), TTS4c) sowie TTS4d) kombiniert. Die Hälfte der Teilkorpustexte stellt in ihrem Eröffnungsteil die Zielsetzung bzw. den Hauptinhalt des Textes (TTS4a), Beispiel 71) und die Textstruktur vor (TTS4c), Beispiel 72), dagegen gibt es einen weiteren Text, bei dem Hypothesen aufgestellt (TTS4b), Beispiel 73), sowie zwei Texte, bei denen die theoretischen Grundlagen und die Methodik der Arbeit erläutert werden (TTS4d), Beispiel 74).

Beispiel 71:
Die häufige Verwendung von Bio/bio als selbstständige lexikalische Einheit wirft nun folgerichtig die Frage auf, ob dieses Konfix bereits den Bereich der Gebundenheit verlassen und eine Entwicklung hin zum Wort durchlaufen hat, so dass Bio/bio heute und vor allem zukünftig als ein freies Morphem, also als ein frei vorkommendes Wort aufzufassen ist. Dies wird im Folgenden erörtert. (DtLin2000er6)

Beispiel 72:
Nach einigen kurzen Bemerkungen zur Geschichte des Fußballsports und seiner Terminologie in Deutschland (3.1) sowie zu einigen wichtigen semantischen Prinzipien, denen die Sprache des Fußballs in allen ihren Schichten und Schattierungen folgt (3.2), werden sich die folgenden Ausführungen daher auf die Sprache der (schriftlichen) Fußballberichterstattung konzentrieren (3.3), in die alle wesentlichen Phänomene der Fußballsprache Eingang gefunden haben. (DtLin2000er1)

Beispiel 73:
Ziel des Artikels ist somit festzustellen, welche der folgenden beiden Hypothesen adäquat ist: (DtLin2000er14)

Beispiel 74:
Im Hinblick auf die systematische Polysemie bei Artefaktbezeichnungen, muss zunächst einmal generell geklärt werden, welche Modelle zur Beschreibung der Bedeutung von Nomina und deren Variation existieren. [...] Um mich der Beantwortung dieser Fragen anzunähern, will ich zunächst das Material etwas strukturieren und ordnen. [...] (DtLin2000er17)

Im Beispiel 74 werden der Begriff Polysemie definiert, die systematische Polysemie bei Artefaktbezeichnung erklärt, Beispiele angeführt und das eigene Forschungskonzept vorgelegt. Dabei widmen sich sieben Abschnitte auf mehr als einer Seite des Textes diesem Teiltextsegment (TTS4d).

TTS5b) kommt nur in einem Text vor, wobei in diesem Text die Schwierigkeit thematisiert wird, bei der Diskussion der deutschen EU-Sprachpolitik nicht von Eigeninteressen geleitet zu werden (75). Das erfolgt auf der Metaebene des eigentlichen Textes.

Beispiel 75:
Unsere beiden Beiträge enthalten die in meinen Augen wichtigsten Argumente gegen bzw. für Deutsch als EU-Arbeitssprache, die ich im folgenden Beitrag aufgreife und teilweise modifiziere. [...] Leider kann ich beim vorliegenden Thema für mich keine interessenfreie Argumentation garantieren, so sehr ich mich um einen übergeordneten Standpunkt bemühe. [...] Ich argwöhne ganz generell, dass Analysen und Stellungnahmen zum vorliegenden Thema in der Regel nicht unberührt bleiben von den Eigeninteressen der Akteure. Vermittelnde Positionen zwischen kontroversen Auffassungen lassen sich kaum anders erarbeiten als in der Diskussion zwischen Vertretern von Gruppen mit unterschiedlicher Interessenlage. Dabei sollte jede Lösung kompatibel sein mit mehrheitlich anerkannten Werten. (DtLin2000er3)

5.1.4.2 Schlussteil

In diesem Teilkorpus werden 19 Texte mit einem Schlussteil und nur ein Text ohne diesen regulären Teil beendet. Dabei wird der Schlussteil in den meisten Teilkorpustexten (90 %) mit einer den Abschluss signalisierenden Zwischenüberschrift versehen, wie zum Beispiel „Zusammenfassung/Fazit/Resümee" (in 11 Texten), „Schlussbemerkung" (in drei Texten) oder „Ergebnisse" (in einem Text), „Diskussion" (in einem Text), „Ausblick" (in einem Text) und „Interpretation" (in einem Text). Dagegen gibt es nur einen Text, dessen Schlussteil mit einer inhaltsbezogenen Zwischenüberschrift gekennzeichnet und erst im Kontext als solcher zu erkennen ist (DtLin2000er4). Zusammenfassend sieht das Ergebnis wie folgt aus:

Tab. 20: Zwischenüberschrift im Schlussteil DtLin2000er.

Schlussteil	mit Zwischenüberschrift	
	den Abschluss signalisierende Zwischenüberschrift	inhaltsbezogene Zwischenüberschrift
	18 (90 %)	1 (5 %)

Was die einzelnen Teiltextsegmente angeht, so kommen weniger Varianten vor, sodass die Verteilung der Teiltextsegmente konzentriert ist und ein mehr oder minder homogenes Bild vermittelt.

Der tabellarische Überblick sieht wie folgt aus:

Tab. 21: TTS im Schlussteil DtLin2000er.

Schlussteil	TTS1	TTS2			TTS3	TTS4	TTS5
	19 (95 %)	6 (30 %)			1 (5 %)	5 (25 %)	1 (5 %)
		a	b	c	a	a	
	19 (95 %)	2 (10 %)	2 (10 %)	2 (10 %)	1 (5 %)	5 (25 %)	1 (5 %)

In dieser Tabelle ist auffällig, dass der TTS1 in allen Teilkorpustexten vorkommt, die mit einem Schlussteil beendet werden (95 %). Die Forschungsergebnisse werden entweder in einem kurzen Absatz (Beispiel 76) zusammengefasst oder punktuell in mehreren Absätzen ausführlicher behandelt (Beispiel 77).

Beispiel 76:
Durch das gehäufte Auftreten von stark mit Emotionen verbundenen sprachlichen Mitteln und Formen wie beispielsweise in gesprochensprachlichen Texten die analysierten Beschimpfungen, Drohformeln und Flüche und in türkisch-deutscher Literatur türkischen Redewendungen und Metaphern zeigt sich die Mix Language als Verfahren der kulturellen Codierung von Emotionen. (DtLin2000er8)

Beispiel 77:
Wir können also vier ‚Schichten' des DDR-Wortschatzes feststellen:
1. Offizielle Wörter der politischen Administration und der herrschenden Ideologie mit zahlreichen Neubildungen und Lehnprägungen nach russischem Vorbild.
2. Die politischen Verhältnisse ironisch glossierender Wortschatz der mündlichen Alltagssprache.
3. Satirisch-kabarettistischer Wortschatz
4. Politisch-ideologisch neubewertete Wörter. (DtLin2000er18)

TTS2 ist zwar in allen drei Varianten vertreten, allerdings mit einer sehr geringen Häufigkeit von jeweils 10 %. D. h., es wird wenig über die Forschungsergebnisse diskutiert, sei es, um Gründe für die gefundenen Ergebnisse zu nennen (Beispiel 78), Vergleiche mit fremden Forschungsergebnissen anzustellen (Beispiel 79) oder die eigenen Forschungsergebnisse zu relativieren (Beispiel 80). Ebenso wenig kommen metakommunikative Äußerungen vor (5 %), die Hinweise auf weitere Informationen zum eigentlichen Forschungsthema geben könnten (Beispiel 81).

Beispiel 78:
[...] Das könnte durchaus der Grund dafür sein, dass der Großteil der sächsischen Befragten in dieser Pilotstudie entweder die eigenen Triggermerkmale erkannten, sie jedoch einem anderen Substandard zuschrieben oder einzelne Merkmale zwar heraushörten, es sich dabei aber um Pseudomerkmale handelte, die in der Verwendungsnorm des Sprechers definitiv nicht vorkamen. (DtLin2000er13)

Beispiel 79:
Manfred W. Hellmann (1980, 523) hat die „lexikalischen Ost-West-Unterschiede" anders gruppiert:
a) ...
b) ...
c) ...

d) ...
e) ...
f) ...
Hellmann zielt somit nur auf den offiziellen Wortschatz und auf die neubewerteten Wörter. (DtLin2000er18)

Beispiel 80:
Nur einen Einblick in diese Sprache konnte der vorliegende Aufsatz bieten. (DtLin2000er1)

Beispiel 81:
Umfassende Erläuterungen zu den einzelnen Wörtern und Wendungen finden sich im Wörterbuch der Fußballsprache (Burkhardt 2006). (DtLin2000er1)

TTS3 kommt nur in einer Variantenform in einem einzigen Text vor, die indirekt auf die Bedeutung der Forschungsergebnisse hinweist (Beispiel 82). Dagegen ist TTS4a), der weitere Forschungsaussichten bzw. -desiderata darstellt, in fünf Texten relativ häufiger zu finden (Beispiel 83).

Beispiel 82:
Nur wer gleichsam mit der Fußballsprache aufwächst – vom Bolzplatz bis zum Stadion –, kennt diese Lexik und kann die Texte des Fußballs vollständig verstehen. Die Teilnahme am Super-Diskurs unserer Zeit gehört aber heute schon fast zu den Erfordernissen des Alltags. (DtLin2000er1)

Beispiel 83:
Eine genaue und umfassende Analyse der Formen und Funktionen der Mix Language als sprachlichem Code zum Ausdruck von Emotionen in türkisch-deutscher Literatur und empirischem Material gesprochener Texte durch einen möglichst bilingualen Sprecher steht noch aus. (DtLin2000er8)

5.1.4.3 Thematische Entfaltung
In diesem Teilkorpus treten drei Formen der thematischen Entfaltung auf, nämlich die deskriptive, die argumentative Themenentfaltung und die IMRAD-Form. Tabellarisch ist wie folgt festzuhalten:

Tab. 22: Struktur im Hauptteil DtLin2000er.

Form der thematischen Entfaltung	deskriptiv	IMRAD	argumentativ
Anzahl	12 (60 %)	4 (20 %)	4 (20 %)

Die deskriptive Themenentfaltung erscheint in 60 % der Teilkorpustexte. Davon konzentriert sich über die Hälfte auf einen bestimmten Aspekt z. B. auf einen historischen (DtLin2000er4), einen linguistischen (DtLin2000er2, DtLin2000er9, DtLin2000er15, DtLin2000er16) oder einen sachkundigen (DtLin2000er1). Beim sachkundigen Aspekt z. B. wählt der Verfasser verschiedene wichtige Punkte des Themas aus und erläutert sie, was sich am Beispiel 84 zeigen lässt:

Beispiel 84 beschäftigt sich mit der Fußballsprache, stellt ihre Geschichte vor, nennt die wichtigen semantischen Besonderheiten und geht dabei auch auf die Sprache der Fußballberichterstattung ein:

Beispiel 84:

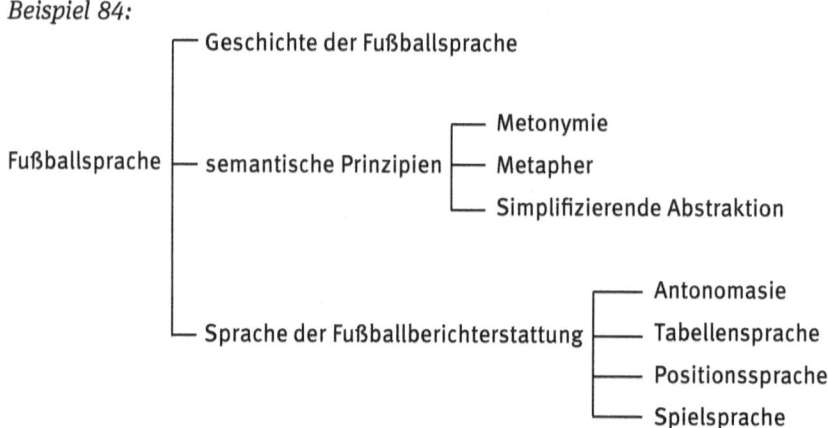

Unter dem Aspekt der deskriptiven Themenentfaltung weisen weitere fünf Texte logische innere Zusammenhänge auf. Drei Texte nehmen die Formel „Theorie – Anwendung" auf, stellen zunächst die theoretischen Voraussetzungen dar und erörtern anschließend anhand der Theorie die eigene Analyse (DtLin2000er8, DtLin2000er17, DtLin2000er18). Zwei Texte nennen zuerst die Probleme eines bestimmten Forschungsthemas und legen dann ein eigenes Konzept vor, was zu dem Schema „Fragestellung/Probleme – Lösungsangebot/Vorschlag" passt (DtLin2000er12, DtLin2000er20).

Die IMRAD-Form wird in vier Texten angewendet (DtLin2000er10, DtLin2000er11, DtLin2000er13, DtLin2000er19), in denen es um linguistische empirische Untersuchungen geht. Im Methodenteil wird das Untersuchungskorpus bzw. der Aufbau des Umfragebogens vorgestellt und die konkrete Untersuchungsmethode erläutert. Im anschließenden Ergebnisteil werden die Untersuchungsergebnisse der Reihe nach präsentiert. Die Diskussion der Ergebnisse ist nicht obligatorisch, denn in zwei Texten fehlt dieser Teil und in zwei anderen ist er in den Schlussteil integriert.

Bei den vier Texten mit argumentativer Themenentfaltung handelt es sich thematisch um Sprachpolitik (DtLin2000er3, DtLin2000er7) und um linguistische Phänomene wie restriktive Relativsätze (DtLin2000er14) oder das Morphem bzw. Wort „bio(-)" (DtLin2000er6). Als Beispiel dient im Folgenden der Text über restriktive Relativsätze, um seine argumentative Struktur zu zeigen (DtLin2000er14):

Beispiel 85:
These 1: Nicht-restriktive Relativsätze haben den Wurzelsatzcharakter.
Argument 1: Nicht-restriktive Relativsätze sind phonologisch nicht in den Satz integriert. Sie weisen typische Merkmale prosodischer Desintegration auf. (fremde Forschungsergebnisse)
Argument 2: Nicht-restriktive Relativsätze sind informationsstrukturell und illokutiv selbstständig. (fremde Forschungsergebnisse)
Argument 3: Nicht-restriktive Relativsätze gleichen oberflächensyntaktisch Wurzelsätzen. (Satzbeispiele)
Argument 4: Nicht-restriktive Relativsätze stellen Barrieren für Variablenbindung dar. (Satzbeispiele)
Argument 5: Nicht-restriktive Relativsätze weisen diskurssemantische Besonderheiten auf. (Satzbeispiele)
Fazit: Nicht-restriktive Relativsätze sind nicht als subordinierte Sätze anzusehen.
These 2: Appositive Relativsätze sind von weiterführenden d- und weiterführenden w-Relativsätzen syntaktisch zu unterscheiden.
Argument 1: Weiterführende d- und weiterführende w-Relativsätze verhalten sich syntaktisch uniform. (fremde Forschungsergebnisse und Beispiele)
Argument 2: Appositive Relativsätze und weiterführende d-Relativsätze sind strukturell voneinander zu unterscheiden. (fremde Forschungsergebnisse und Beispiele)
Fazit: Für die nicht-restriktiven Relativsätze im Deutschen ist die Differenzhypothese anzusetzen.
These 3: Appositive Relativsätze sind strukturell integriert, während weiterführende d- und weiterführende w-Relativsätze strukturell verwaist sind.
Argument 1: fremde Forschungsergebnisse
Argument 2: These 2

Im Beispiel wird zunächst mit der Selbstständigkeit der nicht-restriktiven Relativsätze im Unterschied zu restriktiven Relativsätzen argumentiert. Anhand von Forschungsergebnissen anderer Untersuchungen wird erörtert, dass bei den nicht-restriktiven Relativsätzen zwei Gruppen voneinander zu unterscheiden sind, was wiederum als Argument der dritten These dient, dass sich die nicht-restriktiven Relativsätze syntaktisch differenziert verhalten.

5.1.5 Untersuchung deutscher linguistischer Zeitschriftenartikel 1955–1964

5.1.5.1 Eröffnungsteil

In diesem Teilkorpus der deutschen linguistischen Zeitschriftenartikel 1955–1964 werden 19 Texte durch einen Eröffnungsteil eingeleitet, während ein Text direkt mit dem Hauptteil beginnt. Der Eröffnungsteil hat folgende Merkmale:

Tab. 23: Zwischenüberschrift im Eröffnungsteil DtLin1950er.

Eröffnungsteil	mit Markierung		ohne Markierung	
	nummeriert	mit einer anderen Zeichengröße	Markierung des übrigen Teils	keine Abschnittsgliederung
	1 (5 %)	1 (5 %)	7 (35 %)	10 (50 %)

Nur in zwei Texten ist der Eröffnungsteil einigermaßen markiert. Der eine der beiden Texte nummeriert diesen Teil mit 1.0 bis 1.2 (DtLin1950er10), der andere grenzt seine Eröffnung mit einer kleineren Zeichengröße vom übrigen Teil des Textes ab, womit er sich der Form des modernen Abstracts annähert (DtLin1950er6). Im überwiegenden Teil dieser Teilkorpustexte fehlen im Eröffnungsteil entsprechende Markierungen. Während 35 % der Eröffnungsteile sich aufgrund der sonst vorhandenen Zwischenüberschriften des übrigen Textteils erkennbar vom Hauptteil abheben, ist der Eröffnungsteil in 50 % der Teilkorpustexte in den ganzen Text völlig integriert, in einem Layout ohne Abschnittsgliederung mittels Zwischenüberschriften bzw. Nummerierung.

Die Verteilung sowie die Vorkommenshäufigkeit der einzelnen Teiltextsegmente des Eröffnungsteils in diesem Teilkorpus sind in Tabelle 24 überblickartig zusammengefasst.

Aus dieser Tabelle ergibt sich, dass der TTS1 als Einführung in den Forschungsgegenstand insgesamt in 12 Texten 14 Mal vorkommt, wobei TTS1a) und TTS1b) in zwei Texten verknüpft erscheinen. Wie im Folgenden gezeigt wird, stellt das Beispiel 86 die Aktualität des Forschungsgegenstandes „Wortschatz der Heiratsanzeigen" dar, indem die Bedeutung und Häufigkeit von Heiratsanzeigen im Alltag sowie der besondere Wortschatz dieser Textsorte her-

Tab. 24: TTS im Eröffnungsteil DtLin1950er.

Eröffnungsteil	TTS1		TTS3				TTS4			TTS5
	12 (60%)		6 (30%)				16 (80%)			2 (10%)
	a	b	a	b	b1	c	a	c	d	b
	5 (25%)	9 (45%)	2 (10%)	1 (5%)	1 (5%)	3 (15%)	14 (70%)	1 (5%)	1 (5%)	2 (10%)

vorgehoben werden. Diese Art der Einführung in den Forschungsgegenstand kommt in fünf Texten vor. Dagegen ist in diesem Teilkorpus die Einführung in den Forschungsgegenstand mithilfe einer allgemeinen Darstellung seiner Charakteristika mit 45% relativ häufig. Allerdings erfolgt die Beschreibung der allgemeinen Merkmale nicht durch Definitionen, sondern eher anhand anschaulicher Beispiele, wie das Beispiel 87 zum Thema „Kultur" zeigt.

Beispiel 86:
Heiratsanzeigen sind kein „ungewöhnlicher Weg" mehr, sie häufen sich seitenweise in Familien- und Wochenzeitschriften und sind auch regelmäßig in ernsteren Zeitschriften und Tageszeitungen zu finden. [...] Die Hauptschwierigkeit liegt aber darin, daß mit wenigen Worten ein vielseitiger Persönlichkeitsausdruck gegeben werden soll, etwas, das Interesse und Sympathie erregt und doch auch keine falschen Erwartungen weckt. [...] (DtLin1950er2)

Beispiel 87:
Das Wort Kultur umfaßt heute eine Vielfalt von Sinngehalten. Der Bakteriologe versteht darunter eine künstliche Zucht von Kleinstlebewesen, der Historiker die einer bestimmten Zeit eigene Seins- und Verhaltensweise, dem Zeitungsleser werden in der Rubrik „Kultur" Nachrichten aus Wissenschaft, Kunst, Theaterwesen u.ä. geboten. Diese Weitläufigkeit des Begriffs zeigt sich auch in den Zusammensetzungen. Während Kulturfrauen oder -mädchen mit der Pflege junger Setzlinge und Baumschulen betraut sind, obliegt dem Kulturreferenten die Sorge für das Bildungswesen und das gesamte wissenschaftliche und künstlerische Leben seines Gemeinwesens, neben Forstkultur finden wir die gleichartige Bildung Gesangskultur, und unter Kulturraum versteht man heute sowohl eine vom Menschen in bestimmter Weise geformte Landschaft als auch einen Saal für künstlerische Darbietungen. (DtLin1950er7)

Dieses Teilkorpus enthält keinen Literaturbericht und die eigene Forschungsarbeit wird nur in sechs Texten legitimiert. Neben der Betonung des Forschungsdesiderats (Beispiel 88), der Betonung der Bedeutung der eigenen Forschung (Beispiel 89) sowie der Begründung des Themas (Beispiel 90) spielt der Verweis auf Autoritäten als Variante dieses Teiltextsegmentes mit 15 % eine nicht zu vernachlässigende Rolle. In Beispiel 91 verweist der Verfasser auf Leo Weisgerber, den Vertreter der Inhaltsgrammatik in der deutschen Nachkriegszeit sowie Gründer und Herausgeber der Zeitschrift *Wirkendes Wort*, in der der Verfasser seinen Artikel publiziert. Damit wird das Forschungsthema „Die sagenbildende Kraft der Flurnamen" durch den Hinweis auf eine Fachkoryphäe aufgewertet.

Beispiel 88:
Die Pflanzen- und Tiernamen haben aber durchaus nicht nur die enge Aufgabe zu erfüllen, Lebewesen mit Namen zu versehen. Sie bedeuten für uns weit mehr. Sie sind mit mancherlei neuen Aufgaben betraut worden. Sie haben auch nicht immer die ihnen zunächst zustehende Form des Substantivs gewahrt. Wir werden im folgenden die Zeitwörter unserer Sprache näher untersuchen [...] (DtLin1950er14)

Beispiel 89:
Die Ergebnisse einer Betrachtung des Zahlenproblems sind so interessant und wichtig für die Beurteilung der Forderung nach Angleichung der Zahlwörter an den dekadischen Aufbau unserer Zahlen, daß eine Behandlung des Problems in einer sprachwissenschaftlichen Zeitung wohl am Platze ist. (DtLin1950er4)

Beispiel 90:
Wir sind der Ansicht, daß mit dem Schichtbegriff manchmal recht leichtfertig umgegangen wurde und daß er kein zureichendes Gliederungsprinzip abgibt. Aus diesem Grund soll die Frage sprachlicher Schichtung und Verwandtes hier erneut aufgegriffen werden; [...] (DtLin1950er8)

Beispiel 91:
In seinem auch für die Flurnamendeutung wichtigen Buch über „Die Muttersprache im Aufbau unserer Kultur" (2. Aufl. Düsseldorf 1957) hat Leo Weisgerber unter Berufung auf das Wort von Wilhelm von Humboldt, dass die Sprache kein Ergon, sondern eine Energeia, also kein „Werk", sondern „eine wirkende Kraft" ist, gezeigt, wie sich diese Kraft der Sprache auch in der Flurnamengebung ausgeprägt findet, [...] (DtLin1950er16)

TTS4 mit der Vorstellung der eigenen Arbeit bildet mit 80 % Erscheinungshäufigkeit den obligatorischen Bestandteil des Eröffnungsteils in diesem Teilkorpus. Dabei wird vorwiegend der Hauptinhalt der Arbeit vorgestellt (70 %), der jedoch ohne metakommunikative Verweise nur im Kontext als Vorankündigung des Themas zu erkennen ist (Beispiel 92). Dagegen ist die Textstruktur (5 %, Beispiel 93), ebenfalls ohne metakommunikative Verweise, nur im Kontext als solche zu verstehen. Die jeweiligen theoretischen und methodische Grundlagen (5 %, Beispiel 94) werden eher selten genannt.

Beispiel 92:
Die philologische Beschreibung der Funktionen des Wortes *und* ist deshalb besonders lohnend. Von den hier gewonnenen Einsichten her fällt einiges Licht auf die dunklen Bezirke im „Vorfeld der Sprache" (Weisgerber), und eine Reihe von semansiologischen und syntaktischen Begriffen können auf ihre Grenzen hin überprüft werden. (DtLin1950er11)

Beispiel 93:
Dabei können drei Gruppen von Verben unterschieden werden. Die ersten Verben gelten nur für das Tier allein und haben zum Menschen keine Beziehung; die zweiten setzen den Menschen zum Tier in Beziehung; die dritten endlich umfassen Verben mit anderer Herkunft, sie täuschen den Tiernamen nur vor. (DtLin1950er14)

Beispiel 94:
Wenn man daran geht, eine Zeitungssprache nach den in ihr enthaltenen Sprachschichten zu untersuchen, muß man sich zunächst darüber klar werden, 1. welche Sprachschichten es überhaupt gibt und 2. ob und wie man sie einigermaßen genau erkennen und unterscheiden kann. [...] Nun gibt es verschiedene Möglichkeiten, eine Sprache in Schichten zu zerlegen: 1. geografisch [...] 2. soziologisch [...] 3. stilistisch [...] 4. grammatikalisch [...] 5. lexikalisch [...] (DtLin1950er9)

Die metakommunikative Erklärung der Perspektive bzw. Position des Verfassers kommt in diesem Teilkorpus nur zwei Mal vor, wie das Beispiel 95 zeigt:

Beispiel 95:
Jeder Betrachtung der Gegenwartssprache stellen sich große Schwierigkeiten in den Weg. Der Beurteiler lebt in seiner Zeit und ihrer Sprache, die ja seine Sprache ist, und er muß einen Standpunkt außerhalb dieser, außerhalb seiner selbst beziehen. (DtLin1950er17)

5.1.5.2 Schlussteil
In diesem Teilkorpus haben 18 Texte einen Schlussteil, während zwei Texte ohne diesen Teil beendet werden. Zehn Texte haben keine Abschnittsmarkie-

rung und in fünf Texten ist der Schlussteil trotz der Abschnittsmarkierung nicht betitelt. Damit ist der Schlussteil zu 75 % in den Hauptteil integriert und kann nur durch eine Analyse des ganzen Textes festgestellt werden. Markiert ist dieser Teil in Form von Nummerierung (5 %) oder Betitelung (10 %) nur in drei Texten. Die folgende Tabelle gibt eine Übersicht:

Tab. 25: Zwischenüberschrift im Schlussteil DtLin1950er.

Schlussteil	integriert		markiert	
	Text ohne Abschnittsmarkierung	Text mit Abschnittsmarkierung	nummeriert	betitelt
	10 (50 %)	5 (25 %)	1 (5 %)	2 (10 %)

In diesem Teilkorpus tritt eine neue Variante der Diskussion der Forschungsergebnisse auf:
TTS2e) Ergänzung zum Forschungsergebnis (wie Beispiele, Konsequenzen/ Prognosen oder weitere Ansichten)

Die Teiltextsegmente verteilen sich wie folgt:

Tab. 26: TTS im Schlussteil DtLin1950er.

Schlussteil	TTS1	TTS2		TTS3		TTS4
	9 (45 %)	12 (60 %)		5 (25 %)		3 (15 %)
		c	e	a	b	b
	9 (45 %)	5 (25 %)	7 (35 %)	2 (10 %)	3 (13 %)	3 (15 %)

Knapp die Hälfte der Teilkorpustexte (45 %) fasst die eigenen Forschungsergebnisse zusammen (Bespiel 96), während über die Hälfte (60 %) die Forschungsergebnisse diskutiert. In der Diskussion relativieren fünf Texte die eigenen Forschungsresultate, indem sie die Tragweite der Ergebnisse einschränken bzw. Bescheidenheit ausdrücken (Beispiel 97). Dagegen fügen sieben Texte in Form von Beispielen (Beispiel 98), ergänzenden Gedanken (Beispiel 99) oder bestimmten Prognosen (Beispiel 100) weiterführende Informationen zur eigenen Forschung an.

Beispiel 96:
Die auffälligsten Besonderheiten der SPIEGEL-Sprache seien noch einmal zusammengefaßt:
1. häufiger Gebrauch zusammengesetzter Wörter
2. häufige, meist ironische Neubildungen
3. umgangssprachliches Wortgut
...
22. ...
(DtLin1950er9)

Beispiel 97:
Angesichts all der als „Humor" bezeichneten Lustigkeit mag eine bissige Bemerkung SCHOPENHAUERS diesen kleinen, unvollständigen Versuch einer Wortgeschichte abschließen. (DtLin1950er6)

Beispiel 98:
Den SPIEGEL-Slang möchte ich abschließend an einer Gegenüberstellung verdeutlichen. Dazu habe ich einen kurzen Artikel aus der SÜDDEUTSCHEN ZEITUNG vom 29./30. Juni herausgesucht und dann ins SPIEGEL-Deutsch zu übersetzen versucht. Hier ist zunächst der Artikel: [...] (DtLin1950er9)

Beispiel 99:
Die griechische Fassung der grundlegenden grammatischen Begriffe [...] ist auf dem Wege über die Römer mit kleinen Änderungen zum Gemeingut der ganzen abendländischen Welt geworden. Wenn sie sich für die modernen Sprachen nicht in genau gleicher Form eignen, wird das kein vernünftiger Mensch ihren Schöpfern zum Vorwurf machen; denn es gibt keine „Grammatik an sich", die irgendwo über allen Sprachen schwebt, sondern es gibt nur Grammatiken bestimmter Sprachen [...] (DtLin1950er13)

Beispiel 100:
Wir müssen damit rechnen, daß der Prozeß der ständigen sprachlichen Beeinflussung sich langsam, aber in wachsendem Maße auch auf andere als unvermeidbare Wörter und Wortinhalte erstreckt. [....] Wir aber müssen wünschen, daß die heutige Phase einer beginnenden sprachlichen Auseinanderentwicklung Deutschlands in der deutschen Sprachgeschichte nur eine Episode bleibe [...] (DtLin1950er17)

In Bezug auf TTS3 wird in diesem Teilkorpus in zwei Texten die Bedeutung der eigenen Forschungsergebnisse hervorgehoben (Beispiel 101) und in drei Texten auf appellative Weise die Bedeutsamkeit der Forschungsarbeit betont (Beispiel 102). Appelliert wird bei TTS4 in drei Texten, indem Handlungsvorschläge gemacht werden (Beispiel 103).

Beispiel 101:
Denn die Flurnamenforschung ist nicht nur lexikalisch-sprachliche Forschung, sondern als ein Bestandteil des Brauchtums auch sachliche Volkskunde. In ihr bestätigt sich in hervorragendem Maße das Weiterwirken der Sprache, die eben nach dem Wort von Wilhelm von Humboldt nicht ein „Ergon", sondern eine „Energeia" ist, also kein Werk, sondern eine wirkende, kulturschaffende Kraft. (DtLin1950er16)

Beispiel 102:
So gesehen, ist die Geschichte des Wortes Kultur ein echtes Stück Kulturgeschichte. (DtLin1950er7)

Beispiel 103:
Im Unterricht sollte in den ersten Jahren, wenn es gilt, in den Zahlenaufbau einzuführen, diese logische Zahlwortbildung häufig verwendet werden, auch wenn sie nicht allgemein eingeführt wird. Es ist sehr zu wünschen, daß sich an der Auseinandersetzung über das Zahlenproblem, die Zahlwortbildung und den vorgelegten Entwurf für eine Korrektur auch recht viele Germanisten beteiligen, damit aus einer fachlich und sprachlich geführten Aussprache die allseits befriedigende Lösung gefunden wird. (DtLin1950er4)

5.1.5.3 Thematische Entfaltung
In diesem Teilkorpus dominiert die deskriptive thematische Entfaltung mit 80 %, wobei auch die argumentative Themenentfaltung und die IMRAD-Form jeweils mit 10 % vertreten sind. Die folgende Tabelle zeigt die Verteilung:

Tab. 27: Struktur im Hauptteil DtLin1950er.

Form der thematischen Entfaltung	deskriptiv	IMRAD	argumentativ
Anzahl	16 (80 %)	2 (10 %)	2 (10 %)

Bei der deskriptiven Themenentfaltung spezifizieren die meisten Texte (15 Texte) das zentrale Thema aus verschiedenen Perspektiven. Beispiel 104 untersucht die Verben mit der Abstammung der Tiernamen und unterscheidet dabei drei Gruppen von Verben (DtLin1950er14):

Beispiel 104:

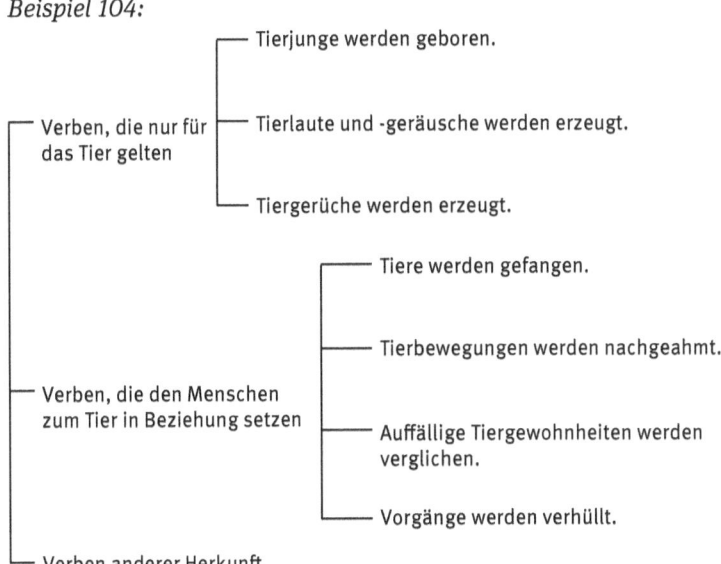

Bei der deskriptiven Themenentfaltung gibt es einen weiteren Text, aber mit einer anderen Form. Dabei wird zuerst das Problem des deutschen Zahlwortes hinsichtlich des Widerspruchs des Schrift- und Klangbildes erörtert und auf die daraus resultierenden Konsequenzen schlechter Leistungen im Fach Mathematik hingewiesen. Dann werden Angleichungsvorschläge für das deutsche Zahlwort gemacht, die durch eine Darstellung der Zahlwortbildung im europäischen Sprachraum erklärt und mit der Angleichungstendenz im germanischen Sprachraum begründet werden (DtLin1950er4). Diese Textform kann mit der Formel „Fragestellung/Problem – Lösungsangebot/Vorschlag" erfasst werden.

Die thematische Entfaltung in zwei Texten, die dem IMRAD zugeordnet werden können, hat allerdings nicht die strengste Form von IMRAD. Denn in einem Text (DtLin1950er9), in dem anhand der Zeitschrift SPIEGEL Zeitungsdeutsch untersucht wird, werden das Untersuchungskorpus und die Untersuchungsmethode nicht eigens vorgestellt. Erst bei der Darstellung des Forschungsergebnisses, das vorwiegend aus wenig Statistik und vielen Beispielen besteht, kann man in der Quellenangabe nachprüfen, dass bei der Untersuchung auf der Wortebene ein SPIEGEL-Heft, auf der Satz- und Stilebene jeweils zwei Hefte als Datenmaterial zur Verfügung standen. Außerdem ist es auch nicht klar, ob alle Texte im jeweiligen SPIEGEL-Heft oder nur ausgewählte Texte untersucht wurden. Ähnliches gilt für einen anderen Text (DtLin1950er17). In diesem Text wird zwar das Korpus vorgestellt, aber neben den genau angegebenen Lexika und Wörterbüchern wird lediglich erwähnt, dass „Zeitungen und Zeitschriften aus beiden Teilen Deutschlands" herangezogen wurden, ohne anzugeben, aus konkret welchen Zeitungen und Zeitschriften in welchem Zeitraum die Untersuchungsmaterialien stammen.

Die argumentative Themenentfaltung wird in zwei Texten verwendet. Die relativ komplexe Argumentationsstruktur wird anhand eines Beispieltextes (DtLin1950rt20) veranschaulicht, in dem es um die Auseinandersetzung mit der Frage geht, ob es ein Denken ohne Sprache gibt:

Beispiel 105:
Hauptthese:	Es gibt kein Denken ohne Sprache.
These 1:	Die Ansicht ist falsch, dass das Denken primär und entscheidend sei und die Sprache nur gebraucht werde, wenn das Gedachte genannt und mitgeteilt werden soll. Denn das Argument des Züricher Mathematikers Vaerden dafür, dass man zuerst eine Kurve erzeugt und dann durch die visuelle Vorstellung eine sprachliche Vorstellung bekommt, ist nicht haltbar.
Argument 1:	Der Kurvenzeichnende hat bereits spezifisch sprachliche Voraussetzungen. Sprachbesitz ist eine Vorbedingung dazu, geometrische Kurven hervorzubringen.
Argument 2:	Das Sehen von etwas als etwas ist mitgesteuert von unserem vorgegebenen Wissen, von unserem Sprachbesitz.
Fazit:	Es ist eine folgenschwere Verwechslung von Sprache und Sprechen. Hier geht es lediglich um das Denken ohne Sprechen.
These 2:	Es gibt beim Taubstummen auch kein Denken ohne Sprache.
Argument 1:	Das taubstumme Kind erlernt die Sprache, wenn auch mühselig und rudimentär. (statistisch untermauert)
Argument 2:	Auch Schachspielen ist kein Denken ohne Sprache – weder bei Taubstummen noch bei Blindspielern. (Beispiele genannt)
Fazit:	Denken ohne Sprache ist beim erwachsenen Menschen nicht mit Sicherheit nachweisbar.
These 3:	Auch beim Kleinkind dürfte es kaum Denken ohne Sprachbeteiligung geben.
Argument 1:	Das Kind wird mit Sprachvermögen, d. h. mit Sprachanlage und Sprachfähigkeit geboren.
Argument 2:	Das Kleinkind hat bereits Sprache rezipiert, lange bevor es selbst zu sprechen beginnt. Sprache und Denken entwickeln sich bei ihm in so enger Wechselwirkung, dass beides kaum zu trennen ist.

These 4: Es gibt auch kein sprachfreies Denken bei Tieren
Argument 1: Die Dressurleistung der Vögel ist nur ein angeborenes, völlig unreflektiert wirksam werdendes Unterscheidungsvermögen, kein Denkvermögen.
Argument 2: Es fehlt dem Bienentanz und dem Netzbau der Kreuzspinne an einem ganz wesentlichen Charakteristikum jeder echten Sprache, nämlich der Offenheit und Wandelbarkeit des Systems gemäß dem Willen ihrer Sprecher.
Argument 3: Forschungsergebnisse haben gezeigt, dass die menschliche Sprache in bestimmten Hirnteilen gespeichert ist, dagegen fehlen diese Sprachzentren allen Tieren.

5.1.6 Untersuchung deutscher Zeitschriftenartikel in Deutsch als Fremdsprache 2006–2010

5.1.6.1 Eröffnungsteil

In den meisten Korpustexten aus dem Bereich Deutsch als Fremdsprache 2006–2010 wird der Eröffnungsteil mit „Einleitung" oder „Einführung" benannt (60 %) und dieser funktionale Teil durch Betitelung hervorgehoben. Inhaltsbezogene Zwischenüberschriften wie „Wozu Namenkundendidaktik?" (DaF1), „Rahmenbedingungen" (DaF14), „Geschichtsdidaktik" (DaF15) oder „Vorbemerkungen" (DaF17) kommen gelegentlich vor (30 %). In den übrigen zwei Texten ist der Eröffnungsteil aus zwei jeweils betitelten Abschnitten zusammengesetzt und kann somit als in den ganzen Text integriert angesehen werden. Tabellarisch sieht dies wie folgt aus:

Tab. 28: Zwischenüberschrift im Eröffnungsteil DaF.

Eröffnungsteil	mit Zwischenüberschrift		
	Einleitung	inhaltsbezogene Zwischenüberschrift	integriert
	12 (60 %)	6 (30 %)	2 (10 %)

Im Eröffnungsteil dieses Teilkorpus sind die einzelnen Teiltextsegmente folgendermaßen verteilt (s. Tab. 29).

TTS1 erscheint in 17 Texten, wobei TTS1a) und TTS1a1) drei Mal, TTS1a) und TTS1b) drei Mal sowie TTS1a1) und TTS1b) zwei Mal in Kombination vorkommen. Neben der Akzentuierung der Bedeutsamkeit des Forschungsgegen-

Tab. 29: TTS im Eröffnungsteil DaF.

Eröffnungsteil	TTS1			TTS2		TTS3			TTS4		TTS5	
	17 (85 %)			6 (30 %)		8 (40 %)			16 (80 %)		6 (30 %)	
	a	a1	b	a	b	a	b	b1	a	c	a	b
	11	9	5	3	3	2	2	4	15	6	3	3
	(55 %)	(45 %)	(25 %)	(15 %)	(15 %)	(10 %)	(10 %)	(20 %)	(75 %)	(30 %)	(15 %)	(15 %)

standes (dabei TTS1a) mit 55 %, Beispiel 106) und den entsprechenden theoretischen bzw. begrifflichen Aussagen (dabei TTS1b) mit 25 %, Beispiel 107) wird mit der Nennung der Probleme in der Praxis die Notwendigkeit der Forschung unterstrichen und ist in diesem Teilkorpus relativ stark vertreten (dabei TTS1a1) mit 45 %, Beispiel 108). Interessant ist außerdem die Kombination von TTS1a) und TTS1a1), wobei die Wichtigkeit des Forschungsgegenstandes im Allgemeinen und die Unzulänglichkeiten seiner Vermittlung im Unterricht in Kontrast gegeneinander gestellt werden (Beispiel 109).

Beispiel 106:
Aktuell wird in der Fremdsprachendidaktik dem Einfluss von Häufigkeitseffekten auf den Fremdsprachenerwerb große Beachtung geschenkt. (DaF5)

Beispiel 107:
Es bereitet gewisse Schwierigkeiten, eine angemessene Bezeichnung für den Untersuchungsgegenstand festzulegen: So findet sich häufig in Anlehnung an das literarische Debüt des Kieler Schriftstellers Feridun Zaimoglu die Bezeichnung „Kanak Sprak" [...] (DaF12)

Beispiel 108:
Stellt das Wort Counter bereits für einen Native-Speaker [sic!] des Deutschen im Zweifelsfall ein Problem dar, ist der ausländische Sprachschüler, der im Unterricht das Wort Fahrkartenschalter gelernt hat, vollends verloren. (DaF6)

Beispiel 109:
Beim Erwerb einer Fremdsprache geht es gegenwärtig oftmals um viel mehr als nur um potenziell gute semantische Verständigung und grammatikalische Korrektheit. Insbesondere im beruflichen Kontext werden zunehmend professionelle rhetorische Fähigkeiten in Gespräch und Rede erforderlich, [...] Sind rhetorische Schulungen im Bereich Deutsch als Fremd- und Zweitsprache bisher auch eher die Ausnahme, so wurde ihre Relevanz zumindest prinzipiell er-

kannt. Nahezu unbeachtet geblieben ist hingegen die Tatsache, dass auch sprechstimmliche Parameter als erhebliche rhetorische Wirkungsfaktoren anzusehen sind. (DaF2)

In Bezug auf den TTS2 enthalten sechs Texte (30 %) einen Literaturbericht. Die Hälfte davon zeigt die Defizite in der Forschung auf (Beispiel 110), während die andere Hälfte in neutraler Weise den Forschungstand darstellt, um Voraussetzungen für die eigene Forschungsarbeit zu schaffen (Beispiel 111).

Beispiel 110:
In der didaktischen Diskussion wurde dieser Ansatz mit großem Interesse und positiv aufgenommen, allerdings wurde u. a. vielfach kritisiert, dass die Präsentation der funktional angeblich äquivalenten Sprachmittel allzu willkürlich wirkt. (DaF4)

Beispiel 111:
In der gesamten Diskussion um Englisch im Deutschunterricht gilt es, zu beachten, dass zwei unterschiedliche Ansatzpunkte virulent sind. Auf der einen Seite gilt, [...]. Auf der anderen Seite [...]. Das Für und Wider des zunehmenden Gebrauchs englischer Wörter im Deutschen und des Potenzials, welches das Englische für den Tertiärsprachenerwerb hat, kann an dieser Stelle nicht in angemessener Weise dargelegt werden. Vielmehr sollen einige Ansätze aufgezeigt werden, [...] (DaF6)

Acht Texte legitimieren die eigene Forschungsarbeit, indem sie in ihrer Arbeit einen Beitrag zur Erfüllung des Forschungsdesiderats (10 %, Beispiel 112) bzw. eine Weiterentwicklung der bisherigen Forschungen (10 %, Beispiel 113) sehen oder indem sie die Notwendigkeit ihrer Forschungsarbeit begründen (20 %, Beispiel 114).

Beispiel 112:
Diese Fragen zur Aussagekraft GeR-basierter Beurteilungsinstrumente bzw. zur Möglichkeit für Bewerter, solche Instrumente fair einzusetzen, sind bislang v. a. aus empirischer Warte unzureichend bearbeitet worden. (DaF10)

Beispiel 113:
Die Ergebnisse des vorliegenden Beitrags sind über die spezifische Situation hinaus für eine Vielzahl von Ausbildungsgängen mit einer DaF-Komponente relevant, da das Berufsziel vieler DaF-Studierender in- und außerhalb Deutschlands gerade nicht eine philologische Ausbildung und hierauf aufbauende Berufstätigkeit ist, sondern eine Tätigkeit in der Wirtschaft mit internationalen Kontakten. (DaF11)

Beispiel 114:
Es ist also kein Zufall, dass jetzt, da die neuen Technologien das Unterrichten mit visuellen Lerntechniken unterstützen, das gesprochene/geschriebene Wort seine traditionelle Rolle zu verlieren scheint. Schüler, die bevorzugt durch Hören oder Lesen lernen, benutzen ihre Vorstellungskraft, um neue Informationen ohne Anstrengung in mentale Bilder umzusetzen. Trotzdem haben auditiv orientierte Schüler auch Vorteile von visuellen Informationen, [...]. Das Bild entwickelt sich also mehr und mehr zur Hauptquelle der Information, die von Texten begleitet wird. Hieraus kann man einiges für den Unterricht ableiten. (DaF14)

Der TTS4 zur Vorstellung der eigenen Arbeit kommt in 16 Texten vor, wobei die zwei Varianten „Zielsetzung bzw. Hauptinhalt vorzustellen" sowie „auf die Textstruktur hinzuweisen" in fünf Texten in Kombination auftreten. Diese zwei Variantenformen werden jeweils in Beispiel 115 und Beispiel 116 veranschaulicht:

Beispiel 115:
Vor diesem Hintergrund versucht der vorliegende Beitrag der Frage nachzugehen, was eigentlich mit der Dimension des Kommunikativen gemeint ist bzw. sein könnte. (DaF3)

Beispiel 116:
In diesem Beitrag werden zunächst Podcasts als (neues) Medium charakterisiert (Abschn. 2). Daran anschließend wird nach der allgemeinen Diskussion des technischen und des didaktischen Potenzials des Podcastings in der fremdsprachlichen Unterrichtspraxis (Abschn. 3) die eigene Konzeption einer fremdsprachendidaktischen Lehrveranstaltung zum Thema „Podcastgestützte Entwicklung der Hörverstehenskompetenz im DaF-Unterricht" vorgestellt (Abschn. 4). Der Beitrag schließt mit einem Fazit (Abschn. 5). (DaF9)

TTS5a und TTS5b stellen das Untersuchungsmaterial bzw. die Untersuchungsmethode (Beispiel 117) und die Vorgeschichte der eigenen Forschungsarbeit (Beispiel 118) dar, die in diesem Teilkorpus jeweils in drei Texten vorkommt.

Beispiel 117:
Dabei beschränke ich mich auf eine – in meinen Augen allerdings entscheidende – Teilmenge von Lehrbuchtexten, nämlich Einzeldarstellungen von Disziplin prägenden Texten in Lehrbüchern für Studienanfänger. (DaF13)

Beispiel 118:
Der Beitrag entstand vor dem Hintergrund meiner Tätigkeit als Praktikumsbeauftragter im Fach BA in Modern Languages and European Studies an der University of the West of England, Bristol, einer sogenannten neuen Universität. (DaF11)

5.1.6.2 Schlussteil

In diesem Teilkorpus ist der Schlussteil nicht obligatorisch, denn lediglich 14 Texte werden mit diesem Teil abgeschlossen, während er in sechs Texten fehlt. Unter diesen 14 Texten ist einer ohne Zwischenüberschrift in den Hauptteil des Textes integriert und die übrigen 13 Texte weisen eine den Abschluss signalisierende Zwischenüberschrift wie „Zusammenfassung/Fazit/Resümee" (in fünf Texten), „Schlussfolgerungen/Konsequenzen" (in fünf Texten) oder „Ausblick/Perspektiven" (in drei Texten) auf. Tabellarisch zusammengefasst sieht das wie folgt aus:

Tab. 30: Zwischenüberschrift im Schlussteil DaF.

Schlussteil	mit Zwischenüberschrift	ohne Zwischenüberschrift
	den Abschluss signalisierend	integriert
	13 (65 %)	1 (5 %)

Die einzelnen Teiltextsegmente und ihre Varianten verteilen sich wie folgt:

Tab. 31: TTS im Schlussteil DaF.

Schlussteil	TTS1	TTS2			TTS3		TTS4	
	9 (45 %)	10 (50 %)			8 (40 %)		6 (30 %)	
		a	c	d	a		a	b
	9 (45 %)	1 (5 %)	5 (25 %)	7 (35 %)	8 (40 %)		3 (15 %)	2 (10 %)

Aus dieser Tabelle geht hervor, dass neun Texte ihre Forschungsergebnisse zusammenfassend wiedergeben (Beispiel 119). In zehn Texten werden die Forschungsergebnisse diskutiert, wobei zwei Texte davon TTS2c) und TTS2d) und ein Text TTS2a) und TTS2c) verknüpfend verwenden. Nur in einem Text werden die Gründe für die Ergebnisse erläutert (Beispiel 120), dagegen werden in fünf Texten die eigenen Forschungsergebnisse relativiert, um einen absoluten Geltungsanspruch zu vermeiden (Beispiel 121). Wesentlich häufiger werden didaktische Vorschläge gemacht (Beispiel 122) und zwar in sieben Texten.

Beispiel 119:
Die vorliegende Umfrage unter deutschen Praktikumsfirmen ergab, daß die Sprachkompetenz der ausländischen Praktikanten eher nachrangig ist. Eigenschaften wie Teamfähigkeit oder die Fähigkeit zum selbständigen Arbeiten haben eine wesentlich höhere Priorität. [...] (DaF11)

Beispiel 120:
Eine mögliche Erklärung dieser Tatsache ergibt sich bei erneuter Betrachtung der o. a. Mentalfaktoren. Vier dieser Faktoren sollen an dieser Stelle genauer beleuchtet werden: [...] (DaF7)

Beispiel 121:
Es sei nochmals betont, dass die begrenzte Anzahl an Beurteilern, deren Umgang mit GeR-Skalen in dieser Studie untersucht wurde, eine Generalisierung der Ergebnisse nicht gestattet. (DaF10)

Beispiel 122:
Die Resultate sollten perspektivisch in folgende didaktische Konsequenzen münden: [...] (DaF2)

Darüber hinaus unterstreichen acht weitere Texte die Bedeutung der Forschungsergebnisse (Beispiel 123). In fünf Texten werden hingegen weiterführende Perspektiven eröffnet, indem in drei Texten Forschungsaussichten präsentiert (Beispiel 124) und in zwei Texten zu weiteren Maßnahmen aufgerufen wird (Beispiel 125).

Beispiel 123:
Aber die konsequente Einbeziehung der „Erinnerungsorte" in die deutsche Landeskunde – ganz im Sinne der aktuellen deutschen Geschichtsdidaktik –, z. B. im Sprachunterricht und vor allem in verbindlichen landeskundlichen Grundkursen in einem DaF-Studium oder in der Auslandsgermanistik, wäre ein deutlicher Fortschritt in der systematischen wissenschaftlichen wie didaktischen Ausgestaltung dieses problematischen Fachs. (DaF15)

Beispiel 124:
Insgesamt ist die vielschichtige Manifestation von Heterogenität ein wichtiges Charakteristikum einer multilingualen Schule. Sie muss wissenschaftlich weiter bearbeitet und systematisiert werden. Es gilt, in Langzeitstudien zu beobachten, ob und wie sich weitere kulturelle Markierungen zeigen, ob und wie diese im Laufe des schulischen Integrationsprozesses verändert werden. Auch

die Bearbeitung der Heterogenität durch die Lehrkräfte in Vorbereitungs- und Regelklassen muss weiter analysiert und systematisiert werden. [...] (DaF16)

Beispiel 125:
[...], wenn dieses erste Aufdecken der unbewussten Anteile der Sprechkommunikation zu dem Bewusstsein führte, dass sich das Weiterdenken und -arbeiten auf diesem Gebiet für die Entwicklung des Fremdsprachenunterrichts in jeder Hinsicht lohnt. (DaF2)

5.1.6.3 Thematische Entfaltung
In diesem Teilkorpus gibt es drei verschiedene Formen der thematischen Entfaltung:

Tab. 32: Struktur im Hauptteil DaF.

Form der thematischen Entfaltung	deskriptiv	IMRAD	argumentativ
Anzahl	12 (60 %)	7 (35 %)	1 (5 %)

Mit 60 % ist die deskriptive Themenentfaltung stark vertreten und zwar in zwei Varianten: Sechs Texte gliedern ihre Themen unter verschiedenen Aspekten auf (Beispiel 126), dagegen decken die anderen sechs Texte durch die Beschreibung des Soll- und Istzustands gewisse Probleme auf, die die Grundlage für weitere didaktische Vorschläge bilden (Beispiel 127). Dies wird im Folgenden ausgeführt:

Im Beispiel 126 geht der Text der Frage nach, in welcher Weise die Korpuslinguistik zur Grammatikvermittlung des Deutschen als Fremdsprache beiträgt. Dabei werden drei Aspekte der Grammatikvermittlung unter dem Einfluss der Korpuslinguistik aufgegriffen: nämlich die Häufigkeitsverteilung von Wörtern, Wortketten und anderen Grammatikerscheinungen, unterschiedliche Funktionen grammatischer Phänomene je nach Kontext sowie der Einsatz von Konkordanzprogrammen zur Analyse der Verwendungsweise einer Grammatikkonstruktion in verschiedenen Kontexten (DaF 5):

Beispiel 126:

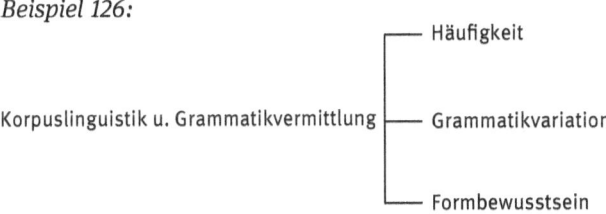

Beispiel 127 zum Thema der Infinitivkonstruktionen im DaF-Unterricht erläutert zunächst die Komplexität der Infinitivkonstruktionen sowie die entsprechende Verwendung oder Nicht-Verwendung von „zu", was durchaus als Soll-Zustand angesehen werden kann. Anschließend werden anhand eines Korpus erstens das Problem der Nicht-Verwendung von „zu" in bestimmten Infinitivkonstruktionen von brasilianischen Studierenden geschildert, zweitens werden die Probleme mit dem Terminus sowie die grammatische Eigenschaft des „zu" in Infinitivkonstruktionen in verschiedenen Wörterbüchern und Grammatikbüchern aufgezeigt und durch sprachgeschichtliche Entwicklungen erklärt und drittens die unstrukturierte und unzureichende Lehrbuchvermittlung dieses grammatischen Phänomens problematisiert. Aufgrund dieser Problemlage werden dann Vermittlungsvorschläge für den Unterricht gemacht (DaF 19):

Beispiel 127:

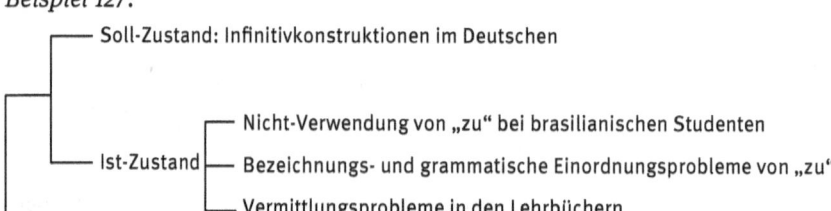

Die IMRAD-Formel spielt in diesem Teilkorpus mit 35 % eine sehr wichtige Rolle. Dabei geht es v. a. um empirische Untersuchungen, bei denen der Aufbau der Umfrage oder die Untersuchungsmaterialien genau vorgestellt (Method) werden, das Untersuchungsergebnis präsentiert (Result) und sowohl über didaktische als auch methodische Konsequenzen diskutiert (Discussion) wird. In drei Texten ist die Diskussion jedoch in den Schlussteil eingegangen.

Interessanterweise gibt es in diesem Teilkorpus einen weiteren Text mit argumentativer Themenentfaltung, der im Thema „Begriffsbildung und Zweitspracherwerb" in der Sprachlehrforschung verankert ist (DaF17). Die Argumentation sieht wie folgt aus:

Beispiel 128:

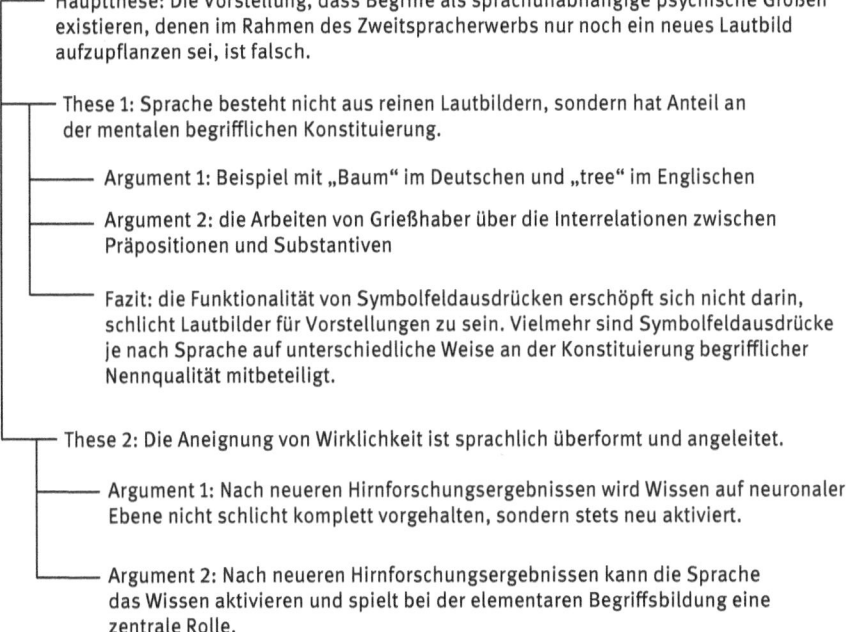

- Hauptthese: Die Vorstellung, dass Begriffe als sprachunabhängige psychische Größen existieren, denen im Rahmen des Zweitspracherwerbs nur noch ein neues Lautbild aufzupflanzen sei, ist falsch.
  - These 1: Sprache besteht nicht aus reinen Lautbildern, sondern hat Anteil an der mentalen begrifflichen Konstituierung.
    - Argument 1: Beispiel mit „Baum" im Deutschen und „tree" im Englischen
    - Argument 2: die Arbeiten von Grießhaber über die Interrelationen zwischen Präpositionen und Substantiven
    - Fazit: die Funktionalität von Symbolfeldausdrücken erschöpft sich nicht darin, schlicht Lautbilder für Vorstellungen zu sein. Vielmehr sind Symbolfeldausdrücke je nach Sprache auf unterschiedliche Weise an der Konstituierung begrifflicher Nennqualität mitbeteiligt.
  - These 2: Die Aneignung von Wirklichkeit ist sprachlich überformt und angeleitet.
    - Argument 1: Nach neueren Hirnforschungsergebnissen wird Wissen auf neuronaler Ebene nicht schlicht komplett vorgehalten, sondern stets neu aktiviert.
    - Argument 2: Nach neueren Hirnforschungsergebnissen kann die Sprache das Wissen aktivieren und spielt bei der elementaren Begriffsbildung eine zentrale Rolle.

5.1.7 Fazit

Die thematische Analyse der wissenschaftlichen Zeitschriftenartikel in den sechs Teilkorpora führt zu den folgenden Untersuchungsergebnissen:

Hinsichtlich der Sprachdimension zeigen deutsche und chinesische wissenschaftliche Zeitschriftenartikel folgende Unterschiede:

1. Die eigene Forschungsarbeit wird im Eröffnungsteil durch die Problematisierung der bisherigen fremden Forschungsergebnisse legitimiert. Allerdings wird dies in den deutschen und in den chinesischen Zeitschriftenartikeln aktuell unterschiedlich gehandhabt. Während die Forschungsergebnisse anderer sowohl in den deutschen linguistischen wie auch in den didaktischen Zeitschriftenartikeln in Kombination mit dem Literaturbericht problematisiert und argumentativ entfaltet werden, enthält der chinesische Zeitschriftenartikel meistens keine konkreten Literaturbelege und eher pauschale und subjektive Bewertungen.

2. Die metakommunikative Vorankündigung der Textstruktur im Eröffnungsteil ist in den deutschen linguistischen wie didaktischen Zeitschriftenartikeln im Zeitraum 2006 bis 2010 allgemein üblich, dagegen ist dieses

Teiltextsegment im Chinesischen noch eine Seltenheit. Allenfalls im Teiltextsegment „Zielsetzung bzw. Hauptinhalt der Arbeit" ist sie implizit enthalten.
3. In den chinesischen wissenschaftlichen Zeitschriftenartikeln, sei es in der Linguistik, oder in der Didaktik, kann die Betonung der eigenen Forschungsergebnisse im Schlussteil auch durch appellative Sprachhandlungen realisiert werden, hingegen kommt dies in deutschen Zeitschriftenartikeln im einundzwanzigsten Jahrhundert nicht mehr vor.

Hinsichtlich der zeitlichen Dimension zeigen wissenschaftliche Zeitschriftenartikel in den beiden Zeiträumen 1955–1964 und 2006–2010 folgende Unterschiede:
1. In den linguistischen Zeitschriftenartikeln in den 1950er und 1960er Jahren war der Eröffnungsteil, anders als in der neueren Zeit, noch kein obligatorischer Bestandteil des Artikels und konnte durchaus fehlen. Außerdem gehörte die Absatzgliederung mit Überschriften noch nicht zur üblichen Praxis wie heute. Selbst wenn es überhaupt eine Markierung zur Absatztrennung gab, dann war sie eine reine Nummerierung ohne Überschriften.
2. Sowohl der Eröffnungsteil als auch der Schlussteil können unmarkiert in den Hauptteil integriert werden, was in allen sechs Teilkorpora vorkommt. Allerdings tritt dies in den wissenschaftlichen Zeitschriftenartikeln in der Mitte des letzten Jahrhunderts zahlenmäßig wesentlich häufiger auf als heute.
3. Anders als heute war der Literaturbericht im Eröffnungsteil zur Darstellung des Forschungsstandes im Zeitraum 1955 bis 1964 nicht üblich und kam nur im Ausnahmefall vor.
4. Die Legitimierung der eigenen Forschungsarbeit konnte sowohl im chinesischen als auch im deutschen Zeitschriftenartikel in den 1950er und 1960er Jahren auch durch Verweis auf Autoritäten realisiert werden, obwohl im Chinesischen eher Politiker und im Deutschen eher Disciplinary Giants als Autoritäten fungierten. Diese Argumentationsweise gibt es in der neueren Zeit nicht mehr.
5. Die Relativierung der eigenen Forschungsergebnisse im Schlussteil erfolgt in den linguistischen und didaktischen Zeitschriftenartikeln in den beiden Sprachen neueren Datums eher sachlich, was in der konkreten Benennung von Schwächen der Forschungsarbeit zur Geltung kommt. Dagegen war die Relativierung der eigenen Forschungsergebnisse in der älteren Zeit, sowohl im Chinesischen als auch im Deutschen, als Selbstkritik eher eine Floskel, um Bescheidenheit auszudrücken.
6. IMRAD als thematische Struktur war in den wissenschaftlichen Zeitschriftenartikeln in den 1950er und 1960er Jahren eine Seltenheit. Selbst wenn

diese Struktur in zwei deutschen linguistischen Artikeln älteren Datums praktiziert wurde, ging es lediglich um eine Quasi-IMRAD-Struktur, also keine IMRAD-Struktur im strengeren Sinne. Dagegen gehört IMRAD in den neueren wissenschaftlichen Zeitschriftenartikeln zum festen Inventar der thematischen Entfaltungsformen beider Sprachen.
7. Die Betonung der Bedeutung der eigenen Forschungsergebnisse im Schlussteil konnte in den deutschen linguistischen Zeitschriftenartikeln in den 1950er und 1960er Jahren durch appellative Sprachhandlungen zustande kommen, dies wird in den deutschen linguistischen aber auch didaktischen Zeitschriftenartikeln neueren Datums nicht mehr praktiziert.

Hinsichtlich der disziplinären Dimension zeigen linguistische und didaktische wissenschaftliche Zeitschriftenartikel im Zeitraum 2006–2010 folgende Unterschiede:
1. Die didaktischen Zeitschriftenartikel im Chinesischen und im Deutschen haben ein gemeinsames Teiltextsegment im Eröffnungsteil, nämlich die Bedeutung des Untersuchungsgegenstandes durch die Darstellung der Probleme in der Sprachlehr- oder -lernpraxis bzw. Sprachverwendungspraxis zu akzentuieren. Diese Thematisierung fehlt in den linguistischen Zeitschriftenartikeln.
2. Anders als im linguistischen Zeitschriftenartikel kann es im Schlussteil eines didaktischen Zeitschriftenartikels, sowohl im Chinesischen als auch im Deutschen, ein zusätzliches Teiltextsegment „didaktische Vorschläge" geben.
3. Die IMRAD-Struktur ist in den didaktischen Zeitschriftenartikel der beiden Sprachen, im Vergleich zu den linguistischen Zeitschriftenartikeln, besonders stark vertreten.
4. Bei der deskriptiven Themenentfaltung wird im didaktischen Zeitschriftenartikel beider Sprachen neben der Spezifizierung das Schema „Istzustand–Sollzustand–Vorschlag" verwendet. Im linguistischen Zeitschriftenartikel wird stattdessen das Schema „Fragestellung/Probleme – Lösungsangebot/ Vorschlag" bevorzugt.
5. Die argumentative Themenentfaltung hat eine legitime Stellung im linguistischen Zeitschriftenartikel, wohingegen sie nur in ganz seltenen Fällen im didaktischen Zeitschriftenartikel vorkommt.

5.2 Analyse intertexuteller Bezüge

Nach den in 4.4.3 genannten konkreten Analysekriterien werden die Korpustexte hinsichtlich ihrer intertextueller Bezüge untersucht.

5.2.1 Untersuchung chinesischer linguistischer Zeitschriftenartikel 2006–2010

5.2.1.1 Bezugsträger

Die Anzahl der Handlungsträger und die Häufigkeit ihrer Nennung im jeweiligen bezuggenommenen Text im Teilkorpus chinesische linguistische Zeitschriftenartikel im Zeitraum 2006 bis 2010 zeigt sich wie folgt:

Tab. 33: Bezugsträger in ChLin2000er.

	konkrete Autorschaft		Fachkreis/ Institut	Fachkoryphäe	Literaturverzeichnis
	fremde Autorschaft	Verfasser selbst			
Gesamtzahl (20 Texte)	321	28	30	34	234
Durchschnitt	16,05	1,4	1,5	1,7	12,7

Aus dieser Tabelle ist ersichtlich, dass die chinesischen wissenschaftlichen Zeitschriftenartikel in diesem Teilkorpus auf insgesamt 349 Texte mit konkreter Autorschaft Bezug nehmen,[45] wobei durchschnittlich jeder chinesische Artikel 16,05 Mal einen fremden Autor und 1,4 Mal sich selbst zitiert oder darauf verweist. Dabei gibt der Verfasser den Bezug auf sich selbst durch die Angabe seines Namens zu erkennen. Insgesamt werden die Quellenangaben mit konkreten Autoren oder einer Autorengemeinschaft sowohl im Fließtext als auch in der Fußnote oder Endnote berücksichtigt. Das folgende Beispiel veranschaulicht die Bezugnahme auf konkrete Autorschaft:

Beispiel 129:
关于"类词缀"或"准词缀"的探讨, 吕叔湘 (1979)、汤廷池 (1992)、陈光磊 (1994/2001)、马庆株 (1995/2004)、朱亚军 (2001)、富丽 (2001)、王洪君、富丽 (2005) 等都对这个问题有精到的论述. (ChLin2000er18)
[Hinsichtlich der Diskussion über „ähnliche Affixe" oder „quasi-Affixe" haben Lü Shuxiang (1979), Tang Tingchi (1992), Chen Guanglei (1994/2001), Ma Qingzhu (1995/2004), Zhu Yajun (2001), Fu Li (2001), Wang Hongjun/Fu Li (2005) usw. präzise und angemessene Darstellungen geliefert.]

---

45 Der bezuggenommene Text mit Autorengemeinschaft wird nur einmal gezählt.

Der Bezug auf Fachkreis bzw. Institut kommt auch in diesem Korpus vor, und zwar im Durchschnitt 1,5 Mal in jedem Artikel. Sieben Mal sind die Bezugsträger in diesen chinesischen Korpustexten Institute oder Wörterbücher, die aber ohne vollständige Quellenangaben – weder im Fließtext noch im Literaturverzeichnis – erscheinen. Wie das Beispiel 130 und Beispiel 131 zeigen, findet man außer der Erwähnung des Buchtitels im Fließtext, nämlich das Buch 《两汉文学史参考资料》 [*Informationsmaterial über die Literaturgeschichte der West- und Osthan-Dynastie*] und das Nachschlagewerk《现代汉语词典》 [*Das Wörterbuch des modernen Chinesisch*], zu diesen Büchern keine weiteren Informationen, weder zum Erscheinungsjahr und zur Seitenzahl, noch zur Ausgabe und zum Verlag.

Beispiel 130:
其中"哀思"一词，北京大学中国文学史教研室选注的《两汉文学史参考资料》注为"哀念"。(ChLin2000er3)
[Darunter wird das Wort „Gefühl der Trauer" in *Informationsmaterial über die Literaturgeschichte der West- und Osthan-Dynastie*, das von der Abteilung der chinesischen Literaturgeschichte der Universität Beijing ausgewählt und erläutert worden ist, als „Trauergedanke" erklärt.]

Beispiel 131:
《现代汉语词典》关于"词"的定义"语言里最小的、能够自由运用的单位"，是符合这个层次辖域关系的。(ChLin2000er5)
[Die Definition von „Wort" als „die kleinste und frei verwendbare sprachliche Einheit" in *Das Wörterbuch des modernen Chinesisch* entspricht der Beziehung in den strukturierten semantischen Bezugsgebieten.]

Vielmehr nehmen die chinesischen Zeitschriftenartikel Bezug auf den Fachkreis (23 Mal). Bezugsträger sind Begriffe wie „语言学界" [„der linguistische Kreis"], „学者们" [„die Gelehrten"], „学界" [„der akademische Kreis"], „前人" [„die Gelehrtenvorgänger"], „有关部门和领导" [„einschlägige Behörden und Leiter"], „国外学者" [„ausländische Gelehrte"], „许多研究" [„viele Forschungen"], „有充分的证据(表明)" [„genug Nachweise zeigen"], „众所周知" [„wie allgemein bekannt"] usw., wobei keinerlei Quellen angegeben werden (Beispiel 132, 133, 134):

Beispiel 132:
学界一般承认，兼语结构中V2施事主语是V1的宾语。(ChLin2000er7)
[Der akademische Kreis erkennt im Allgemeinen an, dass das Subjekt von V2 in einer pivotal construction das Objekt von V1 ist.]

Beispiel 133:
研究儿化问题一直备受关注，文献很多。(ChLin2000er9)
[Die Forschung zum nonsyllabischen „r" erfreut sich allgemeiner Aufmerksamkeit, dazu gibt es viel Literatur.]

Beispiel 134:
有充分证据表明，俄语这种形态发达的语言，语序主要体现语用的功能。
(ChLin2000er11)
[Genügend Nachweise haben gezeigt, dass in einer morphologisch weit entwickelten Sprache wie Russisch die Wortstellung eine pragmatische Funktion aufweist.]

Im Beispiel 132 ist von der allgemeinen Ansicht des akademischen Kreises die Rede, wobei kein entsprechender Nachweis geliefert wird. Mit einer Passiv-Struktur wird der Bezugsträger im Beispiel 133 als Subjekt weggelassen, in diesem Kontext sind darunter jedoch „viele Linguisten bzw. viele Gelehrte" zu verstehen. Um welche Linguisten bzw. Gelehrten und um welche Literatur es sich handelt, wird nicht angegeben. Auch im Beispiel 134 ist mit Angaben wie „genügende Nachweise" ohne konkrete Literaturverweise die Glaubwürdigkeit in Frage zu stellen.

Diese Ungenauigkeit, aufgrund derer die Aussage als Behauptung bewertet werden kann, zeigt sich auch in der Darstellung der empirischen Untersuchung im Beispiel 135, deren Ergebnis die These des Verfassers stützen soll:[46]

Beispiel 135:
笔者曾对任职学校的数百名大学生短信语言中叹词的使用进行过调查，结果显示，95％以上的在校大学生经常使用上述叹词。(ChLin2000er19)
[Der Verfasser hat die Verwendung der Interjektion in SMS von ein paar hundert Studenten an der Hochschule, wo der Verfasser tätig ist, untersucht und das Ergebnis hat gezeigt, dass über 95 % der Studenten die obigen Interjektionen häufig verwenden.]

Zwar wird im Beispiel als Untersuchungsergebnis ein Prozentsatz genannt, der die These „die hohe Verwendungshäufigkeit der Interjektion in SMS" unterstützt. Aber dabei werden weder die genaue Zahl der untersuchten Studenten noch das Datum der Untersuchung genannt. Auch unter „oft verwenden" bleibt die Häufigkeit der Verwendung fraglich.

Die Fachkoryphäe als Bezugsträger ist mit 34 Nennungen in diesem Teilkorpus eher beliebt. Dabei handelt es sich aber nicht um ausgewiesene Disciplinary Giants, sondern vielmehr um allgemein bekannte Persönlichkeiten der Gesellschaft:

Beispiel 136:
据北京首信总裁杨廉斯介绍，这款手机在原有汉语、英语语种的基础上，增加了维吾尔语操作功能。(ChLin2000er19)
[Nach der Vorstellung des CEO von Beijing Shouxin Yang Liansi hat dieser Typ Handy auf der Grundlage des Chinesischen und Englischen auch die uigurische Bedienungsfunktion hinzugefügt.]

---

46 Das ist eine Art des Verweises auf eigene Arbeiten des Verfassers.

Beispiel 137:
笔者调查了鲁迅、周作人、郁达夫、巴金、冰心、萧红、施蛰存、夏衍、老舍、朱自清、张恨水、矛盾、许地山等作家的全集、文集等，…… (ChLin2000er8)
[Der Verfasser hat die gesammelten Werke von Schriftstellern wie Lu Xun, Zhou Zuoren, Yu Dafu, Bajin, Bingxin, Xiao Hong, Shi Zecun, Xia Xian, Laoshe, Zhu Ziqing, Zhang Henshui, Maodun, Xu Dishan usw. untersucht, ...]

Im Beispiel 136 ist der CEO von Beijing Shouxin keine Fachkoryphäe in der Linguistik, sondern lediglich eine gesellschaftlich anerkannte Persönlichkeit. Die Informationen über diesen Typ Handy sollen von ihm stammen, aber ohne die zeitliche und örtliche Angabe kann die Glaubwürdigkeit der Aussage leicht in Frage gestellt werden. Im Beispiel 137 werden 13 in China bekannte Schriftsteller erwähnt, deren Werke dem Verfasser als Korpus zur Untersuchung einer bestimmten sprachlichen Ausdrucksform dienen. Allerdings werden im Korpusanhang nur die Werke von drei Schriftstellern aufgelistet. Die übrigen Schriftsteller mögen ebenfalls sehr bekannt sein. Aber je bekannter ein Schriftsteller ist, desto größer ist die Zahl der verschiedenen Ausgaben seiner gesammelten Werke aus verschiedenen Zeiten und verschiedenen Verlagen, die auch inhaltliche bzw. sprachliche Unterschiede aufweisen können. Ohne die Angabe der Quellen der analysierten Werke ist die Seriosität der Untersuchung an sich in Zweifel zu ziehen.

Was das Literaturverzeichnis angeht, nimmt ein chinesischer Zeitschriftenartikel im Durchschnitt auf 12,7 verschiedene Texte intertextuell Bezug, allerdings weisen zwei Teilkorpustexte überhaupt kein Literaturverzeichnis auf (ChLin2000er13, ChLin2000er14). In 13 Teilkorpustexten wurden Titel ins Literaturverzeichnis aufgenommen, auf die der Fließtext keinen Bezug nimmt, in drei Texten (ChLin2000er11, ChLin2000er12, ChLin2000er16) wurden Endnoten und Literaturverzeichnis zusammengelegt.

Hinsichtlich der Verortung der Bezugsträger sowie hinsichtlich der Medien des bezuggenommenen Textes zeigt sich folgende Verteilung:

Tab. 34: Verortung und Medien der Bezugsträger in ChLin2000er.

	Verortung der Bezugsträger		Medien des bezuggenommenen Textes		
	im Fließtext	in der Fußnote/ Endnote	Druckmedien	Internet	mündlich
Gesamtzahl (20 Text)	385	47	392	5	5
Durchschnitt	19,25	2,35	19,6	0,25	0,25

Aus der Tabelle ist zu ersehen, dass in diesem Teilkorpus der wesentliche Teil der Bezugsträger (385) im laufenden Text verortet ist, während nur 47 Bezugsträger in der Fußnote bzw. Endnote erscheinen. Allerdings zeigt die chinesische Zeitschrift diesbezüglich keine Einheitlichkeit. Denn in derselben Zeitschrift geben manche Artikel ihre Quellen im Fließtext, manche aber in der Fußnote bzw. Endnote an, das trifft auf alle drei Zeitschriften zu (Beispiel 138, 139):

Beispiel 138:
初步的考虑发现所涉及的推理类型是"回溯推理"(沈家煊, 2005)。(ChLin2000er2)
[Nach der ersten Überlegung wird herausgefunden, dass der betroffene Schlussfolgerungstyp „die zurückführende Schlussfolgerung" darstellt.]

Beispiel 139:
"养病"即"治病"。[11]
附注 11: 参看陈明娥《"养病"正解》,《汉语学习》, 2003 年第二期。(ChLin2000er3)
[„Sich von einer Krankheit erholen" bedeutet „eine Krankheit heilen"[11]
Endnote 11: siehe „Die richtige Erklärung für ,sich von einer Krankheit erholen'" von Chen Ming'e, *Chinesisch Lernen*, 2/2003.]

Hinsichtlich der Medien des bezuggenommenen Textes werden neben den traditionellen Druckmedien auch elektronische Quellen herangezogen (Beispiel 140). Auch mündlicher Austausch wird als Quelle angegeben (Beispiel 141):

Beispiel 140:
自此以后,手机短信数量一路飙升,2007 年中国手机用户一共发送了 5921 亿条短信,手机短信也被人们誉为"第五媒体"。[1]
1 见泡网, 2008,01,26, http://www.pcpop.comP0docP0P267P267021.shtml。 (ChLin2000er19)
[Seitdem ist die Zahl der SMS schnell gestiegen, und im Jahr 2007 haben die chinesischen Handybenutzer insgesamt 592,1 Milliarden SMS gesendet. Insofern wird SMS als „das fünfte Medium" bezeichnet.[1]
1 Sieh Pao-Webseite, 2008,01,26, http://www.pcpop.comP0docP0P267P267021.shtml]

Beispiel 141:
"为了"之所以比较特殊,或许是因为它同时还是受益者的标志 (陆丙甫, 个人交流) (ChLin2000er7)
[„um" ist deswegen relativ spezifisch, vielleicht weil es zugleich die Kennzeichnung eines Nutznießers darstellt (Lu Bingpu, persönlicher Austausch).]

5.2.1.2 Bezugsobjekt

Tab. 35: Bezugsobjekt in ChLin2000er.

	direktes Zitieren			indirektes Zitieren	Verweisen
	wortwörtlich	Sprichwörter usw.	Begriff		
Gesamtzahl (20 Texte)	98	48	9	217	30
Durchschnitt	4,9	2,4	0,45	10,85	1,5

Die Tabelle fasst die Vorkommensfrequenz der verschiedenen Zitierformen in diesem Teilkorpus zusammen und zeigt, dass indirektes Zitieren (217) wesentlich häufiger vorkommt als direktes Zitieren (155) und Verweisen (30). Bei genauer Betrachtung der direkten Zitate fällt auf, dass häufig inszenierte Zitate von Sprichwörtern, Redewendungen, Maximen usw. ohne Hinweis auf eine Quelle angegeben sind (48). Solche Zitate erscheinen in jedem Artikel durchschnittlich 2,4 Mal. Neben Sprichwörtern (Beispiel 142) werden in den Zeitschriftenartikeln auch Redewendungen (Beispiel 143), locus classicus wie klassisches Gedicht (Beispiel 145) oder klassischer Spruch (Beispiel 146) und bekannte wissenschaftliche Aussagen (Beispiel 147) angeführt.

Beispiel 142:
首先是内部的自相矛盾。(ChLin2000er7)
[Zuerst ist der innerliche Widerspruch.]

Beispiel 143:
俗话说，人有病 "三分靠治，七分靠养" (ChLin2000er3)
[Der Volksmund sagt, wenn man krank ist, „hängt 30 % der Heilung davon ab, die Krankheit zu behandeln und 70 % davon, sich auszuruhen".]

Beispiel 144:
"美眉" 为 "妹妹" 的谐音，符合汉语的传统审美文化，有古诗云 "散黛随眉广，燕脂逐脸生"。(ChLin2000er4)
[„Schöne Augenbrauen" hat dieselbe Aussprache wie „jüngere Schwester" und entspricht der chinesischen traditionellen Ästhetik. Ein klassisches Gedicht sagt „Die Augenbrauen werden schwarz nachgezeichnet, Rouge wird dem Gesicht aufgelegt."]

Beispiel 145:
......真相 "昭昭乎若揭日月而行也" ...... (ChLin2000er15)
[... die Wahrheit ist sonnenklar ...]

Beispiel 146:
人类语言的基本特征就是"有限手段的无限运用"。(ChLin2000er5)
[Das Grundmerkmal der menschlichen Sprache ist „mit begrenzten Mitteln unbegrenzte Anwendungen zu finden".]

Im Beispiel 142 wird eine sprichwörtliche Redensart in Vier-Zeichen-Form (Chengyu) verwendet, nämlich „Zi xiang mao dun". Sie stammt von einer Parabel aus *Han Feizi* aus der Zeit der Streitenden Reiche (475–221 v. u. Z.) und erzählt die Geschichte, dass jemand seine Lanzen als die schärfsten und seine Schilder als die stärksten zum Verkauf anpreist und keine Antwort auf die Frage hinsichtlich der Widersprüchlichkeit seiner Anpreisung geben kann, nämlich „wie wäre es, mit Ihrer Lanze gegen Ihr Schild zu kämpfen?". Solche festen Redewendungen beinhalten oft ein historisch überliefertes Wissen, haben eine metaphorische Bedeutung und können als ein direktes sprichwörtliches Zitat angesehen werden. Im chinesischen Korpus gibt es zahlreiche Chengyu, insgesamt 41.

Auch Redewendungen werden verwendet. Wie das Beispiel 143 zeigt, ist die Aussage Teil des Volksmunds, weshalb keine Quelle angegeben ist. Im Beispiel 144 werden zwei Gedichtzeilen zitiert und lediglich darauf hingewiesen, dass sie einem klassischen Gedicht entstammen. In der Tat wurde das Gedicht namens „Meiren Chenzhuang Shi" (Gedicht über das Morgenschminken der Schönheit) von einem Kaiser der Südlichen Dynastien (420–589) geschrieben. Diese Quellenkenntnis gehört sicherlich nicht zum Allgemeinwissen und mit dem vagen Quellenhinweis wird entweder das literarische Wissen der Rezipienten auf die Probe gestellt oder eine genauere Kenntnis nicht für notwendig gehalten.

Der klassische Spruch im Beispiel 145 stammt aus dem Buch *Zhuang Zi* aus der Zeit der Streitenden Reiche (475–221 v. u. Z.) und besagt, dass man die eigenen Gedanken bzw. Wünsche nicht verhüllt und sie so klar sehen lässt, als ob man die Sonne oder den Mond hochhebt. Da dieser Spruch auf klassisch Chinesisch geschrieben wurde, wird das Zitat direkt verwendet und nicht einmal auf einen Bezugsträger hingewiesen. Dies gilt auch für das Beispiel 146, in dem das Zitat ohne einen Hinweis auf die Quelle direkt in den Fließtext eingebettet ist. Der Spruch ist im linguistischen Kreis allgemein bekannt, basiert auf der Aussage von Wilhelm von Humboldt über die Sprache als Energeia sowie auf der Aussage von Chomsky über sprachliche Kompetenz und Performanz.

Eine weitere Analyse dieser Tabelle zeigt, dass Begriffszitate mit 0,45 durchschnittlich weniger als einmal in einem Artikel angeführt werden, obwohl die Verwendung von Fachbegriffen bzw. Terminologien eins der Hauptmerkmale der Fachsprache darstellt (vgl. Kalverkämper 1998a: 32f.)

Beispiel 147:
移位还必须遵循一条普遍原则即 Chomsky (1995) 提出的 "扩展条件" (Extended Condition)。(ChLin2000er2)
[Syntaktische Stellungsverschiebungen müssen noch ein allgemeines Prinzip einhalten, nämlich die von Chomsky (1995) aufgestellte „Extended Condition".]

Mit einer durchschnittlichen Häufigkeit von 1,5 Mal in einem Artikel ist die Anzahl von Verweisen eher gering. Das ist jedoch nicht verwunderlich. Denn dies korreliert mit dem Ergebnis, dass ein chinesischer Artikel hinsichtlich des Fachkreises bzw. Instituts oft nicht auf konkrete Bezugsträger verweist, womit sich die Verweishäufigkeit eines chinesischen Zeitschriftenartikels von vornherein reduziert.

5.2.2 Untersuchung chinesischer linguistischer Zeitschriftenartikel 1955–1964

5.2.2.1 Bezugsträger

Die Verteilung der Vorkommensformen sowie -häufigkeit der Bezugsträger im Teilkorpus der chinesischen linguistischen Zeitschriftenartikel 1955–1964 wird wie folgt tabellarisch zusammengefasst:

Tab. 36: Bezugsträger in ChLin1950er.

	konkrete Autorschaft		Fachkreis/ Institut	Fachkoryphäe	Literaturverzeichnis
	fremde Autorschaft	Verfasser selbst			
Gesamtzahl (20 Texte)	251	11	60	69	0
Durchschnitt	14,55	0,55	3	3,45	0

Aus dieser Tabelle geht hervor, dass in diesem Teilkorpus insgesamt auf 251 fremde Autoren bzw. Autorengruppen (Beispiel 148) sowie 11 Mal auf sich selbst Bezug genommen wird, was im Durchschnitt jeweils 14,55 Mal und 0,55 Mal pro Text entspricht. Bei dem letzteren wird neben dem Selbstverweis mit der ersten Person Singular „我" (ich) sowie mit der direkten Angabe des eigenen Namens auch die Bescheidenheitsformulierung „拙著" (unmaßgebliche Schrift) verwendet (Beispiel 149).

Beispiel 148:
恩格斯说过："名称的意义。在有机化学中，一个物体的意义以及它的名称不再仅仅由它的构成来决定，而倒是由它在它所隶属的系列中的位置来决定。"③
③ 恩格斯:《自然辩证法》，人民出版社 1955 年版，第 249 页。(ChLin1950er4)
[Engels hat über „Die Bedeutung der Bezeichnungen gesagt. In der organischen Chemie wird die Bedeutung und die Bezeichnung eines Objektes nicht durch seine Struktur, sondern durch seine Verortung in der angehörigen Kategorie entschieden." ③
③ Engels: *Dialektik der Natur*, Volksverlag 1955, S. 249.]

Beispiel 149:
[一] 参阅拙著汉语规定词 "的"，文载汉学，第一辑，一九四四年，中法汉学研究所出版。(ChLin1950er1)
[(1) siehe mein unmaßgebliches Buch Das chinesische Bestimmungswort „de", in Sinologie, Heft 1, 1944, publiziert vom Forschungsinstitut der chinesisch-französischen Forschung zur Sinologie.]

Der Fachkreis/das Institut wird in jedem Teilkorpustext durchschnittlich drei Mal erwähnt. Dabei wird in den meisten Fällen allgemein auf die verschiedenen linguistischen Kreise ohne konkrete Quellenangabe hingewiesen, was sprachlich mit „批评家们" [„die Kritiker"], „我国/不少语言学家" [„Linguisten unseres Landes" / „nicht wenige Linguisten"], „一般/有些语法学家" [„die allgemeinen / manche Grammatiker"], „有人" [„manche Leute"] usw. realisiert wird (Beispiel 150). In anderen Fällen kann der Bezugsträger auch die kommunistische Partei Chinas (Beispiel 151) oder die marxistische Linguistik im Allgemeinen sein (Beispiel 152), dazu wird ebenfalls keine Quelle angegeben.

Beispiel 150:
......，有些语法学家认为头上的名词性成分是倒装的宾语。(ChLin1950er19)
[..., manche Grammatiker glauben, dass das nominale Element am Satzanfang ein vorgelegtes Objekt sei.]

Beispiel 151:
因此，我们应当在党的百花齐放，推陈出新的方针指导下...... (ChLin1950er3)
[Deswegen sollten wir unter der Anweisung der Parteipolitik, nämlich „lasst hundert Blumen blühen, lasst hundert Schulen miteinander wetteifern", ...]

Beispiel 152:
马克思主义语言学科学的指出：语言既不可以列入基础一类，也不可以列入上层建筑一类，语言乃是一种特殊的社会现象。(ChLin1950er5)
[Die marxistische Sprachwissenschaft hat wissenschaftlich darauf hingewiesen, dass die Sprache weder als Unterbau noch als Überbau kategorisiert werden darf, sondern ein spezifisches Gesellschaftsphänomen darstellt.]

Die Fachkoryphäe kommt mit 3,45 Mal pro Text in diesem Teilkorpus etwa gleich häufig vor, und zwar in zwei Kategorien: Zum einen werden klassische chinesische sprachwissenschaftliche bzw. Geschichtsbücher zitiert, die teilweise mit Buchtitel bzw. Autorennamen im Fließtext, aber ohne weitere Angaben von Erscheinungsjahr und Seitenzahl sowie von Verlag der zitierten Ausgabe genannt werden (Beispiel 153) und teilweise nur anhand des Inhalts ohne jegliche Angabe der Autoren indirekt zu erschließen sind (Beispiel 154). Zum anderen gelten proletarische Politiker wie Stalin oder Mao Zedong als Fachkoryphäen (Beispiel 155).

Beispiel 153:
王念孙读书杂志云: ...... (ChLin1950er6)
[Wang Niansun hat in „Du Shu Za Zhi" gesagt: ...]

Beispiel 154:
在古代, "字" 的意思是 "形声相益", "孳乳而浸多"。(ChLin1950er11)
[In der alten Zeit bedeutet „Zeichen" „die gegenseitige Profitierung von sinn- und lauttragenden Zeichenelementen", die „aus den einfachen Zeichen abgeleitet und langsam vermehrt werden".]

Beispiel 155:
斯大林指出, 语言的基础是基本词汇和语法构造, ... (ChLin1950er7)
[Stalin hat darauf hingewiesen, dass die Grundlage der Sprache der Grundwortschatz und die Grammatikstruktur bilden, ...].

Im Beispiel 153 wird das Buch *Du Shu Za Zhi* erwähnt, das das repräsentative Werk von Wang Niansun aus der Qing-Dynastie (1644–1911) hinsichtlich der Kollation und der Textkritik darstellt. Da dieses Werk im Fachkreis als Klassiker allgemein bekannt ist, fehlt der Literaturhinweis. Solche Zitate aus bekannten Fachbüchern ohne Quellenangabe kommen allein im ChLin1950er6 schon 51 Mal vor, wo von homophonen Schriftzeichen für Begriffe mit anderer Bedeutung die Rede ist. Im Beispiel 154 wird das berühmte Buch *Shuo Wen Jie Zi* über Zeichenetymologie und Zeichensemantik von Xu Shen aus der Ost-Han-Zeit (25–220) zitiert, um den Vorgang der Entstehung von Zeichen zu erklären. Dabei wird aufgrund des Bekanntheitsgrades von „形声相益" [„die gegenseitige Profitierung von sinn- und lauttragenden Zeichenelementen"], „孳乳而浸多" [„aus den einfachen Zeichen abgeleitet und langsam vermehrt werden"] im Fachkreis nicht einmal der Bezugsträger erwähnt. Dagegen wurde das im Namen von Stalin publizierte Buch *Marxismus und Fragen der Sprachwissenschaft* in seiner chinesischen Übersetzung 马克思主义和语言学问题 in den fünfziger Jahren von den chinesischen Sprachwissenschaftlern in organisierter Form studiert und diskutiert. Deswegen hat Stalin im Beispiel 155 ebenfalls den Status einer Fachkoryphäe und sein Wort über die Grundlage der Sprache wird ohne Quellenangabe indirekt zitiert.

Auffällig ist, dass es in diesem Teilkorpus kein Literaturverzeichnis gibt.

Was die Verortung des Bezugsträgers sowie die Medien des bezuggenommenen Textes betrifft, erscheinen die meisten Bezugsträger in der Fußnote oder in der Endnote (181 Mal), während sie im Fließtext 13 Mal vorkommen. Dabei können die Bezugsträger sowohl im Fließtext als auch in der Fußnote oder in der Endnote eines Teilkorpustextes aufgeführt sein (ChLin1950er6). Außerdem ist die Unvollständigkeit der Quellenangabe kein seltener Fall (Beispiel 156).

Beispiel 156:
鲁迅先生谆谆教诲青年: "……" (见《答北斗杂志问》) (ChLin1950er15)
[Herr Lu Xun lehrt die Jugendlichen unermüdlich: „…." (siehe „Antwort auf die Fragen der Zeitschrift Bei Dou")]

Es gibt in diesem Teilkorpus nur ein einziges Medium des bezuggenommenen Textes, nämlich das Druckmedium. Denn vom Internet war in dieser Zeit noch keine Rede und mündliche Quellen wurden auch nicht benutzt. Zusammenfassend zeigt die Tabelle:

Tab. 37: Verortung und Medien des Bezugsträgers in ChLin1950er.

	Verortung des Bezugsträgers		Medien des bezuggenommenen Textes		
	im Fließtext	in der Fußnote/ Endnote	Druckmedien	Internet	mündlich
Gesamtzahl (20 Texte)	13	181	194	0	0
Durchschnitt	0,65	9,05	9,7	0	0

5.2.2.2 Bezugsobjekt

Die verschiedenen Zitierformen werden in diesem Teilkorpus wie folgt zusammengefasst:

Tab. 38: Bezugsobjekt in ChLin1950er.

	direktes Zitieren			indirektes Zitieren	Verweisen
	wortwörtlich	Sprichwörter usw.	Begriff		
Gesamtzahl (20 Texte)	194	20	1	60	66
Durchschnitt	9,7	1	0,05	3	3,3

Wie der Tabelle zu entnehmen ist, ist das wortwörtliche Zitieren mit insgesamt 194 Mal die dominierende Form in diesem Teilkorpus (Beispiel 148 in 5.2.2.1), während das indirekte Zitieren insgesamt 60 (Beispiel 152) und das Verweisen 66 Mal (Beispiel 157) vorkommt. Das direkte Zitieren bezieht sich auf 18 Chengyu (Vier-Zeichen-Form) (Beispiel 158) und eine Redewendung (Beispiel 159) sowie eine Gedichtzeile (Beispiel 160). Außerdem gibt es noch ein Begriffszitat (Beispiel 161).

Beispiel 157:
一般说，各家没有完全把它们看作同一类的语法结构。例如《语法讲话》，就是把它们当作两三种以上的语法结构来分析。(ChLin1950er6)
[Im Allgemeinen haben die verschiedenen Schulen sie nicht als Grammatikstrukturen desselben Typs angesehen. Beispielsweise hat das Buch *Reden über Grammatik* sie als mehr als zwei oder drei Grammatikstrukturen analysiert.]

Beispiel 158:
在一个较短的时期，人们往往是不自觉的，但久而久之，潜移默化，人们渐渐地舍弃了旧的而学得了新的，所谓"约定俗成"。(ChLin1950er7)
[In einer kürzeren Zeit ist es einem oft nicht bewusst. Aber im Laufe der Zeit wirkt es subtil auf einen ein, man verzichtet langsam auf das Alte und erlernt das Neue, „das wird nämlich Gewohnheitsrecht".]

Beispiel 159:
另立门户，并不意味着井水不犯河水。(ChLin1950er18)
[Einen anderen Haushalt einzurichten bedeutet nicht, dass Brunnenwasser sich nicht mit Flusswasser vermischt.]

Beispiel 160:
既是"同根生"，彼此之间的语法结构就必定存在着历史继承性，……(ChLin1950er1)
[Da sie „aus derselben Wurzel gewachsen sind", haben ihre Grammatikstrukturen zueinander eine Beziehung der historischen Erbschaft, ...]

Beispiel 161:
随着语言科学的发展，"正名"这一工作是非常必要的。(ChLin1950er11)
[Mit der Entwicklung der Sprachwissenschaft ist die Aufgabe der „Richtigstellung der Begriffe" besonders notwendig.]

Im Beispiel 158 sind zwei Chengyu zu finden, nämlich „潜移默化" [„subtil auf etwas einwirken"] und „约定俗成" [„Gewohnheitsrecht werden"]. „潜移默化" stammt aus dem Buch *Yu Qin Dunfu Shu (Brief an Qin Dunfu)* von Gong Zizheng aus der Qing-Dynastie (1544–1911). Und „约定俗成" kommt aus dem *Xun Zi · Zheng Ming* (*Xunzi · Richtigstellung der Begriffe*) aus der Zeit der Streitenden Reiche (475–221 v. u. Z.). Diese beiden sprichwörtlichen Redensarten sind sowohl in der Form als auch in der Bedeutung bereits verfestigt, sodass auf die

Quellen nicht mehr hingewiesen werden muss. Dagegen ist „井水不犯河水" im Beispiel 159 eine Redewendung des Volksmunds und meint auf anschauliche Weise „sich nicht in den Bereich des anderen einmischen". „同根生" [aus derselben Wurzel gewachsen sind] im Beispiel 160 ist ein Teilzitat aus dem berühmten Gedicht *Qi Bu Shi* von Cao Zhi aus der Zeit der Drei Reiche (220– 265). Damit ist dieselbe Herkunft gemeint. Der Begriff „正名" [„Richtigstellung der Begriffe"] im Beispiel 161 hingegen spielt in der Gesellschaftsphilosophie von Konfuzius eine wichtige Rolle. Konfuzius meint: Wenn „die Begriffe nicht richtig sind, so stimmen die Worte nicht; stimmen die Worte nicht, so kommen die Werke nicht zustande; kommen die Werke nicht zustande, so gedeiht Moral und Kunst nicht; gedeiht Moral und Kunst nicht, so treffen die Strafen nicht; treffen die Strafen nicht, so weiß das Volk nicht, wohin Hand und Fuß setzen. Darum sorge der Edle, dass er seine Begriffe unter allen Umständen zu Worte bringen kann und seine Worte unter allen Umständen zu Taten machen kann. Der Edle duldet nicht, dass in seinen Worten irgend etwas in Unordnung ist. Das ist es, worauf alles ankommt." (Gespräche 2010: 155 ff.) Dieser Begriff ist somit in der chinesischen Philosophie fest etabliert und wird auch auf die Terminologielehre angewendet.

5.2.3 Untersuchung chinesischer Zeitschriftenartikel in Chinesisch als Fremdsprache 2006–2010

5.2.3.1 Bezugsträger
Im Teilkorpus chinesische Zeitschriftenartikel Chinesisch als Fremdsprache 2006–2010 kommt der Bezugsträger in verschiedenen Formen vor, die wie folgt verteilt sind:

Tab. 39: Bezugsträger in ChaF.

	konkrete Autorschaft		Fachkreis/ Institut	Fachkoryphäe	Literaturverzeichnis
	fremde Autorschaft	Verfasser selbst			
Gesamtzahl (20 Texte)	427	15	22	4	356
Durchschnitt	21,35	0,75	1,1	0,2	17,8

Die Tabelle besagt, dass insgesamt 427 Mal fremde Autoren (Beispiel 162) und 15 Mal die Verfasser selbst zitiert werden oder auf diese verwiesen wird, was jeweils 21,35 Mal und 0,75 Mal pro Text entspricht. Bei dem Selbstzitat wird lediglich der eigene Name im Fließtext angegeben, ohne Verwendung der ersten Person Singular (Beispiel 163).

Beispiel 162:
孙清顺、张朋朋 (1985) 统计欧美留学生听写中的错误，发现形错字高达 83%，比音别字多得多 (17%)。(ChaF4)
[Sun Qingshun und Zhang Pengpeng (1985) haben die Fehler im Diktat von Studenten aus Europa und Amerika statistisch berechnet und herausgefunden, dass die die Zeichenform betreffende Fehlerquote 83% beträgt, was wesentlich höher ist, als die durch die Aussprache verursachte (17%).]

Beispiel 163:
这样做既有利于分散难点、降低难度，……。(参见江新) (ChaF14)
[Das hilft dabei, Schwerpunkte zu verteilen und den Schwierigkeitsgrad zu reduzieren ... (sieh. Jiang Xin)]

Neben dem insgesamt 22 Mal genannten Fachkreis bzw. Institut kommen auch Wörterbücher, verschiedene Curricula, Konzepte oder ein Büro zur Geltung (z. B. 《高等学校外国留学生汉语言专业教学大纲》 [*Das Curriculum für das Fach Chinesisch als Fremdsprache für ausländische Studenten in chinesischen Hochschulen*] (ChaF17), 《汉语拼音方案》 [*Pinyin-Konzept des Chinesischen*] (ChaF8), „国家对外汉语领导小组办公室" [„Das staatliche Leitungsbüro für Chinesisch als Fremdsprache"] (ChaF1)). Dabei wird nicht einheitlich verfahren, sondern die konkrete Quellenangabe ändert sich von Fall zu Fall. Außerdem kann der Bezugsträger auch eine wissenschaftliche Disziplin (Beispiel 164) oder Lehrer mit einer unbestimmten Anzahl wie „manche Chinesischlehrer" sein (Bespiel 165), wobei aufgrund des fehlenden Literaturhinweises wohl nicht auf konkrete Personen Bezug genommen wird.

Beispiel 164:
认知心理学认为：每一个具有语言能力的人都有一个心理词典，其中存储着关于词汇及其构成成分的形音义信息。(ChaF17)
[Die kognitive Psychologie ist der Meinung, dass jeder Mensch mit Sprachkompetenz ein mentales Lexikon hat, in dem die Informationen über die Form, Aussprache und Bedeutung der Wörter und ihrer Bildungselemente gespeichert worden sind.]

Beispiel 165:
日本一些中国语教师 …… 也表示，如果要制定核心词汇，最好以 500 词左右为一条线。(ChaF5)
[Manche Chinesischlehrer in Japan ... sind auch der Meinung, dass es ungefähr 500 Wörter geben soll, wenn man den Kernwortschatz festlegen will.]

Mit der sogenannten Fachkoryphäe, die in diesem Teilkorpus insgesamt vier Mal genannt wird, sind sowohl chinesische als auch ausländische Discipline Giants gemeint. Im Chinesischen ist diese Person immer mit einem Klassiker verbunden (Beispiel 166), während der westliche Wissenschaftler sich auf eine moderne Theorie und ihren Autor bezieht (Beispiel 167).

Beispiel 166:
但随汉字字体的演变，至少到了清代，人们已经逐渐认识到了"六书"教学法的局限性，这在王筠的《汉字蒙求》中就可以看出来。(ChaF15)
[Mit der weiteren Veränderung der Zeichenform im Chinesischen hat man zumindest in der Qing-Dynastie langsam zur Kenntnis genommen, dass die Lehrmethode „sechs Schreibschritte" eingeschränkt ist. Das kann man aus dem *Han Zi Meng Qiu* von Wang Jun ersehen.]

Beispiel 167:
"中介作用"是西方教育学社会建构主义理论的先驱人物维果茨基提出的概念。(ChaF1)
[„Mediation" ist ein Begriff, der vom Vorläufer der Theorie des Gesellschaftskonstruktivismus der Erziehungswissenschaft im Westen, Vygotzkij, vorgebracht wurde.]

In diesem Teilkorpus werden im Literaturverzeichnis insgesamt 356 Titel aufgelistet, die durchschnittlich 17,8 Angaben pro Text entsprechen. Allerdings ist diese Anzahl wesentlich niedriger als die Gesamtzahl von konkreter Autorschaft mit 442. Abgesehen davon sind auch einige Fachkreise/Institute als Literaturangaben genannt, werden aber hier nicht mitgezählt. Der Grund liegt v. a. darin, dass im Fließtext oft auf dieselbe Literatur mehrmals Bezug genommen wird. Zu erwähnen ist, dass diese Zahlendiskrepanz eigentlich noch um sechs Angaben größer ist, denn im Literaturverzeichnis in ChaF5 und ChaF19 kommen jeweils fünf bzw. eine Angabe vor, die im Fließtext nicht genannt werden.

Zur Anzahl der Verortungen des Bezugsträgers sowie der Medien des bezuggenommenen Textes in diesem Teilkorpus gibt die folgende Tabelle Aufschluss:

Tab. 40: Verortung und Medien des Bezugsträgers in ChaF.

	Verortung des Bezugsträgers		Medien des bezuggenommenen Textes		
	im Fließtext	in der Fußnote/ Endnote	Druckmedien	Internet	mündlich
Gesamtzahl (20 Texte)	422	38	384	2	3
Durchschnitt	21,1	1,9	19,2	0,1	0,15

Aus dieser Tabelle ist ersichtlich, dass der dominierende Anteil der Bezugsträger (422) im Fließtext eingeordnet ist, während ein kleiner Teil in die Fußnote oder Endnote aufgenommen wurde. Bei dem letzteren geht es lediglich um Literaturangaben zu Zusatzinformationen im Fließtext (Beispiel 168). Was die Medien des bezuggenommenen Textes angeht, so wird überwiegend aus den Druckmedien (384 Mal) und nur zwei Mal aus dem Internet (Beispiel 169) und drei Mal aus mündlichen Quellen zitiert (Beispiel 170).

Beispiel 168:
② ...... 对汉语量词用法的描写主要参考的文献有陈保存等 (1988)，褚佩兰、金乃莉 (1922)，郭先珍 (1987、1922)，何杰 (2003)，焦凡 (1993、2001)，刘学敏、邓崇谟 (1989)，吕叔湘 (1999)，殷焕先、何平 (1991)，朱庆明 (1994)。(ChaF18)
[② ... hinsichtlich der Beschreibung des Zähleinheitswortes im Chinesischen wird v. a. die folgende Literatur zur Information herangezogen: Chen Baocun etc. (1988), Chu Peilan/Jin Naili (1922), Guo Xianzhen (19221, 1987), He Jie (2003), Jiao Fan (1993, 2001), Liu Xuemin/Deng Chongmo (1989), Lü Shuxiang (1999), Yin Huanxiang/He Ping (1991), Zhu Qingming (1994).]

Beispiel 169:
① 本文字频统计结果采用北京语言大学信息处理研究所以现代小说为语料的字频统计数据。参见网址 http//clinblue.edu.cn (ChaF14)
[① Die Zeichenfrequenz in der vorliegenden Arbeit kommt aus den Daten der statistischen Rechnungsergebnisse der Zeichenfrequenz vom Forschungsinstitut für Informationsverarbeitung der Sprachenuniversität Beijing, die sich aus der Untersuchung zu den Korpusmaterialien der modernen Kurzgeschichten ergeben. Siehe die Internetseite http//clinblue.edu.cn]

Beispiel 170:
⑦ 同苏曼荪教授、汪洋老师于 2006 年 7 月的个人交流。(ChaF13)
[⑦ Persönlicher Austausch mit Prof. Su Mansun und dem Lehrer Herr Wang Yang im Juli 2006.]

5.2.3.2 Bezugsobjekt

Die verschiedenen Formen des intertextuellen Bezugs werden in der folgenden Tabelle zusammenfassend dargestellt:

Tab. 41: Bezugsobjekt in ChaF.

	direktes Zitieren			indirektes Zitieren	Verweisen
	wortwörtlich	Sprichwörter usw.	Begriff		
Gesamtzahl (20 Texte)	52	33	6	207	72
Durchschnitt	2,6	1,65	0,3	10,35	3,6

Aus dieser Tabelle ist zu ersehen, dass in diesem Teilkorpus das Bezugsobjekt mit insgesamt 207 Mal vorwiegend indirekt zitiert wird (Beispiel 171), darauf folgt mit Abstand die Form des Verweisens mit insgesamt 72 Mal (Beispiel 172). Dagegen wird das wortwörtliche direkte Zitieren eher selten verwendet, denn es tritt lediglich 52 Mal im gesamten Teilkorpus auf (Beispiel 173).

Beispiel 171:
而在有限的研究成果中，对轻声教学的意见很不一致，比如轻声词的范围，米青 (1986) 主张缩小范围，只教有规律的轻声词。(ChaF8)
[Bei einer beschränkten Zahl von Forschungsarbeiten sind die Meinungen zur ohne Tonakzent gesprochenen Silbe ganz anders. Beispielsweise tritt Mi Qing (1986) hinsichtlich des Umfangs von Zeichen ohne Tonakzent dafür ein, den Umfang einzuschränken und nur die regelhaften Zeichen ohne Tonakzent zu lehren.]

Beispiel 172:
汉语疑问句同样是汉语母语习得研究中的亮点，获得了丰富而系统的研究成果（见李宇明、唐志东, 1991; 李宇明、陈前瑞, 1998)。(ChaF12)
[Der Fragesatz im Chinesischen ist ebenfalls ein Schwerpunkt in der Forschung zum Erwerb Chinesisch als Muttersprache, dazu wurden reichliche systematische Forschungserfolge erzielt. (siehe Li Yuming/Tang Zhidong 1991, Li Yuming/Chen Qianrui 1998)]

Beispiel 173:
中级汉语的特点是"既要系统讲解语言知识，又要介绍丰富的文化知识"（李杨 1998) (ChaF9)
[Die Besonderheit vom Chinesischen der Mittelstufe ist „sowohl die Sprachkenntnisse systematisch zu erklären, als auch das reiche Kulturwissen darzustellen." (Li Yang 1998)]

Neben dem wortwörtlichen Zitieren gibt es im gesamten Teilkorpus 33 weitere sprichwörtliche Zitate, darunter 31 Chengyu (Beispiel 174) und zwei sprichwörtliche Redensarten aus bestimmten Klassikern (Beispiel 175). Dazu kommen noch sechs Begriffszitate (Beispiel 176).

Beispiel 174:
不难看出，这种培养外国人汉字能力的途径跟母语者获得汉字能力的过程方法在这些基本方面是背道而驰的。(ChaF6)
[Es ist nicht schwer zu erkennen, dass der Weg zur Ausbildung der Zeichenkompetenz von Ausländern dem Prozess sowie der Methode für Muttersprachler beim Erwerb der Zeichenkompetenz hinsichtlich dieser grundsätzlichen Aspekte diametral entgegengesetzt ist.]

Beispiel 175:
另外宾州大学的暑期中文教师培训所 (Penn Chinese Language Teachers Institute) 也有类似的"无心插柳"的经历：...... (ChaF13)
[Außerdem hat das Penn Chinese Language Teachers Institute auch eine ähnliche Erfahrung gemacht, nämlich „nicht willentlich etwas erreichen": ...]

Beispiel 176:
本文将重点关注 "量化" (quantification) 这一间接实现态度意义的手段 (Hood & Martin 2007: 749–750) (ChaF10)
[Die vorliegende Arbeit legt die Aufmerksamkeit schwerpunktmäßig auf die „Quantifizierung", die Methode zur indirekten Realisierung der Einstellungsbedeutung.]

Im Beispiel 174 stammt das Chengyu „背道而驰" [„zuwiderhandeln"] aus der *Sammlung von Herrn Hedong* von Liu Zongyuan aus der Tang-Zeit (618–907) und bedeutet „in die entgegengesetzte Richtung laufen" oder „zuwiderlaufen". Dagegen ist „无心插柳" [„ohne Absicht die Weidengerte in die Erde hineinstecken"] im Beispiel 175 eine Abkürzung von „有意栽花花不开, 无意插柳柳成荫", was aus *Zeng Guang Xian Wen* von Zhou Xitao aus der Qing-Dynastie (1644–1911) stammt. Das bedeutet etwa „Mit Absicht die Blumen angepflanzt, aber die Blumen blühen nicht. Ohne Absicht die Weidengerte in die Erde hineingesteckt, aber die Weide ist groß gewachsen und spendet Schatten".

5.2.4 Untersuchung deutscher linguistischer Zeitschriftenartikel 2006–2010

5.2.4.1 Bezugsträger

Der Bezugsträger wird in diesem Teilkorpus hinsichtlich seines Vorkommens bzw. der Häufigkeit seiner Nennung wie folgt dargestellt:

Tab. 42: Bezugsträger in DtLin2000er.

	konkrete Autorschaft		Fachkreis/ Institut	Fachkoryphäe	Literaturverzeichnis
	fremde Autorschaft	Verfasser selbst			
Gesamtzahl (20 Texte)	787	71	48	2	600
Durchschnitt	39,35	3,55	2,4	0,1	30

Aus dieser Tabelle lässt sich ablesen, dass in diesem Teilkorpus auf insgesamt 858 und im Durchschnitt auf 42,9 Texte mit konkreter Autorschaft Bezug genommen wird. Darunter sind 787 fremde Autorschaften und 71 Mal der Verfasser selbst, was durchschnittlich 39,35 fremden Autorschaften und 3,55 Selbstzitaten bzw. -verweisen entspricht. Im Literaturverzeichnis werden insgesamt 600 Titel angeführt, was besagt, dass sich jeder Artikel in diesem

Teilkorpus durchschnittlich auf 30 Texte bezieht. Das Beispiel 177 zeigt die Bezugnahme auf konkrete Autorschaft:

Beispiel 177:
Die Maximierung der Polysemie bewirkt genau das Gegenteil, sie reduziert die Lesarten eines lexikalischen Ausdrucks (vgl. Dazu u. a. auch die Diskussion dieser Positionen bei Behrens(1998), Dobrovoskij (2006), Geuder/Weisgerber (2001)). (DtLin2000er17)

Der Selbstbezug auf den Verfasser erfolgt in den meisten Fällen ohne jeglichen Hinweis und nur durch die Angabe der Texte mit dem Namen des Verfassers selbst (66 Mal); nur in wenigen Fällen (fünf Mal) wird im Fließtext mit der ersten Person auf den Eigenbezug hingewiesen, wie im Beispiel 178 zu erkennen ist:

Beispiel 178:
Dazu habe ich zunächst in Donalies (2004) die Komposition des Deutschen mit der Komposition anderer europäischer Sprachen verglichen und dann in Donalies (2005) die Derivation des Deutschen mit der Derivation anderer europäischer Sprachen. (DtLin2000er16)

Die Bezugnahme auf Fachkreis bzw. Institut beträgt insgesamt 48 Mal und im Durchschnitt 2,4 Mal. Dabei werden die Quellen jeweils mit Erscheinungsjahr und Seitenzahl des Zitats angegeben, wie die folgenden Beispiele 179 und 180 zeigen:

Beispiel 179:
Fußnote 29: Kluges Etymologisches Wörterbuch (1989, 351) definiert Kanake als abwertenden Begriff für südländische Ausländer, vulgär, abgeleitet von der Bezeichnung für Personen von den Südsee-Inseln. (DtLin2000er8)

Beispiel 180:
Es sei jedoch positiv vermerkt, dass seitens einiger Linguisten auch der Versuch unternommen wird, den Terminus Konfix zu spezifizieren und nach unterschiedlichen morphologischen Kriterien zu untergliedern (s. hierzu z. B. Eisenberg 1998, Schmidt 1987 b). (DtLin2000er6)

Im Beispiel 179 wird auf ein Wörterbuch Bezug genommen, das im Literaturverzeichnis mit genauen Informationen aufgeführt ist. Auch im Beispiel 180, wo mit „einiger Linguisten" auf den linguistischen Fachkreis verwiesen ist, werden in Klammern einige Arbeiten der Linguisten als Belege angeführt.

Die Fachkoryphäe tritt in diesem Teilkorpus nur zwei Mal auf. Wie das Beispiel 181 zeigt, handelt es sich bei Ferdinand de Saussure um einen linguistischen Disciplinary Giant und seine Aussage „arbitraire du signe, der Beliebigkeit des (sprachlichen) Zeichens" gehört zum allgemeinen Wissen in der Linguistik:

Beispiel 181:
[...], sodass schließlich der Erzvater der modernen Linguistik, Ferdinand de Saussure, von arbitraire du signe, der Beliebigkeit des (sprachlichen) Zeichens, sprechen konnte. (DtLin2000er4)

Die folgende Tabelle zeigt die Verortung des Bezugsträgers und der Medien des bezuggenommenen Textes:

Tab. 43: Verortung und Medien des Bezugsträger in DtLin2000er.

	Verortung des Bezugsträgers		Medien des bezuggenommenen Textes		
	im Fließtext	in der Fußnote/ Endnote	Druckmedien	Internet	mündlich
Gesamtzahl (20 Texte)	829	97	913	18	3
Durchschnitt	41,45	4,85	45,65	0,9	0,15

Aus der Tabelle ist zu ersehen, dass 829 der Bezugsträger im Fließtext verortet werden, während nur 97 in der Fußnote bzw. Endnote genannt werden. Da deutsche Zeitschriften normalerweise mit Hilfe eines Stylesheets das Layout bzw. die Zitierweise festlegen, zeigen die deutschen Zeitschriftenartikel in diesem Teilkorpus eine relative Einheitlichkeit hinsichtlich der Verortung des Bezugsträgers. Denn alle Quellen werden im Fließtext direkt angegeben und die Fußnote bzw. die Endnote dienen nur dazu, bestimmte Aussagen bzw. Begriffe im Fließtext zu ergänzen oder zu erläutern. Insofern sind die 97 Bezugsträger in der Fußnote bzw. Endnote Quellenangaben des Fußnoten- bzw. Endnotentextes und nicht des Fließtextes.

Was die Medien des bezuggenommenen Textes betrifft, nehmen die traditionellen Druckmedien mit 913 weiterhin die dominierende Stellung ein, obwohl das Internet als Quelle auch 18 Mal vorkommt (Beispiel 182). Auch die mündliche Mitteilung wird als Quelle angegeben (Beispiel 183):

Beispiel 182:
Sowohl Ahrends(1989) als auch Wolf (2000) übersehen, dass Materialwissenschaft kein DDR-Wort, sondern ein gängiger Terminus der Betriebswirtschaft ist (vgl. URL1). (DtLin2000er18)

Beispiel 183:
[...] – und Theo van Els z. B. (persönliche Mitteilung; vgl. auch Van Els 2005) bezweifelt sie [...] (DtLin2000er3)

5.2.4.2 Bezugsobjekt

Tab. 44: Bezugsobjekt in DtLin2000er.

	direktes Zitieren			indirektes Zitieren	Verweisen
	wortwörtlich	Sprichwörter usw.	Begriff		
Gesamtzahl (20 Texte)	158	2	28	416	157
Durchschnitt	7,9	0,1	1,4	20,8	7,75

Die Tabelle gibt zu erkennen, dass in diesem Teilkorpus das direkte Zitieren insgesamt 188 Mal und im Durchschnitt 9,4 Mal ausmacht, während das indirekte Zitieren und das Verweisen jeweils 416 Mal und 157 Mal betragen, was durchschnittlich 20,8 indirekten Zitaten und 7,75 Verweisen entspricht. Auffällig ist allerdings das geringfügige Vorkommen des inszenierten Zitats und das relativ häufige Vorkommen des Begriffszitats. Das inszenierte Zitat aus dem Volksmund erscheint in diesem Teilkorpus lediglich zwei Mal, einmal als eine allgemein bekannte journalistische These (Beispiel 184) und ein anderes Mal als Zitat aus der griechischen Sage über den Erisapfel (Zankapfel) (Beispiel 185), wohingegen das Begriffszitat insgesamt 28 Mal und im Durchschnitt 1,4 Mal vorkommt (Beispiel 186).

Beispiel 184:
Seitdem gilt die journalistische These: „Das erste Opfer eines Krieges ist die Wahrheit". (DtLin2000er4)

Beispiel 185:
[...], bezeichnenderweise wurden diese in Fokuspartikelforschung entweder vernachlässigt, oder sie waren die „Zankäpfel" in der Klassifikation als Fokuspartikel oder Konjunktionaladverbien. (DtLin2000er15)

Beispiel 186:
Hinzu kommt, querliegend zur geschichteten NP-Struktur, die „attidudinal modification" (vgl. Rijkhoff in diesem Heft) die hier nicht berücksichtigt wird. (DtLin2000er20)

5.2.5 Untersuchung deutscher linguistischer Zeitschriftenartikel 1955–1964

5.2.5.1 Bezugsträger
Im Teilkorpus deutsche linguistische Zeitschriftenartikel 1955–1964 zeigen sich weniger intertextuelle Bezüge, und in vier Texten fehlt die intertextuelle Bezugnahme vollständig (DtLin1950er2, DtLin1950er3, DtLin1950er4, DtLin1950er18). Die Verteilung der Bezugsträger sieht insgesamt wie folgt aus:

Tab. 45: Bezugsträger in DtLin1950er.

	konkrete Autorschaft		Fachkreis/ Institut	Fachkoryphäe	Literatur-verzeichnis
	fremde Autorschaft	Verfasser selbst			
Gesamtzahl (20 Texte)	320	25	31	13	32
Durchschnitt	16	1,25	1,55	0,65	1,6

Aus dieser Tabelle kann man ersehen, dass sich jeder Teilkorpusartikel durchschnittlich auf 17,25 Texte, und damit relativ wenig referenziell bezogen hat. Die Gründe dafür können einerseits darin liegen, dass viele Texte aus der Perspektive von Experten des Fachs geschrieben sind, die das Thema sachkundig darstellen, ohne konkrete Quellen anzugeben (DtLin1950er3, DtLin1950er4, DtLin1950er5, DtLin1950er6, DtLin1950er12) (Beispiel 187). Es gibt andererseits aber auch Texte, die die Ansicht des Verfassers z. T. essayartig darstellen, ohne einen Blick auf andere Forschungsarbeiten zu werfen (DtLin1950er1, DtLin1950er18). Außerdem hinterlassen einige Texte den Eindruck einer Quasi-Korpusanalyse. Dabei wird das Korpus aber nicht vorgestellt und alle Beispiele werden ohne Belegstellen angeführt, sodass der Verdacht entsteht, dass sie auch ausgedacht sein könnten (DtLin1950er2, DtLin1950er14) (Beispiel 188).

Beispiel 187:
Chrysantheme ist wörtlich „Goldblume" (griech. chrysos = Gold, anthemos = Blume) und paßt demnach eigentlich nur für die gelben Sorten. Die Japaner haben jedoch seit dem 8. Jh., als diese Blume von Korea zu ihnen kam, rund 800 Arten gezüchtet, die über 250 Farbtöne aufweisen. (DtLin1950er3)

Beispiel 188:
Wieviele Menschen leiden noch an einer Kriegsfolge – dem astrologischen Aberglauben! Kein Wunder, daß er auch in den Heiratsanzeigen reichlich zum Vorschein kommt: „Ein Skorpion, die Bekanntschaft eines Fisch- oder Krebsmädels wäre mir am liebsten". – „Wer hat Lust, einen lebensfrohen Steinbock in den sonnigen Süden zu begleiten?" Ein Zwillingstyp sucht Löwentyp; es gibt auch den Wassermanntyp, Stier-, Waage- und Widder-Geborene. (DtLin1950er2)

In jedem Artikel wird auf 16 fremde Texte (Beispiel 189) und auf 1,25 eigene Texte des Verfassers Bezug genommen, wobei der Selbstbezug des Verfassers immer durch Hinweise im Text kenntlich gemacht wird, wie „die Arbeit des Verfassers" (Beispiel 190) oder „ich", „meine Arbeit" usw.. Allerdings wird in diesem Teilkorpus der Bezugsträger nicht immer vollständig angegeben. Im Beispiel 191 wird zwar der Name eines Autors erwähnt, aber keine weiteren Daten wie das Erscheinungsjahr und die Seitenzahl ergänzt. Vielleicht geht der Verfasser davon aus, dass der vollständige Titel im Literaturverzeichnis zu finden ist. Aber es gibt auch andere Texte ohne Literaturverzeichnis (z. B. DtLin1950er6), in denen manche Verweise oder Zitate ohne vollständige Quellenangabe genannt werden, sodass die Aussage nicht nachprüfbar ist.

Beispiel 189:
Fußnote 4: vergl. PAUL DIEPGEN: Geschichte der Medizin. Berlin 1949. (DtLin1950er6)

Beispiel 190:
Fußnote 1: Es sei hier auf die Arbeit des Verfassers im Heft II des Jahrg. 1954 dieser Zeitschrift „Über die Sprachgestalt" sowie auf sein Buch „Gestalt und Leben der Sprache" (Phol & Co., München 1952) verwiesen. (DtLin1950er1)

Beispiel 191:
HUGO MOSER hat in seinem Aufsatz eine Reihe von Merkmalen aufgezählt. (DtLin1950er9)

Was den/das Fachkreis/Institut betrifft, werden darunter v. a. Wörterbücher, Lexika, aber auch Bücher oder Artikel ohne Autorenangabe gefasst, im Durchschnitt in jedem Zeitschriftenartikel 1,55 Mal (Beispiel 192). Fachkoryphäen ohne Quellenangabe kommen in diesem Teilkorpus mit durchschnittlich 0,65 Mal verhältnismäßig oft vor, wobei nicht nur Sprachwissenschaftler wie Wilhelm von Humboldt, sondern auch berühmte Autoren wie Schiller und Goethe, Philosophen wie Platon, Aristoteles usw. als Fachkoryphäen fungieren

(Beispiel 193). Es gibt aber auch Texte, die bei der Darstellung der Begriffsgeschichte viele historische Namen erwähnen, wie die Griechen „Hippokrates" und „Galen", aber auch die Engländer „Thomas Linacre" oder „Thomas Eliot" usw. (DtLin1950er6). Sie mögen in bestimmten Bereichen sehr bekannt sein, gehören aber nicht zum Allgemeinwissen der Rezipienten und werden hier deswegen nicht als Fachkoryphäen bezeichnet. Angesichts der in diesem Teilkorpus allgemein fehlenden Belegangaben und der essayartigen Schreibweisen ist dies allerdings noch besser, als die Bezugsträger überhaupt nicht zu erwähnen.

Beispiel 192:
Fußnote 10: Zu diesen und anderen Beispielen vgl. die inhalts- und leistungsbezogenen Analysen in den Bänden „Grundzüge der inhaltbezogenen Grammatik" (^{3}1962) und „Die sprachliche Gestaltung der Welt" (^{3}1962). (DtLin1950er19)

Beispiel 193:
[...] wenn Aristoteles, der Vater der europäischen Logik, seine eigentlich „logischen", im „Organon" zusammengefassten Schriften mit rein sprachlichen, ja grammatischen Festellungen eröffnet: [...] „*homonym* (gleichnamig) heißen Dinge, die nur den Namen gemeinsam haben". (DtLin1950er13)

In diesem Teilkorpus ist das Literaturverzeichnis nicht obligatorisch und lediglich in zwei Texten vorhanden (DtLin1950er9, DtLin1950er17). In diesen beiden Literaturverzeichnissen wird aber zwischen primärer Literatur wie Korpusquellen und sekundärer Literatur nicht unterschieden. Texte anderer Autoren, auf die im Artikel zwar kein intertextueller Bezug genommen wird, die der Verfasser aber vielleicht gelesen hat und thematisch passend findet, werden ebenfalls aufgelistet. Dagegen erscheinen 14 im Text (DtLin1950er17) angeführte Titel nicht im Literaturverzeichnis.

Die Verortungen sowie die Medien des bezuggenommenen Textes werden in folgender Tabelle zahlenmäßig dargestellt:

Tab. 46: Verortung und Medien des Bezugsträgers in DtLin1950er.

	Verortung des Bezugsträgers		Medien des bezuggenommenen Textes		
	im Fließtext	in der Fußnote	Druckmedien	Internet	mündlich
Gesamtzahl (20 Texte)	67	330	393	0	4
Durchschnitt	3,35	165	19,65	0	0,02

Auffällig ist in dieser Tabelle, dass der überwiegende Teil der Bezugsträger in den Fußnoten vorkommt, nämlich durchschnittlich 165 in jedem Text. Dagegen erscheinen nur 3,35 Bezugsträger pro Text im Fließtext. Zu ergänzen ist, dass der Bezugsträger sowohl in der Fußnote als auch im Fließtext genannt werden kann (Beispiel 194).

Beispiel 194:
„Er hat einen völlig klaren Begriff von der Kurve gehabt, bevor er den Namen erfand" (a. a. O., S.166).
Fußnote 10: Ebd., S.48 ff.
(DtLin1950er20)

Hinsichtlich der Medien des bezuggenommenen Textes ist in diesem Zeitraum vom Internet natürlich keine Rede. Neben den dominierenden Druckmedien werden insgesamt vier mündliche Mitteilungen als Quelle angeführt, wie das Beispiel 195 zeigt:

Beispiel 195:
Fußnote 19: Mündlicher Hinweis von Frau Prof. M. Woltner, Bonn.
(DtLin1950er17)

5.2.5.2 Bezugsobjekt
Die Verteilung der verschiedenen Zitierformen zeigt die folgende Tabelle:

Tab. 47: Bezugsobjekt in DtLin1950er.

	direktes Zitieren			indirektes Zitieren	Verweisen
	wortwörtlich	Sprichwörter usw.	Begriff		
Gesamtzahl (20 Texte)	123	3	10	99	105
Durchschnitt	6,15	0,15	0,4	4,95	5,25

Insgesamt wird in diesem Teilkorpus weniger zitiert und verwiesen. In jedem Teilkorpustext erscheint das direkte Zitieren im Durchschnitt 6,33 (Beispiel 196), das indirekte Zitieren 4,95 (Beispiel 91 in 5.1.5.1) und das Verweisen 5,25 Mal (Beispiel 197). Unter dem direkten Zitieren ist das wortwörtliche Zitat dominierend, während Sprichwörter ohne genaue Quellenangabe drei Mal (Beispiel 198) und Begriffe zehn Mal vorkommen. Bei einigen Begriffszitaten fehlt der Name des Autors, weil er als Fachkoryphäe bereits bekannt ist (Beispiel 199). Im Beispiel 199 werden die Begriffe „Ergon" und „Energeia" verwendet, ohne die Quelle anzugeben, da es im linguistischen Kreis zum Allgemeinwissen gehört, dass es sich um Begriffe von Wilhelm von Humboldt handelt. Außerdem scheinen die beiden Begriffe in diesem Teilkorpus sehr beliebt zu sein und kommen wiederholt in verschiedenen Texten vor, sie stellen bereits sechs unter den insgesamt zehn Begriffen dar.

Beispiel 196:
Aus der von LOMBARD für das Französische sehr breit angelegten Arbeit können wir hier einen ganz bestimmten nominalen Typ herausgreifen, für den als allgemeinstes formales Merkmal »die Koppelung eines Substantivs mit einem Verbum« steht.[2] (DtLin1950er10)

Beispiel 197:
Fußnote 1: Über Hochsprache und Mundarten: Walter Henzen, Schriftsprache und Mundarten, 2. Auflage 1954 (bes. S. 9 ff. u. 161 ff.); Walter Porzig, Das Wunder der Sprache (Sammlung Dalp 71), 1950 (S. 159 ff. das Kapitel über die Sprachgemeinschaft); Leo Weisgerber, Die geschichtliche Kraft der deutschen Sprache, 1950 (S. 77 ff. angelegte und erfüllte Sprachgemeinschaft); Hans Lipps, Sprache, Mundart und Jargon (Blätter für die deutsche Philosophie IX, 1935/36, S. 388 ff.). (DtLin1950er12)

Beispiel 198:
Sprichwörtliche Redensarten wie *Der Mensch denkt, Gott lenkt*; *Alles Gescheite ist schon gedacht worden* (Goethe) usw. deuten noch stärker darauf hin, daß es sich um eine geistige Tätigkeit des Menschen handelt. (DtLin1950er20)

Beispiel 199:
So lange wir die Sprache als Ergon nehmen, als objektivierten Lautbestand eines Sprechvorgangs, der uns in seiner Ganzheit nicht interessiert, sind wir gezwungen, uns angesichts des Wortes und mit nichtssagenden Definitionen zu begnügen und seine objektive Bedeutungslosigkeit wegzudiskutieren; wenden wir uns aber der Ganzheit unseres Problemkreises zu, nehmen wir die Sprache als Energeia, als immer und immer Lebendiges, so dürfen wir mit moderneren Grammatikern, etwa mit O. Naes, ruhig zugeben: [...]. (DtLin1950er11)

5.2.6 Untersuchung deutscher Zeitschriftenartikel in Deutsch als Fremdsprache 2006–2010

5.2.6.1 Bezugsträger

Die verschiedenen Formen der Verteilung von Bezugsträgern im Teilkorpus deutsche Zeitschriftenartikel in Deutsch als Fremdsprache 2006–2010 zeigt zusammengefasst die folgende Tabelle:

Tab. 48: Bezugsträger in DaF.

	konkrete Autorschaft		Fachkreis/ Institut	Fachkoryphäe	Literatur- verzeichnis
	fremde Autorschaft	Verfasser selbst			
Gesamtzahl (20 Texte)	659	18	52	3	507
Durchschnitt	32,95	0,9	2,6	0,15	25,35

Aus dieser Tabelle ist ersichtlich, dass sich jeder Teilkorpustext durchschnittlich auf 32,95 Texte mit fremder Autorschaft bezieht (Beispiel 200). Dagegen ist der Bezug auf den Verfasser selbst mit 0,9 Mal im Durchschnitt seltener. Dabei kann der Selbstbezug wie im Beispiel 201 durch einen Hinweis („wie ich an anderer Stelle einmal ausgeführt habe"), aber auch stillschweigend einfach durch Angabe der Arbeiten unter dem eigenem Namen signalisiert werden und tritt in den meisten Texten (17 Mal) auf. Der Fachkreis bzw. das Institut, zu dem in diesem Teilkorpus v. a. Wörterbücher, Zeitschriften, Lehrbücher oder Vereine (Beispiel 202), gelegentlich auch Fachkräfte wie „einige Linguisten" (Beispiel 203) gehören, ist im Durchschnitt mit 2,6 Mal in jedem Teilkorpustext vertreten, wird aber in jedem Fall in den Quellen aufgeführt. Auch Fachkoryphäen werden in jedem Teilkorpustext durchschnittlich 0,15 Mal ohne konkrete Quellenangaben zitiert (wie Chomsky im Beispiel 204). Das Literaturverzeichnis ist in diesem Teilkorpus der obligatorische Bestandteil jedes Textes, es werden im Durchschnitt 25,35 Titel aufgelistet.

Beispiel 200:
Hinzu kommt die synchrone Betrachtung der Funktion von Eigennamen (vgl. Koss 2002: 192; Koss 199). (DaF1)

Beispiel 201:
Denn im Prinzip besteht dieser – vollständig versprachlichte – Begriff, wie ich an anderer Stelle einmal ausgeführt habe (2004), in den gesetzlichen Vorschriften sowie in der Rechtsprechung hierzu. (DaF17)

Beispiel 202:
Eine erste gute Anlaufstelle ist die Homepage des Vereins Deutsche Sprache (vgl. unter http://www.vds-ev.de). (DaF6)

Beispiel 203:
In der zeitgenössischen Sprachwissenschaft haben einige Linguisten in der kognitiven Tradition versucht, den Kasusgebrauch anhand so genannter „einheitlicher Funktionen" zu erklären (vgl. u. a. Leys 1989; 1993; 1995; Smith 1992). (DaF8)

Beispiel 204:
So war es gerade Chomskys (universalgrammatische) Theorie sowie seine Differenzierung zwischen Sprachkompetenz und Performanz, die Hymes insbesondere als für Anthropologen unbrauchbar erklärte. (DaF3)

Die Tabelle zeigt die Verortung des Bezugsträgers sowie die Medien des bezuggenommenen Textes:

Tab. 49: Verortung und Medien des Bezugsträgers in DaF.

	Verortung des Bezugsträgers		Medien des bezuggenommenen Textes		
	im Fließtext	in der Fußnote	Druckmedien	Internet	mündlich
Gesamtzahl (20 Texte)	629	73	691	11	0
Durchschnitt	31,45	3,65	34,55	0,55	0

Diese Tabelle zeigt, dass der überwiegende Teil der Bezugsträger in diesem Teilkorpus in den Fließtext eingebettet ist, während sie gelegentlich als Quellenangaben des Fußnotentextes auch in der Fußnote erscheinen. Denn im Durchschnitt beträgt die Anzahl der Bezugsträger im Fließtext 31,45 (Beispiel 200) und in der Fußnote 3,65 (Beispiel 205). Das Druckmedium ist der dominierende Medienträger, das betrifft 34,55 Titel pro Text (Beispiel 200). Das neue Medium Internet erscheint mit 0,55 Titel pro Text. Im Beispiel 206 wird die Quelle, die vollständig im Literaturverzeichnis aufgeführt ist, mit „online" gekennzeichnet. Die mündliche Mitteilung fehlt in diesem Teilkorpus.

Beispiel 205:
Fußnote 4: Der Ausdruck wird in Brauns Artikel als Schweizer Variante der Bezeichnung „Kanakisch" genannt (Braun 2000). (DaF12)

Beispiel 206:
Und gerade die national-konservative Literatur wurde seit Mitte des 19. Jahrhunderts zunehmend im Literaturunterricht für eine „nationale" Gesinnungsbildung, in der NS-Zeit sogar systematisch für die ideologische Indoktrinierung und die imperialistischen Ziele, für den Krieg gegen alles Fremde im Literaturunterricht genutzt (vgl. Eckhadt 1994; Krietenbrink: online). (DaF15)

5.2.6.2 Bezugsobjekt
Das Bezugsobjekt kommt in verschiedenen Formen vor, und lässt sich tabellarisch wie folgt darstellen:

Tab. 50: Bezugsobjekt in DaF.

	direktes Zitieren			indirektes Zitieren	Verweisen
	wortwörtlich	Sprichwörter usw.	Begriff		
Gesamtzahl (20 Texte)	92	0	30	322	157
Durchschnitt	4,6	0	1,5	16,1	7,85

Aus dieser Tabelle geht hervor, dass das Bezugsobjekt v. a. indirekt zitiert wird, denn in dieser Form erscheint es 16,1 Mal in jedem Teilkorpustext (Beispiel 200 in 5.2.5.1). Daruf folgt der Verweis, der 7,85 Mal pro Text vorkommt (Beispiel 207). Das wortwörtliche Zitieren dagegen wird nur gelegentlich verwendet und zwar durchschnittlich 4,6 Mal in jedem Teilkorpustext. Das direkte Zitat kann mit Anführungszeichen in den Fließtext eingebaut oder wie im Beispiel 208 mit Linkseinzug sowie einer kleineren Schriftgröße markiert werden. Das Begriffszitat ist in der Hälfte der Texte dieses Teilkorpus vertreten und erscheint durchschnittlich 1,5 Mal pro Text (Beispiel 209). Dagegen fehlt das sprichwörtliche Zitat.

Beispiel 207:
Fußnote 3: Zur Schwierigkeit der Skalierung der soziolinguistischen kommunikativen Kompetenz vgl. Schneider/North (2000) und North (2000). (DaF10)

Beispiel 208:
Aber nicht nur im Französischen, allgemein gilt in romanischen Sprachen bei Substantiv-Substantiv-Komposita das Prinzip der Linksköpfigkeit. Es gehört zu

den auffälligsten Unterschieden zwischen romanischen und germanischen Komposita. (Pöll 2007: 39) (DaF18)

Beispiel 209:
Damit ist gemeint, dass sie in ihrem Variationsspektrum einen gleitenden Übergang zwischen losen Satzverbindungen im Diskurs und semigrammatikalisierten Satzgefügen aufweisen – eine Eigenart, die ihnen auch die Charakterisierung als bloße „Quasi-Subordination" (Mackeldey 1988: 239, Fn. 18) und als „Grammatikalisierungsbaustelle" (Leuschner 2005b) eingebracht hat. (DaF4)

5.2.7 Fazit

Die Analyse und der Vergleich der Untersuchungsergebnisse in den sechs Teilkorpora hinsichtlich der Intertextualität der wissenschaftlichen Zeitschriftenartikel kommen zu folgenden Ergebnissen:

Hinsichtlich der Sprachdimension zeigen deutsche und chinesische wissenschaftliche Zeitschriftenartikel folgende Unterschiede:
1. Deutsche wissenschaftliche Zeitschriftenartikel beziehen sich häufiger auf konkrete Autorschaften als chinesische Zeitschriftenartikel. Dies geht über zeitliche wie disziplinäre Grenzen hinweg.
2. Inszenierte Zitate wie Sprichwörter, Redewendungen etc. werden in chinesischen Zeitschriftenartikeln wesentlich mehr verwendet als in deutschen. Dies gilt sowohl für Zeitschriftenartikel zu verschiedenen Zeiten als auch für die in den beiden unterschiedlichen Disziplinen.
3. Chinesische wissenschaftliche Zeitschriftenartikel haben selbst im 21. Jahrhundert noch keine vollständige Zitiersystematik oder diese hat sich noch nicht durchgesetzt. Denn in Bezug auf Fachkreis/Institut als Bezugsträger werden in den chinesischen Artikeln die Quellen nicht vollständig angegeben, insbesondere der indirekte Verweis auf den Fachkreis wird mit „manche Linguisten", „einige Grammatiker", „manche Leute" usw. realisiert, was ohne Angaben von Quellen aber lediglich als Behauptung verstanden werden kann. Darüber hinaus ist auch das Literaturverzeichnis im chinesischen wissenschaftlichen Zeitschriftenartikel, sowohl in der Linguistik als auch im Bereich Chinesisch als Fremdsprache, noch nicht systematisiert. Denn das Literaturverzeichnis kann fehlen, kann mit den Endnoten zusammengelegt werden oder mehr Titel enthalten, als tatsächlich im Fließtext genannt wurden. Dagegen folgen die deutschen wissenschaftlichen Zeitschriftenartikel in der modernen Zeit sowohl in der Linguistik als auch im Bereich Deutsch als Fremdsprache einer einheitlichen Zitierkonvention.
4. Sogenannte Fachkoryphäen in chinesischen wissenschaftlichen Zeitschriftenartikeln, unabhängig von Zeitraum und Disziplin, sind v. a. bekannte

Persönlichkeiten in der Literatur oder Autoren bestimmter Klassiker, aber auch Politiker oder Manager, wobei selten Fachwissenschaftler in Erscheinung treten. Dagegen gelten in den deutschen linguistischen Zeitschriftenartikeln der 1950er und 1960er Jahre lediglich Persönlichkeiten aus dem Bereich der Literatur bzw. Philosophie als Disciplinary Giants, während in den gegenwärtigen deutschen linguistischen und didaktischen Zeitschriftenartikeln nur Fachwissenschaftler derselben Disziplin als Fachkoryphäen in Erscheinung treten.
5. Die chinesischen linguistischen und DaF-Zeitschriftenartikel zwischen 2006 und 2010 haben deutlich weniger Begriffszitate als die deutschen Artikel in diesen beiden Disziplinen und im selben Zeitraum.

Hinsichtlich der zeitlichen Dimension zeigen die untersuchten wissenschaftlichen Zeitschriftenartikel in den beiden Zeiträumen 1955–1964 und 2006–2010 folgende Unterschiede:
1. Wissenschaftliche Zeitschriftenartikel im Zeitraum 2006–2010 haben über die sprachliche und die disziplinäre Dimension hinaus deutlich mehr Bezugnahmen auf konkrete Autorschaften als die im Zeitraum 1955–1964.
2. In den 1950er und 1960er Jahren war das Selbstzitat des Verfassers, das durch die Selbstbezeichnung „meine Arbeit", „ich" oder „der Verfasser" usw. zu erkennen gegeben wurde, eher subjektiv. Dagegen ist der Selbstbezug im wissenschaftlichen Artikel in den beiden Disziplinen im Zeitraum 2006–2010 eher objektiv und wird lediglich durch die Angabe des Verfassernamens im Fließtext realisiert.
3. Im Zeitraum 1955–1964 gab es in den wissenschaftlichen Artikeln noch keine Zitiersystematik. Das Literaturverzeichnis war kein obligatorischer Bestandteil des Zeitschriftenartikels und in Bezug auf Fachkreis/Institut wurden keine bzw. keine vollständigen Quellen angegeben, sei es im Fließtext, in der Fußnote oder in der Endnote. Dagegen weisen die modernen Zeitschriftenartikel, sowohl in der Linguistik als auch in der Didaktik, eine mehr oder weniger strenge Konvention für den Umgang mit Zitaten auf, wobei im Deutschen die diesbezüglichen Anforderungen strenger sind als im Chinesischen.
4. Das Internet als Medium des Bezugsträgers kommt in den wissenschaftlichen Zeitschriftenartikeln in beiden Sprachen und in beiden Disziplinen im Zeitraum 2006–2010 vor, während in der Mitte des zwanzigsten Jahrhunderts davon noch keine Rede war.
5. In der heutigen Zeit wird der Bezugsträger in den beiden Disziplinen bevorzugt in den Fließtext eingeordnet. Dagegen wurde dieser in der Mitte des

letzten Jahrhunderts vorwiegend in Form einer Fußnote oder einer Endnote angemerkt.
6. Was die Zitierweise betrifft, war das wortwörtliche Zitieren in den 1950er und 1960er Jahren besonders beliebt, dagegen haben das indirekte Zitieren bzw. das Verweisen im Zeitraum 2006–2010 in beiden Disziplinen den Vorrang.
7. In den heutigen linguistischen Zeitschriftenartikeln gibt es mehr Selbstbezugnahmen sowie mehr Begriffszitate als in den 1950er und 1960er Jahren.

Hinsichtlich der disziplinären Dimension zeigen linguistische und didaktische wissenschaftliche Zeitschriftenartikel im Zeitraum 2006–2010 folgende Unterschiede:
1. Moderne linguistische Zeitschriftenartikel haben mehr Bezugnahmen auf den Verfasser selbst als didaktische Zeitschriftenartikel.
2. Als Fachkreis/Institut können in den didaktischen Zeitschriftenartikeln neben Gruppen, Behörden, Wörterbüchern auch Curricula und Lehrbücher fungieren.
3. Der Bezugsträger in den chinesischen linguistischen Zeitschriftenartikeln kann im Fließtext, in der Fußnote und/oder in der Endnote gemischt vorkommen, dagegen wird er in den Zeitschriftenartikeln Chinesisch als Fremdsprache immer einheitlich in den Fließtext eingebettet.

5.3 Stilistische Analyse

Aufgrund der theoretischen Auseinandersetzungen in 4.4.2 wird im Folgenden der Stil des wissenschaftlichen Zeitschriftenartikels in Bezug auf Objektivität, Klarheit, Ökonomie und Sachlichkeit in den sechs Teilkorpora konkret untersucht.

5.3.1 Untersuchung chinesischer linguistischer Zeitschriftenartikel 2006–2010

5.3.1.1 Objektivität
Da es im Chinesischen keinen Kasus gibt, werden mit demselben Wort „我" oder „我的" verschiedene Kasusformen wie „ich", „mich", „mir" oder „wir", „uns" ausgedrückt. Die Verwendung der subjektiven Bezeichnung des Verfassers in diesem Teilkorpus für chinesische linguistische Zeitschriftenartikel zwischen 2006 und 2010 zeigt die folgende Tabelle:

Tab. 51: Selbstbezeichnung des Verfassers in ChLin2000er.

Bezeichnung	Autorengruppe		Verfasser als erste Person		Verfasser mit Rezipientenbezug		Verfasser als dritte Person
	我们 [wir/ uns]	我们的 [unser]	我 [ich/mich/ mir]	我的 [mein]	我们 [wir/ uns]	我们的 [unser]	笔者 [der Verfasser]
Gesamtzahl (20 Texte)	99	11	0	0	97	6	19
Durchschnitt	5,5		0		5,15		0,95

Aus dieser Tabelle geht hervor, dass es insgesamt drei Formen der Selbstbezeichnung des Verfassers gibt. Zum einen kann der Verfasser in Form von erster Person Plural, nämlich „我们" [„wir"/„uns"] oder „我们的" [„unser"] zur Bezeichnung der Autorengruppe erscheinen, was im Durchschnitt 5,5 Mal in jedem Teilkorpustext vorkommt. Dabei ist es auffällig, dass in diesem Teilkorpus nur vier Texte tatsächlich von zwei Verfassern geschrieben wurden (ChLin2000er1, ChLin2000er6, ChLin2000er8, ChLin2000er20). Dagegen benutzen die übrigen 11 Texte mit einem einzigen Verfasser ebenfalls insgesamt 81 Mal diesen Team-wir/unser-Begriff. Dabei ist es durchaus möglich, dass hinter dem Verfasser ein größeres Forscherteam steht (Beispiel 210). Zum anderen wird der Verfasser durchschnittlich 5,15 Mal pro Text mit dem Rezipientenbezug in Form von „我们" [„wir"/„uns"] oder „我们的" [„unser"] bezeichnet (Beispiel 211). Nicht zuletzt tritt der Verfasser in der dritten Person Singular auf und bezeichnet sich selbst als „笔者" [„der Verfasser"]. Diese Form kommt im Durchschnitt in jedem Teilkorpustext 0,95 Mal vor (Beispiel 212). Die Selbstbezeichnung in erster Person Singular als „我" [„ich"/„mich"/„mir"] oder „我的" [„mein"] tritt in diesem Teilkorpus an keiner Stelle auf.

Beispiel 210:
在我们看来，问题的症结在于小看了不同表层结构之间的差异。(ChLin2000er2)
[Nach unserer Meinung liegt der Grund für das Problem darin, dass die Unterschiede der verschiedenen Oberflächenstrukturen unterschätzt worden sind.]

Beispiel 211:
我们知道，交际不仅是动物的本能，更是人的本性。(ChLin2000er10)
[Wir wissen, dass Kommunikation nicht nur der Instinkt der Tiere, sondern auch die Natur der Menschen ist.]

Beispiel 212:
笔者认为网络语言是一种语言变体。(ChLin2000er4)
[Der Verfasser ist der Meinung, dass die Internetsprache eine Sprachvariante darstellt.]

5.3.1.2 Klarheit

Bei der Klarheit werden v. a. die metakommunikativen Formulierungen untersucht. Das Untersuchungsergebnis wird tabellarisch wie folgt zusammengefasst:

Tab. 52: Metakommunikative Formulierungen in ChLin2000er.

	Zielsetzung/ Thema	Textorganisation und Rezipientensteuerung			Verstehenssicherung				Rezipientenbezug
		Vorverweis	Rückverweis	Textstrukturierung	Definition	Paraphrasierung	Exemplifizierung	Zusammenfassung	
Gesamtzahl	21	86	89	73	3	103	374	20	14
Durchschnitt	1,05	4,3	4,45	3,65	0,15	5,15	18,7	1,0	0,7

Aus dieser Tabelle ist zu ersehen, dass in diesem Teilkorpus insgesamt 21 Mal metakommunikative Formulierungen zur Ankündigung des Themas bzw. der Zielsetzung ermittelt wurden. 17 davon beziehen sich auf den ganzen Text (Beispiel 213) und vier davon auf den jeweiligen Absatz (Beispiel 214), während in zwei Texten diese metakommunikative Bezugnahme nicht vorkommt.

Beispiel 213:
本文主要讨论以文本形式为主的手机短信的语言使用状况，包括语言使用类型、语言使用上的特点和语言使用中存在的问题。(ChLin2000er19)
[Die vorliegende Arbeit diskutiert vor allem die Sprachverwendung in SMS, die vorwiegend in Form von Text auftreten. Dabei werden die Typen, die Besonderheiten und die Probleme der Sprachverwendung berücksichtigt.]

Beispiel 214:
本节的内容就是探讨这种方法对于同宾结构是否合理。(ChLin2000er7)
[Der Inhalt dieses Abschnitts ist, darüber zu diskutieren, ob diese Methode zur [Analyse] der Object sharing construction geeignet ist.]

Zur metakommunikativen Themendarstellung werden häufig die folgenden sprachlichen Formulierungen verwendet:
- 我们拟 / 本文拟 …… 对 …… 进行描述和展示 / 做进一步的思考与研究 [Wir versuchen / Die vorliegende Arbeit versucht, … zu beschreiben und darzustellen / über … weiter nachzudenken und zu forschen.]

- 下面让我们从这一点开始进行讨论 [Im Folgenden lassen wir von diesem Punkt ausgehend eine Diskussion vollziehen.]
- 我们尝试着运用 …… 方法对 …… 进行分析，希望从 …… 角度探索研究 …… 的方法 [Wir versuchen, mit ... Methode ... zu analysieren und hoffen, aus ... Perspektive nach einer Untersuchungsmethode für ... zu suchen.]
- 本文以 …… 为视角探讨 …… / 对 …… 进行研究 [Die vorliegende Arbeit versucht, ... aus ... Perspektive ... in eingehenden Diskussionen zu klären / ... zu erforschen.]
- 本文将在考察 …… 的基础上，重点分析 …… / 提出了 …… 的主张 [Die vorliegende Arbeit wird auf der Grundlage der Untersuchung von ... schwerpunktmäßig ... analysieren / die Ansicht aufstellen.]
- 本文主要描写分析 …… / 主要讨论 …… / 主要考察 …… [Die vorliegende Arbeit wird vor allem ... beschreiben und analysieren / diskutieren / untersuchen.]
- 本文的研究对象是 …… [Der Untersuchungsgegenstand der vorliegenden Arbeit ist ...]
- 本节的内容就是 …… / 将证明 …… [Der Inhalt des vorliegenden Abschnitts ist ... / ist, ... nachzuweisen.]
- 这些问题都是本研究尝试着要回答的。[Diese Fragen wird die vorliegende Untersuchung versuchen zu beantworten.]

Metakommunikative Formulierungen zur Textorganisation und Rezipientensteuerung sind in diesem Teilkorpus mit Bezug auf die Textorganisation, den Vorverweis und den Rückverweis durchschnittlich jeweils 3,65 Mal, 4,3 Mal und 4,45 Mal pro Text vertreten. Die metakommunikativen Formulierungen zur Textorganisation erscheinen nicht nur bei der Textstrukturierung (Beispiel 215), sondern auch in den einzelnen Abschnitten bei der Darstellung von Daten, Beispielen oder Ansichten (Beispiel 216). Dabei wird der Inhalt zunächst zusammenfassend dargestellt und dann in einzelnen Punkten spezifiziert. Häufig verwendete spezifizierende Formen sind z. B. „其中第一类 / 第一种是 ……，另一类 / 另一种是 ……" [„Darunter ist der eine Typ ..., der andere Typ ist ..."], „先看 ……，再看 ……" [„Sehen wir zuerst ..., dann ..."], „首先 ……，其次 ……，最后 ……" [„Zuerst ..., danach ..., zuletzt ..."], oder nonverbal wie „1……, 2……, 3……" bzw. „一……, 二……, 三……, 四……" oder „A……, B……, C……".

Beispiel 215:
本文安排如下：第一节回顾 …… 并作出评价；第二节从 …… 等方面为本文的论点 …… 提供证据；第三节是余论。(ChLin2000er7)
[Die vorliegende Arbeit wird wie folgt strukturiert: Im ersten Abschnitt wird auf ... zurückgeblickt und es bewertet; im zweiten Abschnitt werden in Hinsicht auf ... Argumente für die These der vorliegenden Arbeit geliefert; der dritte Abschnitt ist der Abschluss.]

Beispiel 216:
这主要和语块的两大功能有关。语块的首要功能是, ……; 语块的第二功能是 ……
(ChLin2000er13)
[Das hat vor allem mit den zwei Funktionen von Kollokationen zu tun. Die erste Funktion von Kollokation ist ...; die zweite Funktion von Kollokation ist ...]

Der metakommunikative Vorverweis konzentriert sich v. a. auf die zwei Zeichen „下" [„unten"] und „后" [„hinten"] wie in „如下" [„wie folgt"], „下面" [„unten"], „下页" [„nächste Seite"], „下文" [„der nachfolgende Textteil"], „以下" [„folgend"] (Beispiel 217) und „见文后附注" [„siehe die Anmerkungen hinter dem Text"], „在后面说明" [„im hinteren Teil erklärt werden"] (Beispiel 218), wobei bei dem „下" [„unten"] der Vorverweis auch oft in Kombination mit der Strukturorganisation auftritt, wie das Beispiel 215 bereits gezeigt hat. Zudem kann er auch durch kontextabhängige Bezugnahme wie „见附表 1" [„siehe die angefügte Tabelle 1"], „见 2.2" [„siehe 2.2"] realisiert werden, wobei die angekündigte Tabelle oder der Abschnitt aber erst direkt oder mit Abstand nach dieser Vorankündigung erscheint (Beispiel 219).

Bespiel 217:
这里的 "其" 已独立于上类的 "古虚词", 參下文。(ChLin2000er10)
[Hier ist „qi" bereits unabhängig von oben erwähnten „alten Funktionswörtern", siehe den folgenden Teil des Textes.]

Beispiel 218:
这点在后面说明。(ChLin2000er16)
[Dieser Punkt wird im nachfolgenden Teil des Textes erklärt.]

Beispiel 219:
… 而且二者渐渐形成配套使用 (见附表 2, 三栏)。(ChLin2000er1)
[… und diese zwei Seiten werden zu einem kompletten Ganzen zusammengefügt verwendet (siehe angefügte Tabelle 2, Spalte 3).]

Im Unterschied dazu werden beim Rückverweis vorwiegend die zwei Zeichen „上" [„oben"] und „前" [„vorne"] verwendet wie „以上" [„obig"], „上述" [„oben erwähnt"], „上面" [„oben"], „上文" [„obiger Text"], „如上所论" [„wie oben gesagt"] (Beispiel 220) und „如前所述" [„wie vorhin gesagt"], „如前所指" [„wie vorhin gezeigt"], „由前可知" [„aus dem obigen ist zu erfahren"], „前面说过" [„vorhin schon gesagt"] (Beispiel 221). Zusätzlich gibt es auch kontextabhängige Rückverweise, die auf vorherige Abschnitte oder Tabellen Bezug nehmen (Beispiel 222).

Beispiel 220:
依照上述标准，…… 也应视为联绵词。(ChLin2000er3)
[Nach den obigen Prinzipien sollen … auch als zusammengesetztes Wort aus zwei oft allitierierenden oder gleichklingenden Zeichen angesehen werden.]

Beispiel 221:
如前所指，无定形式如 "一棵牡丹" 的基本功能就是表存在 …… (ChLin2000er12)
[Wie vorhin schon gezeigt wurde, ist die Grundfunktion der unbestimmten Form wie „eine Päonie", Seiendes zu benennen …]

Beispiel 222:
从因果复句看，…… 本文 1.3 所说的 …… (ChLin2000er6)
[Hinsichtlich des Kausalsatzes ist das in 1.3 der vorliegenden Arbeit erwähnte …]

Die metakommunikativen Formulierungen zur Verstehenssicherung können in verschiedenen Formen auftreten. Am häufigsten wird in diesem Teilkorpus die Exemplifizierung verwendet, die 18,7 Mal im Durchschnitt in jedem Teilkorpustext vorkommt. Sprachlich realisiert wird die Exemplifizierung mit „比如" [„zum Beispiel"], „例如" [„zum Beispiel"], „譬如" [„zum Beispiel"], „举例如下" [„Beispiele wie folgt genannt"], „图示为例" [„mit der graphischen Darstellung als Beispiel"], „例句如下" [„Beispiele wie folgt"] usw.. (Beispiel 223). Mit großem Abstand folgen die metakommunikativen Formulierungen zur Paraphrasierung, die durchschnittlich 5,15 Mal pro Text erscheinen. Sie weisen sprachlich viele Varianten auf, wie „即" [„nämlich"], „这就是说" [„das bedeutet"], „这意味着" [„das meint"], „换一种说法" [„mit anderen Worten"], „意思是说" [„das heißt"], „我们可以这样说" [„wir können so sagen"], „具体说" [„genau gesagt"], „简言之" [„einfach gesagt"], „换言之" [„anders gesagt"], „或者说" [„oder man sagt"], „准确地说" [„exakt gesagt"] (Beispiel 224). Die Zusammenfassung kommt mit einer Verwendungshäufigkeit von 1,0 Mal pro Text vor. Dabei werden sprachlich neben dem am häufigsten verwendeten Wort „总之" [„zusammenfassend"] auch die folgenden Ausdrücke verwendet: „由此可见" [„daraus kann man ersehen"], „得出如下结论/概括" [„Wir bekommen das folgende Ergebnis/Fazit"], „总结/概括" [„zusammenfassen/resümieren"], „总而言之" [„zusammenfassend gesagt"], „综上所述" [„resümierend lässt sich sagen"] und „一言以蔽之" [„mit einem Wort"] (Beispiel 225). Dagegen kommen in diesem Teilkorpus metakommunikative Formulierungen zur Definition ganz selten vor, denn insgesamt treten sie im ganzen Teilkorpus nur drei Mal und das nur in einem einzigen Text (ChLin2000er3) auf. Dabei wird durchgängig der Begriff „定义" [„Definition"] verwendet (Beispiel 226).

Beispiel 223:
下面以实例说明 …… (ChLin2000er18)
[Im Folgenden wird … mit Beispielen erklärt.]

Beispiel 224:
关于语素的定义，吕叔湘先生说：…… 简言之，语素是语法单位，也是语义单位。
(ChLin2000er3)
[Hinsichtlich der Definition des Morphems hat Herr Lü Shuxiang gesagt: ... Einfach gesagt ist das Morphem eine grammatische Einheit und zugleich auch eine semantische Einheit.]

Beispiel 225:
总而言之，语体理论告诉我们：…… (ChLin2000er10)
[Zusammenfassend hat die stilistische Theorie uns gesagt ...]

Beispiel 226:
我们有必要重新明确联绵词的义界，给它下一个更合乎语言运用实际的较为确切的定义。我们认为，…… (ChLin2000er3)
[Wir haben die Notwendigkeit, die semantische Grenze des zusammengesetzten Wortes aus zwei oft allitierenden oder gleichklingenden Zeichen erneut festzulegen, und ihm eine der Praxis der Sprachverwendung besser geeignete und treffende Definition zu geben. Wir sind der Meinung, ...]

Die metakommunikativen Formulierungen zum Rezipientenbezug kommen in diesem Teilkorpus insgesamt 14 Mal vor, zwei Mal im Text ChLin2000er2, drei Mal im Text ChLin2000er6, vier Mal im Text ChLin2000er7 und fünf Mal im Text ChLin2000er15. Dabei werden die Rezipienten unter Verweis auf die nachfolgenden Beispiele mit einem imperativen Satz direkt angesprochen, wie „看以下句子" [„Sehen Sie die folgenden Sätze"], „请看下面的例子" [„Sehen Sie bitte die Beispiele unten"], „再看几个例子" [„Sehen Sie noch einige Beispiele"], „观察下面的例子" [„Betrachten Sie die Beispiele unten"], „观察、比较下面的说法" [„Betrachten und vergleichen Sie die Formulierungen unten"].

5.3.1.3 Ökonomie
Dieses Teilkorpus enthält zahlreiche graphische Darstellungen, wie die folgende Tabelle zeigt:

Tab. 53: Graphische Darstellungen in ChLin2000er.

Sorten der graphischen Darstellungen	Abbildung (Fotos, Schaubilder)	Umsetzung von Textdaten (Diagramm)	graphische Modelle / begriffliche Zusammenhänge (Grafika, Schemata)
Einzelne Summe (20 Texte)	0	15	28
Gesamtsumme (20 Texte)		43	
Durchschnitt		2,15	

Aus der Tabelle lässt sich ablesen, dass es in diesem Teilkorpus nur graphische Darstellungen zur Erklärung der begrifflichen Zusammenhänge und zur Umsetzung von Textdaten gibt, die jeweils 28 Mal und 15 Mal vertreten sind. Dagegen gibt es keine Abbildungen wie Fotos oder Schaubilder. Die insgesamt 43 bildlichen Darstellungen sind auf 16 Texte verteilt, wobei vier Texte ohne diese nonverbale Kommunikationsform auskommen. Die zahlreichen graphischen Modelle illustrieren vorwiegend die Struktur der Wortgruppe, bestimmte Satztypen aber auch die Zusammenhänge der Begriffe, während die Textdaten in erster Linie in Form von Tabellen erscheinen.

Zwischen dem verbalen und dem graphischen Teil besteht eine enge Verbindung, indem mit unterschiedlichen sprachlichen Varianten metakommunikativ auf die bildlichen Darstellungen explizit wie folgt verwiesen wird:

- 这一句子潜在的基础结构为：[Die potentielle Grundstruktur dieses Satzes ist:]
- 如右图 / 见表 1 [wie die graphische Darstellung rechts / siehe die Tabelle 1]
- 如下面这个名词短语的结构为：/ 如 (5a) 中的结构：[die Struktur der nominalen Wortgruppe wie unten: / wie die Struktur in (5a):]
- 如下序列：/ 如下所示：/ 详见下表 [wie die folgende Reihe: / wie unten gezeigt: / detailliert siehe die Tabelle unten]
- 我们把 …… 总结在下面的表格里 / 我们可以图示为 [Wir fassen … in der folgenden Tabelle zusammen. / Wir können … graphisch darstellen.]
- 这可通过下图更清楚地看出 [Das kann durch die folgende Graphik deutlicher erkannt werden.]
- 下面我们先列出 …… 的结果 [Im Folgenden listen wir zuerst das Ergebnis von … auf.]
- 以上规律可以表示为：[Die obige Regel kann dargestellt werden als:]
- 统计结果见表 1 [Das statistische Ergebnis sieht man in der Tabelle 1]
- 反映如下表 [Das zeigt sich in der folgenden Tabelle]
- 上面的坐标体系反映了 …… 的基本结构 [Das obige Koordinatensystem spiegelt die Grundstruktur von … wider.]

Dazu weisen zehn bildliche Darstellungen jeweils zusätzlich eine Legende auf, die das Thema der Graphik benennt und sie damit deutlich in den verbalen Text einbettet. Was die inhaltliche Beziehung zwischen dem verbalen und dem graphischen Teil betrifft, werden 29 Abbildungen durch den verbalen Textteil erklärt bzw. interpretiert, dagegen haben 14 graphische Darstellungen eher eine komplementäre Beziehung zu dem verbalen Text.

5.3.1.4 Sachlichkeit

In 5.2.1.2 wurde bezüglich des Umgangs mit Zitaten herausgestellt, dass in diesem Teilkorpus 48 sprichwörtliche Redensarten in Vier-Zeichen-Form (Chengyu) aber auch Redewendungen und Maximen verwendet werden, die stilistisch markiert sind. Darüber hinaus werden auch verschiedene Stilfiguren und andere lebendige Formulierungen verwendet, die im Folgenden aufgelistet werden:

Metapher
1. 网络语言的词汇是个 **"大杂烩"**。(ChLin2000er4) [Der Wortschatz der Internetsprache ist wie ein Mischmasch zum Essen.]: Dabei wird die Internetsprache wie ein Mischmasch zum Essen beschrieben.
2. 其中 **MMs** 可以说是网络词汇中的一个**怪胎**。(ChLin2000er4) [Man kann sagen, dass die MMs darunter ein missgebildetes Embryo im Internetwortschatz sind.]: Hier werden MMs als missgebildetes Embryo metaphorisiert.
3. [语体]无疑为我们打开了一个观察和研究文体的**新的窗口**。(ChLin2000er10) [Der Textkommunikationsstil hat uns ohne Zweifel ein neues Fenster zur Beobachtung und Untersuchung des Textmusters geöffnet.]: Dabei wird der Textkommunikationsstil als ein neues Fenster metaphorisch beschrieben.
4. 可惜的是，这种警觉的声音被五四**狂澜**当作**残渣余孽**抛到山崖海底，无人问津。(ChLin2000er10) [Leider wird diese aufmerksame Stimme von den tobenden Wogen der Vierten-Mai-Bewegung wie übrig gebliebener Abschaum und Verbrecherklüngel auf die Klippe und auf den Meeresboden geworfen und ist kaum gefragt.]: Dabei wird die aufmerksame Stimme als übrig gebliebener Abschaum und Verbrecherklüngel und die Vierte-Mai-Bewegung als tobende Wogen metaphorisiert.
5. 指称系统反映了人类认识外界事物进程之**螺旋式上升的圆圈**。(ChLin2000er12) [Das Bezeichnungssystem spiegelt den Prozess im menschlichen Verstehen der Außenwelt wider, der wie ein spiralförmig nach oben gehender Kreis aussieht.]: Dabei wird der Prozess im menschlichen Verstehen der Außenwelt als ein spiralförmig nach oben gehender Kreis beschrieben.
6. **傀儡**主语 (ChLin2000er12) [Marionettensubjekt]: Dabei wird eine bestimmte Art von Subjekt als Marionette beschrieben.
7. 给人感觉比较 "干" (ChLin2000er16) [Das gibt einem das Gefühl relativ „trocken".]: Hier wird die Eintönigkeit oder die Inhaltsarmut als „Trockenheit" beschrieben.
8. 而 "那么" 前的对象则是人们共知的从篇章外突然拉进篇章然后又马上消失的**匆匆过客**。(ChLin2000er17) [Das Element vor „na me" ist ein allen bekannter vorübergehender Gast in Eile, der von außen in den Text hineingezogen wird und sofort wieder verschwunden ist.]: Hier wird das Element vor dem Wort „na me" als ein vorübergehender Gast in Eile beschrieben.

Vergleich
1. 这种作为参照物的对象自然不是话题，好像**来去匆匆的过客**。(ChLin2000er17) [Diese Art von als Vergleichsgegenstand fungierendes Objekt ist natürlich

kein Topic, sondern wie ein vorübergehender Gast in Eile.]: Dabei wird der Vergleichsgegenstand als ein vorübergehender Gast in Eile metaphorisiert.
2. 一些"灰色""黄色"甚至"黑色"短信如一股浊流……(ChLin2000er19) [Manche „grauen" „gelben" und sogar „schwarzen" SMS sind wie ein schmutziger Fluss …]: Dabei werden schlechte SMS als schmutziger Fluss beschrieben.
3. 手机短信语言也像是把双刃剑。(ChLin2000er19) [Die Sprache des SMS ist auch wie ein zweischneidiges Schwert.]: Dabei wird die Sprache des SMS als ein zweischneidiges Schwert metaphorisiert.

Personifizierung
1. 这个被导出句 …… 又反过来，抓住时机，积极主动地发展自己，显示出仅次于回答甲类句时的高出频率。(ChLin2000er1) [Dieser abgeleitete Satz hat umgekehrt die Chance ergriffen, sich aktiv entwickelt und zeigt eine hohe Vorkommensfrequenz, die lediglich hinter der Antwort auf Satztyp A steht.]: Dabei wird dem abgeleiteten Satz die menschliche Aktivität zugeschrieben, die Chance zu ergreifen und sich selbst entwickeln zu können.
2. 网络语言以其新颖、独特、便捷、随意和对传统语言的叛逆引起语言学界的广泛关注。(ChLin2000er4) [Die Internetsprache ist neu und originell, einzigartig, bequem und schnell, zwanglos und rebellisch gegen die traditionelle Sprache, das hat im linguistischen Kreis eine allgemeine Aufmerksamkeit erregt.]: Mit dem Wort „叛逆" [rebellisch] wird die Internetsprache personifiziert.
3. 汉语历史上的音译借词有的以其强大的生命力仍然活跃在汉语词汇中。
(ChLin2000er4) [Manche phonetisch transkribierten Wörter in der Geschichte der chinesischen Sprache sind mit ihrer großen Lebenskraft immer noch aktiv im chinesischen Wortschatz.]: Dabei werden manche phonetisch transkribierten Wörter wie Lebewesen beschrieben.
4. 我们几年、几十年后再回头看这些网络音译借词，相信它们也会遵循适者生存的原则发展。(ChLin2000er4) [Wenn wir nach einigen Jahren oder einigen Jahrzehnten auf diese phonetisch transkribierten Wörter der Internetsprache zurückblicken, werden wir glauben, dass sie sich auch nach dem Prinzip „Überleben des Tüchtigsten" entwickelt haben.]: Hier werden die phonetisch transkribierten Wörter der Internetsprache wie Lebewesen beschrieben und die Tüchtigsten davon werden dann überleben.
5. 那跟辖域就更无缘了。(ChLin2000er5) [Dann hat es mit dem semantischen Bezugsgebiet umso mehr keine schicksalhafte Verbindung, die Menschen zusammenführt.]: Das Wort „缘" [Schicksalsverbindung] ist der menschlichen Beziehung vorbehalten und wird hier auf das semantische Bezugsgebiet übertragen.
6. 而 (3c) 中无论 O1 还是 O2 都没有做兼语的资格。(ChLin2000er7) [Weder O1 noch O2 in (3c) besitzen die Qualifikation, pivotal construction zu wer-

den.]: Dabei werden Objekt 1 und Objekt 2 in einem bestimmten chinesischen Satztyp mit dem Wort „资格" [Qualifikation] personifiziert.
7. 如果说每种语言都必须具备庄雅和便俗的**"两条腿"**才功能齐全、肢体完整的话…… (ChLin2000er10) [Wenn jede Sprache erst mit Ernsthaftigkeit bzw. Eleganz und Zwanglosigkeit bzw. Volkstümlichkeit diesen „zwei Beinen" eine vollständige Funktion oder komplette Gliedmaßen hat, ...]: Dabei wird die Sprache als Mensch beschrieben und die zwei Stile „Ernsthaftigkeit bzw. Eleganz und Zwanglosigkeit bzw.Volkstümlichkeit" mit zwei Beinen verglichen.
8. **截肢**后的汉语逡巡艰难地行走了近百年，今天才终于在自身机体的酝育下，又**生长出了新肢** – 当代书面正式语体。(ChLin2000er10) [Nach der Amputation ging Chinesisch ungefähr hundert Jahre zögernd mühsam voran, und hat heute endlich durch die Entwicklung des eigenen Körpers ein neues Bein wachsen lassen – es ist der formelle schriftliche Kommunikationsstil.]: Hier wird Chinesisch wie ein Mensch beschrieben, dem ein Glied amputiert wurde und der sich ein neues Bein wachsen lassen kann.
9. 由于类词缀目前正处于**能产活跃**期，其新生类推潜能是无限的。(ChLin2000er18) [Weil sich die wortähnlichen Affixe zur Zeit gerade in einer produktiven Phase befinden, ist ihr Potential für die Schaffung von Neologismen durch Analogiebildung unbegrenzt.]: Hier werden die wortähnlichen Affixe als Menschen in ihrer produktiven Phase beschrieben.

Analogie
1. 这样的糅合好比是将两根绳子各取一股拧成一根。(ChLin2000er2) [Solche Vermischung ist, als ob zwei Schnüre zu einer gedreht würden.]: Dabei wird die Sprachvermischung mit dem Schnurdrehen verglichen.
2. 在直系成分分析法中，主、宾、补、状的完整性都守住了，但是谓语的完整性却抛弃了…… 这可以说是牺牲一个保全多数。(ChLin2000er5) [Bei der Methode der Analyse von direkten Komponenten wird die Vollständigkeit von Subjekt, Objekt, Komplement und Adverbialbestimmung beibehalten, aber die Vollständigkeit des Prädikats verworfen. ... Das ist wie einen zu opfern, um die Mehrheit am Leben zu behalten.]: Dabei wird die Methode der Analyse von direkten Komponenten mit menschlichen Verhaltensweisen verglichen.
3. 向心轨层中，各从属语地位平等，像围绕太阳的各个行星。(ChLin2000er5) [In den zentripetalen Schichten haben die verschiedenen untergeordneten Satzelemente die gleiche Position, sie sind wie die verschiedenen Planeten, die um die Sonne kreisen.]: Hier werden die verschiedenen untergeordneten Satzelemente mit den verschiedenen Planeten verglichen.
4. 很明显，结构分析时，要把整体结构跟与整体结构无关的局部结构区分开来…… 这就像我们分析人体整体结构的同时不应该分析细胞结构，分析一个宫殿建筑结构时不该分析局部的"门、窗"的内部结构。(ChLin2000er5) [Es ist offensichtlich, dass

bei der Analyse der Struktur die Gesamtstruktur von der Teilstruktur, die mit dem Ganzen nichts zu tun hat, unterschieden wird, ... Es ist ähnlich wie bei der Analyse der Gesamtstruktur des menschlichen Körpers, dabei sollen wir nicht die Zellenstruktur analysieren, oder bei der Analyse der architektonischen Struktur eines Schlosses nicht die innere Struktur von „Türen, Fenstern" im Einzelnen analysieren.]: Hier wird die Teil-Ganzes-Beziehung bei der Analyse der Satzstruktur mit der Beziehung zwischen den Zellen und dem menschlichen Körper sowie zwischen einem Schloss und seinen Türen bzw. Fenstern verglichen.

5. 至于像"有趣的"扩大为"有趣的书",因为整个结构的范畴改变了,不应该看作句法上的"扩展"。……正如某人加盟一个公司,不是他个人的扩展而是公司的扩展一样。(ChLin2000er5) [Wenn „interessant" zu „ein interessantes Buch" erweitert wird, kann es nicht als syntaktische Erweiterung betrachtet werden, weil sich die Kategorie der ganzen Struktur verändert hat. ... Das ist gerade wie der Eintritt von jemandem in ein Unternehmen, wobei nicht jemand persönlich, sondern das Unternehmen erweitert wird.]: Hier wird die Erweiterung von „interessant" zu „ein interessantes Buch" mit dem Eintritt von jemandem in ein Unternehmen verglichen.

6. 由于可以把轨层看作类似太阳系那样的构造,强调了卫星成分从属语跟核心词的直接联系,……(ChLin2000er5) [Weil die Schichten als Struktur ähnlich wie das Solarsystem betrachtet werden, wird die direkte Beziehung von den satellitenähnlichen untergeordneten Sprachelementen zum zentralen Wort betont, ...]: Dabei wird die Schichtenstruktur der syntaktischen Analyse mit dem Solarsystem verglichen.

7. 理解过程中并不存在"最小的语言单位"这样一个中间实体单位,因此必须淡化轨层的辖域功能。正如在太阳系中,虽然水星、金星处于地球更靠近太阳的轨层,但似乎不必、也不宜说:水星和太阳构成一个实体,金星和水星和太阳又构成另一个更大的实体,而地球围绕着由太阳、水星、金星构成的实体运行。(ChLin2000er5) [Es besteht keine wirkliche Zwischeneinheit wie „die kleinste sprachliche Einheit" im Verstehensprozess, deswegen braucht die Funktion des Bezuggebiets von Schichten nicht betont zu werden. Das ist gerade wie im Solarsystem. Obwohl der Merkur und die Venus sich in der Schicht am nächsten zur Sonne befinden, muss und auch sollte nicht gesagt werden, dass der Merkur und die Sonne eine substanzielle Einheit bzw. der Merkur, die Venus und die Sonne eine andere noch größere substanzielle Einheit bilden, um die die Erde kreist.]: Hier wird die Schichtstruktur mit dem Solarsystem und die einzelnen Sprachelemente in den jeweiligen Schichten mit den Planeten verglichen.

8. 可见,句法研究若不分语体,就如方言研究不分文白异读一样,[...]. (ChLin2000er10) [Hieraus kann man ersehen, dass es bei der Satzanalyse, die nicht zwischen Kommunikationsstilen unterscheidet, ähnlich wie bei der Dialektanalyse ist,

die nicht zwischen klassischer und allgemeinverständlicher Literatursprache sowie nicht zwischen abweichenden Aussprachen unterscheidet.]: Dabei wird zwischen Satzanalyse und Dialektanalyse ein Vergleich angestellt.
9. 不少《左传》中仅以人物只言片语的, 在《国语》中却是"喋喋不休", 类似一场演讲。(ChLin2000er15) [Nicht wenige Figuren in *Zuo Zhuan* haben nicht viel zum Sprechen, reden aber in *Guo Yu* ohne Punkt und Komma, als ob man einen Vortrag hielt.]: Dabei wird das Reden der Figuren in *Guo Yu* mit einem Vortrag verglichen.

Rhetorische Gegenfrage
1. 那么, 是什么原因促成的呢？我们注意到, ⋯⋯ 为网络的形成提供了社会历史依据; ⋯⋯ 为它提供了固定有效的演练平台。但是最重要的, 还在于下述该网络句式内部的推动制约作用。(ChLin2000er1) [Aus welchem Grund ist es dazu gekommen? Wir haben gemerkt, dass ... für das Entstehen des Netzes gesellschaftliche und historische Voraussetzungen angeboten hat; ... hat ihm eine feste effektive Übungsplattform angeboten. Aber am wichtigsten ist die folgende treibende und einschränkende Funktion des netzartigen Satztyps von innen.]
2. 为什么要讨论这个句子的生成呢？因为 ⋯⋯. (ChLin2000er2) [Warum wird über den Entstehensmechanismus diskutiert? Weil ...]
3. 问题的症结何在？在我们看来, 问题的症结在于小看了不同表层结构之间的差异。(ChLin2000er2) [Worin liegt der Grund für das Problem? Aus unserer Sicht liegt der Grund darin, dass die Unterschiede zwischen den verschiedenen Oberflächenstrukturen unterschätzt worden sind.]
4. 何为网络语言？总的说来指四种情况。(ChLin2000er4) [Was ist Internetsprache? Im Allgemeinen werden damit vier Formen gemeint.]
5. 那么, 层次分析法究竟能否得到有限结构类型呢？问题关键在于分析深度的限制。(ChLin2000er5) [Kann es durch die Schichtanalyse zu begrenzten Strukturtypen kommen? Der Kern des Problems liegt in der Begrenzung der Analysetiefe.]
6. 那么, 它们之间有什么不同呢？首先, 正式度是最基本、最原始的语体范畴, ⋯⋯ (ChLin2000er10) [Welche Unterschiede zwischen ihnen gibt es dann? Erstens ist der Grad der Formelhaftigkeit die grundlegende originale Kategorie des kommunikativen Sprachstils. ...]
7. "雅"是人们说话交际的固有属性吗？太炎先生早有论断: ⋯⋯ (ChLin2000er10) [Ist „Eleganz" das angeborene Merkmal der sprachlichen Kommunikation der Menschen? Der Gelehrte Herr Taiyan hat längst festgestellt: ...]
8. 何以"典雅"？就是因为其中字词取自耳听可懂的文言古语。(ChLin2000er10) [Wie kann es „erlesen" sein? Gerade weil die Wörter aus dem beim Hören verständlichen klassischen Chinesischen stammen.]

9. 那么典雅呢？我们认为，...... 而典雅体的效应来源于历时的距离感 ......
(ChLin2000er10) [Was bedeutet dann Erlesenheit? Wir sind der Meinung, ... und die Wirkung der Erlesenheit kommt aus der historischen Distanz.]
10. 那人们在言语交际中为什么要使用语块呢？这主要和语块的两大功能有关。(ChLin2000er13) [Warum benutzt man Syntagmen in der sprachlichen Kommunikation? Das hängt vor allem mit den zwei Funktionen der Syntagmen zusammen.]
11. /不比 0 句是不是/比 0 句的否定形式？从形式的角度看，它毫无疑问是/比 0 句的否定形式。(ChLin2000er14) [Ist der Satztyp „/bu bi 0" die Verneinungsform vom Satztyp „/bi 0"? Aus der Perspektive der Form ist es ohne Zweifel die Verneinungsform vom Satztyp „/bi 0".]
12. 谁更具有优先地位呢？我们认为，...... (ChLin2000er14) [Wer hat die bevorzugte Stellung? Wir sind der Meinung ...]
13. 即为什么 "那么" 的语法化进程比 "这么" 快？这是和它们的生命度高低有关。(ChLin2000er17) [D. h., warum ist der Grammatisierungsprozess von „na me" schneller als von „zhe me"? Das hat mit dem Intensitätsgrad ihrer Produktivität zu tun.]
14. 那么如何选取三字词中的类后缀呢？我们认为还是应该采用统计的方法，......
(ChLin2000er18) [Wie wird das suffixähnliche Zeichen im Drei-Zeichen-Wort gewählt? Wir sind der Meinung, dass die statistische Methode verwendet werden sollte. ...]

Gegenfrage
1. 我们总不好说这样的句子也是基础生成的吧？(ChLin2000er1) [Wie können wir sagen, dass solche Sätze auch generativ transformiert werden?]
2. 如果说层次分析法的烦琐是 "详尽"，那么不也可以说中心词分析法的层次观念不明确是 "灵活性" 吗？(ChLin2000er5) [Wenn die Umständlichkeit der Methode der Schichtanalyse „Ausführlichkeit" bedeutet, warum kann man dann nicht sagen, dass die Unklarheit der Schichten bei der Methode des zentralen Wortes gerade „Flexibilität" bedeutet?]

Lebendige Ausdrücke
1. ...... 能不能 "一刀切"？(ChLin2000er1) [... Kann man es mit einem „Messerhieb schneiden"?]: "一刀切" [mit einem Messerhieb schneiden] ist eine anschauliche Formulierung, um die Bedeutung der „Gleichbehandlung" auszudrücken.
2. 关于层次分析法烦琐的批评绝不是无关紧要的求全责备，而是**切中要害**。
(ChLin2000er4) [Die Kritik an der Umständlichkeit der Methode der Schichtanalyse ist kein unwichtiges spitzfindiges Herumkritteln, sondern

trifft ins Schwarze.]: „切中要害" [beim Schneiden auf den wichtigsten Körperteil treffen] ist eine anschauliche Formulierung, um die Bedeutung der „Wichtigkeit" auszudrücken.
3. 其存在的价值也就大打折扣。(ChLin2000er5) [Sein Existenzwert hat auch zum großen Teil einen Preisnachlass.]: „大打折扣" [der Preis zum großen Teil reduziert] ist eine anschauliche Formulierung, um die Bedeutung der „Wertminderung" auszudrücken.
4. 发凡起例, 言之綦详 (ChLin2000er10) [In der Einleitung wird über die Textgliederung gesprochen, sprachlich ist es sehr genau.]: „发凡起例, 言之綦详" ist eine Nachahmung des klassischen Chinesischen in Vier-Zeichen-Form.
5. 援古入今, 方为典雅 (ChLin2000er10) [Im modernen Text das Alte zu zitieren, das ist gerade der gewählte Stil.]: „援古入今, 方为典雅" ist eine Nachahmung des klassischen Chinesischen in Vier-Zeichen-Form.

Außerdem gibt es zwei stilistisch markierte appellative Ausdrücke, die beide am Ende des Schlussteils stehen. In diesen beiden Fällen werden mit dem rezipientenbezogenen „我们" [‚wir'] aufgerufen, die Internetsprache zu erforschen und zu standardisieren (1.) sowie die Position des wortähnlichen Affix bei der Wortbildung kennen zu lernen (2.). Dagegen treten keine auffälligen evaluativen Darstellungen auf:
1. 作为语文工作者，我们有义务和责任对网络语言进行研究，以期对其引导规范。(ChLin2000er4) [Als Philologen haben wir die Pflicht und Verantwortung, die Internetsprache zu erforschen, um sie zu leiten und zu standardisieren.]
2. 所以我们很有必要了解类词缀构词的位置，以增强对现代汉语未登录词的识别。(ChLin2000er18) [Deswegen ist es notwendig für uns zu erfahren, wo sich das wortähnliche Affix bei der Wortbildung befindet, um die nicht aufgenommenen Wörter im Gegenwartschinesischen besser erkennen zu können.]

5.3.2 Untersuchung chinesischer linguistischer Zeitschriftenartikel 1955–1964

5.3.2.1 Objektivität
Die Verteilung der Selbstbezeichnungen in Form der ersten Person Singular bzw. der ersten Person Plural zum Ausdruck der Subjektivität im Teilkorpus chinesische linguistische Zeitschriftenartikel 1955–1964 wird in der folgenden Tabelle zusammenfassend dargestellt:

Tab. 54: Selbstbezeichnung des Verfassers in ChLin1950er.

Bezeichnung	Autorengruppe	Verfasser als erste Person	Verfasser mit Rezipientenbezug		Verfasser als dritte Person
	我们 [wir/uns]	我/我的 [ich/mich/mir/mein]	我们(的) [wir/uns/unser]	我国 [unser Land]	笔者 [der Verfasser]
Gesamtzahl (20 Texten)	59	60	246	14	0
Durchschnitt	2,95	3	13		0

In diesem Teilkorpus wird das Zeichen „的" zur Bildung von Possessivpronomen „我们的" [„unser"] oft weggelassen, sodass „我们的" [„unser"] ebenfalls in Form von „我们" [„wir"] erscheint, deswegen wird keine eigene Kategorie für „我们的" [„unser"] erstellt, sondern dies in die Kategorie „我们" [„wir"] integriert. In diesem Teilkorpus kommt der Ausdruck „我国" [„我" bedeutet „ich"/ „mein", „国" „Land"] relativ häufig vor. Zwar wird in diesem Wort die Singularform der ersten Person „我" zum Ausdruck von „mein Land" verwendet, aber in der Tat wird der Pluralpartikel „们" [„我们"] zum Ausdruck von „unser Land" weggelassen. Insofern wird dieses Wort in der Kategorie „der Verfasser mit Rezipientenbezug" mit dazu gerechnet.

Diese Tabelle zeigt, dass „我们" als subjektive Bezeichnung der Autorengruppe in diesem Teilkorpus 2,95 Mal pro Text im Durchschnitt vorkommt. Dabei gibt es allerdings lediglich einen Text, der tatsächlich von zwei Autoren zusammen geschrieben wurde (ChLin1950er13). Dazu kommt ein weiterer Text, in dem in einer Fußnote angemerkt ist, dass der Artikel einen Teil einer Teamarbeit darstellt (ChLin1950er16). Die übrigen sieben Texte vertreten dagegen mit der Bezeichnung der Autorengruppe „我们" indirekt eine bestimmte Schule oder Forschergruppe. Insofern gibt es keinen Widerspruch zur gleichzeitigen Verwendung der Selbstbezeichnung in der Singularform, wie das folgende Beispiel 227 zeigt:

Beispiel 227:
我们认为这种格式是附加关系的复杂谓语，理由就在于此。…… 我不同意兼语式的说法，是说我们不应当用兼语式去解释这种复杂谓语。(ChLin1950er17)
[Wir sind der Meinung, dass dieses Muster ein kompliziertes Prädikat mit beigefügten Elementen darstellt. Der Grund dafür liegt gerade darin. ... Ich bin mit der Bezeichnung „pivotal construction" nicht einverstanden, damit wird gemeint, dass wir nicht mit „Jian Yu Shi" dieses komplizierte Prädikat erklären dürfen.]

In diesem Beispiel bezieht sich das erste „我们" (wir) auf eine nicht genannte Forschergruppe, die eine bestimmte Ansicht zum komplizierten Prädikat vertritt. Dann formuliert der Verafasser mit der ersten Person Singular „我" (ich) seine persönliche Meinung. Das zweite „我们" (wir) lädt dagegen auch die Rezipienten ein und kündigt ein Prinzip für die Analyse des komplizierten Prädikats an.

In Bezug auf die Eigenbezeichnung des Verfassers kommt in der Hälfte der Teilkorpustexte die erste Person in Singularform „我" [„ich"/„mich"/„mir"] vor, und beträgt im Durchschnitt drei Mal pro Text (Beispiel 228). Dagegen erscheint die Bezeichnung „我们" [„wir"/„uns"/„unser"] mit Rezipientenbezug mit einer Vorkommensfrequenz von 13 Mal pro Text sehr häufig und wird in 17 Texten verwendet (Beispiel 229). Die Bezeichnung des Verfassers als dritte Person fehlt übrigens in diesem Teilkorpus.

Beispiel 228:
我自己感觉我的说法是很平易的。(ChLin1950er8)
[Ich selbst empfinde, dass meine Erklärung ganz normal ist.]

Beispiel 229:
这一深刻反映汉语特点的现象在我国古典文学中就有传统。(ChLin1950er3)
[Dieses Phänomen, das die Besonderheiten der chinesischen Sprache tiefgreifend widerspiegelt, hat jedoch Tradition in der klassischen Literatur unseres Landes.]

5.3.2.2 Klarheit

Die verschiedenen Formen der metakommunikativen Formulierungen sowie deren Vorkommenshäufigkeit in diesem Teilkorpus zeigt die folgende Tabelle:

Tab. 55: Metakommunikative Formulierungen in ChLin1950er.

	Zielsetzung/ Thema	Textorganisation und Rezipientensteuerung			Verstehenssicherung				Rezipientenbezug
		Vorverweis	Rückverweis	Textstrukturierung	Definition	Paraphrasierung	Exemplifizierung	Zusammenfassung	
Gesamtzahl (20 Texte)	9	38	65	111	1	17	494	20	9
Durchschnitt	0,45	1,9	3,25	5,55	0,05	0,85	24,7	1,0	0,45

Aus der Tabelle ist ersichtlich, dass die metakommunikative Formulierung zur Ankündigung der Zielsetzung bzw. des Themas in diesem Teilkorpus seltener verwendet wird, denn sie kommt insgesamt neun Mal vor. Dabei gibt es lediglich zwei Texte, die auf das Thema des ganzen Textes metakommunikativ hinweisen (Beispiel 230), wohingegen sich die übrigen sieben metakommunikativen Verweise auf regional zu behandelnde Fragen in einzelnen Absätzen beziehen (Beispiel 231).

Beispiel 230:
本文准备谈谈鲁迅先生文学作品中运用色彩词的情况。(ChLin1950er15)
[In der vorliegenden Arbeit wird über die Verwendung der Wörter zum Ausdruck der Farben in den literarischen Werken von Herrn Lu Xun gesprochen.]

Beispiel 231:
现在举动词为例来谈一谈汉语动词的构形法。(ChLin1950er11)
[Nun wird anhand von Verben als Beispiel über Wortbildung der Verben im Chinesischen gesprochen.]

In Bezug auf die metakommunikative Formulierung zur Textorganisation und Rezipientensteuerung ist es auffällig, dass sich sehr viele metakommunikative Hinweise auf die Textstrukturierung beziehen, denn sie kommen durchschnittlich 5,55 Mal in jedem Teilkorpustext vor. Dabei werden Ansichten, Phänomene, Methoden, Aspekte usw. gruppiert und mit Hilfe verbaler oder nonverbaler Mittel aufgelistet. Häufig verwendete sprachliche Formen sind „一方面, 另一方面" [„einerseits, andererseits"], „首先, 其次, 第三" [„zuerst, anschließend, drittens"] und „第一, 第二, 第三" [„erstens, zweitens, drittens"] (Beispiel 232), dagegen sind die nonverbalen Formen die arabische Nummerierung wie „1, 2, 3, ..." oder die chinesische Nummerierung wie „一, 二, 三, ..." und die Alphabetisierung wie „A, B, C, ..." (Beispiel 233). Der Rückverweis dagegen wird sprachlich realisiert mit „上面/上边/以上/上述/如上所述/上文/(见上)" [„oben" / „nach oben" / „obige Beschreibung" / „wie oben gesagt" / „obiger Text" / „(siehe oben)"] oder „前面/前边/前述" [„vorne" / „wie vorne beschrieben"] (Beispiel 234), und mit der Häufigkeit von 3,25 Mal pro Text wesentlich öfter verwendet als der Vorverweis, der 1,9 Mal pro Text erscheint. Die sprachlichen Formen des Vorverweises sind v. a. „下面/以下/如下/下文/(见下)" [„unten" / „siehe unten" / „wie unten" / „der folgende Text" / „(siehe unten)"] (Beispiel 235).

Beispiel 232:
什么是"词",要从两方面着手分析。一方面是从语素这方面,让"词素"和"词"划开;一方面是句法(词组)方面,让"词"和"词组"尽可能划开。(ChLin1950er11)
[Was ist „Wort"? Zur Analyse muss von zwei Seiten herangegangen werden. Die eine Seite ist das Morphem, um „Morphem" vom „Wort" getrennt zu betrachten; die andere Seite ist die Syntax (Wortgruppe), um „Wort " möglichst von „Wortgruppe" zu trennen.]

Beispiel 233:
至少我们可以肯定以下两点：1. ...... 2. ...... (ChLin1950er2)
[Zumindest können wir die folgenden zwei Punkte feststellen: 1. ... 2. ...]

Beispiel 234:
如上所述，几个词的意义可以和同一个概念发生关系，......
[Wie oben bereits dargestellt wurde, kann die Bedeutung von verschiedenen Wörtern Beziehungen mit demselben Begriff haben, ...] (ChLin1950er4)

Beispiel 235:
下文不再讨论插入，...... (ChLin1950er16)
[Im folgenden Teil des Textes wird nicht mehr über Parenthese diskutiert ...]

In Bezug auf die metakommunikative Formulierung zur Verstehenssicherung enthält dieses Teilkorpus besonders viele metakommunikative Hinweise auf die Exemplifizierung. Denn mit 24,7 Mal pro Text ist sie im Vergleich zu anderen die mit großem Abstand am häufigsten verwendete Form. Sprachlich werden dabei v. a. Ausdrücke wie „例如/譬如/比如/比方说" [„zum Beispiel"], „举例/以 ...... 为例" [„Nennen wir ein Beispiel" / „mit ... als Beispiel"] oder „如/像" [„wie"] verwendet (Beispiel 236). Im Durchschnitt von einem Mal pro Text folgt dann der metakommunikative Hinweis auf die Zusammenfassung. Sprachlich realisiert wird er durch die folgenden Ausdrücke: „总之/综上所述" [„zusammenfassend"], „下一个结论/得出结论" [„Kommen wir zum Ergebnis"] oder „总起来看/概括地说" [„zusammenfassend gesehen" / „zusammenfassend gesagt"] (Beispiel 237). Die metakommunikative Formulierung zur Paraphrasierung erscheint insgesamt 17 Mal und durchschnittlich 0,85 Mal in jedem Teilkorpustext, dabei werden drei sprachliche Formen verwendet, nämlich „这就是说/也就是说" [„das heißt"], „换言之" [„mit anderen Worten"] und „即" [„gleichbedeutend"] (Beispiel 238). Dagegen erscheint die metakommunikative Formulierung zur Definition nur ein einziges Mal (Beispiel 239). Das heißt allerdings nicht, dass es im ganzen Teilkorpus nur diese eine Definition gibt. Vielmehr enthalten die Texte auch andere Definitionen, allerdings ohne metakommunikative Verweise.

Beispiel 236:
但是下面的例子好像可以推翻这种看法：(ChLin1950er2)
[Aber die folgenden Beispiele können vielleicht diese Ansicht umstoßen:]

Beispiel 237:
综上所述，可见相声中语言夸张所采用的方式有时多种多样 ...... (ChLin1950er3)
[Zusammenfassend kann man sagen, dass die sprachliche Übertreibung im komischen Dialog auf unterschiedliche Art und Weise realisiert werden kann, ...]

Beispiel 238:
[mo]和[mei]有不同的意义，不只是询问句终词的作用。换言之，它还没有完全变成一个纯粹的询问句终词。(ChLin1950er1)

[[mo] hat eine unterschiedliche Bedeutung zu [mei] und fungiert nicht nur als Abschlusswort eines Fragesatzes. Anders gesagt ist dieser Ausdruck noch nicht ganz zu einem reinen Abschlusswort eines Fragesatzes umgewandelt.]

Beispiel 239:
有的语言学著作就直接从这个角度来给词义下定义。例如说 …… (ChLin1950er4)
[Manche sprachwissenschaftliche Werke geben direkt unter diesem Aspekt der Wortsemantik eine Definition. Zum Beispiel …]

Außerdem gibt es in diesem Teilkorpus neun metakommunikative Formulierungen zum Rezipientenbezug, wobei die Rezipienten mit einem Imperativsatz direkt angesprochen werden, wie zum Beispiel „试比较:" [Versuchen Sie zu vergleichen], „且看 ……:" [Sehen Sie mal …], „请回忆一下 …… 的情况" [Bitte erinnern Sie sich daran, …].

5.3.2.3 Ökonomie
Dieses Teilkorpus enthält insgesamt vier graphische Darstellungen. Die Hälfte davon illustriert die begrifflichen Beziehungen in Form von Tabellen oder Mustern, während die andere Hälfte die Daten in Tabellen umgesetzt hat. Die drei Tabellen sind mit einem sprachlichen Verweis wie „加以总结如左表" („zusammenfassend wie die Tabelle links") oder „列表如下" („aufgelistet wie in der Tabelle unten") deutlich in den verbalen Text eingebettet, wobei zwei Tabellen davon zusätzlich durch eine Legende zur inhaltlichen Erklärung ergänzt werden (Beispiel 240). Dagegen wird das begriffliche Muster ohne jeglichen metakommunikativen Verweis zwischen zwei Abschnitte eingeordnet, sodass seine Beziehung zum verbalen Teil erst aus dem Kontext zu erschließen ist. Die beiden begrifflichen Darstellungen werden jeweils verbal genau erklärt, dagegen besteht eine komplementäre Beziehung zwischen den beiden Datentabellen und dem entsprechenden verbalen Teil des Textes.

Beispiel 240:
《曹禺选集》等四种材料里任指句 (共 244 个)
[Sätze ohne deiktische Hinweise in vier Materialien wie 《Gesammelte Werke von Cao Yu》 usw. (insgesamt 244 Sätze)]

单用 "都" "也" 之类词的 (196个) [nur „dou" oder „ye" verwendende Sätze (196)]	80.3%
…	12.3%
…	7.4%

5.3.2.4 Sachlichkeit

Neben den in 5.2.2.2 ermittelten 20 sprichwörtlichen Redensarten als direktes Zitat kommen in diesem Teilkorpus zahlreiche Stilfiguren wie Metapher, Vergleich, Personifizierung, Analogie, rhetorische Fragen und Parallele vor. Darüber hinaus werden auch viele lebendige Ausdrücke sowie stilistisch markierte Satztypen wie Gegenfrage und Ausrufesatz verwendet. Dies wird im Folgenden aufgelistet:

Metapher

1. 尽管高本汉（B. Karlgren）在他的新著汉语里又弹出他的老调，还顽固地认为古代汉语是屈折语，批评家们却一直拒绝相信他的**神话**。(ChLin1950er1) [Obwohl B. Karlgren in seinem neu geschriebenen *The Chinese Language* wieder seine alte Leier anstimmt und hartnäckig glaubt, dass das klassische Chinesisch eine flektierende Sprache sei, lehnen Kritiker nach wie vor ab, an sein Märchen zu glauben.]: Dabei wird die Ansicht von Karlgren als ein Märchen beschrieben, das dementsprechend unglaubwürdig ist.
2. ...... 五花八门的新汉语语法著作的出现正是反映这种反历史主义倾向的一**面镜子**。(ChLin1950er1) [... Das Aufkommen verschiedenartiger neuer Bücher über chinesische Grammatik ist ein Spiegel, der diese antihistoristische Tendenz widerspiegelt.]: Dabei wird das Phänomen des Aufkommens von verschiedenartigen Büchern über chinesische Grammatik als Spiegel metaphorisiert.
3. 既是"**同根生**"，彼此之间的语法结构就必定存在着历史继承性，...... (ChLin50er1) [Da sie „aus derselben Wurzel gewachsen sind", haben ihre Grammatikstrukturen zueinander eine Beziehung der historischen Erbschaft ...]: Dabei wird dieselbe Abstammung der Grammatikstrukturen [des Dialogs und des klassischen Chinesischen] als Pflanzen mit derselben Wurzel angesehen.
4. 这就把那付外强中干**纸老虎**的嘴脸，刻划得活灵活现。(ChLin1950er3) [Das hat dann die Fratze eines Papiertigers, der äußerlich stark aber innerlich schwach ist, wirklichkeitstreu porträtiert.]: Dabei wird eine Beispielfigur im komischen Dialog als Papiertiger metaphorisch beschrieben.
5. 这个由千万人民当作一面**旗帜**插在世界各个角落的词，已成为一颗**指路明星**，照耀着千万爱好和平的人民，...... (ChLin1950er5) [Dieses Wort, das von Abermillionen Menschen wie eine Fahne in verschiedenen Ecken der Welt aufgepflanzt wird, ist bereits ein Leitstern geworden, und scheint über Abermillionen den Frieden liebende Menschen ...]: In diesem Satz wird das Wort als Fahne und Leitstern beschrieben.
6. 在党的总路线**光辉照耀**下，...... (ChLin1950er13) [unter der Erleuchtung des Glanzes der Generallinie der Partei ...]: Dabei wird die Generallinie der Partei als Leitstern oder Leuchtturm metaphorisiert.

7. 看来有另立门户的必要。(ChLin1950er18) [Es gibt anscheinend die Notwendigkeit, einen selbstständigen Haushalt einzurichten.]: Hier wird die Etablierung einer Disziplin [Stilistik] als Einrichtung eines Haushaltes angesehen.

Vergleich
1. [相声的]这一点颇似讽刺小品，犹如投枪匕首。(ChLin1950er3) [Dies ist im komischen Dialog ähnlich wie in der satirischen literarischen Skizze, als ob damit Speere oder Dolche geworfen würden.]: Hier wird die Funktion des komischen Dialogs als Speer- oder Dolchwurf beschrieben.
2. 使人如闻其声，如见其形。(ChLin1950er3) [als ob er vor einem stände, als ob man seine Stimme hörte]: Dabei wird die Lebendigkeit der Beschreibung zum Hören der Stimme und Sehen der Figuren metaphorisiert.
3. 语言枯燥呆板，像个瘪三。(ChLin1950er3) [Die Sprache ist eintönig und steif, wie ein „Biesan"[47]]: Die Eintönigkeit und die Steifheit der Sprache wird als Stadtstreicher beschrieben.

Personifizierung
1. 相声艺术有百年的发展历史，拥有宝贵的遗产。但，相声艺术摆脱旧的社会制度和反动统治阶级思想的桎梏与影响，迅速走向繁荣，还是在解放以后。(ChLin1950er3) [Die Kunst des komischen Dialogs hat eine Entwicklungsgeschichte von 100 Jahren und weist ein wertvolles Erbe auf. Aber es ist erst nach der Revolution, dass sich die Kunst des komischen Dialogs von den Fesseln und Einflüssen des alten Gesellschaftssystems und den Gedanken der reaktionären herrschenden Klasse losreißt, und immer mehr florierte.]: Dabei wird die Kunst des komischen Dialogs, der ein Erbe aufweist, sich von negativen Einflüssen losreißt und immer mehr floriert, wie ein Mensch beschrieben.
2. 这些经典指示是极有价值的。它们一方面批判了各式各样资产阶级唯心的语言学说；另一方面，使得语言科学在马克思主义旗帜下胜利前进。(ChLin 1950er5) [Diese klassischen Anweisungen sind sehr wertvoll. Sie kritisieren einerseits verschiedene bürgerliche idealistische Theorien der Sprachwissenschaft; andererseits lassen sie die Sprachwissenschaft unter der marxistischen Fahne triumphierend vorwärtsschreiten.]: Dabei wird die Sprachwissenschaft personifiziert, die unter der Leitung des Marxismus vorwärtsschreiten kann.

---

47 „Biesan" ist eine frühere Bezeichnung für Stadtstreicher in Shanghai.

Analogie
1. [相声的]这一点颇似讽刺小品 …… (ChLin1950er3) [Dies ist im komischen Dialog ähnlich wie in der satirischen literarischen Skizze.]: Hier wird der komische Dialog mit der satirischen literarischen Skizze verglichen.
2. 这个词，正像"民主""自由""革命"等词一样，鼓舞着劳动人民向剥削他们的反动统治者进行坚贞不屈的斗争。(ChLin1950er5) [Dieses Wort spornt gerade wie die Wörter „Demokratie", „Freiheit", „Revolution" usw. das arbeitende Volk an, gegen die es ausbeutenden reaktionären Herrscher unbeugsam zu kämpfen.]: Dabei wird die Wirkung dieses Wort mit anderen Wörtern verglichen.
3. 汉语中纵有一些词可以成为多音节的或具有屈折变化的，但如果想用它来动摇汉语的单音节性、孤立性、或分析性的说话，实在是产生不了丝毫的效果。恰如开列几万台机器的清单和二三百万工人的名单也不能证明旧日的中国是工业国一样。
(ChLin1950er8) [Selbst wenn es im Chinesischen einige Wörter gibt, die mehrsilbig werden können oder flektierend sind, können sie überhaupt nicht bewirken, die Einsilbigkeit, die Isoliertheit oder den analytischen Charakter der chinesischen Sprache zu erschüttern. Dies ist ähnlich wie die Auflistung zigtausender Maschinen und zwei oder drei Millionen Namen von Arbeitern, die nicht bezeugen kann, dass das alte China ein Industrieland war.]: Hier wird ein Vergleich zwischen der Ausnahme im Chinesischen und der Maschinen sowie Arbeiter im alten China angestellt.
4. 可以先取好名字等着生小孩儿，更普通的情形是生下小孩儿来再取名字。本文想试着用后一种办法。(ChLin1950er18) [Man kann sich einen Namen ausdenken, bevor das Kind geboren ist. Noch üblicher ist es, nach der Geburt dem Kind einen Namen zu geben. In der vorliegenden Arbeit wird versucht, die letztere Methode zu benutzen.]: In diesen Sätzen wird die Arbeitsmethode mit der Weise des Namengebens für ein Kind verglichen.

Parallele
1. 只有在研究汉语的词的概念时，不要把文言与口语截然分家，才能看出祖国语言中词汇的发展规律来，才能逐渐地把祖国的语言中的词汇更发展丰富起来，才能体会出祖国语言中词汇的丰富内容来，…… (ChLin1950er10) [Nur wenn wir bei der Forschung zur begrifflichen Bedeutung der chinesischen Wörter das klassische Chinesisch nicht gänzlich von der gesprochenen Sprache trennen, können wir (erst) die Regelmäßigkeit der Entwicklung vom Wortschatz der Sprache unseres Vaterlandes erkennen, können wir (erst) den Wortschatz der Sprache unseres Vaterlandes Schritt für Schritt weiter entwickeln und bereichern, können wir (erst) den reichlichen Inhalt des Wortschatzes der Sprache unseres Landes am eigenen Leib zu spüren bekommen, …]
2. 融合是牵涉到 …… 的一种语言现象，而词的借用只是牵涉到 …… 的一种语言现象；融合是在语言不平等的基础上，…… 而词的借用则是 ……；融合经常导致一种语言的胜利……，词的借用却根本不至于引起类似情况的产生。(ChLin1950er14) [Die Sprachvermischung ist ein … Sprachphänomen, dagegen ist die Entlehnung der Wörter lediglich ein … Sprachphänomen; die Sprachvermischung basiert auf der Ungleichheit der Sprachen, dagegen ist die Entlehnung …; die Sprachvermischung führt oft zum Sieg einer Sprache über eine andere, dagegen kann die Entlehnung der Wörter überhaupt nicht zu ähnlichen Umständen führen.]

3. 把复杂谓语分为前一个动词对后一个动词是附加关系的，并不等于说前一个动词是状语；把复杂谓语分为后一个动词（或形容词）对前一个动词是补充关系的，并不等于说后一个动词（或形容词）是补语；说复杂谓语的前后两个动词是互相说明的关系的，并不等于说前后两个动词就是联合词组。(ChLin1950er14) [Es bedeutet nicht, dass das vordere Verb eine Adverbialbestimmung ist, wenn man beim komplizierten Prädikat das vordere Verb als Zusatz des hinteren Verbs ansieht; es bedeutet nicht, dass das hintere Verb (oder Adjektiv) ein Komplement ist, wenn man beim komplizierten Prädikat das hintere Verb (oder Adjektiv) als Ergänzung zu dem vorderen Verb ansieht; es bedeutet nicht, dass das vordere und das hintere Verb eine koordinierende Wortgruppe bilden, wenn man beim komplizierten Prädikat die Beziehung zwischen dem vorderen und dem hinteren Verb als einander erklärend ansieht.]

Rhetorische Frage

1. 那么，"呢"到底是什么呢？"呢"的最初作用在于表情。(ChLin1950er1) [Was ist „ne" dann eigentlich? Ursprünglich wird „ne" beim Ausdruck von Mimik verwendet.]
2. 那么是不是可以肯定这三个……都是趋向补足语呢？这要看情况。(ChLin1950er2) [Können wir dann feststellen, dass diese drei alle richtungsweisende Komplemente sind? Das hängt von der jeweiligen Situation ab.]
3. 又为什么不能放在趋向补足语之前呢？问题还是要看它本身的性质。(ChLin1950er2) [Warum kann das nicht vor dem richtungsweisenden Komplement platziert werden? Es liegt an seinem eigenen Wesen.]
4. 什么是相声的内容呢？在今天，就是革命的政治，无产阶级的政治。(ChLin1950er3) [Was ist der Inhalt des komischen Dialogs? Heutzutage ist es die revolutionäre Politik, die proletarische Politik.]
5. 什么是相声的形式呢？就是引人发笑的"包袱儿"，就是构成"包袱儿"的语言。(ChLin1950er3) [Was ist die Form des komischen Dialogs? Es ist gerade der sogenannte „baofu'er", der einen zum Lachen bringen kann, und die Sprache, die den „baofu'er" formuliert.]
6. 在什么情况下还要使用土语呢？主要是下面两种情况。(ChLin1950er3) [Unter welchen Umständen wird die Mundart verwendet? Es gibt v. a. die folgenden zwei Situationen.]

7. 方言成分为什么会有这样的作用呢？第一，……第二，……(ChLin1950er3) [Warum haben die Elemente des Dialekts diese Funktion? Erstens, ... Zweitens, ...]
8. 有人也许会提出，我们有时一个人自言自语，这时候可不可以说语言是一种个人现象呢？不，不能。(ChLin1950er5) [Vielleicht wird man fragen, ob von einem individuellen Phänomen der Sprache gesprochen werden kann, wenn wir manchmal vor uns hin reden? Nein, es kann nicht.]
9. 那么，我们是否可以因此说，语言是个人现象呢？不，仍旧不能。(ChLin1950er5) [Können wir dann deswegen sagen, dass Sprache ein individuelles Phänomen darstellt? Nein, immer noch nicht.]
10. 那么语言内部的特殊矛盾是什么呢？这种特殊矛盾很多，例如……(ChLin1950er7) [Was ist dann der besondere Widerspruch innerhalb der Sprache? Es gibt viele solche sprachlichen Widersprüche, wie zum Beispiel ...]
11. 为什么我们把活语言变为死语言当作语言的质变呢？这是因为……(ChLin1950er7) [Warum halten wir den Wandel von einer lebenden Sprache zu einer toten Sprache für eine qualitative Änderung der Sprache? Das ist weil ...]
12. 为什么我们把共同语分化为方言和方言集中为共同语也当作语言的质变呢？斯大林说……(ChLin1950er7) [Warum halten wir die Spaltung der Gemeinsprache in Dialekte und die Bildung der Gemeinsprache durch Dialekte auch für eine qualitative Änderung der Sprache? Denn Stalin hat gesagt ...]
13. 究竟是什么原因呢？可能是"猪头"这个复合词产生的时代比较早。(ChLin1950er8) [Was ist der eigentliche Grund? Vielleicht weil das zusammengesetzte Wort „zhu tou" relativ früh entstanden ist.]
14. 拿什么做根据呢？看 n 后边有无母音。(ChLin1950er9) [Was wird als Prinzip angesehen? Es ist, ob es hinter „n" einen Vokal gibt.]
15. 究竟哪种比较恰当呢？我认为是前者。(ChLin1950er10) [Welche Form ist eigentlich geeigneter? Ich glaube die erstere.]
16. 词的借用和语言的融合有没有共同之处呢？有的。(ChLin1950er14) [Gibt es eine Gemeinsamkeit zwischen der Entlehnung der Wörter und der Sprachenvermischung? Es gibt eine Gemeinsamkeit.]
17. 鲁迅先生为什么能够这样善于运用色彩词呢？这是与他生活经验的丰富和写作态度的认真分不开的。(ChLin1950er15) [Warum ist Herr Lu Xun so gut in der Verwendung von Farbwörtern? Das kann nicht getrennt betrachtet werden vom Reichtum seiner Lebenserfahrungen und von der Gewissenhaftigkeit seiner Einstellung zum Schreiben.]
18. 单凭词汇意义或是动词的性质么？不是的。(ChLin1950er16) [Hängt es nur von der Wortbedeutung oder den Merkmalen des Verbs ab? Nein.]
19. 对于以上四组例句，各家是怎么处理的呢？一般来说，各家没有完全把它们看作同一类的语法结构。(ChLin1950er16) [Wie behandeln die verschiedenen Schulen die obigen vier Gruppen von Beispielsätzen? Im Allgemeinen haben die

verschiedenen Schulen sie nicht als grammatische Strukturen gleichen Typs betrachtet.]
20. 什么是复杂谓语？对于它的内容的理解，过去和现在是不同的。(ChLin1950er17) [Was ist das komplizierte Prädikat? Hinsichtlich seines Inhalts ist das Verständnis heute anders als früher.]
21. 我们可以不可以把"复杂谓语"改称"复式谓语"？我以为叫做"复式谓语"比叫"复杂谓语"好一些。(ChLin1950er17) [Können wir das „komplizierte Prädikat" zum „doppelten Prädikat" umbenennen? Ich glaube, dass „doppeltes Prädikat" besser als „kompliziertes Prädikat" ist.]
22. 这特点从哪里表现出来呢？一个重要的方面是遣词造句有些不同。(ChLin1950er18) [Wo kommen diese Besonderheiten zur Erscheinung? Ein wichtiger Aspekt zeigt sich in den Unterschieden der Wortwahl und des Satzbaus.]
23. 立不立得起来呢？立得起来。(ChLin1950er18) [Kann ein selbstständiger Haushalt eingerichtet werden? Es kann.]
24. 既然立了集体户，还要不要再分立几个小户？我看要。(ChLin1950er18) [Sollen noch einige kleine Untergruppen eingerichtet werden, wenn eine Obergruppe schon eingerichtet worden ist? Ich denke schon.]
25. 那么分立几个小户呢？恐怕两个总是要分的。(ChLin1950er18) [Wie viele Untergruppen sollen getrennt eingerichtet werden? Ich fürchte, zumindest zwei soll es auf jeden Fall geben.]
26. 可不可以再分呢？可能性当然有的。(ChLin1950er18) [Kann das weiter gegliedert werden? Es gibt natürlich die Möglichkeit.]

Lebendige Ausdrücke
1. 尽管高本汉 (B. Karlgren) 在他的新著汉语里又**弹出他的老调**，还顽固地认为古代汉语是屈折语，批评家们却一直拒绝相信他的神话。(ChLin1950er1) [Obwohl B. Karlgren in seinem neu geschriebenen *The Chinese Language* wieder seine alte Leier anstimmt und hartnäckig glaubt, dass das klassische Chinesisch eine flektierende Sprache sei, lehnen Kritiker nach wie vor ab, an sein Märchen zu glauben.]: Mit „又弹出他的老调" [wieder seine alte Leier anstimmt] wird die Rückständigkeit der Ansicht, die einen Überdruss empfinden lässt, anschaulich zur Sprache gebracht.
2. 他们**大肆攻击** ......，**公然**说 ......，而且进一步更**露骨**的表示 ......。这段话就不**打自招**的暴露出语义学派为帝国主义服务的**丑恶嘴脸**。反动分子胡适也有类似的**腔调与嘴脸**。(ChLin1950er5) [Sie greifen willkürlich an ..., sagen unverfroren ..., und zeigen weiter unverhüllt .... Dieser Absatz hat gerade ohne Folter die dem Imperialismus dienende hässliche Fratze der semantischen Schule gezeigt. Das reaktionäre Element Hu Shi hat auch eine ähnliche Verhaltensweise und Fratze.]: Hier werden zahlreiche bewertende Verben oder Nomen in Kombination mit Adverbien oder Adjektiven verwenden, um die kritischen und verurteilenden semantischen Ausdrücke zu intensi-

vieren, wie z. B. „大肆攻击" [willkürlich angreifen], „公然说" [unverfroren sagen], „露骨的表示" [unverhüllt zeigen], „不打自招的暴露" [ohne Folter die hässliche Fratze zeigen], „腔调与嘴脸 [Verhaltensweise und Fratze].
3. 过去有人掇拾汉语中的一鳞一爪。(ChLin1950er8) [Früher gab es Menschen, die eine Schuppe oder eine Kralle [einen Bruchteil] des Chinesischen aufgesammelt haben.]: Dabei wird mit „一鳞一爪" [eine Schuppe oder eine Kralle] der Bruchteil anschaulich beschrieben.

Gegenfrage
1. 那么我们又有什么理由一定要把 …… 算作宾语提前呢? (ChLin1950er2) [Was für Gründe haben wir, ... als vorverlegtes Objekt anzusehen?]
2. 我们倒也要问一问高先生, 基本词难道与语音是对立的吗? 一般词汇难道与基本词汇隔离的吗? (ChLin1950er7) [Wir wollen doch auch Herrn Gao fragen, steht der Grundwortschatz denn wirklich im Gegensatz zu den Lauten? Ist der allgemeine Wortschatz denn wirklich vom Grundwortschatz isoliert?]
3. 果然如此, 那末 …… 应该怎么解释呢? (该句式出现了 4 次。) (ChLin1950er10) [Wenn es wirklich so ist, wie kann ... denn erklärt werden? (Diese Satzstruktur ist vier Mal in diesem Text vorgekommen.)]
4. 如果叫它多音词, 合适吗? (ChLin1950er10) [Ist es geeignet, es mehrsilbiges Wort zu nennen?]
5. 试问 …… 这些字, 在 "现代话" 中能称为 "词" 吗? 如果不是, 不是和自己的规定相抵触了吗? (ChLin1950er10) [Es wäre ... zu fragen, ob solche Zeichen in der Gegenwartssprache als „Wörter" bezeichnet werden können? Wenn nicht, steht es dann nicht im Widerspruch zu den eigenen Regeln?]
6. 这样合乎汉语的构词法吗? (ChLin1950er10) [Entspricht das denn wirklich den Wortbildungsregeln im Chinesischen?]
7. 那么, 如果两种语言不是同样丰富的话, 其中一种就会成为胜利者了吧? (ChLin1950er14) [Wenn zwei Sprachen nicht gleich gut entwickelt sind, dann wird eine davon doch Sieger werden?]
8. 试问, 这样的看法, 与 …… 相距又有多远呢? (ChLin1950er13) [Es wäre zu fragen, wie weit eine solche Ansicht denn wirklich von ... entfernt ist?]
9. 这怎么能够自圆其说呢? (ChLin1950er17) [Wie kann die Behauptung denn wirklich mit (Schein-) Beweisen untermauert werden?]

Ausrufesatz
1. 由此也可见汉字是有改革的必要啊! (ChLin1950er6) [Daraus kann man auch ersehen, wie notwendig die Zeichenreform im Chinesischen wäre!]
2. 如果真的改换起来, 那是多么无谓! (ChLin1950er8) [Wenn es wirklich verändert wird, wie sinnlos wäre es!]
3. 反对封建统治的起义者对于运用语言的要求, 与封建统治阶级有多么大的区别。(ChLin1950er18) [Wie groß ist der Unterschied zwischen der Sprachanwen-

dung der antifeudalistischen Rebellen und der Sprachanwendung der feudalistischen Herrschaft.]

Darüber hinaus gibt es viele appellative Formulierungen, die in den meisten Fällen am Ende des Artikels platziert sind und den Rezipienten eine Handlungsanweisung geben. Dabei werden Modalverben wie „必须/要" [„müssen"], „应当/应该/要" [„sollen"] oder „可以/会" [„können"] oft verwendet, um die Dringlichkeit des Appells zu formulieren, die auch als Pflicht bzw. Verantwortung angesehen wird. Aufgerufen werden die Rezipienten, die auf der sprachlichen Oberfläche nicht direkt oder indirekt (z. B. 1., 3.) sondern nur mit dem rezipientenbezogenen „我们" [„wir"] in Erscheinung treten. Der Appell (呼吁) kann auch metakommunikativ direkt erfolgen, wie das Beispiel 10) unten zeigt, wobei sich die Aufforderung konkret an Sprachwissenschaftler richtet. Darüber hinaus ist die Aufforderung an sich häufig sehr stark politisiert oder ideologisch gefärbt, was durch die Verwendung von folgenden politischen Begriffen realisiert wird, wie z. B. „党的 …… 方针" [„die Parteipolitik"], „毛主席 …… 的指示, …… 党的语文政策" [„die Anweisung vom Vorsitzenden Mao, die Politik der Partei für die Philologie"], „马克思语言学理论, …… 错误的资产阶级语言观, …… 马克思主义的语言观" [„die marxistische sprachwissenschaftliche Theorie, die falschen bürgerlichen Sprachansichten, die marxistische Sprachansicht"], „毛泽东同志的哲学思想" [„die philosophischen Gedanken vom Genossen Mao Zedong"], „高举毛泽东思想的红旗, 发挥马克思主义语言学的战斗作用" [„die rote Fahne der Mao Zedong-Ideologie hochhalten, den Kampfgeist der marxistischen Sprachwissenschaft zur Entfaltung bringen"] usw.

Hinsichtlich evaluativer Formulierungen ist es in diesem Teilkorpus besonders auffällig, dass es sehr viele herabsetzende Bewertungen der eigenen Arbeit gibt, um Bescheidenheit auszudrücken. Dabei wird die eigene Forschung beschrieben und direkt abgewertet als „小的尝试, …… 内容不免庞杂零乱" [„ein kleiner Versuch, der Inhalt ist unvermeidlich sehr viel und ohne jede Ordnung"], „愚见" [„dumme Gedanken"], „小小的分析和统计, …… 还不是很全面的" [„kleine Analysen und statistische Rechnungen, noch nicht sehr vollständig"], „一种"钻探", …… 粗浅的分析" [„eine Art ‚Probe', eine oberflächliche Analyse"], „片面性" [„einseitig"], „一种尝试性的工作, …… 初步的工作, 不一定能够成功, 也不一定是彻底的" [„eine Art Probearbeit, die Arbeit eines ersten Schrittes, nicht unbedingt Erfolg erzielen können, nicht unbedingt gründlich sein"] oder „一点极不成熟的看法" [„eine extrem unreife Ansicht"]. Bescheidenheit in der Bewertung der eigenen Arbeit kann außerdem auch durch die Beschreibung des Zwecks der Forschungsarbeit oder durch die Aufforderung zu weiteren Maßnahmen indirekt formuliert werden, etwa „提出来讨论, 以求得正确的认识" [„das zur Diskussion bringen, um eine korrekte Erkenntnis zu gewinnen"],

„提出个人一些意见向大家讨教" [„einige persönliche Meinungen anzuführen, um Sie alle um Rat zu fragen"], „写出来发表, 请大家提意见" [„es zur Publikation bringen und alle um kritische Meinungen bitten"], „求教于 …… 同事们" [„bei den Kollegen …, Rat zu suchen"] oder „至于真正解决问题, 还有待于大家的努力" [„Was das wirkliche Lösen der Probleme angeht, so braucht es die Bemühungen von allen."], „最后的正确的结论有待于文字改革的先辈、专家和热心试行拼音文字的同志们" [„Um ein definitiv richtiges Ergebnis zu gewinnen, sind wir auf die Pioniere und Experten der Schriftreform sowie auf die Genossen angewiesen, die engagiert die Pinyin-Umschrift probeweise einführen."] Solche Bewertungen kommen z. T. im Eröffnungsteil, aber meistens im Schlussteil vor. Zusätzlich gibt es überschwängliche Bewertungen der Politik der kommunistischen Partei in China (4.). Diese werden im Folgenden aufgelistet:

Appellative Formulierungen

1. 所以, 汉语语法的研究必得联系实际, 必据汉语语法的特点和汉语语法的基本结构来进行, 汉语语法的规范化问题也必须依照汉语语法的历史继承性来寻找根据。(ChLin1950er1) [Deswegen muss die Forschung zur chinesischen Grammatik mit der Praxis verbunden sein und nach den Besonderheiten der chinesischen Grammatik sowie nach der Grundstruktur der chinesischen Grammatik unternommen werden. Die Standardisierung der chinesischen Grammatik muss auch auf der Grundlage ihrer historischen Tradierung vollzogen werden.]

2. 我们应当在党的百花齐放, 推陈出新的方针指导下, 批判地继承传统相声中运用语言的宝贵遗产, 总结解放以来的丰富经验, 提高相声语言的表现力, 推动相声艺术的发展, 使之日趋繁荣, 以满足广大劳动人民的需要。(ChLin1950er3) [Wir sollen unter der Anleitung der Parteipolitik hundert Blumen blühen zu lassen und das neue durch kritische Aufnahme aus dem Alten hervorgehen zu lassen, das wertvolle Erbe der Sprachanwendung im traditionellen komischen Dialog kritisch weiterführen, die reichlichen Erfahrungen nach der Revolution zusammenfassen, die Ausdruckskraft der Sprache des komischen Dialogs erhöhen, die Entwicklung der Kunst des komischen Dialogs vorantreiben und ihn Tag für Tag florieren lassen, um das Bedürfnis des breiten arbeitenden Volks zu erfüllen.]

3. 因此, 要想发展这一门语言艺术, 就必须遵循毛主席在《在延安文艺座谈会上的讲话》中所提出的指示: …… 同时, 还应该学习党的语文政策, 学习语言理论的基本知识, 了解与掌握汉语的特点及其发展规律, 更自觉地加以运用。此外, 加强对相声语言的研究, 在研究中应该紧密结合相声艺术的特点。努力地继承传统, 总结经验, 以期不断提高相声语言的表现力。(ChLin1950er3) [Um diese Sprachkunst zu entwickeln, müssen wir uns deswegen nach der Anweisung des Vorsitzenden Mao im „Gespräch auf dem Symposium über Literatur und Kunst in Yan'An" richten, dass … Zugleich sollten wir die Politik der Partei für die Philologie studieren, die Grundkenntnisse der Sprachtheorie lernen, die Besonderhei-

ten sowie die Entwicklungsregelmäßigkeit des Chinesischen verstehen bzw. beherrschen und sie noch bewusster anwenden. Außerdem sollten wir die Forschung zur Sprache des komischen Dialogs stärken, wobei wir besonders auf die Merkmale der Kunst des komischen Dialogs achten sollten. Wir sollten uns bemühen, die Tradition zu erben und Erfahrungen zusammenzufassen, um die Ausdruckskraft der Sprache des komischen Dialogs ununterbrochen zu erhöhen.]

4. 我们在分析词义和概念的关系的时候必须考虑到词义构成中的这些复杂的因素，这样才能比较有效地解释词义的本质，它的民族特点以及他和概念之间的辩证关系。(ChLin1950er4) [Wir müssen bei der Analyse der Beziehung zwischen der Wortbedeutung und dem Begriff diese komplizierten Faktoren in der Bedeutungsbildung eines Wortes in Betracht ziehen, sodass das Wesen der Wortbedeutung, deren nationale Besonderheiten sowie deren dialektische Beziehung zum Begriff effektiver erklärt werden können.]

5. 因此，我们要更好的学习马克思语言学理论，彻底粉碎各式各样错误的资产阶级语言观，从而建立起马克思主义的语言观，为马克思主义语言学的发展而努力。(ChLin1950er5) [Deswegen müssen wir die marxistische sprachwissenschaftliche Theorie besser lernen und die verschiedenen falschen bürgerlichen Sprachansichten gründlich zerschlagen, damit wir eine marxistische Sprachansicht aufbauen können und uns um die Entwicklung der marxistischen Sprachwissenschaft bemühen.]

6. 根据毛泽东同志的哲学思想，我们可以把语言的质变理解得更深入更透彻 …… (ChLin1950er7) [Nach den philosophischen Gedanken des Genossen Mao Zedong können wir die qualitative Änderung der Sprache noch tiefer und gründlicher verstehen. ...]

7. 因此，我们要掌握汉语词汇的发展规律，注意新词产生的条件，不要乱造新词或给旧词胡乱加上不合理的意思。我们要随时注意新词的生长情况，不要漫不经心，随便采用。就是已经稳定下来的新词，我们也要正确地理解它的意义和用法，准确地去了解和使用，不要望文生义，更不要生搬硬套。总之，我们要促进汉语词汇的规范化，使汉语沿着健康的通路发展。(ChLin1950er13) [Deswegen sollen wir die Entwicklungsregelmäßigkeit des chinesischen Wortschatzes beherrschen, auf die Voraussetzung für das Entstehen von neuen Wörtern achten und vermeiden, neue Wörter beliebig zu bilden oder den alten Wörtern beliebig unangemessene Bedeutungen zuzuschreiben. Wir müssen zu jeder Zeit die Entwicklung der neuen Wörter beobachten und sollen nicht die neuen Wörter unaufmerksam nach Belieben verwenden. Selbst hinsichtlich der bereits stabil gebliebenen neuen Wörter sollen wir ihren Sinn sowie ihre Verwendung richtig verstehen und sie dann präzise anwenden, aber nicht am Text kleben, ohne den Sinn zu verstehen, und erst recht nicht sie schematisch übernehmen. Zusammenfassend sollen wir die Standardisierung des chi-

nesischen Wortschatzes fördern, sodass sich die chinesische Sprache auf einem gesunden Weg entwickeln kann.]
8. 我们必须高举毛泽东思想的红旗，发挥马克思主义语言学的战斗作用，把语言学界的学术批评进行到底，并在这一场斗争中推动语言科学的进一步发展！ (ChLin1950er14) [Wir müssen die rote Fahne der Mao Zedong-Ideologie hochheben, den Kampfgeist der marxistischen Sprachwissenschaft zur Entfaltung bringen, die akademische Kritik im linguistischen Kreis zu Ende führen und in diesem Kampf die Sprachwissenschaft weiter vorantreiben!]
9. 我相信我们总会有一天把这种特殊的语法结构弄清楚的。 (ChLin1950er17) [Ich glaube, dass wir eines Tages diese besondere Grammatikstruktur aufklären können.]
10. 为了语言教育工作的需要，真得向语言科学工作者提出个呼吁：...... (ChLin1950er18) [Um das Bedürfnis der Sprachlehre zu erfüllen, muss wirklich an Sprachwissenschaftler appelliert werden: ...]

Evaluative Formulierungen
1. 这篇文章只是想在这方面做一次小的尝试，接触的问题较多，内容不免庞杂零乱。至于真正解决问题，还有待于大家的努力。(ChLin1950er2) [Dieser Artikel wollte nur in dieser Hinsicht einen kleinen Versuch unternehmen. Da relativ viele Fragen berührt werden, ist der Inhalt unvermeidlich sehr umfangreich und ohne jede Ordnung. Was das wirkliche Lösen der Probleme angeht, so braucht es die Bemühungen von allen.]
2. 想提出来讨论，以求得正确的认识。(ChLin1950er4) [Ich möchte das zur Diskussion bringen, um eine korrekte Erkenntnis zu erlangen.]
3. 兹抒愚见，释之如次 (ChLin1950er6) [Hiermit bringe ich meine dummen Gedanken zur Sprache und erkläre sie wie folgt.]
4. 于此可觉不论在物质生活或文化生活上为人民造福的英明措施，是空前伟大的。 (ChLin1950er6) [Daraus ist ersichtlich, dass die weisen Maßnahmen der Partei zum Wohl des Volks beispiellos großartig sind, sowohl hinsichtlich des materiellen als auch des kulturellen Lebens.]
5. 我作了一些小小的分析和统计，虽然还不是很全面的，但也许可以作为同志们进一步研究的参考。(ChLin1950er9) [Ich habe einige kleine Analysen und statistische Rechnungen vorgenommen. Sie sind zwar noch nicht vollständig, können aber vielleicht anderen Genossen Informationen für die weiteren Forschungen bieten.]
6. 这篇文章虽然是作为一个意见提出来的，但实际上也不过是一种"钻探"，主要是提供一些材料和对这些材料的粗浅的分析，试一试此路通不通，最后的正确的结论有待于文字改革的先辈、专家和热心试行拼音文字的同志们。 (ChLin1950er9) [Dieser Artikel wird zwar in Form einer Meinung geschrieben, aber er ist in Wahrheit lediglich eine Art „Probe" und bietet v. a. einige Materialien an, die er oberflächlich analysiert, um so die Probe aufs Exempel zu machen. Um

ein definitiv richtiges Ergebnis zu gewinnen, sind wir auf die Pioniere und Experten der Schriftreform sowie auf die Genossen angewiesen, die engagiert die Pinyin-Umschrift probeweise einführen.]
7. 现在提出个人一些意见向大家讨教。(ChLin1950er11) [Nun präsentiere ich einige persönliche Meinungen, um Sie alle um Rat zu fragen.]
8. 由于掌握的材料不多，因此谈论问题的片面性是在所难免的。(ChLin1950er13) [Da ich die Materialien nicht ausreichend zur Verfügung habe, ist eine Einseitigkeit bei der Problemdiskussion nicht zu vermeiden.]
9. 这篇文章是语言研究所现代汉语小组集体工作的一部分，先写出来发表，请大家提意见。(ChLin1950er16) [Der vorliegende Artikel ist ein Teil der Teamarbeit der Gruppe der chinesischen Gegenwartssprache des Sprachforschungsinstitutes. Ich schreibe ihn zur Publikation und bitte alle um kritische Meinungen.]
10. 前面说过，这是一种尝试性的工作，而且也是初步的工作，不一定能够成功，也不一定是彻底的。即使这样，我也愿意把我的看法提出来，作为语法工作者的研究参考。...... 还有许多有关的问题我没有谈到。还须要继续收集资料，做进一步的探讨。(ChLin1950er17) [Vorhin wurde erwähnt, dass dies eine Art Probearbeit und die Arbeit eines ersten Schrittes ist. Sie wird nicht unbedingt Erfolg erzielen und ist nicht unbedingt gründlich. Selbst wenn es so ist, bin ich auch bereit, meine Ansicht zu äußern und sie als Information den Grammatikforschern zu bieten. ... Es gibt noch viele einschlägige Fragen, die ich nicht erwähnt habe. Wir müssen weiter Materialien sammeln und weiter diskutieren.]
11. 这里就这个问题提出一点极不成熟的看法，求教于从事语言研究和语言教育工作的同事们。(ChLin1950er18) [Hier drücke ich eine extrem unreife Ansicht hinsichtlich dieser Frage aus, um bei den Kollegen, die sich mit der Sprachforschung und Sprachlehre beschäftigen, Rat zu suchen.]

Zuletzt ist noch zu erwähnen, dass außer einem Text (ChLin1950er20) alle übrigen Texte auf klassisches Chinesisch geschrieben wurden.

5.3.3 Untersuchung chinesischer Zeitschriftenartikel in Chinesisch als Fremdsprache 2006–2010

5.3.3.1 Objektivität

Die Formen der Selbstbezeichnung des Verfassers und ihre Verteilung im Teilkorpus Chinesisch als Fremdsprache 2006–2010 sehen aus wie in Tabelle 56.

In diesem Teilkorpus hat der Verfasser in den meisten Fällen (in 18 Texten) mit „我们" [„wir" / „uns"] oder „我们的" [„unser"] sich selbst im Sinne einer fiktiven Autorengruppe bezeichnet. Diese Form der Selbstbezeichnung kommt

Tab. 56: Selbstbezeichnung des Verfassers in ChaF.

Bezeichnung	Autorengruppe		Verfasser als erste Person		Verfasser mit Rezipientenbezug		Verfasser als dritte Person
	我们 [wir/ uns]	我们的 [unser]	我 [ich/mich/ mir]	我的 [mein]	我们 [wir/ uns]	我们的 [unser]	笔者 [der Verfasser]
Gesamtzahl (20 Texte)	160	2	0	0	29	4	18
Durchschnitt	8,1		0		1,65		0,9

im Durchschnitt 8,1 Mal pro Text vor, während die Singularform in der ersten Person „我" [„ich" / „mich" / „mir"] oder „我的" [„mein"] fehlt. Dabei gibt es in diesem Teilkorpus lediglich vier Texte, die tatsächlich von einer Autorengruppe geschrieben wurden (ChaF4, ChaF7, ChaF11, ChaF16). In den übrigen 16 Texten hat der alleinige Verfasser sich persönlich in der dritten Person Singular als „笔者" [„der Verfasser"] bezeichnet (18 Mal in sechs Texten) (Beispiel 241) bzw. mit der ersten Person Plural die nicht genannte Forschergruppe indirekt zum Ausdruck gebracht (Beispiel 242). Darüber hinaus wird auch die erste Person Plural mit Rezipientenbezug verwendet und erscheint durchschnittlich 1,65 Mal in jedem Teilkorpustext (Beispiel 243).

Beispiel 241:
笔者把该种施为功能称为内在施为功能。(ChaF2)
[Der Verfasser nennt diese Agensfunktion die innere Agensfunktion.]

Beispiel 242:
根据以上的分析和原则，我们具体选出最低量基础词汇 562 单位，...... (ChaF5)
[Nach der obigen Analyse und dem Prinzip wählen wir den Mindestgrundwortschatz mit 562 Einheiten aus, ...]

Beispiel 243:
这说明我们的轻声教学并不能有效帮助学生听辨实际语境中的轻声。(ChaF8)
[Das heißt, dass unsere Lehre der ohne Tonakzent gesprochenen Silbe den Studenten nicht wirkungsvoll helfen kann, die ohne Tonakzent gesprochene Silbe in der wirklichen Sprachsituation zu erkennen.]

5.3.3.2 Klarheit

Zur klaren Vermittlung der Textinformation werden in diesem Teilkorpus verschiedene Formen der metakommunikativen Formulierung verwendet, die in der folgenden Tabelle 57 zusammengefasst sind.

Tab. 57: Metakommunikative Formulierungen in ChaF.

	Zielsetzung / Thema	Textorganisation und Rezipientensteuerung			Verstehenssicherung				Rezipientenbezug
		Vorverweis	Rückverweis	Textstrukturierung	Definition	Paraphrasierung	Exemplifizierung	Zusammenfassung	
Gesamtzahl (20 Texte)	20	68	79	108	1	30	281	15	4
Durchschnitt	1,0	3,4	3,95	5,4	0,05	1,5	14,05	0,75	0,2

Aus dieser Tabelle geht hervor, dass die metakommunikative Formulierung zur Ankündigung der Zielsetzung bzw. des Themas insgesamt 20 Mal vorkommt. Dabei wird in 17 Texten das Textthema bereits in der Einleitung vorangekündigt, während es zwei weitere Texte gibt, in denen das Teilthema im Abschnitt metakommunikativ mitgeteilt wird (Beispiel 244). Die häufig verwendeten Sprachformen sehen wie folgt aus:
– 本文结合 …… 的特点，对 …… 进行分析/进行研究，力图找出问题的症结所在/问题的原因，并试图从 …… 入手提出一条较为合理的解决途径/以引起教师对 …… 的思考。[Die vorliegende Arbeit wird in Verbindung mit … … analysieren / erforschen, um möglichst den Grund für das Problem herauszufinden / den Grund herauszufinden, und versuchen, ausgehend von … eine geeignete Methode zur Lösung des Problems zu finden / um dazu zu führen, dass die Lehrer über … nachdenken.]
– …… 正是本文试图探讨的问题/…… 在 …… 研究中得到较好的回答。[… ist gerade das Problem, das die vorliegende Arbeit untersuchen wird. / … wird in dieser Untersuchung eine bessere Antwort bekommen.]
– 通过 …… 考察 …… /本文主要考察 …… [Es wird … untersucht, indem … / Die vorliegende Arbeit untersucht vor allem …]
– 本文以 …… 为出发点，希望从 …… 得到改进对外汉语教学的启发。[Die vorliegende Arbeit geht davon aus, dass …, und hofft, eine Anregung von … für die Verbesserung der Lehre Chinesisch als Fremdsprache zu gewinnen.]
– 本文打算对 …… 展开调查，并深入讨论 …… [In der vorliegenden Arbeit wird eine Untersuchung zu … vorgenommen und eine tiefgreifende Diskussion über … gestaltet.]
– 本文运用 …… 的方法，对 …… 作 …… 的分析，并比较 …… 等方面的特征。[In der vorliegenden Arbeit wird die Methode von … verwendet, um … zu analysieren. Zugleich werden die Merkmale hinsichtlich … verglichen.]

- 本文试图 ...... 作一描述性分析/进行描写，从而对 ...... 提出一些管窥之见。[Die vorliegende Arbeit wird versuchen, ... deskriptiv zu analysieren / ... zu beschreiben, um einige bescheidene Meinungen zu ... zu äußern.]
- 本文对这个问题进行进一步的实验研究/试图就 ...... 展开讨论。[Die vorliegende Arbeit wird dieses Problem weiter experimental erforschen / wird versuchen, über ... zu diskutieren.]

Beispiel 244:
下一节将从形式-意义-功能的对应方面对英汉情态动词和能愿动词进行对比，以确定语际迁移产生的所在及其原因。(ChaF2)
[Im folgenden Abschnitt werden die Modalverben im Englischen und im Chinesischen hinsichtlich der Entsprechung von Form – Bedeutung – Funktion verglichen, um festzustellen, wo und warum der zwischensprachliche Transfer passiert.]

Was die metakommunikative Formulierung der Textorganisation bzw. der Rezipientensteuerung betrifft, werden in diesem Teilkorpus relativ häufig strukturelle Hinweise verwendet, nämlich im Durchschnitt 5,4 Mal pro Text. (Beispiel 245). Dabei werden sie sprachlich durch folgende Mittel realisiert: „首先，其次，再次，最后" [„erstens, danach, dann, schließlich"], „一是，二是" [„Erstens, zweitens"], „一方面，一方面" [„Einerseits, andererseits"], „一类，另一类" [„Eine Gruppe, die andere Gruppe"]. Nonverbal werden dagegen sowohl chinesische, arabische Nummerierung als auch Alphabetisierung benutzt, wie (一，二，三 ......), „(1), (2), (3) ......", „1., 2., 3., ..." und „A, B, C ......" oder „a), b), c) ......". Der Rückverweis kommt 3,94 Mal pro Text vor (Beispiel 246), etwas mehr als der Vorverweis mit 3,4 Mal pro Text (Beispiel 247). Bei dem ersteren werden v. a. das Zeichen „前" [„vorne"] in verschiedenen Kombinationsformen verwendet, wie „如前所述" [„wie vorhin gesagt wurde"], „前文" [„der vorige Teil des Textes"] und das Zeichen „上" [„oben"] wie „上述" [„die obige Darstellung"], „上文" [„der obige Teil des Textes"], „上面" [„oben"], „以上" [„nach oben"], während bei dem letzteren v. a. das Zeichen „下" [„unten"] wie bei „下面" [„unten"], „以下" [„im Folgenden"], „下表" [„die nachfolgende Tabelle"], „下列" [„die untere Auflistung"], „下述" [„die Darstellung unten"], „下页" [„die nachfolgende Seite"], „如下" [„wie unten"] in Erscheinung tritt. Dazu gibt es kontextabhängige Verweise wie „见表 2" [„siehe Tabelle 2"], „见 2.2 节" [„siehe Abschnitt 2.2"], „如图所示" [„wie die Graphik dargestellt hat"], „见附录" [„siehe Anhang"], die sich je nach dem Textzusammenhang auf den vorherigen oder auf den nachfolgenden Textteil beziehen können.

Beispiel 245:
我们认为, ... 差距主要表现在三个方面。首先是 ......。其次是 ......。第三, ...。(ChaF9)

[Wir sind der Meinung, dass der Unterschied sich vor allem in drei Hinsichten zeigt. Zuerst ... Dann ... Drittens ...]

Beispiel 246:
基于 1.2 、1.3 和 1.4 的描述，我们有理由假设 ...... (ChaF6)
[Aufgrund der Darstellung in 1.2, 1.3 und 1.4 dürfen wir annehmen ...]

Beispiel 247:
(关于 ...... 的情况，参见附录) (ChaF16)
[(Hinsichtlich ... siehe den Anhang)]

Unter den verschiedenen Formen der metakommunikativen Formulierung zur Verstehenssicherung tritt die Exemplifizierung mit großem Abstand am häufigsten auf und zwar durchschnittlich 14,05 Mal pro Text (Beispiel 248). Dabei werden vorwiegend Sprachformen wie „比如/例如" [„zum Beispiel"], „以 ...... 为例/举例来说" [„mit ... als Beispiel"] verwendet. Die Paraphrasierung folgt mit 1,5 Mal pro Text und wird sprachlich realisiert durch „具体讲来" [„konkret gesagt"], „这/也就是说" [„das heißt"], „这意味着" [„das bedeutet"], „即" [„das ist"], „换句话说/换言之" [„mit anderen Worten"], „这里所说的 ...... 是指 ......" [„Mit ... wird ... gemeint."] (Beispiel 249). Die metakommunikative Formulierung zur Zusammenfassung und zur Definition kommt hingegen sehr wenig und insgesamt jeweils 15 Mal und einmal im ganzen Teilkorpus vor. Auf die Zusammenfassung wird metakommunikativ verwiesen durch „归纳起来" [„resümierend"], „综上所述/总之" [„zusammenfassend"], „总的来说/总体来看" [„allgemein gesagt"] oder „得出如下结论" [„zum folgenden Fazit kommen"] (Beispiel 250), während direkt mit „定义" [„definieren"] der metakommunikative Hinweis auf die Definition formuliert wird (Beispiel 251).

Bespiel 248:
举例来说, 51 、41 、31 同为降调，31 更容易被感知为轻声。(ChaF8)
[Nennen wir ein Beispiel, 51, 41 und 31 sind alle Fallton, aber 31 kann leichter als ohne Tonakzent gesprochene Silbe wahrgenommen werden.]

Beispiel 249:
他认为 ......。换言之，文史学者 + 教学技巧 = 学者型的汉语教师。(ChaF13)
[Er ist der Meinung ... Mit anderen Worten ist es so, Gelehrte der Literatur und Geschichte + Kunst der Lehre = Chinesischlehrer des Gelehrtentyps.]

Beispiel 250:
综上所述，不同认知风格的人在心理、行为等不同方面都表现出迥异的特性 ...... (ChaF7)
[Zusammenfassend zeigen Menschen mit unterschiedlichen kognitiven Stilen verschiedene Besonderheiten hinsichtlich der psychischen Verfassung, der Verhaltensweise usw. ...]

Beispiel 251:
下面是几家对部件的定义: (ChaF15)
[Im Folgenden sind die Definitionen der Zeichenbestandteile von einigen Sinologen.]

In diesem Teilkorpus erscheinen darüber hinaus vier Mal metakommunikative Formulierungen zum Rezipientenbezug, die alle mit der Struktur „请(bitte)+Verb" die Rezipienten direkt ansprechen (Beispiel 252).

Beispiel 252:
请比较: (ChaF12)
[Bitte vergleichen Sie:]

5.3.3.3 Ökonomie
Dieses Teilkorpus enthält viele graphische Darstellungen, die in verschiedenen Varianten auftreten:

Tab. 58: Graphische Darstellungen in ChaF.

Sorten der graphischen Darstellungen	Abbildung (Fotos, Schaubilder)	Umsetzung von Textdaten (Diagramm)	graphische Modelle/ begriffliche Zusammenhänge (Grafika, Schemata)
Einzelne Summe (20 Texte)	0	31	14
Gesamtsumme (20 Texte)	45		
Durchschnitt	2,25		

Aus der Tabelle ist zu ersehen, dass es keine Abbildungen gibt. Dagegen treten insgesamt 31 Tabellen mit einer Umsetzung der Daten und 14 Grafiken zur Darstellung der begrifflichen Zusammenhänge auf. Für die letzteren wird vorwiegend die Tabellenform verwendet, denn lediglich drei davon veranschaulichen die Ergebnisse in Form eines graphischen Modells.

Alle graphischen Darstellungen sind durch metakommunikative Verweise wie „见下表" [„siehe die folgende Tabelle"], „如图所示" [„wie die Graphik darstellt"], „列表如下" [„Die Tabelle wird wie folgt aufgestellt."] usw. eindeutig in den verbalen Text eingebettet, die meisten davon (38 Graphiken) haben außerdem noch eine Legende zur Erklärung des Graphikinhaltes (Beispiel 253). Die inhaltliche Beziehung zwischen dem verbalen Teil und der graphischen Darstellung ist so gestaltet, dass der Hauptinhalt von 29 Graphiken sprachlich nochmals erklärt oder zusammengefasst wird, während 16 Graphiken eher eine komplementäre Beziehung zu dem verbalen Teil des Textes aufweisen.

Beispiel 253:
表 1 各类型是非问的使用频次及总频率
[Tabelle 1 die Verwendungsfrequenz der verschiedenen Typen von Fragesatz ohne Fragewort sowie die Gesamtfrequenz]

......	......	......	......	......	......	......	......	......	......
L1									
L2									
L3									
......									
......									
总频次 [Gesamtfrequenz]									
总频率(%) [Gesamtfrequenz %]									

5.3.3.4 Sachlichkeit

In 5.2.3.2 wurden bei der Analyse des direkten Zitates bereits 33 sprichwörtliche Redensarten ermittelt. Darüber hinaus werden in diesem Teilkorpus zahlreiche Metaphern und rhetorische Fragen und einige Vergleiche sowie lebendige Ausdrücke eruiert, die im Einzelnen wie folgt dargestellt werden:

Metapher

1. ...... 实际上中级学生用功甚勤，教师备课的投入也往往高于初级，"低产出"的事实令人十分困惑。(ChaF1) [In der Tat sind Lernende der Mittelstufe sehr fleißig und der Einsatz der Lehrenden bei der Unterrichtsvorbereitung ist im Vergleich zur Grundstufe oft größer, die tatsächlich „niedrigen Erträge" sind verwirrend.]: In diesem Satz wird die Leistung der Lernenden als Produktionserträge in der Wirtschaft metaphorisch beschrieben.
2. 可以打破阶段间的藩篱，前后系联循序渐进地教学。(ChaF1) [Dadurch kann der Zaun zwischen verschiedenen Phasen durchbrochen werden und die Lehre miteinander verknüpft schrittweise vorwärtsgehen.]: Hier werden die zeitlich getrennten Phasen metaphorisch für räumlich getrennt gehalten.
3. 但研究通过学习过程（入学、课堂学习和测评）这根主线串起来 ...... (ChaF7) [Die einzelnen Teile der Untersuchung werden gemäß dem Lernprozess (Anfang des Unterrichts, Lernen im Klassenraum und Test) als Hauptfaden aneinandergereiht. ...]: Dabei wird der Lernprozess als Faden und die einzelnen Bestandteile des Lernprozesses als Perlen metaphorisiert.

4. 以免让他[外语学习者]被不规范语言导入奇轨。(ChaF9) [Es wird vermieden, dass er [der Fremdsprachenlerner] durch nicht standardisierte Sprache auf ein seltsames Gleis geführt wird.]: Hier wird das Fremdsprachenlernen als Fahren auf einem Gleis beschrieben.
5. 但词汇教学和汉字教学之间的"楚河汉界"依然存在, 两者"划江而治"的局面依然严峻。(ChaF15) [Aber „die Grenze zwischen Chu und Han" bei der Lehre von Wortschatz und bei der Lehre von chinesischen Zeichen existiert immer noch, die Situation, zwischen den beiden „durch den Fluss eine Grenze festzusetzen und sie getrennt zu regieren", ist weiterhin verhärtet.]: In diesem Satz wird die Situation der Wortschatzlehre und der Zeichenlehre als die Regierung der zwei Länder Chu und Han in der chinesischen Geschichte metaphorisch beschrieben.
6. 如果我们把源于汉语的字音和字义看作汉语教学的"皮", 把字形看作汉语教学的"毛", 那么, 用一句众所周知的成语就可以很形象地概括目前对外汉语字词教学面临的现状, 这就是"皮之不存, 毛将焉附"。(ChaF15) [Wenn wir die vom Chinesischen stammenden Zeichenlaute und Zeichenbedeutungen als „die Haut" der Chinesischlehre und die Zeichenform als „die Haare" ansehen, dann kann mit einem allgemein bekannten „Chengyu" der momentane Zustand der Lehre von Zeichen und Wörtern im Chinesischen als Fremdsprache anschaulich zusammengefasst werden, nämlich „wenn keine Haut da ist, woran sollten die Haare haften".]: Hier werden der Laut und die Bedeutung eines Zeichens als Haut und die Form eines Zeichens als Haare beschrieben, um metaphorisch auszudrücken, dass Zeichenlaut und Zeichenbedeutung im Chinesischen die Grundlage bilden.
7. 课堂教学采用"支架式教学" (scaffolding instruction) 方式。…… 借用建筑行业中使用的"脚手架" (scaffolding) 作为形象化比喻, 按照学习者的"最近发展区"建立脚手架的支撑作用, 不断地把学习者从一个水平提升到另一个新的更高水平, …… (ChaF19) [Der Unterricht benutzt die Methode der scaffolding instruction. … Mit „scaffolding" wird in der Architekturbranche anschaulich metaphorisiert, dass ein scaffold (Gerüst) in der „nächsten Entwicklungszone" der Lerner die Lernenden unterstützt, um sie ununterbrochen von einem Niveau auf ein anderes neues noch höheres Niveau zu befördern.]: Dabei wird die Lehrmethode als scaffolding beschrieben.

Vergleich
1. 全书共介绍了 80 多个文化点, …… 看似杂乱, 其实如乱石铺路, 自有法度。 (ChaF9) [Das ganze Buch hat insgesamt über 80 Kulturpunkte vorgestellt. … Zwar sieht es unordentlich aus, aber in der Tat ist es wie das Pflastern der Straßen durch unordentliche Steine, das seine eigenen Normen hat.]: Hier werden die Kulturpunkte als unordentliche Steine und das Buch als Straße metaphorisch beschrieben.

Personifizierung
1. ......拖了整个汉语教学的后腿。(ChaF6) [... hat das Hinterbein des Chinesischlehrens und -lernens festgehalten (hat das Chinesischlehren und -lernen aufgehalten)]: Dabei wird das Chinesischlehren und -lernen als Person gesehen, die Beine hat.

Analogie
1. 中级阶段的留学生在异域文化中好似刚刚学会生存的儿童......(ChaF1) [Die ausländischen Studenten der Mittelstufe sind in der Fremdkultur wie Kinder, die gerade die Grundkenntnisse zum Leben erworben haben ...]: Dabei werden ausländische Studenten der Mittelstufe mit Kindern verglichen.
2. 但是我们可以把这些知识用学习者的母语介绍给他们，就像留学生在学习课文生词时常常需要借助外文解释一样。(ChaF3) [Aber wir können diese Kenntnisse den Lernenden in ihrer Muttersprache vermitteln. Es ist dem ähnlich, dass ausländische Studenten beim Lernen fremder Wörter oft Erklärungen in ihrer Muttersprache zur Hilfe ziehen.]: Hier wird die Sprachverwendung in der Kenntnisvermittlung durch Lehrpersonen mit der beim Fremdwortlernen durch die ausländischen Studenten verglichen.

Rhetorische Frage
1. 如何使教师设计的任务能科学地区分出难度等级并与不同汉语水平的学生相匹配呢？在这方面，布鲁姆的教育目标分类学理论提供了参考。(ChaF1) [Wie können die von der Lehrperson entworfenen Aufgaben nach Schwierigkeitsgrad unterschieden werden, sodass sie dem unterschiedlichen Chinesischniveau der Studenten entspricht? Diesbezüglich hat die Theorie der Kategorisierung der Lehrziele von Brumm viele Informationen geboten.]
2. ......知道了"氵"是水的意思，是否就能准确地推测出每个含有"氵"的汉字的意义呢？在 7000 通用字中含有"氵"的形声字有 378 个之多，推测出字义的难度是可想而知的。(ChaF3) [... Können genaue Schlüsse auf die Bedeutung von jedem Zeichen mit "氵" gezogen werden, wenn man weiß, dass "氵" Wasser bedeutet? Da es 378 Wörter der Sinn-Laut-Ableitung mit "氵" unter den 7000 allgemein benutzten Wörtern gibt, kann man sich vorstellen, wie schwer die Wortbedeutung zu erschließen ist.]
3. 区别和共性共存的原因何在？首先，......(ChaF4) [Wo liegt der Grund für die Koexistenz der Unterschiede und der Gemeinsamkeiten? Erstens ...]
4. 以什么为标准，是口语还是书面语作标准？通过长期的实践研究，我们以为以......为基本标准较为合适。(ChaF4) [Was wird das Kriterium sein, die mündliche oder die schriftliche Sprache? Nach einer langzeitigen praktischen Untersuchung sind wir der Meinung, dass ... als Grundkriterium geeignet ist.]
5. 这样的比例是否能真正满足学生的需求？......上课时教师讲解得过多，是全体学生都不欢迎的做法。(ChaF7) [Kann so eine Proportion das Bedürfnis der Studen-

ten wirklich erfüllen? ... Es ist keine willkommene Verhaltensweise, wenn der Lehrer im Unterricht zu viel redet.]
6. 对于第二语言学习者，是否也同等程度地要求，或者有无必要制定一份不同于母语者的轻声词语表呢？…… 给外国学生提供的进入词汇教学的轻声词范围应该更小。(ChaF8) [Soll eine Wortliste ohne Tonakzent gesprochener Silben mit dem gleichen Niveau oder doch anders als für Muttersprachler für Lernende Chinesisch als zweite Sprache entwickelt werden? ... Der Umfang der Wörter ohne Tonakzent gesprochener Silben für ausländische Studenten soll noch kleiner sein.]
7. 对于有规律可循的由构词法产生的轻声词是否需要进一步区分呢？答案是肯定的。(ChaF8) [Müssen die regelmäßig gebildeten Wörter, deren gesprochene Silben keinen Tonakzent aufweisen, weiter unterschieden werden? Die Antwort ist ja.]
8. 如何协调这两方面的矛盾呢？精视精读教材是以双层复迭文本的对照加以处理的。(ChaF9) [Wie können diese zwei widersprüchlichen Seiten koordiniert werden? Das Lehrbuch Intensives Videoanschauen und Intensives Lesen hat dies durch den Kontrast der mündlich orientierten Texte im Video und der schriftlich fixierten Texte behandelt.]
9. 那么这些用法之间有没有什么内在的联系？有, …… (ChaF11) [Gibt es dann eine innere Beziehung zwischen diesen Verwendungsweisen? Ja, ...]
10. 那么为什么假设/条件句后面也用疑问标志呢？这跟小句做话题密切相关。(ChaF11) [Warum gibt es eine Kennzeichnung als Frage hinter dem Wenn-Satz? Das hängt eng mit dem Teilsatz als Thema zusammen.]
11. 那每个汉语教师需要什么样的素质呢？简单来说，应该有知识和能力结构两个方面。(ChaF13) [Welche Qualifikationen braucht dann jeder Chinesischlehrer? Einfach gesagt sollte man in zweierlei Hinsicht, nämlich Wissen und Können, qualifiziert sein.]

Lebendige Ausdrücke
1. 就有可能**盘活**课堂 (ChaF1) [Es ist dann möglich, im Unterricht [wie beim Schachspielen] einen Ausweg herauszufinden.]: Das Wort „盘活" stammt ursprünglich aus dem Schachspiel und bedeutet, aus einer aussichtslosen Lage einen Ausweg zu finden. Mit diesem Wort ist die Beschreibung der Unterrichtsorganisation anschaulich geworden.
2. 然后再**逐个突破** (ChaF11) [Danach wird dann ein Durchbruch nach dem anderen erzielt.]: Das Wort „逐个突破" stammt aus dem Krieg und und wird viel verwendet im Kampfsport, heißt v. a., die Verteidigungen der Gegenseite eine nach der anderen zu durchbrechen. Die Verwendung dieses Wortes im Bereich Didaktik macht die Beschreibung lebendig.

Es gibt außerdem evaluative Formulierungen zur eigenen Forschung, die eine gewisse Bescheidenheit des Verfassers zur Geltung bringen. Dabei wird die eigene Forschung als „只是一种尝试" [„nur ein Versuch"] oder „管窥之见" [„eigene bescheidene Meinung"] beschrieben. Allerdings ist die Einschränkung bzw. die Relativierung der eigenen Forschung in einigen Fällen nicht mehr formelhaft, sondern basiert auf konkreten Beschreibungen der Schwächen (z. B. 4., 5.) oder den Anforderungen an die Überprüfung der Unterrichtspraxis (z. B. 2.), sodass diese evaluativen Formulierungen sachlich klingen. Auch die wenigen Appelle werden eher indirekt formuliert, etwa in Form von „只有 ...... 才能 ......" [„nur wenn, dann"], „值得" [„es lohnt sich"] oder „应该" [„sollten"], sodass es sich wie eine Empfehlung anhört.

Evaluative Formulierungen
1. 对此，我们还缺乏经验，尤其在可操作性的要求下试制这样的词表更是一项挑战。本文的研究和试拟词表只是一种尝试。(ChaF5) [Dazu fehlt es uns noch an Erfahrungen. Es ist insbesondere eine Herausforderung, so eine Wortschatzliste nach der Anforderung der Handhabbarkeit zu erforschen. Die Forschung in der vorliegenden Arbeit und die erprobte Wortschatzliste sind nur ein Versuch.]
2. 本文 ...... 提出改进对外汉字教学设计的设想。这种设想是否正确，需要教学实践的检验。(ChaF6) [... In der vorliegenden Arbeit wird die Vorstellung des verbesserten Plans in der Lehre Chinesisch als Fremdsprache präsentiert. Ob diese Vorstellung richtig ist, muss durch die Unterrichtspraxis überprüft werden.]
3. 本文试图 ...... 作一描述性分析，从而对未来的汉语教师师资培养提出一些管窥之见。(ChaF13) [Die vorliegende Arbeit versucht, ... deskriptiv zu analysieren, um einige bescheidene Meinungen über die Ausbildung der zukünftigen Chinesischlehrer zu äußern.]
4. 尽管存在上述不足，...... 我们希望本研究能够起到抛砖引玉的作用，...... (ChaF16) [Obwohl es die oben genannten Unzulänglichkeiten gibt, ... hoffen wir, dass die vorliegende Forschung mit ein paar hingeworfenen Bemerkungen eine fruchtbare Diskussion anregen kann. ...]
5. 本文的研究还存在着一些局限，尤其是对于语音的作用、对于同形词素的作用，目前只能根据 ...... 进行一些推测，我们希望在后续研究中对这些问题进行更加深入细致的探讨。(ChaF17) [Die Untersuchung in der vorliegenden Arbeit hat noch ein paar Beschränkungen, insbesondere in Hinsicht auf die Funktion der Phoneme und auf die Funktion der Morpheme mit derselben Zeichenform können gemäß ... zurzeit nur einige Vermutungen angestellt werden. Wir hoffen, dass bei den nachfolgenden Forschungen diese Probleme noch tiefer und genauer untersucht werden können.]

Appellative Formulierungen
1. ...... 我们只有走出壁垒，向教育学、心理学、小学语文教学及其他学科学习，才能进入对外汉语教学的新境界。(ChaF6) [Erst wenn wir hinter den Schutzwällen

hervorkommen und von der Erziehungswissenschaft, der Psychologie, der Chinesischlehre in Grundschulen und von anderen Disziplinen lernen, können wir in eine neue Welt der Lehre Chinesisch als Fremdsprache eintreten.]
2. 正如研究者所说，对学习者个体差异的研究是对外汉语教学的一个重要课题，它具有十分广阔的应用前景，值得进行更深入的研究……。(ChaF7) [Gerade wie der Forscher gesagt hat, ist die Forschung zu den individuellen Unterschieden der Lerner ein wichtiges Thema in der Lehre Chinesisch als Fremdsprache, sie hat hinsichtlich der Anwendung sehr viele Perspektiven. Es lohnt sich, sie noch weiter zu vertiefen. ...]
3. 有关部门应该找出与美国现有大学师资教育与培训项目接轨的渠道与方法，从而使中美双方的汉语教学法的交流继续深化并扩大。(ChaF13) [Die einschlägigen Behörden sollten den Weg bzw. die Methode finden, sich den vorhandenen Projekten der Aus- und Fortbildung der Hochschullehrer in den USA anzuschließen, sodass der Austausch der Didaktik der chinesischen Sprache zwischen China und den USA weiter vertieft und erweitert wird.]

5.3.4 Untersuchung deutscher linguistischer Zeitschriftenartikel 2006–2010

5.3.4.1 Objektivität

Tab. 59: Selbstbezeichnung des Verfassers in DtLin2000er.

Bezeichnung	Autorengruppe		Verfasser als erste Person			Verfasser mit Rezipientenbezug			Verfasser als dritte Person
	wir	unser	ich	mich/ mir	mein	wir	uns	unser	der Verfasser
Gesamtzahl (20 Texten)	8	4	141	16	51	118	19	13	0
Durchschnitt	0,6		10,4			7,5			0

In diesem Teilkorpus kommen neben dem dominierenden Teil der Passiv-, Passivsatzstruktur und des Aktivsatzes mit gegenständlichem Subjekt zum Ausdruck der Objektivität auch Sätze zum Ausdruck der Subjektivität vor. Wie die obige Tabelle zusammenfassend darstellt, erscheint im Teilkorpus deutscher linguistischer Zeitschriftenartikel 2006–2010 relativ häufig die subjektive Selbstbezeichnung des Autors in der ersten Person Singular, und zwar durchschnittlich 10,4 Mal in jedem Teilkorpustext (Beispiel 254). Dagegen konzentriert sich die Bezeichnung der Autorengruppe in der ersten Person v. a. in einem Text (11 Mal), der einer von zwei Texten in diesem Teilkorpus ist, die jeweils zwei Autoren zusammen verfasst haben (Beispiel 255). Lediglich einmal wird diese Form in einem anderen Text mit Alleinautorschaft verwendet (Beispiel 256). Die erste Person in Pluralform mit Rezipientenbezug erscheint ebenfalls häufig, und zwar mit einem Durchschnitt von 7,5 Mal pro Text (Beispiel 257). Dagegen kommt die Bezeichnung des Verfassers in der dritten Person nicht vor.

Beispiel 254:
Darunter verstehe ich die mehrfache Abfolge sprachlicher Ausdrücke mit gleicher Referenz. (DtLin2000er11)

Beispiel 255:
Diese möchten wir ins Zentrum unserer Betrachtungen stellen, wobei wir – nach einem kurzen Exkurs zum Begrifflichen – zunächst die figurative Vielfalt von Alliterationen auf den verschiedenen Stilebenen anhand von Beispielen vorstellen, ehe wir den Blick weiten und die gesamte Seh- bzw. Rezeptionsfläche in ihrer Kulturbezogenheit betrachten. (DtLin2000er2)

Beispiel 256:
Unsere beiden Beiträge enthalten die in meinen Augen wichtigsten Argumente gegen bzw. für Deutsch als EU-Arbeitssprache, die ich im folgenden Beitrag aufgreife und teilweise modifiziere. (DtLin2000er3)

Beispiel 257:
Bessere Kenntnisse über die Bedürfnisse der sprachlichen Öffentlichkeit könnten uns aber helfen, der Lösung ein Stück näher zu kommen. ((DtLin2000er19)

5.3.4.2 Klarheit
Unter dem Begriff Klarheit werden v. a. die metakommunikativen Formulierungen untersucht. Tabellarisch zusammengefasst ergibt sich folgendes Bild (s. Tab. 60).

Aus dieser Tabelle ist ersichtlich, dass die metakommunikativen Formulierungen zur Zielsetzung bzw. zu den thematischen Vorankündigungen insgesamt 18 Mal vorkommen.

Mit dem Durchschnitt von 0,9 Mal pro Text richten sie sich allerdings z. T. auf den ganzen Text (Beispiel 258) und z. T. auf einzelne Abschnitte (Beispiel 259), während sie in sieben Texten komplett fehlen. Dabei werden v. a. die folgenden Sprachformulierungen verwendet:
– der Frage wird nachgegangen,
– [...] werde ich mich auf [...] konzentrieren und diskutieren [...],

Tab. 60: Metakommunikative Formulierungen in DtLin2000er.

	Zielsetzung/Thema	Textorganisation und Rezipientensteuerung			Verstehenssicherung				Rezipientenbezug
		Vorverweis	Rückverweis	Textstrukturierung	Definition	Paraphrasierung	Exemplifizierung	Zusammenfassung	
Gesamtzahl (20 Texte)	18	213	111	59	7	119	351	45	0
Durchschnitt	0,9	10,65	5,55	2,95	0,35	5,95	17,55	2,25	0

– Ziel des Artikels ist [...], Es geht darum, [...],
– In diesem Artikel wird gezeigt / versucht / begründet / erörtert, [...],
– dabei stellt sich die Frage, [...],
– Mich interessiert, [...] / Das soll uns hier interessieren,
– [...] soll nun ein gesondertes Kapitel gewidmet werden,
– Im Folgenden möchte ich erste Überlegungen zu [...] präsentieren,
– [...] ins Zentrum unserer Betrachtung stellen,
– [...] sind Gegenstand der folgenden Ausführungen / so die These dieses Artikels.

Beispiel 258:
Dies wird im Folgenden erörtert. (DtLin2000er6)

Beispiel 259:
Der Klassifikation von Benutzerfragen soll nun ein gesondertes Kapitel gewidmet werden, da eine systematische, auf grammatischen Kriterien basierende Auswertung dieser Frage besonderen Wert für Überlegungen zur Gestaltung weiterer Auflagen der Dudengrammatik hat. (DtLin2000er19)

Im Gegensatz zu den thematischen metakommunikativen Äußerungen werden die textorganisatorischen metakommunikativen Formulierungen in diesem Teilkorpus häufig verwendet. Was die Textstrukturierung betrifft, deren metakommunikative Hinweise 2,95 Mal pro Text im Durchschnitt betragen, geht es nicht lediglich um die thematische Vorankündigung im Teil der Texteröffnung (Beispiel 260), sondern um den ganzen Text. Es werden zum einen in nummerierter Form Gründe genannt und Typen, Gruppen, Aspekte oder Varianten aufgezählt und unterschieden (Beispiel 261). Zum anderen werden die einzelnen Handlungsschritte mit „zuerst/zunächst, dann/anschließende/danach/Daran schließt sich[...], abschließend" zeitlich eingeordnet (Beispiel 262).

Beispiel 260:
Nach einigen für diese Untersuchungsthematik grundlegenden morphologischen Begriffserklärungen zur Wortbildung und explizit selbstverständlich zu den Fugenelementen in Kapitel 2 dieses Aufsatzes, sollen in Kapitel 3 die zu prüfenden Distributionsregeln von Fugen aufgeführt werden. Untersuchungsaufbau sowie -zeitraum, der Studie zugrunde liegendes Datenmaterial des Online-Archivs Wortwarte und folgend die angewandte Auswertungsmethode seien im vierten Kapitel vorgestellt. Im fünften Kapitel geht es um die Untersuchungsergebnisse, welche schließlich im letzten Kapitel diskutiert werden sollen. (DtLin2000er10)

Beispiel 261:
Im engeren Sinne sind drei Aspekte beim Begriff „Tautologie" relevant:
1. Eine Tautologie liegt vor, wenn [...]
2. Eine Tautologie liegt aber auch dann vor, wenn [...]
3. Schließlich sind auch [...] tautologisch: [...] (DtLin2000er12)

Beispiel 262:
Dazu werde ich zuerst die weiterführenden d-Relativsäte den weiterführenden w-Relativsätzen gegenüberstellen und danach die appositiven Relativsätze mit den weiterführenden d-Relativsätzen vergleichen, [...]. (DtLin2000er14)

Außerdem enthält dieses Teilkorpus zahlreich metakommunikative Vor- (Beispiel 263) und Rückverweise (Beispiel 264), und zwar jeweils 10,65 und 5,55 Mal pro Text. Was die metakommunikativen Vorverweise anbelangt, werden v. a. die folgenden sprachlichen Formulierungen verwendet:
- Räumlich relativ verwiesen: „im Folgenden", „wie folgt", „folgendermaßen", „(s. u.)",
- Räumlich genau verwiesen: „(s. genauer 3.2.3)", „(s. unten 4)", „(s. Abschnitt 4.1)",
- Zeitlich vorankündigen: „wie sich zeigen wird", „Später soll gezeigt werden", „Darauf wird zurückzukommen sein", „ich werde nur an einigen Stellen darauf verweisen."

Auf ähnliche Weise werden die metakommunikativen Rückverweise versprachlicht:

- Räumlich relativ verwiesen: „oben", „obig", „eingangs", „im vorhergehenden Abschnitt", „die o.g. morphologische Beschränkung", „wie zu Anfang betont",
- Räumlich genau verwiesen: „(s. o. 1)", „(vgl. hierzu auch die Ausführungen in Fußnote 8)", „die in den Abschnitten 2.1 bis 2.6 präsentierten Fakten", „wie am Titel dieses Beitrags demonstriert", „das in Kapitel 2 beschriebene Normativitätsdilemma", „In der Einleitung wurde vorgeführt",
- Zeitlich rückverwiesen: „Das angesprochene Problem", „die genannten Nomina", „mit den angeführten Nomina", „die im Vorangegangenen behandelten Fälle", „wie gezeigt", „dem hier vorgetragenen Ansatz", „wie in diesem Artikel gezeigt wurde", „wie die hier beispielhaft aufgezählten", „wie angedeutet", „wie bereits erläutert", „Wie deutlich geworden ist"

Beispiel 263:
Es wird sich zeigen, dass in Bezug auf den wortinternen Ausdruck der Reflexivität und Intensivierung sich das Deutsche und das Englische viel ähnlicher sind. (DtLin2000er9)

Beispiel 264:
Das liegt zunächst einmal daran, dass dies der mit Abstand häufigste Fall ist – siehe oben die Diminutivformen und vor allem die hochfrequente Standardform Mädchen. (DtLin2000er11)

Bei der metakommunikativen Verstehenssicherung wird die Exemplifizierung mit 17,55 Mal pro Text am häufigsten verwendet (Beispiel 265). Dabei werden v. a. „zum Beispiel", „beispielsweise", „Beispiele", „an Beispielen wie" und „wie" angeführt, aber auch „zu nennen sind hier etwa", „wie [...] demonstriert" usw. kommen vor. Durchschnittlich 5,95 Mal (Beispiel 266) in jedem Teilkorpustext folgt danach eine Paraphrasierung. Sprachlich wird sie auf verschiedene Weise realisiert: etwa mit einer Partikel oder mit einem Adverb wie „also", „genauer", „nämlich", „konkret", oder mit einer Wortgruppe wie „das heißt", „das bedeutet", „i.e", „Oder man fasst es so", „[...] ist so zu verstehen", „Hier wird ausgesagt", „Mit anderen Worten", „Sehr vereinfacht gesagt", „Im Einzelnen daher [...]". An dritter Stelle steht dann die Zusammenfassung mit 2,25 Mal pro Text (Beispiel 267), die mit „zusammenfassen", „schlussfolgern", „Fazit", „festhalten", „konstatieren", „feststellen", „daraus lässt sich schließen/folgern", „Zwischenbilanz ziehen" usw. versprachlicht wird. Dagegen ist die Definition, die sprachlich mit „definieren", „bezeichnen", „fassen" oder „unter [...] verstehen" eingeleitet wird, mit 0,35 Mal pro Text nicht so häufig vertreten (Beispiel 268)

Beispiel 265:
Dies wird durch die Beispiele in (11) illustriert. (DtLin2000er14)

Beispiel 266:
Grundsätzlich kann man sagen, dass diminuierte Namen nur in Ausnahmefällen, genauer: beim Artikel das Genus Neutrum in kongruenzerforderlichen Strukturen nach sich ziehen. (DtLin2000er11)

Beispiel 267:
Zusammenfassend lässt sich Folgendes festhalten: (DtLin2000er6)

Beispiel 268:
Als **Nomination** bezeichnen wir die Bereitstellung des begrifflichen Kerns eines referenzfähigen Ausdrucks. (DtLin2000er20)

Allerdings fehlt in diesem Teilkorpus der metakommunikative Rezipientenbezug.

5.3.4.3 Ökonomie

Die folgende Tabelle gibt einen Überblick über die zahlreichen graphischen Darstellungen in diesem Teilkorpus:

Tab. 61: Graphische Darstellungen in DtLin2000er.

Sorten der graphischen Darstellungen	Abbildung (Fotos, Schaubilder)	Umsetzung von Textdaten (Diagramm)	graphische Modelle/ begriffliche Zusammenhänge (Grafika, Schemata)
Einzelne Summe (20 Texte)	3	32	16
Gesamtsumme (20 Texte)		51	
Durchschnitt		2,55	

Wie diese Tabelle zeigt, werden in diesem Teilkorpus insgesamt 51 graphische Darstellungen verwendet, was im Durchschnitt 2,55 pro Text ausmacht. Bei den drei Abbildungen handelt es sich um Bild- bzw. Spruchkopien aus anderen Quellen, die zu einem einzigen Text gehören (DtLin2000er2). Dagegen sind die 32 graphischen Darstellungen auf vier Texte verteilt und erscheinen in Form von Tabellen, Liniendiagrammen und Kreisdiagrammen. Die insgesamt 16 visuellen Darstellungen veranschaulichen in neun Texten die begrifflichen Zusammenhänge, aber vier davon sind lediglich Tabellen zur Auflistung der Beispiele oder bestimmter Begriffe.

Die meisten Bilder (43) sind durch einen metakommunikativen Verweis wie „die folgende Graphik", „folgendermaßen" oder „(s. Tabelle 2)" mit dem verbalen Teil des Textes verbunden (Beispiel 269). Bei acht graphischen Darstellungen ist dagegen die Tabelle oder das Diagramm Teil des verbalen Textes, eine Zuordnung lässt sich nur aus dem inhaltlichen Zusammenhang erschließen.

Beispiel 269:
Die Altersstruktur verteilt sich folgendermaßen:

Altersgruppe	Absolute Häufigkeit	Relative Häufigkeit
Keine Angabe		
Unter 20		
21–30		
31–40		
41–50		
51–60		
Über 60		
Gesamt		

Übersicht 2: Alter der befragten Person (DtLin2000er19)

Interessanterweise sind die Beziehungen zwischen dem graphischen und dem verbalen Teil vorwiegend komplementär (bei insgesamt 47 Bildern). Dies zeigt sich schon in Beispiel 269. Denn hier wird das Lesen der Tabelle den Rezipienten überlassen, die Verteilung der Altersstruktur nicht zusätzlich noch sprachlich erklärt. Lediglich bei vier Bildern wird der visuelle Inhalt zusätzlich verbal dargestellt, sodass zwischen den beiden semiotischen Teilen eine Explizierungsrelation entsteht.

5.3.4.4 Sachlichkeit
Neben den in 5.2.4.2 als direkte Zitate genannten zwei Sprichwörtern werden in diesem Teilkorpus v. a. sprachliche Figuren wie Metapher, Personifizierung und Parallele sowie lebendigen Ausdrücke ermittelt:
Metapher
1. „Dies gilt natürlich in erster Linie für ‚König Fußball'." (DtLin2000er1): Der Fußball wird in diesem Satz metaphorisch als König aller Sportarten bezeichnet.

2. „Man wird schon fast betrunken beim Lesen dieses Textes, ohne auch nur einen einzigen Tropfen zu sich genommen zu haben!" (DtLin2000er2): Dabei wird das Lesen des Textes als Trinken von Wein metaphorisiert.
3. „Eine Begleiterscheinung wäre, dass alle Sprachen außer Englisch ihre internationale Stellung einbüßten. [...] Neuen Aspiranten wie Chinesisch könnte es ähnlich ergehen [...]" (DtLin2000er3): Hier wird Chinesisch als neuer Kandidat beschrieben, der sich um eine internationale Stellung bewirbt.
4. „Bei einem Terminus, mit dem 2005 in einem Konzern die Vernichtung tausender Arbeitsplätze umschrieben wurde, hatte der verbale Schleier allerdings einen verräterischen Riss." (DtLin2000er4): Dabei wird die euphemistische Sprachverwendung als Schleier beschrieben, der auch einen Riss bekommen kann.
5. „Der ‚Amerika-Virus' hat nach dem politischen Umbruch Ende der 1980er Jahre auch den Osten erreicht, [...] Im Westen ist die ‚Allergie' gegen das Englische ausgeprägt, es ist der einzige sprachliche und kulturelle ‚Feind'." (DtLin2000er7): Hier steht „Amerika-Virus" für Englisch, das in die europäischen Sprachen eindringt, und mit „Allergie" wird die puristische Spracheinstellung der Europäer metaphorisch beschrieben.
6. „Andere sprachliche Mittel, etwa die Verwendung eines Demonstrativpronomens, können einen ‚Knick' in der Referenzkette anzeigen [...]." (DtLin2000er11): Dabei wird die Referenzkette als etwas Gegenständliches beschrieben, das einen Knick bekommen kann.
7. „Die Anzeige der informationsstrukturellen Gliederung des Trägersatzes ist quasi ein ‚Nebenjob', den Adverbkonnektoren, deren Hauptaufgabe ja die Indizierung der semantischen Relation zur Vorgängerposition ist, in der Nacherstposition mit übernehmen können." (DtLin2000er15): In diesem Satz wird die Anzeige der informationsstrukturellen Gliederung des Trägersatzes metaphorisch als Nebenjob beschrieben, d. h. als nicht wichtig.

Personifizierung
1. „Als eigentliche Geburtsstunde des modernen Fußballs gilt jedoch der 8. Dezember 1863." (DtLin2000er1): Hier wird dem Fußball eine menschliche Geburt zugesprochen.
2. „*Selbst* als agentisches Erstglied tritt in Konkurrenz zu *selber*." (DtLin2000er9): Wörtern wie „selbst" und „selber" wird eine menschliche Handlung zugeschrieben, die konkurrieren.
3. „Auch sein Schattendasein in grammatischen Beschreibungen ist wohl dieser Einschätzung geschuldet." (DtLin2000er9): Mit dem Wort „Schattendasein" wird der grammatischen Beschreibung von „selbst" und „selber" ein menschlicher Charakter zugeschrieben.

4. „Lässt man Fokuspartikeln wie die Adverbkonnektoren in (19a–c) durch den Satz wandern, [...]." (DtLin2000er15): Dabei werden die Fokuspartikeln wie Menschen beschrieben, die durch verschiedene Stellen des Satzes wandern können.

Parallele
1. „Man muss wissen, dass *in Führung gehen* ›einen Vorsprung von einem Tor erzielen‹ bedeutet [...]. Man muss wissen, dass *das Spiel langsam angehen lassen* meint ›zunächst nicht mit vollem Einsatz spielen‹ [...]. Man muss wissen, dass mit *Chance* eine Situation gemeint ist, [...]. Man muss wissen, dass *parieren* hier nichts mit Gehorsam zu tun hat, [...]. Man muss wissen, dass *den Ball abtropfen lassen* eine Metapher ist, [...]. Man muss wissen, dass *Latte* die Querstange (auch: *Querlatte*) des Tores bezeichnet [...]. Man muss wissen, dass *abstauben* nichts mit dem Frühjahrsputz zu tun hat, [...]. Man muss wissen, was gemeint ist, wenn es *im Kasten klingelt*, [...]. Und schließlich muss man wissen, dass Hammer auf sowohl metaphorische (Bein und Fuß als Hammer) als auch auf metonymische Weise (Hammer für den Stoß, [...]) einen außerordentlich harten Schuss bezeichnet, [...]." (DtLin2000er1)

Lebendige Ausdrücke
1. „Dann teilt sich nicht nur auf dem Spielfeld, sondern auch auf den Zuschauerrängen die Welt in **Gut und Böse, Eigene und Fremde.**" (DtLin2000er1): Dabei werden mit zwei Gruppen von Antonymen Grenzen im Stadion anschaulich dargestellt.
2. „Sie begegnen uns im Alltag **auf Schritt und Tritt.**" (DtLin2000er2): „auf Schritt und Tritt" bringt die Bedeutung „ständig und überall" anschaulich zum Ausdruck.
3. „**Hand in Hand** mit den Dysphemismen gehen aber die verschleiernden Euphemismen [...]." (DtLin2000er4): Dabei wird mit „Hand in Hand" die Bedeutung „mit etwas einhergehend" anschaulich formuliert.
4. „[...] dem Publikum sprachlichen **Sand in die Augen zu streuen.**" (DtLin2000er4): Mit „jm. Sand in die Augen streuen" wird die Bedeutung „jm. etwas vortäuschen" lebendig zur Sprache gebracht.
5. „Euphemismen, [...] haben damit **an Boden verloren.**" (DtLin2000er4): Mit „an Boden verlieren" wird die Bedeutung „Einfluss verlieren" anschaulich formuliert.
6. „Die laienlinguistisch orientierte Dialektforschung des deutschen Sprachraums **steckt** im Gegensatz dazu noch **in den Kinderschuhen.**" (DtLin2000er13): Mit „in den Kinderschuhen stecken" wird die Bedeutung „in der Entwicklung begriffen sein" lebendig dargestellt.

7. „[...], bleibt diese ambige oder **janusköpfige** Gruppe der skalierenden Einheiten vorerst unberücksichtigt." (DtLin2000er15): Mit „janusköpfig" wird die „Mehrdeutigkeit" der skalierenden Einheiten anschaulich zum Ausdruck gebracht.
8. „Für diese **laufen** die formalen Tests zur Topikidentifikation **ins Leere.**" (DtLin2000er15): Mit „ins Leere laufen" wird anschaulich zur Sprache gebracht, dass „etwas ohne Wirkung ist".
9. „Zwar hatte die Grammatikschreibung in den vergangenen Jahrzehnten **Hochkonjunktur**, [...]." (DtLin2000er19): Mit dem Wort „Hochkonjunktur" aus der Wirtschaft wird die rasche Zunahme der Grammatikschreibung beschrieben.
10. „Aus diesen statistischen Angaben zu Benutzerfragen lässt sich folgende ,**Hitliste**' von grammatischen Fragen [...] aufstellen." (DtLin2000er19): Mit dem Wort „Hitliste", das sich ursprünglich auf das Verzeichnis der beliebtesten bzw. der am meisten verkauften Schlager bezieht, werden hier die häufigsten grammatischen Fragen beschrieben.

In diesem Teilkorpus werden sehr viele lateinische Ausdrücke verwendet, wie z. B. „**grosso modo** davon ausgehen", „gilt aber **mutatis mutandis**", „sie sind bezüglich Negation und Quantifikation **opak**", „**De facto** lässt sich aber auch die genannte für Diskursanaphern typische Lesart beobachten", „Der Terminus ist, **nota bene**", „**nolens volens** beeinflusst ist", „**ergo** als ein freies Morphem fungieren", „Partikelmorpheme **per se**", „es wird **bis dato** übereinstimmend davon ausgegangen". Dies gibt dem Text einen gehobenen Sprachstil.

Außerdem kommt in diesem Teilkorpus nur eine einzige appellative Formulierung vor, die mit dem Modalverb „sollte" wie eine Empfehlung klingt. Darüber hinaus lassen sich keine weiteren auffälligen evaluativen Darstellungen finden:
– Dass nicht ausnahmslos jede Regel im Untersuchungskorpus Entsprechung findet, sollte kritisch betrachtet werden und als Anreiz dienen können, dieser schwierigen Problematik der Fugenelemente im Deutschen weiterhin empirisch forschend entgegenzutreten, um letztlich alle Unklarheiten in ihrer Distribution zu durchdringen. (DtLin2000er10)

Zwei Texte werden jeweils mit einer dpa-Meldung (DtLin2000er4) bzw. mit einem Gespräch (DtLin2000er5) als Beispiel eröffnet, womit eine entspannte Atmosphäre entsteht. Auch fachkundliche Zitate werden sowohl für die Einleitung (DtLin2000er18) als auch für das Ende des Textes (DtLin2000er15) verwendet. In einem Text stehen zwei Zitate vor dem Abstract, um die Bedeutung des Themas hervorzuheben (DtLin2000er8).

5.3.5 Untersuchung deutscher linguistischer Zeitschriftenartikel 1955–1964

5.3.5.1 Objektivität

Tab. 62: Selbstbezeichnung des Verfassers in DtLin1950er.

Bezeich-nung	Autorengruppe		Verfasser als erste Person			Verfasser mit Rezipientenbezug			Verfasser als dritte Person
	wir	unser	ich	mir	mein	wir	uns	unser	der Verfasser
Gesamtzahl (20 Texte)	0	0	17	1	11	140	25	5	5
Durch-schnitt	0		1,45			8,5			0,25

Wie die obige Tabelle zeigt, sind in dem Teilkorpus deutsche linguistische Zeitschriftenartikel 1955–1964 insgesamt 29 Mal erste Person in Singularform „ich", „mir" oder „mein" zur Betonung des Verfassers selbst aufzufinden, was im Durchschnitt 1,45 Mal pro Text ausmacht. Davon finden die meisten (20 Mal) in Verbindung mit der intertextuellen Bezugnahme auf die eigenen Arbeiten Verwendung (Beispiel 270), während lediglich neun Mal die erste Person Singular zur Betonung des eigenen Willens, der eigenen Meinung des Verfassers usw. benutzt wird (Beispiel 271).

Beispiel 270:
Fußnote 5: Meiner Dissertation (*Mundart und Umgangssprache in Württemberg*, Tübingen 1954, maschinenschr.) liegt diese Vorstellung noch zugrunde. (DtLin1950er8)

Beispiel 271:
Das Wort Raum war häufig in den Heeresberichten des Krieges. Da „Eheanbahnung" keine militärische Operation ist, wundere ich mich, daß es in den Heiratsanzeigen auch so oft erscheint, meist am Anfang: [...]. (DtLin1950er2)

Relativ oft erscheint die Pluralform der ersten Person wie „wir", „uns" oder „unser" mit einer Häufigkeit von 8,5 Mal in jedem Teilkorpustext. Diese erste Person Plural bezieht sich aber nicht nur auf den Verfasser, denn die sogenannte Autorengruppe gibt es nicht, sondern immer auch auf die Rezipienten, sodass bei der Informationsvermittlung eine Gemeinsamkeit zwischen dem Verfasser und den Rezipienten hergestellt wird (Beispiel 272). Der Selbstbezug mit der dritten Person „der Verfasser" kommt insgesamt fünf Mal vor, jedoch ausschließlich in der Fußnote beim Zitieren oder einem Verweis auf die eigene Arbeit (Beispiel 273).

Beispiel 272:
Über das Problem der Tiersprache ist viel gestritten worden. Wir wissen, daß der Vogelsang [sic!] angeboren ist, auch der isoliert heranwachsende Vogel entwickelt ihn ohne Vorbild, [...]. (DtLin1950er20)

Beispiele 273:
Fußnote 2: Vgl. Verf., Entwicklungstendenzen des heutigen Deutsch, in: Moderna Språk 1956, S. 213 ff. (DtLin1950er17)

5.3.5.2 Klarheit

Metakommunikative Formulierungen in Bezug auf stilistische Klarheit stellt die folgende Tabelle zusammenfassend dar:

Tab. 63: Metakommunikative Formulierungen in DtLin1950er.

	Zielsetzung/ Thema	Textorganisation und Rezipientensteuerung			Verstehenssicherung				Rezipientenbezug
		Vorverweis	Rückverweis	Textstrukturierung	Definition	Paraphrasierung	Exemplifizierung	Zusammenfassung	
Gesamtzahl	5	23	6	5	2	24	48	6	0
Durchschnitt	0,25	1,15	0,3	0,25	0,1	1,2	2,4	0,3	0

Diese Tabelle besagt, dass die metakommunikative Formulierung zum thematischen Ausdruck selten stattfindet. Sie kommt insgesamt nur fünf Mal vor. Eingeleitet wird die thematische Darstellung durch „Es soll vielmehr bescheiden versucht werden zu zeigen, [...]", „die Frage aufgreifen", „etwas näher untersuchen", „unser Versuch" oder „die folgenden Bemerkungen" (Beispiel 274).

Beispiel 274:
Die folgenden Bemerkungen sollen zeigen, daß der Tatbestand des Übersetzens eine charakteristische Struktur aufweist, die ihn zu einem für den Men-

schen zentralen Tatbestand macht, den es als solchen zum Objekt zu machen lohnt. (DtLin1950er18)

Unter der Kategorie „metakommunikative Formulierung zur Textorganisation und Rezipientensteuerung" finden sich insgesamt 23 Vorverweise, die in der Regel mit dem Wort „folgend" in verschiedenen grammatischen Formen zum Ausdruck gebracht wird (Beispiel 275). Gelegentlich wird der Vorverweis aber auch durch die Vorankündigung des nachfolgenden Textteils realisiert (Beispiel 276). Der Rückverweis ist noch seltener, insgesamt tritt er nur sechs Mal auf. Er zeigt sich in Formulierungen wie „wie bereits gesagt", „aus dem eben skizzierten [...]" (Beispiel 277) oder durch Verweise in Klammern auf vorangegangene Abschnitte (Beispiel 278). Die metakommunikative Formulierung zur Textstrukturierung, die mit „beginnen wir" oder „abschließend" auf den Beginn oder den Schluss des Text(abschnitt)s hinweist, wird dagegen mit fünf Mal nur selten verwendet (Beispiel 97 in 5.1.5.2).

Beispiel 275:
Überblicken wir das reiche Belegmaterial dieser Epoche, dann ergibt sich folgendes: [...]. (DtLin1950er6)

Beispiel 276:
Auch wenn die westliche (Mannheimer) und die östliche (Leipziger) Duden-Ausgabe (s. u.) heute in vielen Fällen Abweichungen in der Angabe des grammatischen Geschlechts und der Flexionsformen des Substantivs aufweisen, [...]. (DtLin1950er17)

Beispiel 277:
Aus dem eben skizzierten Widerspruch resultieren mangelhafte und unklare Zahlenvorstellungen. (DtLin1950er4)

Beispiel 278:
3.1 [...]
Wir legen dazu den herkömmlichen Begriff Periphrase (span. perífrasis) zugrunde, [...], die einen einzigen Inhalt ausdrückt (vgl. frz. locution), und erreichen in Entsprechung zu frz. locution verbale (s. 1.2) für unseren Typ den Begriff Nominalperiphrase: [...]. (DtLin1950er10)

Mit Bezug auf die Verstehenssicherung wird die Definition metakommunikativ nur zwei Mal verwendet (Beispiel 279). Auch auf die Zusammenfassung wird insgesamt nur sechs Mal hingewiesen (Beispiel 280). Dagegen kommt die Paraphrasierung, die meistens mit „d. h." (Beispiel 281), aber auch mit „man kann es so fassen" (Beispiel 282) eingeleitet wird, mit 24 Mal etwas häufiger vor.

Exemplifizierungen treten an 48 Stellen auf, sie werden normalerweise mit „z. B.", „Hier noch einige Beispiele", „Als Beispiel ..." usw. verbalisiert (Beispiel 283).

Beispiel 279:
Die wichtigsten Merkmale des Humors, die sich zum Teil schon in der Vorgeschichte des Wortes andeuteten, mögen abschließend an Stelle einer sicherlich unbefriedigenden Definition den Kern des Begriffs umschreiben: [...]. (DtLin1950er6)

Beispiel 280:
Kommen wir zum Fazit unserer Überlegungen. (DtLin1950er20)

Beispiel 281:
Der bewußte multilaterale Vergleich stellt schließlich alle Übersetzungen dem Text der Ausgangssprache gegenüber auf dieselbe Stufe, d. h.: alle Übersetzer haben vor der gleichen Aufgabe gestanden, vorgegebene semantische Werte der einen Sprache mit den Mitteln einer anderen wiederzugeben. (DtLin1950er10)

Beispiel 282:
Man kann es so fassen: [...]. (DtLin1950er8)

Beispiel 283:
Als Beispiel mögen die schon erwähnten Artikel dienen: [...]. (DtLin1950er9)

Metakommunikative Formulierungen zum Rezipientenbezug gibt es in diesem Teilkorpus nicht.

5.3.5.3 Ökonomie
In diesem Teilkorpus konnte insgesamt nur ein Schema ermittelt werden, das die funktionalen Unterschiede der lexikalischen und der syntaktischen Periphrase illustriert (DtLin1950er10). Es besteht außerdem eine klare Beziehung zwischen dem Text- und dem Bildteil. Denn noch vor der graphischen Darstellung wird das Schema sowie dessen Hauptinhalt (Beispiel 284) vorangekündigt. Und nach der Graphik wird zusätzlich ihr Inhalt verbal erläutert, sodass eine gegenseitige Explizierungsrelation entsteht.

Beispiel 284:
Den Kriterien, die DANIELS (a. a. O., S. 14 ff.) für das Deutsche aufstellt, sei im folgenden Schema, das den Gesamtvorgang der Transposition zur Nominalpe-

riphrase hin verdeutlichen will, das Kriterium der »funktionellen Opposition« hinzugefügt: (DtLin1950er10)

5.3.5.4 Sachlichkeit
Wie in 5.2.5.2 schon dargestellt wurde, gibt es in diesem Teilkorpus drei Sprichwörter als inszenierte Zitate. Darüber hinaus werden noch zahlreiche Stilfiguren und lebendige Ausdrücke verwendet, die im Folgenden aufgezeigt werden.
Metapher
1. „das Verblassen des Bildes" (DtLin1950er1): Dabei wird das sprachliche Bild als wirkliches Bild metaphorisiert.
2. „Diese [Lautgebärde] ist ihrer inneren Natur nach schwebend und fließend, sich wandelnd, vielsinnig und vielsagend, wie die Welt der Träume, der sie benachbart ist" (DtLin1950er1): Dabei wird die Lautgebärde metaphorisch als die Welt der Träume angesehen.
3. „das Dunkel ihrer gegenseitigen Beziehung aufzuhellen" (DtLin1950er1): Dabei wird die Unklarheit der Beziehung als Dunkelheit beschrieben, die aufgehellt werden kann.
4. „Die Laute sind die Farben, mit denen der sprachbildende Geist Bilder der Wirklichkeit malt" (DtLin1950er1): Dabei werden Laute als Farben metaphorisiert und der sprachbildende Geist dazu personifiziert, der damit malen kann.
5. „Damit beenden wir unseren kleinen Spaziergang durch den Blumengarten." (DtLin1950er3): Dabei wird die Darstellung der verschiedenen Blumennamen als Spaziergang durch den Blumengarten metaphorisch beschrieben.
6. „Aber wie auch niemand sämtliche Blumenarten zu einem Strauß vereinigen wird, [...] habe auch ich aus der schier unabsehbaren Menge unserer Blumennamen nur einen verhältnismäßig kleinen Strauß gepflückt, dessen Buntheit für den ganzen großen sprachlichen Blumengarten Zeugnis ablegen soll." (DtLin1950er3): Dabei wird die Darstellung der Blumennamen im Text als Pflücken eines Blumenstraußes metaphorisiert und zugleich ein Vergleich zu dem Vereinigen eines wirklichen Blumenstraußes mit einer begrenzten Auswahl der Blumensorten angestellt.
7. „Von den hier gewonnenen Einsichten her fällt einiges Licht auf die dunklen Bezirke im ‚Vorfeld der Sprache' [...]." (DtLin1950er11): Hier werden die neuen Einsichten als Licht und die Unbekanntheit über das Vorfeld der Sprache als Dunkelheit metaphorisch beschrieben.
8. „Denn unser Weg muß über eine alphabetische Namensammlung hinausführen." (DtLin1950er14): Dabei wird der Vorgang der Darstellung der Verben bildenden Tiernamen als Weg beschrieben.

9. „Unser Gang durch die wirkungsbezogene Sprachbetrachtung war eilig und kurz." (DtLin1950er19): Dabei wird die Darstellung der wirkungsbezogenen Sprachbetrachtung als „Gang" metaphorisiert.

Personifizierung
1. „Die Sprache ist beides zugleich: Zeichen und Bild. [...] Eignet dem einen das Streben, sich von dem Einzelnen, Besonderen, Zufälligen abzulösen und sich zum Allgemeingültigen der reinen sinnlichkeitsbefreiten Begriffe zu erheben, so haftet das andere gerade an dem Einmaligen, Besonderen, Gegenständlichen, taucht unter in die Vielfältigkeit und Farbigkeit der unmittelbar gegeben Erscheinungswelt." (DtLin1950er1): Dabei werden Zeichen und Bild beides mit vielen Verben personifiziert beschrieben.
2. „Diese Bemühungen des Lebensmittelrechts um Benennungen [...]" (DtLin1950er5): Dabei wird das Lebensmittelrecht wie Personen beschrieben, die sich auch bemühen können.
3. „Hand in Hand mit der Kultivierung der Moore und der Aufforstung von Ödland geht der Anbau von Nutzpflanzen." (DtLin1950er7): Dabei werden die beiden Handlungen mit „Hand in Hand" personifiziert.
4. „Die Mundart will sich von ihrer begrenzten Lebenssituation nicht lösen und tritt darum nicht in das Gespräch der Völker ein." (DtLin1950er12): Dabei wird die Mundart als Person beschrieben.
5. „Die Sprache bemüht sich dann um einen weiteren Geltungsraum." (DtLin1950er12): Dabei wird der Sprache die menschliche Kraft verliehen.
6. „Die Mundart kann sich begnügen, [...]" (DtLin1950er12): Hier wird die Mundart personifiziert.
7. „Die Mundart sucht nicht den Begriff, sondern die Charakteristik." (DtLin1950er12): Dabei wird die Mundart als eine Person beschrieben, die etwas suchen kann.
8. „Die Mundart hat keinen Anlaß, sprachlich aus ihrem Horizont herauszutreten und ihre Erfahrungen auch anderen zugänglich zu machen. Ihre Stärke liegt darin, daß sie die ihr gegebenen Möglichkeiten, ihre konkrete Lebenssituation voll ausschöpft." (DtLin1950er12): Die Mundart besitzt in diesem Satz eine menschliche Verhaltensweise.
9. „Die Mundart weitet sich zur Gebietssprache (‚Umgangssprache'), wo sie die vertraute Nähe verläßt [...], Angehörige der Hochsprache aber gehen zur Umgangssprache über [...], wo sie sich im vertrauten Kreise gehen lassen." (DtLin1950er12): Auch hier fungiert die Mundart als Menschen, die mobil sind.
10. „Die Wissenschaft stände in der Tat auf schwachen Füßen." (DtLin1950er20): Dabei wird die Wissenschaft als Person mit Füßen dargestellt.

Rhetorische Frage
1. „Welche Mittel stehen der Sprache für dieses ‚Festhalten' zur Verfügung? Die Mittel findet die Sprache in einer Eigentümlichkeit ihrer einfachsten Gebilde, der einzelnen Laute, vor, […]." (DtLin1950er1)
2. „Was wird sich daraus ergeben? Gewiss kein so klares, übersichtliches Bild wie bei den Sprachkreisen." (DtLin1950er8)
3. „Was ist hier geschehen? Bei Kanzleranwärter und Gemeinschaftsauftritt sind Begriffe aus Sport und Varieté in den Bereich der Politik übertragen." (DtLin1950er9)
4. „Welche Aufgabe stellt sich damit für die wirkungsbezogene Betrachtung? Offenbar muß sie die Wirkungen aufsuchen, die in dem sprachlichen Ausgriff des Wortstandes als ganzen beschlossen sind." (DtLin1950er19)

Analogie
1. „Die Tatsache des Übersetzens […] ist aus dem menschlichen Leben ebenso wenig hinwegzudenken wie die Tatsache der Sprache." (DtLin1950er18): Dabei wird das Übersetzen mit der Sprache verglichen.
2. „In einer Weise liegt der Vergleich mit einer Stadt nahe, die dieselbe bleibt und sich doch ganz verschieden darbietet, je nachdem ich mich ihr von Norden oder Osten, von Süden oder Westen nähere." (DtLin1950er19): Hier wird das Sprachphänomen mit der Stadt verglichen.
3. „Bei allen Bemühungen, beim Menschen ein Denken ohne Sprache nachzuweisen, ergeht es uns aber wie dem Hasen im Märchen, der nach mühsamem Lauf siegesbewußt am Ziel angelangt zu sein glaubt und dort zu seiner Verblüffung den Igel Sprache erblicken muß, der ihm unbekümmert zuruft: ‚Ich bin schon da!'" (DtLin1950er20): Hier wird ein Vergleich zwischen den Bemühungen zum Nachweisen des Denkens ohne Sprache und dem Hasen sowie zwischen der Sprache und dem Igel im Märchen angestellt.

Lebendige Ausdrücke
1. „[…], doch als er die ersten Blumen aus der Wildnis in seinen Garten verpflanzte, wollte er Auge und Herz erfreuen." (DtLin1950er3): Mit „Auge und Herz erfreuen" wird die Freude sinnlich formuliert.
2. „[…], einiges Licht auf ungelöste Teilprobleme zu werfen" (DtLin1950er11): Mit „Licht auf etwas werfen" wird die Bedeutung „etwas deutlich werden lassen" anschaulich formuliert.
3. „Dieses Verhältnis von ‚Logik' und ‚Grammatik' müssen wir scharf ins Auge fassen." (DtLin1950er13): Mit „etwas ins Auge fassen" wird die Bedeutung „sich etwas vornehmen" lebendig ausgedrückt.

4. „Sofort in die Augen springen die wesentlichen Verschiebungen im Wortfeld der Anrede." (DtLin1950er17): Mit „in die Augen springen" wird die Bedeutung „auffällig" anschaulich formuliert.

Außerdem stehen einige appellative und evaluative Ausdrücke oft am Ende des Artikels:
Appellative Formulierungen
1. „Bemühen wir uns, es in das Licht des Bewusstseins zu heben, so werden wir die Sprache in ihrem tieferen Wesen, ihrer künstlerischen Kraft und ihrer Weisheit, immer tiefer verstehen lernen." (DtLin1950er1)
2. „Die Forderung, sich der Sprache gut zu bedienen und um größtmögliche Richtigkeit und Verständlichkeit des sprachlichen Ausdrucks beim Lebensmittelverkehr bemüht zu sein, gilt für alle Lebensmittelgewerbe." (DtLin1950er5)
3. „Sie lassen uns teilnehmen an seinem geistigen Erfassen der Welt und enthüllen, meist unbewußt, die innersten Triebfedern seines Wollens und Strebens. So gesehen, ist die Geschichte des Wortes Kultur ein echtes Stück Kulturgeschichte." (DtLin1950er7)
4. „Unser Beitrag [...] möchte die sprachinternen Erörterungen [...] zu einem Blick über den Zaun des eigenen Sprachsystems ermuntern." (DtLin1950er10)

Evaluative Formulierungen
1. „[...], habe auch ich aus der schier unabsehbaren Menge unserer Blumennamen **nur einen verhältnismäßig kleinen Strauß gepflückt**, dessen Buntheit für den ganzen großen sprachlichen Blumengarten Zeugnis ablegen soll." (DtLin1950er3)
2. „Es soll **vielmehr bescheiden versucht werden** zu zeigen [...]." (DtLin1950er6)
3. „Die wichtigsten Merkmale, [...] mögen abschließend an Stelle **einer sicherlich unbefriedigenden Definition** den Kern des Begriffs umschreiben: [...]." (DtLin1950er6)
4. „Angesichts all der als »Humor« bezeichneten Lustigkeit mag eine bissige Bemerkung SCHOPENHAUERS **diesen kleinen unvollständigen Versuch** einer Wortgeschichte abschließen." (DtLin1950er6)
5. „Vielleicht kann man mit der hier vorgeschlagenen Gliederungsdreiheit – geographische Sprachkreise, geistige Schichten und Stilbereiche – **der Wirklichkeit näher kommen**." (DtLin1950er8)
6. „Bemüht man sich nach **diesen notgedrungen nur allgemeinen Andeutungen um einen ebenso nur allgemein zu formulierenden Schluß**, dann ergibt sich **ungefähr** folgendes: [...]." (DtLin1950er18)

7. „Und wir **müssen zufrieden sein**, wenn drei Dinge erreicht sind: [...]."
(DtLin1950er19)

Die vier appellativen Ausdrücke, die den jeweiligen Zeitschriftenartikel abschließen, rufen z. B. mit „wir" (1.) oder „uns" (3.) die Rezipienten zur weiteren Handlung wie Besinnung (1., 3.) oder Diskussion (4.) auf bzw. äußern Wünsche an ein konkretes Gewerbe (Lebensmittelgewerbe) (2.). Allerdings wird die Appellation, die durch „wenn ... so", „lassen", „möchte" realisiert wird, relativ dezenter geltend gemacht.

Dagegen bringen die evaluativen Formulierungen, die immer auf den ganzen Text zielen, mit „nur einen verhältnismäßig kleinen Strauß" (1.), „bescheiden versucht werden", „einer sicherlich unbefriedigenden Definition" und „diesen kleinen unvollständigen Versuch" (2., 3., 4.) sowie „diesen notgedrungen nur allgemeinen Andeutungen" und „einen ebenso nur allgemein zu formulierenden Schluß" (6.) oft die Beschränktheit der eigenen Arbeit und somit die Bescheidenheit des Verfassers zum Ausdruck. In zwei anderen Fällen werden die eigenen Arbeiten positiv evaluiert, wobei „der Wirklichkeit näher kommen" allerdings mit „Vielleicht kann man", – einem Adverb und einem Modalverb zum Ausdruck der Vermutung – stark modifiziert wird (5.). Auch „zufrieden sein" mit der Diskussion in der Arbeit wird mit einem konditionalen Satz vorsichtig eingeschränkt (7.).

In diesem Teilkorpus beginnen oder schließen die Artikel bevorzugt mit einem wortwörtlichen Zitat. Zitiert werden am Textanfang (DtLin1950er13) große Persönlichkeiten wie Wilhelm von Humboldt, am Textende Schopenhauer (DtLin1950er6) und Jacob Grimm (DtLin1950er16), aber auch Fachkollegen in der damaligen Zeit (wie Victor Klemperer in DtLin1950er17) bzw. der allgemein bekannte Satz vom Hasen und vom Igel in Grimms Märchen (DtLin1950er20). Sogar Zitate von Heiratsanzeigen aus dem untersuchten Korpus können einen Artikel sowohl eröffnen als auch beenden (DtLin1950er2). Dies bedeutet einerseits Verehrung und Anerkennung, und dient andererseits der Veranschaulichung der eigenen Arbeit.

Auffällig ist, dass zwei Teilkorpustexte (DtLin1950er1, DtLin1950er2) in Fraktur erschienen sind, während in den übrigen Teilkorpustexten lediglich die Überschriften in Fraktur, die Texte selbst in Antiqua gesetzt sind.

5.3.6 Untersuchung deutscher Zeitschriftenartikel in Deutsch als Fremdsprache 2006–2010

5.3.6.1 Objektivität

Im Teilkorpus deutsche Zeitschriftenartikel in Deutsch als Fremdsprache 2006–2010 wurden hinsichtlich der Selbstbezeichnung des Verfassers die folgenden Formen und die entsprechende Vorkommenshäufigkeit ermittelt:

Tab. 64: Selbstbezeichnung des Verfassers in DaF.

Bezeichnung	Autorengruppe	Verfasser als erste Person			Verfasser mit Rezipientenbezug			Verfasser als dritte Person
	unser	ich	mich/mir	mein	wir	uns	unser	der Verfasser
Gesamtzahl (20 Texten)	1	46	10	30	92	12	14	1
Durchschnitt	0,05	4,3			5,9			0,05

Dieser Tabelle lässt sich entnehmen, dass der sich selbst bezeichnende Verfasser-Ich zusammen mit anderen grammatischen Formen der ersten Person relativ häufig verwendet wird (Beispiel 285). Auch die Pluralform der ersten Person für die Autorengruppe kommt vor (Beispiel 286). Diese beiden Formen des subjektiven Ausdrucks des Verfassers bzw. der Verfasser treten in jedem Teilkorpustext durchschnittlich 4,35 Mal auf. Dagegen ist die Verwendung der Pluralform der ersten Person mit dem Rezipientenbezug mit dem Durchschnitt von 5,9 Mal pro Text nicht besonders auffällig (Beispiel 287). Allerdings muss dabei berücksichtigt werden, dass in diesem Teilkorpus v. a. durch den besonderen jovialen Stil eines einzigen Artikels sich diese Durchschnittszahl deutlich erhöht. Denn allein in diesem Text (DaF17) kommt die Pluralform der ersten Person mit Rezipientenbezug 71 Mal vor. Mit anderen Worten erscheint diese den Rezipienten zugewandte subjektive Form in den übrigen 19 Teilkorpustexten durchschnittlich lediglich 2,47 Mal. Die Bezeichnung des Verfassers in der dritten Person wird in diesem Teilkorpus insgesamt nur ein Mal verwendet (Beispiel 288).

Beispiel 285:
Wolff (vgl. 1996) hat insofern m. E. vollkommen recht, wenn er darauf verweist, [...] (DaF3)

Beispiel 286:
Die in diesem Beitrag beschriebenen Potenziale von Audio- und Videopodcasts, die aus unserer Sicht eine Basis für Optimierung der Hörverstehenskompetenz bilden, [...]. (DaF9)

Beispiel 287:
Kehren wir zum Ausgangspunkt unserer Überlegungen zurück, so können wir festhalten, [...]. (DaF4)

Beispiel 288:
Diese Tatsache fand die Verfasserin im Rahmen ihrer Funktion als wissenschaftliche Beraterin des Niedersächsischen Integrationszentrums GDL Friedland immer wieder bestätigt. (DaF16)

5.3.6.2 Klarheit

Die verschiedenen Kategorien der Metakommunikation zum Zweck der stilistischen Klarheit sind in diesem Teilkorpus wie folgt zusammengestellt:

Tab. 65: Metakommunikative Formulierungen in DaF.

	Zielsetzung/ Thema	Textorganisation und Rezipientensteuerung			Verstehenssicherung				Rezipientenbezug
		Vorverweis	Rückverweis	Textstrukturierung	Definition	Paraphrasierung	Exemplifizierung	Zusammenfassung	
Gesamtzahl (20 Texte)	20	84	20	21	3	49	127	8	1
Durchschnitt	1	4,2	1	1,05	0,15	2,45	6,35	0,4	0,05

Aus dieser Tabelle geht hervor, dass das Thema bzw. die Zielsetzung des Artikels oder eines bestimmten Abschnitts in der Regel metakommunikativ vorangekündigt wird, denn dies erfolgt durchschnittlich in jedem Teilkorpustext ein Mal (Beispiel 289). Dazu werden v. a. folgende Formulierungen verwendet: „der Frage nachgehen", „Ziel des vorliegenden Beitrags ist", „auf einige Aspekte näher eingehen", „einige Überlegungen in Bezug auf folgende Fragen darstellen", „ein Konzept/eine Studie vorstellen", „Es wird aufgezeigt/thematisiert", „Die Hauptfragestellung ist", „Die folgende Untersuchung befasst sich mit [...]",

„Der Beitrag zeigt", „Es soll darum gehen.", „Im vorliegenden Artikel soll versucht werden", „Ziel ist" usw. Außerdem wird auch auf thematische Einschränkungen metakommunikativ hingewiesen (Beispiel 290).

Beispiel 289:
Vor diesem Hintergrund versucht der vorliegende Beitrag der Frage nachzugehen, was eigentlich mit der Dimension des Kommunikativen gemeint ist bzw. sein könnte. (DaF3)

Beispiel 290:
Eine detaillierte Ausarbeitung didaktischer Konsequenzen würde den Rahmen des vorliegenden Beitrages übersteigen. (DaF11)

Mit Blick auf die Textorganisation kommt der Vorverweis mit im Durchschnitt 4,2 Mal pro Text wesentlich häufiger vor als der Rückverweis mit durchschnittlich ein Mal in jedem Teilkorpustext. Der erstere erscheint entweder mit dem Wort „folgend" (Beispiel 291) oder mit dem Hinweis auf spätere Abschnitte im Artikel (Beispiel 292). Dagegen kann der letztere oft mit dem lokalen „oben" (Beispiel 293) oder ganz selten mit dem zeitlichen „schon" (Beispiel 294) allgemein oder mit konkreten Abschnittsangaben angezeigt werden (Beispiel 295). Gelegentlich werden der Vor- und Rückverweis kombiniert verwendet, wie das Beispiel 296 zeigt.

Beispiel 291:
Eben darum handelt es sich aber, wie im Folgenden gezeigt werden soll, bei Lehrbuchtexten nicht. (DaF13)

Beispiel 292:
Zu allen drei Realisierungstypen werden zusätzliche Ausdrucksvarianten angeboten (s. hierzu weiter unten) [...]. (DaF4)

Beispiel 293:
Die oben dargestellten Fragen zur Heterogenität im interkulturellen Schulunterricht sind genuine Fragen auch der Zweitspracherwerbsforschung, [...]. (DaF16)

Beispiel 294:
Die Hintergrundinformationen dazu kann, wie schon erwähnt, das Internet liefern. (DaF14)

Beispiel 295:
4.5 Landeskundliches Wissen
[...]

Der hohe Stellenwert der mündlichen Kommunikation mit den Kollegen läßt sich sicher mit der Wichtigkeit der Fähigkeit zur Teamarbeit erklären (siehe Abschnitt 3.2). (DaF11)

Beispiel 296:
Im Deutschen üben die genannten sprechstimmlichen Parameter vor allem folgende Funktionen aus: (DaF2)

Die metakommunikativen Formulierungen zur Textstrukturierung werden in diesem Teilkorpus mit durchschnittlich 1,05 Mal in jedem Text relativ häufig verwendet, und zwar in zwei verschiedenen Formen: Zum einen wird der Gesamtaufbau des Artikels in der Einleitung vorangekündigt oder der Abschluss des Textes im Schlussteil vorweggenommen (Beispiel 297). Zum anderen wird die Spezifizierung bzw. Aufgliederung der Ansicht, der Analyse usw. in einzelne Aspekte signalisiert (Beispiel 298).

Beispiel 297:
In diesem Beitrag werden zunächst Podcasts als (neues) Medium charakterisiert (Abschn. 2). Daran anschließend wird nach der allgemeinen Diskussion des technischen und des didaktischen Potenzials des Podcastings in der fremdsprachlichen Unterrichtspraxis (Abschn. 3) die eigene Konzeption einer fremdsprachendidaktischen Lehrveranstaltung zum Thema „Podcastgestützte Entwicklung der Hörverstehenskompetenz im DaF-Unterricht" vorgestellt (Abschn. 4). Der Beitrag schließt mit einem Fazit (Abschn. 5). (DaF9)

Beispiel 298:
Diese [kommunikative Kompetenz] manifestiert sich in vier Dimensionen, welche es Hymes zufolge zu untersuchen gilt, [...]. Die erste Dimension betrifft die formalen Ausdrucksmöglichkeiten und Regularitäten einer Sprache [...], während die zweite Dimension sich auf eher physiologische, auch neurophysiologische Aspekte bezieht [...]. Die dritte Dimension betrifft die soziale, situative Angemessenheit von Äußerungen, die vierte hingegen den tatsächlichen Sprachgebrauch, [...] (DaF3)

Außerdem werden in diesem Teilkorpus verschiedene Formen der metakommunikativen Formulierungen zur Verstehenssicherung verwendet. Dabei tritt besonders zahlreich die Exemplifizierung auf, und zwar 6,35 Mal pro Text im Durchschnitt. Sie wird in der Regel mit „zum Beispiel", „beispielsweise", „am Beispiel", „ein typisches Beispiel" usw. eingeleitet (Beispiel 299). Die Paraphrasierung, eingeleitet mit „d. h.", „genauer" oder „mit anderen Worten" (Beispiel 300), folgt mit einem großen Abstand von 2,45 Mal in jedem Teilkorpustext. Hingegen werden die Zusammenfassung (Beispiel 301) und die Definition (Beispiel 302) mit jeweils 0,4 Mal und 0,15 Mal im Durchschnitt wesentlich seltener metakommunikativ signalisiert.

Beispiel 299:
Ein aktuelles Beispiel hierfür ist das Häufigkeitswörterbuch der deutschen Sprache von Jones/Tschirner (2005). (DaF5)

Beispiel 300:
Freiheit ist eine klassische Ableitung, genauer: ein explizites Derivat. (DaF18)

Beispiel 301:
Resümierend ist allerdings zu sagen, dass [...]. (DaF3)

Beispiel 302:
Um eine erfolgreiche Umsetzung dieser Forderung zu gewährleisten, muß definiert werden, was die relevanten Schlüsselqualifikationen sind [...].
There is a general consensus on the major groups of skills – written and oral communication skills, interpersonal and teamwork skills, problem solving skills and information handling skills (Nankivell and Schoolbred 1992: 11) (DaF11)

Nicht zuletzt wird in diesem Teilkorpus die metakommunikative Formulierung zum Rezipientenbezug insgesamt ein Mal benutzt, wie das Beispiel 303 zeigt:

Beispiel 303:
Einige Leser mag mein Zugriff auf die Texte erstaunt haben, und sicherlich könnte an universitären Lehrbuchtexten noch viel mehr erforscht werden, [...]. (DaF13)

5.3.6.3 Ökonomie

Dieses Teilkorpus enthält insgesamt 23 graphische Darstellungen. Darunter illustrieren 16 Bilder (69,6 %) mit Histogrammen oder Tabellen die Textdaten. Dagegen veranschaulichen drei Bilder anhand von Graphik oder Schemata die begrifflichen Zusammenhänge. In diesen beiden Formen wird der graphische Inhalt auch immer verbal erklärt und damit eine Explizierungsrelation zum Textausschnitt hergestellt. In vier Tabellen werden bestimmte Stichwörter oder Inhalte zusammenfassend aufgelistet, auf die der Textabschnitt zwar z. T. Bezug nimmt, aber zwischen dem Tabelleninhalt und dem verbalen Text eher eine komplementäre Beziehung besteht. Bei diesen drei Formen wird das Bild durch konkrete Verweise im verbalen Textteil und durch Nummerierung des

Bildes sowie gelegentlich durch eine Legende klar in den Text eingeordnet (Beispiel 304).

Beispiel 304:
Dies verdeutlicht die Tabelle 1.

Tabelle 1

	Lehrer	Deutschsprachige Schüler (17 Personen) 68%	Migrations- jugendliche insgesamt (8 Personen) 32%	Jugendliche Spätaussiedler (4 Personen) 16%
Initiative Sprechakte	...	...	...	...
Reaktive Sprechakte	...	...	...	...

(DaF16)

5.3.6.4 Sachlichkeit

In 5.2.5.2 konnte in diesem Teilkorpus kein Sprichwort als direktes Zitat ermittelt werden. In Bezug auf Stilfiguren kommen insgesamt nur zwei Metaphern und eine rhetorische Frage vor. Darüber hinaus gibt es noch einige lebendige Ausdrücke. Dies wird im Folgenden im Einzelnen aufgelistet:

Metapher
1. „Wer sich wundert, dass mein Beitrag thematisiert, wie wir im Deutschen **nicht** wortbilden, kann sich dazu dreierlei denken: Erstens ist ein schräger Blick immer ein sportliches Vergnügen; er dehnt und lockert das Hirn." (DaF18): Hier wird das Thema über das Nichtwortbilden im Deutschen als schräger Blick beschrieben, der die Denkweise erweitern kann.
2. „Ich brauche sozusagen die andere Seite der Medaille." (DaF17): Dabei wird der andere Aspekt als die andere Seite einer Medaille metaphorisiert.

Rhetorische Frage
1. „Wie können wir im Deutschen diese Lücken füllen? Wir können uns okkasionell über die Norm hinwegsetzen." (DaF18)

Lebendige Ausdrücke
1. „Zahlreiche Forscher [...] zerbrechen sich den Kopf über den Kasusgebrauch bei Wechselpräpositionen [...]." (DaF8): Hier wird mit „sich den

Kopf zerbrechen" die Bedeutung „intensiv über etwas nachdenken" anschaulich zur Sprache gebracht.
2. „Seit einigen Jahren steht das Hörverstehen als die im Alltag am meisten benötigte sprachliche Fertigkeit in der fachwissenschaftlichen Diskussion wieder hoch im Kurs." (DaF9): Mit „hoch im Kurs stehen" wird das Beliebtsein der Diskussion über Hörverstehen anschaulich formuliert.
3. „Zunächst springen zahlreiche Ellipsen ins Auge." (DaF12): Mit „ins Auge springen" wird die Auffälligkeit von etwas lebendig ausgedrückt.
4. „[...], als [...]die kulturelle Wahrnehmungen, Erfahrungen, Selbstdeutungen, Handlungsnormen und auch Erinnerungen wieder stärker in den Blick rücken [...]." (DaF15): Mit „in den Blick rücken" wird anschaulich formuliert, dass etwas Beachtung findet.
5. „Diese haben aber wiederum im Unterrichtsgeschehen lediglich die sprachsystematischen Erwerbsfortschritte der Migranten im Blick." (DaF16): Mit „etwas im Blick haben" wird die Bedeutung „auf etwas fokussieren" anschaulich formuliert.
6. „[...], sich Steinmüllers Argumentation im Lichte neuerer Erkenntnisse noch einmal anzusehen, [...]." (DaF17): Mit „etwas im Lichte ansehen" wird die Bedeutung „etwas vor dem Hintergrund von [...] ansehen" lebendig ausgedrückt.

Außerdem lassen sich in diesem Teilkorpus noch einige evaluative und appellative Ausdrücke finden, die ebenfalls am Ende des Artikels platziert worden sind:

Evaluative Formulierungen
1. „**Die beschriebene Problematik ist** mit den hier vorgestellten Überlegungen und Resultaten **keinesfalls gelöst**. Es ist jedoch **hoffentlich ein guter Anfang gewagt** [...]." (FaF2)
2. „Die vorliegende Studie ist damit über den spezifischen Rahmen hinaus für andere Studiengänge im Bereich DaF / universitärer Fremdsprachenunterricht **relevant**." (DaF11)
3. „[...], dass gerade für solche Texte die Analyse der inhaltlichen Seite und der institutionellen Bedingung jedenfalls für die hochschuldidaktische Umsetzung **fruchtbringend** ist." (DaF13)

Appellative Formulierungen
1. „[...] und es **wäre viel gewonnen, wenn** dieses erste Aufdecken der unbewussten Anteile der Sprechkommunikation zu dem Bewusstsein führte, dass sich **das Weiterdenken und -arbeiten auf diesem Gebiet für die Entwicklung des Fremdsprachenunterrichts** in jeder Hinsicht lohnt." (FaF2)

2. „Bei aller Zustimmung zur Integration von jugendsprachlichen Elementen in den DaF-Unterricht [...] sollte daher jedoch **vor** dem didaktischen Einsatz des nur sehr begrenzt authentischen und letztlich den Adressaten selbst, nämlich den ausländischen Deutschlernern diskriminierenden „Türkendeutsch/Kanakisch" im DaF-Unterricht **gewarnt werden**." (DaF12)
3. „Aber **die konsequente Einbeziehung der „Erinnerungsorte" in die deutsche Landeskunde** [...], **wäre ein deutlicher Fortschritt** in der systematischen wissenschaftlichen wie didaktischen Ausgestaltung dieses problematischen Fachs." (DaF15)

Unter den drei evaluativen Formulierungen ist festzustellen, dass in zwei Texten jeweils mit „relevant" (2.) und „fruchtbringend" (3.) die eigene Arbeit ganz selbstbewusst positiv evaluiert wird. Lediglich in einem Text wird auf die Beschränktheit der eigenen Arbeit hingewiesen und dass die Problematik noch nicht gelöst ist. Allerdings wird die eigene Forschung als ein guter Anfang beurteilt und somit vorsichtig positiv evaluiert (1.).

Dagegen wird die Appellation sehr moderat formuliert. Denn erst mit einem konditionalen Satz (1.) sowie mit Konjunktiv II (1., 3.) werden Aufforderungen zum „Weiterdenken und -arbeiten auf diesem Gebiet für die Entwicklung des Fremdsprachenunterrichts" oder zur „konsequente[n] Einbeziehung der ‚Erinnerungsorte' in die deutsche Landeskunde" gestellt, was sich allerdings eher wie ein Wunsch anhört. Nur die Warnung vor dem didaktischen Einsatz des nur sehr begrenzt authentischen und letztlich den ausländischen Deutschlernern diskriminierenden „Türkendeutsch/Kanakisch" im DaF-Unterricht erfolgt appellativ direkt (2.).

5.3.7 Fazit

Die Untersuchungsergebnisse der stilistischen Einheitlichkeit der wissenschaftlichen Zeitschriftenartikel in den sechs Teilkorpora können wie folgt zusammengefasst werden:

Hinsichtlich der Sprachdimension zeigen deutsche und chinesische wissenschaftliche Zeitschriftenartikel folgende Unterschiede:
1. In den chinesischen Texten wird die Selbstbezeichnung in Form der ersten Person Plural im Sinne von Autorengruppe wesentlich öfter verwendet als in den deutschen Texten, denn sie kommt im Chinesischen nicht nur in den wenigen Texten vor, die tatsächlich von mehr als einem Verfasser geschrieben sind, sondern auch häufig in den Texten, die nur von einem Autor stammen. Im letzteren Fall kommen das hinter dem Verfasser stehende Forscherteam bzw. bestimmte wissenschaftliche Schulen ins Spiel.

2. Die erste Person Singular zur Selbstbezeichnung des Verfassers wird in den chinesischen Texten der heutigen Zeit nicht einmal verwendet und in den 1950er Jahren lediglich drei Mal. Dagegen findet diese Form der Selbstbezeichnung des Verfassers in den deutschen Texten häufig Verwendung.
3. In den chinesischen Texten gibt es wesentlich mehr metakommunikative Formulierungen zur Textstrukturierung als in den deutschen Texten.
4. In den chinesischen Texten kommen auch metakommunikative Formulierungen zum Rezipientenbezug vor, d.h. die Rezipienten werden direkt angesprochen. Dies gibt es in den deutschen Texten so gut wie nicht.
5. Sprichwörter und andere lebendige Ausdrücke werden im Chinesischen wesentlich mehr verwendet als im Deutschen, was aber v.a. auf die Verwendung der Chengyu in Vier-Zeichen-Form zurückzuführen ist. Auch Stilfiguren, sei es hinsichtlich der Zahl ihres Vorkommens oder hinsichtlich der verschiedenen Formen, sind im chinesischen wissenschaftlichen Artikel häufiger vorhanden als im deutschen Artikel.
6. Die rhetorische Frage wird im chinesischen Text sehr oft verwendet, während sie im deutschen Text im 21. Jahrhundert nicht vorkommt. Auch Gegenfragen werden im Chinesischen, und insbesondere in der Mitte des zwanzigsten Jahrhundert, sehr viel verwendet.
7. Die Appellation wird in den chinesischen linguistischen Zeitschriftenartikeln häufiger verwendet als im Deutschen, und zwar in einer stärkeren Form als Ausdruck einer Absicht oder als Ankündigung von Verantwortung bzw. von Pflicht.

Hinsichtlich der zeitlichen Dimension zeigen wissenschaftliche Zeitschriftenartikel in den beiden Zeiträumen 1955–1964 und 2006–2010 folgende Unterschiede:
1. In Bezug auf die Verwendung der Selbstbezeichnung des Verfassers in der ersten Person Singular zeigen die chinesischen und die deutschen wissenschaftlichen Artikel zwei entgegengesetzte Entwicklungstendenzen: nämlich das „Ich-Verbot" in gegenwärtigen chinesischen wissenschaftlichen Zeitschriftenartikeln im Vergleich zu dem geringen Vorkommen des Verfasser-Ichs in der Mitte des letzten Jahrhunderts sowie die Seltenheit der Selbstbezeichnung des Verfassers in „Ich"-Form in den 1950er und 1960er Jahren in den deutschen Artikeln im Vergleich zum häufigen Vorkommen dieser Form im neuen Jahrtausend.
2. Sowohl im Chinesischen als auch im Deutschen war es in der Mitte des letzten Jahrhunderts noch eine Seltenheit, dass ein wissenschaftlicher Artikel von mehr als einem Verfasser geschrieben wurde. Dagegen kommt die Autorengruppe in der heutigen Zeit viel häufiger vor.

3. Der Bezug der Rezipienten durch die erste Person Plural „wir" wird zwar in allen sechs Teilkorpora verwendet, aber tendenziell kommt diese Form in den 1950er und 1960er Jahren wesentlich häufiger vor als im neuen Jahrhundert.
4. Die Selbstbezeichnung des Verfassers in der dritten Person in Form von „Bizhe" oder „der Verfasser" ist relativ modern und gab es in den 1950er und 1960er Jahren noch nicht.
5. Die metakommunikative Formulierung zur Ankündigung des Themas bzw. der Zielsetzung war in der Mitte des letzten Jahrhunderts noch unüblich und wurde ganz selten in den wissenschaftlichen Zeitschriftenartikeln in den beiden Sprachen verwendet, was im Gegensatz zu den heutigen wissenschaftlichen Schreibweisen steht.
6. Was die metakommunikative Formulierung zur Textorganisation und Rezipientensteuerung angeht, werden die Vor- und Rückverweise in den wissenschaftlichen Zeitschriftenartikeln neueren Datums wesentlich öfter verwendet als in den Artikeln der 1950er und 1960er Jahre.
7. Die metakommunikative Formulierung zum Paraphrasieren wird in den gegenwärtigen Zeitschriftenartikeln wesentlich mehr verwendet als in den Zeitschriftenartikeln in der Mitte des letzten Jahrhunderts.
8. In Bezug auf die metakommunikative Formulierung zur Exemplifizierung zeigen sich im Chinesischen und im Deutschen zwei unterschiedliche Entwicklungsrichtungen, nämlich die Reduzierung der Beispiele im Chinesischen in der Gegenwart und die Zunahme der Beispiele im Deutschen.
9. Sowohl im Chinesischen als auch im Deutschen werden in den Zeitschriftenartikeln neueren Datums graphische Darstellungen wesentlich häufiger eingesetzt als in den 1950er und 1960er Jahren.
10. Die Stilfiguren wurden hinsichtlich der Vorkommenszahl und hinsichtlich der Vorkommensformen in den 1950er und 1960er Jahren häufiger verwendet als in der heutigen Zeit.
11. Die rhetorische Frage kam in den 1950er und 1960er Jahren häufiger vor als in der Gegenwart.
12. Die Appellation wurde in den Zeitschriftenartikeln älteren Datums häufiger verwendet als im neuen Jahrhundert.
13. In den linguistischen Zeitschriftenartikeln kam die Evaluation der eigenen Forschungsarbeit zum Ausdruck der Bescheidenheit nur in den 1950er und 1960er Jahren vor, in der heutigen Zeit ist sie in den beiden Sprachen jedoch nicht mehr zu finden.
14. Auch die Zeichenbenutzung unterliegt einer zeitlichen Prägung, nämlich in der Form, dass in den chinesischen Zeitschriftenartikeln in den 1950er und 1960er Jahren 19 Texte (bis zum ChLin1950er20) noch die traditionel-

len Langzeichen verwendet wurden und im Deutschen zwei Artikel (DtLin1950er1 und DtLin1950er2) in Fraktur erschienen.

Hinsichtlich der disziplinären Dimension zeigen linguistische und didaktische wissenschaftliche Zeitschriftenartikel im Zeitraum 2006–2010 folgende Unterschiede:

1. In den linguistischen Zeitschriftenartikeln werden generell mehr metakommunikative Formulierungen zum Paraphrasieren sowie zum Exemplifizieren verwendet als in den didaktischen Zeitschriftenartikeln.
2. Die appellative Formulierung in den Zeitschriftenartikeln Chinesisch als Fremdsprache, wird ähnlich wie im Deutschen moderat als Vorschlag formuliert, was sie vom Willensausdruck in den chinesischen linguistischen Zeitschriftenartikeln unterscheidet.
3. Sowohl im chinesischen als auch im deutschen didaktischen Zeitschriftenartikel wird die Relativierung oder Einschränkung der eigenen Forschungsarbeit in Form einer Evaluation formuliert. Sie erfolgt allerdings sachlich und steht im Gegensatz zur Bescheidenheitsevaluation im chinesischen linguistischen Artikel. Außerdem kommt in den deutschen didaktischen Zeitschriftenartikel auch die positive Bewertung der eigenen Forschungsarbeit vor.

6 Kulturalität wissenschaftlicher Zeitschriftenartikel

Aufgrund der Untersuchungsergebnisse zu wissenschaftlichen Zeitschriftenartikeln hinsichtlich ihrer sprachlichen, historischen und disziplinären Dimensionen anhand ihrer Thematizität, intertextuellen Beziehbarkeit und stilistischen Einheitlichkeit wird in diesem Kapitel diskutiert, welche Kulturspezifik wissenschaftliche Zeitschriftenartikel aufweisen und wie diese zustande gekommen ist.

6.1 Kulturspezifik wissenschaftlicher Zeitschriftenartikel

Im vorigen Kapitel wurden die Thematizität, die intertextuelle Beziehbarkeit und die stilistische Einheitlichkeit der wissenschaftlichen Zeitschriftenartikel in zwei verschiedenen Sprachen, in zwei unterschiedlichen historischen Phasen und in zwei benachbarten Disziplinen empirisch untersucht. Die deutlichen Unterschiede verweisen auf die Kulturalität dieser drei Textualitätsmerkmale. Sie umreißen nicht nur die verschiedenen Textmuster dieser Textsorte in diesen drei Kulturdimensionen, sondern geben auch zusätzliche Hinweise auf die kulturbezogenen funktionalen Unterschiede dieser Textsorte. Denn die Verwendung der argumentativen Themenentfaltung und insbesondere die bevorzugte Verwendung der appellativen Sprachhandlungen deuten neben der informativen Hauptfunktion eine appellative Nebenfunktion in chinesischen linguistischen Zeitschriftenartikeln v. a. in den 1950er und 1960er Jahren an.

Die interlingualen, diachronen und interdisziplinären Unterschiede der wissenschaftlichen Zeitschriftenartikel, die durch die sprachliche, historische und soziale Dimension der Kultur bedingt sind, können wie folgt zusammengefasst werden:

In sprachlicher Dimension:
1. In den chinesischen wissenschaftlichen Zeitschriftenartikeln selbst des neueren Datums gibt es anders als im Deutschen noch keine Zitiersystematik, was sich in der Problematisierung fremder Forschungsergebnisse als Behauptung ohne Literaturbelege, aber auch in den unvollständigen und nicht in allen Artikeln einheitlich angegebenen Literaturverzeichnissen niederschlägt. Außerdem gibt es im Chinesischen weniger intertextuelle Bezüge als im Deutschen.
2. Die chinesischen wissenschaftlichen Zeitschriftenartikeln sind sprachstilistisch eher anschaulich, lebendig und emotiv, was durch die direkte An-

sprache der Rezipienten, durch die zahlreiche Verwendung der verschiedenen Stilfiguren, der lebendigen Ausdrücke, der inszenierten Zitate bzw. der rhetorischen Fragen erreicht wird. Die seltenere Verwendung der als ökonomisch und sachlich geltenden Begriffszitate sind im Vergleich zum Deutschen dafür ein weiteres Zeichen. Dagegen ist die Sprachverwendung im Deutschen eher sachlich.
3. Die appellative Sprachhandlung kommt in den chinesischen linguistischen Zeitschriftenartikeln neueren Datums noch vor, und zwar in einer stärkeren Form. Dagegen wird sie im Deutschen nur in den Zeitschriftenartikeln der 1950er und 1960er Jahre verwendet.
4. In den chinesischen Zeitschriftenartikeln wird wesentlich mehr das Autorengruppen-Wir im Sinne der Vertretung einer wissenschaftlichen Gruppe bzw. Schule oder eines Forscherteams verwendet, selbst wenn der Artikel nur von einem Verfasser geschrieben worden ist. Dagegen tritt die „Ich-Form" im Chinesischen in den Hintergrund, was in Gegensatz zum häufigen Vorkommen der ersten Person Singular im Deutschen steht.
5. In den chinesischen Zeitschriftenartikeln wird die Textstruktur in der Einleitung ganz selten vorangekündigt, was anders als im Deutschen erfolgt.

In zeitlicher Dimension:
1. In den 1950er und 1960er Jahren waren die wissenschaftlichen Zeitschriftenartikel noch wenig strukturiert, was sich daraus schließen lässt, dass der Eröffnungsteil noch fehlte, der Schlussteil sich häufig in den Hauptteil integrierte und die Absätze ohne Überschriften gegliedert waren.
2. In den 1950er und 1960er Jahren wurden die wissenschaftlichen Zeitschriftenartikel anders organisiert, denn die IMRAD-Struktur gab es so gut wie nicht, wortwörtliche Zitate wurden gern verwendet, die Bezugsträger wurden eher in der Fußnote oder in der Endnote angegeben, statt sie in den Fließtext zu integrieren. Auch gab es weniger Autorengruppen.
3. Die 1950er und 1960er Jahre waren in der Wissenschaft eine andere Zeit, in der es noch kein Internet und somit keine Internetquelle gab und in der im Chinesischen noch die Langzeichen sowie im Deutschen z. T. noch die Fraktur-Schrift verwendet wurde.
4. Sprachstilistisch sind die wissenschaftlichen Zeitschriftenartikel in den 1950er und 1960er Jahren noch subjektiv, emotional und kollegial. Die Subjektivität tritt dadurch in Erscheinung, dass in der Einleitung der Literaturbericht zur objektiven Darstellung des Forschungsstandes noch nicht als Teiltextsegment etabliert war, die eigene Forschungsarbeit durch Verweise auf Autoritäten legitimiert wurde, sich die Relativierung der eigenen Forschungsergebnisse durch Bescheidenheitsfloskeln in Form der Selbstkritik

realisierte und beim Selbstzitat der subjektive Verweis statt des Namen-Verweises im Vordergrund stand. Die Emotivität entstand, indem mehr appellative Handlungen, mehr Stilfiguren und rhetorische Fragen verwendet wurden, wohingegen für sachlich gehaltene graphische Darstellungen selten vorkamen. Außerdem vermittelte die bevorzugte Verwendung des rezipientenbezogenen „wir" etwas Kollegiales, was durch die Vermeidung bzw. reduzierte Verwendung der ersten Person Singular sowie das Fehlen der Selbstbezeichnung in der dritten Person in Form von „der Verfasser" oder „Bizhe" weiter verstärkt wurde. All dies steht im Gegensatz zum objektiveren, sachlicheren und individuelleren Stil in der neueren Zeit.
5. In den wissenschaftlichen Zeitschriftenartikeln der 1950er und 1960er Jahre gab es nicht nur wesentlich weniger intertextuelle Bezüge, sondern es existierte auch noch keine Zitiersystematik wie in den heutigen deutschen wissenschaftlichen Artikeln.
6. Es gab in den wissenschaftlichen Zeitschriftenartikeln der 1950er und 1960er Jahre deutlich weniger metakommunikative Formulierungen, sodass der Text als weniger leserfreundlich zu interpretieren ist.

In disziplinärer Dimension:
1. Die didaktischen Zeitschriftenartikel sind stark praxisorientiert, sei es durch die Betonung der Wichtigkeit des Forschungsgegenstandes durch Aufzeigen der Probleme in der Sprachverwendung bzw. in der Sprachlehr- oder -lernpraxis, – sei es die thematische Struktur des „Istzustand-Sollzustand-Vorschlags" oder die praktisch-didaktischen Vorschlägen, sei es das Curriculum oder Lehrbuch als Bezugsträger für die Zitation, – vermitteln sie die Information, dass das Forschungsthema aus der Praxis stammt und das Forschungsergebnis wieder in die Praxis umgesetzt wird. Da didaktische Artikel wenig theoretisch vorgehen, wird entsprechend auch weniger paraphrasiert und exemplifiziert. Auch aus den wenigen intertextuellen Bezugnahmen auf den Verfasser selbst lässt sich ablesen, dass die Verfasser der didaktischen Artikel eher aus der Lehrpraxis kommen und weniger theoretische Fachkoryphäen sind. Dagegen sind linguistische Zeitschriftenartikel eher theoretisch.
2. Die didaktischen Zeitschriftenartikel bevorzugen empirische Untersuchungen, denn die IMRAD-Struktur ist stark vertreten, während die argumentative Themenentfaltung eine Seltenheit darstellt. Das ist anders als in den linguistischen Zeitschriftenartikel, wo theoretische Auseinandersetzungen eher im Vordergrund stehen.
3. Die chinesischen didaktischen Zeitschriftenartikel passen sich eher der westlichen wissenschaftlichen Konvention an als die chinesischen linguis-

tischen Zeitschriftenartikel. Dies zeigt sich v. a. im einheitlichen Vorkommen der Bezugsträger und in der sachlichen Relativierung der eigenen Forschungsergebnisse.

6.2 Erklärungsversuche

6.2.1 Chinesischer und deutscher Sprachstil

6.2.1.1 Chinesischer Sprachstil – Kontinuität und Wandel

Die anschauliche, lebendige und emotive sprachliche Formulierungsweise im chinesischen wissenschaftlichen Zeitschriftenartikel stimmt mit den Forderungen bzw. Vorschlägen der aktuellen Ratgeberliteratur bzw. Lehrbücher zum wissenschaftlichen Schreiben im Chinesischen überein. Demnach steht eine wissenschaftliche Arbeit im Dienst der Beschreibung der Forschungsergebnisse und der Erläuterung der wissenschaftlichen Ansichten, deren Sprache „kurz und bündig sein, aber mit einfachen Worten einen tiefen Sinn ausdrücken sollte"[48] (Zhou 2012: 133). Dabei weist eine wissenschaftliche Arbeit zwar Fachlichkeit auf, aber ihr Fachsprachlichkeitsgrad erscheint reduziert. Denn die Arbeit soll sich nicht nur an fachinterne Experten richten, sondern auch an fachexterne Rezipienten, um letztendlich die Popularisierung der Wissenschaft voranzutreiben (vgl. Zhou 2012: 132, Gao 2010: 74). Unter der Leitlinie dieser populärwissenschaftlichen Schreibweise werden einige Schreibtechniken vorgestellt, wobei die Angabe von Beispielen eine sehr wichtige Rolle spielt. Denn mit dem Beispiel kann nicht nur die Glaubwürdigkeit der Arbeit erhöht werden, sondern auch die „Farbenpracht"[49] zunehmen, sodass der wissenschaftliche Text „lebendig und tiefschürfend wird"[50] (Zhou 2012: 166). Darüber hinaus gibt es im Chinesischen eine „metaphorische Argumentation",[51] die v. a. in der Sozialwissenschaft verwendet wird. Dabei werden locus classicus, bestimmte Figuren oder Geschichten als Argumente zur Schlussfolgerung einer These verwendet, um „die abstrakte und langweilige Theorie konkret, anschaulich und leichtverständlich zu erläutern" (Gao 2010: 127). Die metaphorische Schreibweise lässt sich zudem auch in der Definition finden. Denn neben „der offiziellen Definition"[52] ist im Chinesischen auch von „der volkstümlichen Definiti-

---

48 "言简意赅, 深入浅出".
49 "文采".
50 "变得生动深刻".
51 "喻证法".
52 "正式定义".

on"⁵³ die Rede, wobei die letztere den Definitionsgegenstand häufig nur metaphorisch erläutert (Zhou 2012: 166). Außerdem gilt die Verwendung der inszenierten Zitate im chinesischen wissenschaftlichen Schreiben als eine Methode der Argumentation. Denn die Zitate als Argumente können neben den Axiomen und wissenschaftlichen Forschungsergebnissen der Vorgänger auch „allgemeine Lebensweisheiten oder klassische Sprüche berühmter Persönlichkeiten" sein (Gao 2010: 127). Schließlich wird „die Anwendung des bildlichen Denkens und die Verstärkung der Lebendigkeit in der wissenschaftlichen Argumentation" für das wissenschaftliche Schreiben aus stilistischen Gründen empfohlen (Gao 2010: 172). Denn nach Zhu (1981: 40) kann das anschauliche Denken dazu führen, die Rezipienten emotional zu berühren und zu überzeugen, dadurch lasse sich die Überzeugungskraft der Arbeit intensivieren.⁵⁴

Die anschauliche und emotionale Schreibweise nach der Devise, „die Leser in ihrem Gefühl anzusprechen und sie mit Sachgründen zu überzeugen",⁵⁵ hat im chinesischen Schreiben eine lange Tradition. Nach Zhou (2012: 125) hat sich der moderne chinesische wissenschaftliche Artikel aus den klassischen argumentativen Texten entwickelt, die mit bestimmten logischen Methoden Probleme analysieren, Gedanken darlegen und Argumente vorbringen. Allerdings sind die klassischen chinesischen argumentativen Texte, wie z. B. der konfuzianische Klassiker *Xunyi* (Sun/Ma 2003) oder der legalistische Klassiker *Hanfeizi* (Sheng 2004), zwei Sammlungen von seriösen philosophischen Texten, gerade durch eine bunte Vielfalt der Sprachverwendung und von Parabeln gekennzeichnet. In der Tat ist es in fast allen Klassikern der hundert philosophischen Schulen vor der Qin-Zeit (221–207 v. u. Z.) gang und gäbe, durch anschauliche Metaphern und Analogien bestimmte Grundsätze zu erläutern (vgl. Tao 1998: 48). Im Buch *Wen Xin Diao Long* (*Literarische Gesinnung und das Schnitzen von Drachen*) von Liu Xie (465–522), einem chinesischen Klassiker der Literaturkritik, wird darauf hingewiesen, dass die Kriterien des Textverfassens in den konfuzianischen Klassikern zu suchen seien, weil sie gleichzeitig „Blumen und Früchte tragen"⁵⁶ (Liu 2005: 67), d. h., sie haben sowohl sprachliche Farben-

---

53 "通俗定义".
54 "...... 说理文如果要写好, 也还是要动一点情感, 要用一点形象思维。修辞学家们说, 在各种文章风格之中, 有所谓 '零度风格' (Zero Style), 就是纯然客观, 不动情感, 不动声色, 不表现说话人, 仿佛也不理睬听众的那么一种风格。据说这种风格宜于用在说理文里。我认为这种论调对于说理文不但是一种歪曲, 而且简直是一种侮辱。说理文的目的在于说服, 如果能做到感动, 那就会更有效地达到说服的效果。作者如果自己没有感动, 就绝对不能使读者感动。" (Zhu 1981: 40).
55 "动之以情, 晓之以理".
56 "固衔华而佩实者也".

pracht als auch inhaltliche Bedeutung. Sechs Kriterien hat Liu Xie aufgestellt: „Erstens [sollte] das Gefühl tief aber nicht abnorm, zweitens der Stil frisch aber nicht vermischt, drittens der Inhalt wahrhaft aber nicht seltsam, viertens der Sinn richtig aber nicht täuschend, fünftens die Form prägnant aber nicht kompliziert, sechstens die Sprache schön aber nicht übertrieben"[57] sein (Liu 2005: 77). Demnach soll ein chinesischer Text nicht nur einen bestimmten Inhalt vermitteln, sondern sprachlich farbig sein und die Rezipienten emotional berühren bzw. moralisch erziehen.

Die Bildlichkeit und Emotivität der chinesischen Schreibweise hat ihren Grund auch in der chinesischen Sprache selbst. Denn Chinesisch ist eine piktographische Sprache,[58] ihre meisten Zeichenbildungsmethoden, sei es die piktographische Sinnwiedergabe,[59] die Formung der Schriftzeichen nach Bildsymbolen,[60] die Kombination von zwei oder mehr Bedeutungsträgern zu einem Schriftzeichen mit einem neuen Sinn[61] oder die Kombination von sinn- und lauttragenden Zeichenelementen,[62] stammen aus dem bildlichen Denken und verstärken weiterhin die anschauliche Denkweise. Außerdem ist Chinesisch eine analytische Sprache, die keine Morphologie aufweist. Schon vor knapp 200 Jahren hat Wilhelm von Humboldt (2010: 672) über die chinesische Sprache Folgendes formuliert:

> Den Gebrauch einiger Partikeln ausgenommen, deren sie, [...] auch wieder bis auf einen hohen Grad zu entbehren versteht, deutet die Chinesische alle Form der Grammatik im weitesten Sinne durch Stellung, den einmal nur in einer gewissen Form festgestellten Gebrauch der Wörter und den Zusammenhang des Sinnes an, also bloss durch Mittel, deren Anwendung innere Anstrengung erheischt.

Insofern ist Chinesisch „eine semantische Sprache" (Pan/Tan 2006: 182), die ohne die Hilfe morphologischer Mittel durch die Wortstellung, die Wortbedeu-

---

57 "一则情深而不诡，二则风清而不杂，三则事信而不诞，四则义[直]贞而不回，五则体约而不芜，六则文丽而不淫".
58 Es wird kritisiert, die moderne chinesische Schrift piktographisch zu nennen. Stattdessen wird sie als logographisch bezeichnet, und zwar aus zwei Gründen: Erstens ist der bildhafte Charakter vieler chinesischer Schriftzeichen verloren gegangen und zweitens existieren in der chinesischen Schrift graphische Elemente, die einen Hinweis auf die Aussprache geben (vgl. Dürscheid [4]2012: 68 f.). Allerdings hat die chinesische Schrift im Allgemeinen einen piktographischen Ursprung, obwohl sich durch einige Methoden der Zeichenbildung auch z. B. „sich wechselseitig interpretierende Zeichen" (转注) oder „homophone Schriftzeichen für Begriffe mit anderer Bedeutung" (假借)entwickelt haben, die nicht mehr bildhaft sind.
59 "象形".
60 "指事".
61 "会意".
62 "形声".

tung und den Kontext Sätze bilden und Sinn formulieren kann. Darüber hinaus ist Chinesisch „eine rhythmische Sprache" (Pan/Tan 2006: 182), denn Silben und Rhythmen spielen bei der chinesischen Wortbildung eine wichtige Rolle und beeinflussen zudem auch die Satzbildung. Somit nennt Pan (2002: 246) die Koordination des Tons und der Bedeutung das grundsätzliche Gesetz der chinesischen Sprachorganisation.

Aufgrund dieser Sprachstruktur ist Chinesisch nach Tao (1998: 21) stark in der künstlerischen Darstellung, aber schwach im logischen Denken. Denn die lockere Sprachstruktur, die durch Anreihung der Begriffswörter und aufgrund des Fehlens entsprechender grammatischer Relations-Markierungen verursacht wird, führt dazu, dass ein Text mehr als die von den Wörtern bzw. Sätzen getragenen Informationen vermitteln kann, sodass vieles oft nur gefühlt, aber nicht mit Worten ausgedrückt werden kann oder braucht. Diese Sprachstruktur passt zur emotiven Schreibweise und intensiviert auch diese stilistische Tendenz.

Ein Text soll aber nicht nur eine stilistische Farbenpracht aufweisen, sondern auch einen bestimmten Inhalt vermitteln. Nach Liu Xie (2005: 56 f.) „zeigt sich der SINN durch Texte von Heiligen und die Heiligen erläutern den SINN durch ihre Texte",[63] „der SINN ist fein und schwer zu beschreiben, den die Heiligen durch mysteriöse Inspirationen lehren und vermitteln".[64] D. h., der Text soll natürliche oder gesellschaftliche Gesetze erläutern und lehren, und dadurch zugleich eine Erziehungsfunktion haben. In der Tat betont die chinesische Texttheorie im Allgemeinen diese Erziehungsfunktion der Texte, denn „der Text steht im Dienst davon, Grundsätze oder Prinzipien zu erklären"[65] (vgl. Zhou 2005: 27). Allerdings stellt die Vermittlung der Grundsätze und Prinzipien noch nicht das höchste Ziel des Textverfassens dar, sondern sie muss dazu führen, andere nach diesen Grundsätzen oder Prinzipien handeln zu lassen. Das ist die sogenannte „Einheit von Wissen und Handeln"[66] (vgl. Tao 1998: 181). Dieses chinesische Schreibprinzip zieht sich durch die chinesische Schreibgeschichte und durch fast alle chinesischen Textsorten. Beispielsweise gibt es in den chinesischen klassischen Geschichtsbüchern seit dem *Zuo Zhuan* (722–468 v. u. Z.) am Textende immer eine Art Kommentar, der als Geschichtskritik oder Geschichtskommentar fungiert (vgl. Liu 2014: 123). Somit beschreiben die chinesischen Geschichtsbücher nicht nur historische Tatsachen, sondern vermitteln auch Handlungsweisen, indem sie kommentieren, bewerten

---

63 "道沿圣以垂文, 圣因文而明道".
64 "道心惟微, 神理设教".
65 "文以载道".
66 "知行合一".

und belehren, wie man richtig handeln soll (vgl. Tao 1998: 131). Auch die vier modernen chinesischen Hauptaufsatzsorten *Jixuwen*, *Yilunwen*, *Shuomingwen* und *Sanwen*, wie schon in 3.2.2 erwähnt, haben alle eine argumentative Funktion (vgl. Lehker 2001). Denn sie alle versuchen, durch narrative oder darstellende Sequenzen nicht nur die Meinung des Rezipienten sondern möglichst auch ihr zukünftiges Handeln zu beeinflussen. Denn die chinesischen Textsorten werden nicht nach der Textfunktion, sondern nach der dominanten Darstellungsart unterschieden (vgl. Lehker 2001: 139). In diesem Kontext ist es dann nicht verwunderlich, dass die appellative Sprachhandlung auch in den chinesischen wissenschaftlichen Zeitschriftenartikeln nachhaltig Anwendung findet.

Während in der deutschen Ratgeberliteratur zum wissenschaftlichen Schreiben deutlich zu erkennen gegeben wird, dass „die Ichform grundsätzlich der Scheinbescheidenheit bzw. der editorialen Anonymität des ‚Wir' vorzuziehen" (Poenicke [2]1988: 114) und der „pluralis modestiae" (Scheinbescheidenheit) von „Wir" zu vermeiden ist (vgl. Theisen [16]2013: 158), wird in den chinesischen wissenschaftlichen Zeitschriftenartikeln wesentlich weniger die Ich-Form in der direkten Selbstreferenz verwendet. Stattdessen wird das Bescheidenheits-Wir im Sinne der Vertretung einer wissenschaftlichen Gruppe bzw. Schule oder eines Forscherteams verwendet, selbst wenn der Artikel nur von einem Autor geschrieben wurde, was eine gewisse kollektive Art des Denkens widerspiegelt. In der Tat scheuen sich die Chinesen davor, sich selbst als Individuum in den Vordergrund zu stellen, denn „der Flintenschuss trifft den Vogel, der den Kopf zu heben wagt",[67] „der Mensch fürchtet sich davor, berühmt zu werden, ein Schwein davor, fett zu werden".[68] Der Grund dafür kann in der sogenannten Reisbauernmoral und der Sippenkultur der Chinesen liegen, die zur Steigerung der Stabilität der Gemeinschaft Harmonie verlangen (vgl. Reisach/Tauber/Yuan 1997: 247). Da der arbeitsintensive Reisanbau in mehrerer Hinsicht auf die enge Kooperation größerer Gruppen angewiesen ist, zeichnet sich die Reisbauernmoral dadurch aus, nicht abstrakte universale ethische Pflichten anzuerkennen, sondern alles dafür zu tun, dass die Gemeinschaft stabil bleibt (vgl. Reisach/Tauber/Yuan 1997: 247 f.). Die Gemeinschaftsdenkweise zeichnet sich auch in der Bezeichnung des Staates ab, der auf Chinesisch „Guo jia" (Staatsfamilie) heißt. Das verrät, dass in China der Staat als eine vergrößerte Familie betrachtet wird. Somit bilden Familien bzw. Familienverbände die Grundlage der chinesischen Gesellschaftsstruktur und China konstruiert sich als eine Gesellschaft von Familien. In diesem Kontext soll jeder

---

67 "枪打出头鸟".
68 "人怕出名猪怕壮".

Mensch seine Individualität und sein persönliches Interesse im Dienst der Gemeinschaft zurückstellen und sich selbst als Teil der Gemeinschaft ansehen.

Abgesehen von diesen tradierten stilistischen Besonderheiten hat sich der chinesische Zeitschriftenartikel im Vergleich zum Deutschen stilistisch z. T. auch gewandelt. Die größte Wandlung zeigt sich darin, dass die Emotivität der chinesischen Artikel neueren Datums nicht mehr durch politischen Kampfgeist gekennzeichnet ist. Denn die politisch engagierte bzw. propagierende sowie ideologiebetonende Sprachverwendung ist eng verbunden mit einer bestimmten Phase der chinesischen Geschichte nach der Gründung der Volksrepublik China (1949), in der alle Bereiche des Gesellschaftslebens politisiert wurden. Dies hatte ebenfalls die Wissenschaft erfasst.

Was die Sprachwissenschaft anbelangt, so wurde die ideologische Diskussion über die Sprache in der chinesischen Linguistik insofern intensiviert, als Stalin im Jahr 1950 fünf Linguistik-Briefe in der *Prawda* publizierte, die gleich darauf mit dem Titel *Marxismus und Fragen der Sprachwissenschaft* in Buchform erschienen (vgl. Gente 1972: 70). Im selben Jahr wurde das Buch ins Chinesische übersetzt (siehe Sidalin 1950) und eine nachhaltige Diskussion über die marxistische Sprachwissenschaft und über die Forschung zur chinesischen Sprache unter diesem Leitgedanken begonnen (vgl. Pan/Tan 2006: 132 f.). Obwohl Stalin in seinen Briefen die Klassengebundenheit der Sprache negiert hat (vgl. Gente 1972: 38), wurde seitdem in der chinesischen Linguistik der Sprachtheorie und der linguistischen Forschungsmethode eine Zeit lang ein bestimmter Klassencharakter zugeschrieben. Diese Zeit ist nach der Beendung der Kulturrevolution (1966–1976) und insbesondere nach der Durchführung der Reform- und Öffnungspolitik (1978) vorbei. Insofern ist die chinesische Linguistik der Gegenwart nicht mehr politisch bzw. ideologisch gefesselt und geht einen normalen wissenschaftlichen Weg.

Darüber hinaus haben die chinesischen wissenschaftlichen Zeitschriftenartikel neuerer Zeit ihre Subjektivität und Emotivität graduell reduziert und sind sachlicher geworden. Beispielsweise wird in einem Lehrbuch zum wissenschaftlichen Schreiben vorgeschlagen, im Eröffnungsteil einer wissenschaftlichen Arbeit die Höflichkeitsfloskel wie „wenig Talent und geringe Kenntnisse besitzen, das Erkenntnisniveau ist begrenzt",[69] „hinsichtlich der Flüchtigkeitsfehler und irrtümlicher Meinung aufrichtig um Rat oder Anweisung bitten"[70] oder „einen Backstein hinwerfen, um einen Edelstein anzuziehen"[71] nicht mehr zu verwenden (vgl. Zhou 2012: 161). Auch das naturwissenschaftliche und

---

[69] "才疏学浅, 水平有限".
[70] "疏漏谬谈之处, 恳乞执教".
[71] "抛砖引玉".

technische Schreiben wird als einer der schriftsprachlichen Stile behandelt, wobei es objektiv, sachlich und sprachlich präzise sein soll (vgl. Wang 1993: 134–137). Obwohl das wissenschaftliche Schreiben in der Geisteswissenschaft und in der Sozialwissenschaft nach Wang (1993: 47) stilistisch eher in die Kategorie der argumentativen Texte einzuordnen ist, die eine gewisse Emotivität und Subjektivität aufweisen, ist aus der Korpusanalyse der vorliegenden Arbeit zu ersehen, dass die chinesischen linguistischen Zeitschriftenartikel neueren Datums unter Einfluss der Schreibweise der Naturwissenschaft stehen, da beispielsweise die IMRAD-Struktur, mehr graphische Darstellungen und mehr metakommunikative Verweise verwendet werden und im Vergleich zu den Zeitschriftenartikeln in den 1950er und 1960er Jahren Autoritätenverweise, Stilfiguren und rhetorische Fragen seltener zu finden sind. Darüber hinaus wird als Grundstruktur des sozialwissenschaftlichen Schreibens am Eröffnungsteil, am Hauptteil und am Schlussteil festgehalten (vgl. Zhou 2012: 147), sodass die aktuellen chinesischen wissenschaftlichen Zeitschriftenartikel im Vergleich zu denen in der Mitte des letzten Jahrhunderts strukturell deutlicher gegliedert sind.

Noch zu erwähnen ist, dass in der Reform der chinesischen Sprache und Schrift im Jahr 1956 neben der Einführung der Pinyin-Umschrift auch ein *Konzept zur Vereinfachung der chinesischen Schriftzeichen* bekannt gegeben wurde. Nach einer langen Probezeit wurde dann im Jahr 1964 die *Gesamte Liste der vereinfachten chinesischen Schriftzeichen* veröffentlicht. (vgl. [6]Hu 1995: 180 f.) Seitdem werden auf dem Festland China die so genannten Kurzzeichen statt der Langzeichen verwendet, was sich im letzten Artikel im chinesischen Teilkorpus ChLin1950er20 niederschlägt, das im Jahr 1965 publiziert wurde.

6.2.1.2 Deutscher Sprachstil – Kontinuität und Wandel

Der moderne wissenschaftliche Sprachstil im Westen, der im Gegensatz zum traditionellen, rhetorisch geprägten Stil der scholastischen Wissenschaften durch den sogenannten plain style der deutlichen Erkennbarkeit der Sachen hinter den Worten gekennzeichnet ist und im Zuge der Durchsetzung der neuen experimentell fundierten Naturwissenschaften entstand (vgl. Kretzenbacher 1995: 20), wurde schon im 17. Jahrhundert in England gefördert. Da im deutschen Sprachraum erst im 18. Jahrhundert die Wissenschaften von der lateinischen zur deutschen Sprache übergingen, bildete sich erst etwas später eine deutsche Wissenschaftssprache heraus. Aber bereits in der ersten Hälfte des 18. Jahrhunderts hat Christian Wolff (1679–1754), der deutsche Philosoph, Mathematiker und Jurist, eine durchgängig deutschsprachige Terminologie, v. a. für Philosophie und Mathematik, geschaffen und Regeln für wissenschaftliches Schreiben aufgestellt. Demnach wurden der Wissenschaftssprache die folgenden Charakteristika zugeschrieben:

- Vorrang der Sache vor dem Wort,
- Adressatenbezogenheit beziehungsweise Orientierung an den Hörern,
- Sprachreinheit,
- Sprachökonomie,
- sprachadäquate Benennungen und Vermeidung von Lehnübersetzungen,
- Rückgriff auf die Gemeinsprache bei der Terminologiebildung,
- definitorische Terminologisierung und Bedeutungskonstanz,
- Sachorientierung, Präzision, Verwendungskonstanz,
- Nüchternheit des Stils. (Schiewe 2007: 43)

In diesen Regeln des wissenschaftlichen Schreibens lässt sich bereits die Wurzel des modernen deutschen Wissenschaftssprachstils wie „Sprachökonomie", „Sachlichkeit", „Exaktheit", „Objektivität", „Terminologisierung" erkennen.

Allerdings änderte sich der wissenschaftliche Sprachstil im 19. Jahrhundert mit der Spezifizierung der Wissenschaften und mit der Unterscheidung zwischen Geistes- und Naturwissenschaften. Während die Naturwissenschaften in verstärktem Maße mithilfe sprachunabhängiger Formeln und graphischer Darstellungen ihre Inhalte vermittelten, wurde der Sprachgebrauch in den Geisteswissenschaften aufgrund der Annäherung und Durchdringung von Wissenschafts- und Bildungssprache zunehmend populärwissenschaftlich, was durch die Verankerung der wissenschaftlichen Terminologie in der Gemeinsprache und durch die Verwendung narrativer und sachorientierter Elemente auf der Textebene charakterisiert und erklärt werden kann (vgl. Schiewe 2007: 45 f.)

Mit der Mathematisierung sowie der weiteren Entwicklung der knappen und exakten Darstellungsweise in den Naturwissenschaften reflektierten die Geisteswissenschaften im 20. Jahrhundert zunehmend ihren Umgang mit Sprache und wandten sich im Zuge dieser Entwicklung langsam von der Bildungssprache ab (vgl. Schiewe 2007: 47). Beispielsweise unterschied Ivor Armstrong Richards in seinem Buch *Prinzipien der Literaturkritik* im Jahr 1924 zwischen einem referenziellen wissenschaftlichen Sprachgebrauch und einer emotiven literarischen Sprachverwendung (vgl. Richards 1985: 307–318), was nicht unwesentlich zur theoretischen Auseinandersetzung mit den verschiedenen Sprachfunktionen und zur stilistischen Differenzierung der Wissenschaftssprache von der literarischen Erzählsprache beigetragen hat.

In der deutschen Sprachwissenschaft fand der stilistische Wandel in den 1960er Jahren statt mit der Verarbeitung des Strukturalismus von Ferdinand de Saussure und der Rezeption der Generativen Grammatik von Noam Chomsky, was zugleich das Ende des deutschen sprachwissenschaftlichen Sonderwegs nach dem Zweiten Weltkrieg mit seiner Fokussierung auf die inhaltsbezogene

Grammatik einläutete (vgl. Renz 1981: 26 f.). Diese Öffnung der deutschen Sprachwissenschaft kann auch als Emanzipation der Linguistik von der Philologie verstanden werden (vgl. Bierwisch 2004: 410 f.). Dies führt dazu, dass die amerikanische formale Linguistik in Deutschland etabliert wurde und damit einhergehend ein „Abstand der wissenschaftlichen Begrifflichkeiten von der Alltagssprache und Theoriegebundenheit der Begrifflichkeiten", „ein hoher Abstraktionsgrad und damit verbunden Unanschaulichkeit" der wissenschaftlichen Sprache, „eine zunehmende Formalisierung der Aussagen und ein verknappter, nominalisierter Stil" entwickelt wurden (Schiewe 2007: 48). Somit ist es zu verstehen, warum die Teilkorpustexte im Zeitraum zwischen 1955 und 1964 noch anschaulich, subjektiv und z. T. essayartig verfasst wurden, was stilistisch ganz im Gegensatz zu den Teilkorpustexten neueren Datums (DtLin2000er) steht.

Was den Übergang von der Fraktur zur Antiqua in den deutschen Teilkorpustexten aus der Zeitschrift *Muttersprache* angeht, sind die mit den beiden Schriften verbundenen ideologischen Bedeutungen kurz darzustellen. Die Fraktur entstand in den ersten Jahrzehnten des 16. Jahrhunderts und wurde zum formalen und schrifthaften Ausdruck der Ideen der Reformation. Als Schrift der Lutherbibel wurde sie auch als deutsche Schrift angesehen, repräsentierte in der deutschen Geschichte das Deutschtum und war ein Ausdruck des deutsches Nationalbewusstseins. Sie war die offizielle Amtsschrift des Deutschen Kaiserreichs und wurde in der Zeit des deutschen Nationalsozialismus in allen amtlichen Drucksachen verwendet.[72] Dagegen bedeutet die lateinische Schrift Antiqua eher Europäertum und Kosmopolitismus. Der Wechsel von der Fraktur zur Antiqua in den öffentlichen Medien begann in Deutschland unmittelbar nach dem Zweiten Weltkrieg, als die Besatzungsmächte bei der Erteilung von Lizenzen für neue Zeitungen und Zeitschriften verlangten, die als Schrift des deutschen Nationalismus geltende Fraktur nicht mehr zu verwenden. Die Ablösung der Fraktur durch die leicht lesbare Antiqua in den 1950er Jahren auch in alten Druckmedien entspricht letztendlich der Entwicklungstendenz der internationalen Wirtschaftsverflechtungen sowie der politischen Einigung Europas, die eine Erleichterung der schriftlichen Kommunikation befürwortet. (vgl. Kapr 1993) Vor diesem Hintergrund setzte die traditionsreiche Zeitschrift *Muttersprache* im Jahr 1957 ihre Texte in Antiqua,

---

[72] Die Fraktur wurde in der Zeit des Nationalsozialismus zuerst als deutsche Schrift angesehen und erlebte eine Renaissance. Allerdings ordnete Hitler im Jahr 1941 an, sie durch Antiqua zu ersetzt, um deutsche Schriften im eroberten Europa wirksam zu verbreiten. (vgl. Kapr 1993: 78–81).

wobei die Überschriften der Texte, weiterhin in Fraktur, noch einen Hauch des Traditionsbewusstseins bewahrten.

6.2.2 Chinesische und deutsche Zitierkonvention – Tradition und Umformung

In China wird die Schreibkonvention wissenschaftlicher Arbeiten noch nicht sehr lange Zeit thematisiert. Auf Taiwan gab es zwar seit 1961 bereits Bücher darüber, aber sie waren kurz und einfach geschrieben, sodass sie nicht weit verbreitet waren und keinen großen Einfluss hatten. (Lin 2012: 4 ff.). Auf dem Festland China waren Bücher über wissenschaftliches Schreiben erst nach 1981 zu finden, die aber ihren Schwerpunkt eher auf die Theorie legten und wenig auf die wirklichen Schreibkonventionen eingingen (Lin 2012: 6 f.).

Aber selbst in der aktuellen Ratgeberliteratur oder in den Lehrbüchern zum wissenschaftlichen Schreiben gibt es bisher noch keine Einigung über eine einheitliche Schreibkonvention. Denn das Literaturverzeichnis heißt auf Chinesisch „Cankao Wenxian" (Bibliographie von Nachschlagewerken), dabei können nicht nur bezuggenommene Arbeiten, sondern auch herangezogene bzw. nachgeschlagene Literatur ins Verzeichnis aufgenommen werden (vgl. Zhou 2012: 168, Lin 2012: 207). Welche Arbeiten aber genau aufzuführen sind, dafür gibt es keine objektiven Kriterien. Denn es wird lediglich verlangt, dass das Literaturverzeichnis präzise und angemessen sowie repräsentativ sein soll (vgl. Gao 2010: 149). Man soll daher aus der gelesenen Literatur die direkt zitierten, die wichtigsten und die neuesten Arbeiten für das Literaturverzeichnis auswählen, während die allgemein bekannten und älteren Materialien nicht verzeichnet sein müssen (vgl. Zhou 2012: 182). Somit kann es vorkommen, dass nicht alle bezuggenommenen Artikel oder Bücher ins Literaturverzeichnis aufgenommen werden und das Literaturverzeichnis auch im Text nicht verwendete Artikel oder Buchtitel auflistet. So ist man auch der Meinung, dass nicht jede wissenschaftliche Arbeit ein Literaturverzeichnis haben muss, denn es ist v. a. Bestandteil von wissenschaftlichen Monographien und längeren wissenschaftlichen Artikeln (vgl. Gao 2010: 149).

Auch über die Art und Weise, wie die Literaturangaben aufgeführt werden sollen, gibt es kontroverse Ansichten. Es kann nach der inhaltlichen Reihenfolge des Auftretens der Literaturangaben im Text[73] oder nach der Buchstabenreihenfolge der Pinyin-Umschrift der Verfassernachnamen[74] aufgelistet werden

---

73 "顺序编码制".
74 "著者出版年制".

(vgl. Zhou 2012: 168). Es kann aber auch nach den dazu gehörigen Disziplinen der Literaturangaben[75] und in jeder Disziplin dann nach der Publikationszeit aufgelistet werden oder nach der Strichreihenfolge des ersten Schriftzeichens des Titels des Artikels oder Buches[76] (vgl. Lin 2012: 208 f.).

Schließlich gibt es eine allgemeine Anforderung an die Anzahl der Literaturangaben. Denn nach Zhou (2012: 169) benötigt ein Forschungsartikel für eine chinesische Zeitschrift mehr als zehn und ein Überblicksartikel mehr als 30 Literaturangaben und ein Forschungsartikel für eine internationale Zeitschrift mehr als 20 und ein Überblicksartikel mehr als 50 Literaturangaben. Dadurch zeigt sich, dass man ein anderes Verständnis für das Literaturverzeichnis im Chinesischen hat als im Deutschen. Denn das Literaturverzeichnis dient für Chinesen nicht nur dem Hinweis auf die Wissenschaftlichkeit des Artikels, sondern es spiegelt viel mehr auch das Niveau der Arbeit wider, nämlich „die Tiefe und Breite der Forschung" (vgl. Gao 2010: 149, Zhou 2012: 181 f.).

Daher ist es zu verstehen, dass es selbst bis in die neueste Zeit im Chinesischen noch keine vollständige Zitiersystematik gibt und dass auch immer noch weniger zitiert bzw. verwiesen wird als im Deutschen. Denn die Glaubwürdigkeit der wissenschaftlichen Aussagen wird im Chinesischen nicht durch eine Zitiersystematik abgesichert, sondern traditionell durch den moralischen Charakter des Verfassers. Wenn man sich die sechs Kriterien des Textschreibens von Liu Xie (vgl. 6.2.1.1) nochmals vor Augen führt, kann man feststellen, dass die Wahrhaftigkeit des Inhalts auch als ein Kriterium angesehen wird. Allerdings wird dabei keine konkrete Methode bzw. Technik zur Absicherung der Wahrhaftigkeit angeboten. Denn „nur der Edelmann kann den Herzenswillen der Menschen unter dem Himmel verstehen, wieso sollte er die Ansicht bzw. die Tatsache verdrehen oder verfälschen?"[77] (Liu 2005: 258). D. h., das Schreiben verlangt vom Verfasser Ehrlichkeit als moralische Garantie.

Außerdem wird die Wissbegierde traditionell als eine wichtige Tugend in China angesehen. Schon Konfuzius hat gesagt: „Wenn ich selbdritt gehe, so habe ich sicher einen Lehrer. Ich suche ihr Gutes heraus und folge ihm, ihr Nichtgutes und verbessere es."[78] (Yang/Wei 2010: 76 f.) Auch der sogenannte „Nehmen-ismus"[79] von Lu Xun (2013: 31 ff.)[80] und „das Alte in den Dienst der

---

75 "中国图书分类法".
76 "笔划字顺法".
77 "唯君子能通天下志, 安可以典论哉?".
78 "三人行, 必有我师焉: 择其善者而从之, 其不善者而改之".
79 "拿来主义".
80 In seinem berühmten Artikel „Nehmen-ismus" hat Lu Xun darauf hingewiesen, dass man „tapfer und standhaft, nicht egoistisch sein und zwischen Gutem und Schlechtem differenzieren können sollte. Wenn nichts genommen wird [das Gute von anderen lernen und nutzen],

Gegenwart stellen, Ausländisches für China nutzbar machen",[81] besagen nichts anderes als Lernen von anderen bzw. alten Kulturen, denn man geht davon aus, dass alles Gute das gemeinsame Vermögen der Menschheit ist. Dabei wird aber nicht weiter über die gesetzlichen Voraussetzungen für die Nutzung geistigen Eigentums diskutiert.

Was das Verfassen eines Textes betrifft, wird im Chinesischen die Nachahmung als eine wichtige Methode betrachtet. Der Spruch „Wenn man 300 Tang-Gedichte auswendig gelernt hat, kann man schon improvisieren, selbst wenn man nicht dichten kann",[82] verrät bereits den chinesischen Nachahmungsgeist. Im ersten chinesischen geschichtswissenschaftlichen Buch *Shi Tong* von Liu Zhiji aus der Tang-Zeit (618–907), wo auch über die Schreibweise der Geschichtsbücher diskutiert wurde, wurde dafür plädiert und dem Thema Imitation ein eigenes Kapitel gewidmet. Es wurde darauf hingewiesen, dass „es schon seit dem Altertum so ist, dass die Verfasser einander nachahmen. [...] Wenn man sich kein Beispiel an den Weisen der vorherigen Generationen nimmt, was kann man denn den Nachkommen hinterlassen?"[83] (Liu 2014: 369 f.).

Darüber hinaus können die wenigen intertextuellen Bezüge in den chinesischen Zeitschriftenartikeln mit der ganzheitlichen Denkweise in Zusammenhang gebracht werden. Die sogenannte „Einheit von Gott und Mensch"[84] besagt nichts anderes als die Einheit von Materie und Geist. Diese Denkweise zeigt sich in der chinesischen Malerei, bei der nicht lediglich die Gegenstände wirklichkeitsgetreu abgebildet, sondern die Objekte nach dem subjektiven Empfinden gemalt werden sollten. Insofern ist nach der Theorie des Malers Zhang Zao (gest. 1093) das höchste Niveau der chinesischen Malerei gegeben, wenn dabei „das Äußere die natürlichen Phänomene zeigt und das Innere das Herzensgefühl ausdrückt"[85] (vgl. Yang 1997: 1). Diese ganzheitliche Denkweise beeinflusst mehr oder minder auch die chinesische Schreibweise. Der Verfasser mag viel gelesen bzw. viel beobachtet haben und von vielen Gedanken beeinflusst werden, um seine eigene Ansicht zu bilden. Aber er hat letztendlich nur eine Art Gesamtgefühl und die daraus gebildete Meinung und er kann oder

---

kann der Mensch nicht zum neuen werden. Wenn nichts genommen wird, können die Literatur und Kunst nicht zum neuen werden." (总之，我们要拿来 …… 然而首先要这人沉着，勇猛，有辨别，不自私。没有拿来的，人不能成为新人，没有拿来的，文艺不能成为新文艺。).
81 "古为今用，洋为中用". Das wurde in den 1960er Jahren von Mao Zedong angewiesen.
82 "熟读唐诗三百首，不会作诗也会凑".
83 "夫述者相效，自古而然。… 若不仰范前哲，何以贻厥后来？".
84 "天人合一".
85 "外师造化，内得心源".

will nicht mehr unterscheiden und dokumentieren, welche Elemente zu seinem Gefühl oder zu seiner Meinung geführt haben. Das heißt auch, dass die chinesischen wissenschaftlichen Zeitschriftenartikel mehr implizite intertextuelle Bezugnahmen aufweisen können, als er tatsächlich dokumentiert.

Dagegen werden im Deutschen die Literaturangabe und die Einrichtung eines Literaturverzeichnisses als elementare Forderung an jede wissenschaftliche Arbeit angesehen (vgl. Poenicke ²1988: 42). Deswegen gibt es in der deutschen Ratgeberliteratur zum wissenschaftlichen Schreiben ausführliche Beschreibungen zu den Zitierkonventionen. Dabei wird verlangt, nicht nur die für eine Arbeit benutzten Quellen vollzählig und mit allen nötigen bibliographischen Informationen im Literaturverzeichnis aufzuführen, sondern jedes Mal auch durch eine Literaturangabe zu belegen, wenn im Text auf sie zurückgegriffen wurde (vgl. Poenicke ²1988: 141). Da das Literaturverzeichnis die Funktion hat, ein rasches Auffinden des Gesamtbelegs zu gewährleisten, wird es durchgängig nach der alphabetischen Reihenfolge der Nachnamen des Verfassers geordnet (vgl. Poenicke ²1988: 147). Allerdings ist festgelegt, dass „Literatur und Quellen, die nur für die Bearbeitung eines Themas herangezogen, aber in der eigenen Arbeit nicht berücksichtigt wurden, [...] in keinem Fall in ein derartiges Literatur- und Quellenverzeichnis [...] aufgenommen werden [dürfen]" (Theisen ¹⁶2013: 219). Somit dienen die Quellenangabe und das Literaturverzeichnis allein dazu, die Verwendung der Materialien in einer wissenschaftlichen Arbeit nachvollziehbar und kontrollierbar zu machen.

In der Tat wird die richtige Wiedergabe von Quellen im Deutschen mit der Glaubwürdigkeit einer wissenschaftlichen Arbeit in Verbindung gebracht. Denn „Wer einen fremden Text wörtlich oder inhaltlich übernimmt und ihn als seinen eigenen ausgibt, betrügt den Leser und macht sich des Plagiats schuldig" (Standop/Meyer 2008: 193). Nach dem Zitatrecht in § 51 des Urheberrechtsgesetzes, das am 9. September 1965 verabschiedet wurde, ist zulässig „die Vervielfältigung, Verbreitung und öffentliche Wiedergabe, wenn in einem durch den Zweck gebotenen Umfang

– einzelne Werke nach der Veröffentlichung in ein selbständiges wissenschaftliches Werk zur Erläuterung des Inhalts aufgenommen werden.
– Stellen eines Werkes nach der Veröffentlichung in einem selbständigen Sprachwerk angeführt werden.
– einzelne Stellen eines erschienenen Werkes der Musik in einem selbständigen Werk der Musik angeführt werden." (Gesetz über Urheberrecht und verwandte Schutzrechte (Urheberrechtsgesetz) vom 9. September 1965: 1280)

Somit ist der Verfasser eines deutschen wissenschaftlichen Zeitschriftenartikels gesetzlich dazu verpflichtet, den Urheber der bezuggenommenen Texte zu nennen. Dieses in den 1960er Jahren verabschiedete Urheberrechtsgesetz ist für die Aufstellung einer deutschen Zitiersystematik ein Meilenstein, der die Unterscheidung der wissenschaftlichen Zeitschriftenartikel in Bezug auf die Beliebigkeit von Zitatangaben sowie des Literaturverzeichnisses vor dieser Zeit und mit der diesbezüglichen Einheitlichkeit nach dieser Zeit markiert, was sich auch in den beiden deutschen Teilkorpora DtLin1950er und DtLin2000er niedergeschlagen hat.

Auch für die Art und Weise der Zitatangaben können zwei Stile unterschieden werden, nämlich „Chicago Style" und der „Harvard Style". Bei dem ersteren stehen die Zitatnachweise in Fußnoten oder Endnoten, was in Kontinental-Europa eher Verwendung findet, während bei dem letzteren die Belege in Klammern unmittelbar nach der belegpflichtigen Stelle im Fließtext angegeben werden, was in angelsächsischen Sprachraum üblich ist (vgl.Theisen [16]2013: 167). Allerdings ist in den letzten Jahren im deutschen Sprachraum eine Tendenz zum „Harvard Style" festzustellen, zumindest im deutschen (angewandten) linguistischen Bereich, was sich auch in den beiden deutschen Teilkorpora neueren Datums DtLin2000er und DaF feststellen lässt, denn die Zitatangaben in den Zeitschriftenartikeln beider Teilkorpora sind durchgängig in den Fließtext integriert. Dagegen sind die Belege in den Zeitschriftenartikeln des Teilkorpus DtLin1950er noch in den Fußnoten oder Endnoten aufgeführt.

6.2.3 DaF und ChaF – praktisch orientierte neue Disziplinen

Chinesisch als Fremdsprache und Deutsch als Fremdsprache, diese beiden Disziplinen weisen zwei Gemeinsamkeiten auf, nämlich dass sie relativ neu und praktisch orientiert sind.

Zwar hat der Unterricht des Chinesischen als Fremdsprache sowie des Deutschen als Fremdsprache jeweils eine lange Geschichte, wobei ersterer bereits in der Han-Zeit (206–220 v. u. Z.) seinen Anfang nahm, als Ausländer über die Seidenstraße nach China kamen (vgl. Liu 2000: 37, Cheng 2005: 1, Zhang 2006: 313), und letzterer mit der Entstehung des ersten Lehrwerks auf das 15. Jahrhundert zurückgeführt werden kann (vgl. Lutz/Helbig/Henrici/ Krumm 2001: 1). Aber die Bildung dieser beiden didaktischen Disziplinen entwickelte sich erst in der zweiten Hälfte des letzten Jahrhunderts.

Die Entwicklung des Chinesischen als Fremdsprache zu einer wissenschaftlichen Disziplin erfolgte im Zeitraum zwischen 1978 und 1987 (vgl. Cheng 2005: 79–89). Denn nach der Durchführung der Reform- und Öffnungspolitik im Jahr 1978 kamen immer mehr ausländische Studenten nach China, um Chinesisch zu lernen. Dabei entstand ein Bedarf an einer stetig wachsenden Zahl von didaktisch ausgebildeten Chinesischlehrern. Vor diesem Hintergrund hat der Leiter des damaligen Beijing Spracheninstituts Lü Bisong im Jahr 1978 richtungsweisend gesagt, dass „die Lehre des Chinesischen für Ausländer als eine eigenständige Disziplin zu betrachten ist. In Hochschulen sollte eine Disziplin zur Ausbildung der Lehrer dafür eingerichtet und entsprechende Forschungseinrichtungen gegründet werden." (Zhang 2006: 321). Darauf folgte im Jahr 1983 in vier chinesischen Hochschulen die Bachelorausbildung, im Jahr 1986 die Masterausbildung und schließlich im Jahr 1999 wurde die Promotion für Chinesisch als Fremdsprache eingeführt (vgl. Cui 2006: 147, Cheng 2005: 322). Auch Forschungsvereine wie die „Gesellschaft für Chinesisch als Fremdsprache" im Jahr 1983, die „International Society for Chinese Language Teaching" im Jahr 1987 oder eine Forschungseinrichtung wie das „Forschungsinstitut für Sprachenlehre und -lernen" im Jahr 1984 wurden gegründet (vgl. Li 2006: 328, Liu 2000: 49). Nicht zuletzt wurden auch entsprechende Publikationsorgane wie *Language Teaching and Linguistic Studies* im Jahr 1979, *Chinese Teaching In The World* im Jahr 1987 eingerichtet (vgl. Liu 2000: 49). Der damalige Erziehungsminister He Dongchang kündigte im Jahr 1984 an, dass „die Tatsachen seit Jahren bereits ausgesagt haben, dass sich Chinesisch als Fremdsprache bereits zu einer neuen Disziplin entwickelt hat" (vgl. Zhang 2006: 321).

Deutsch als Fremdsprache wurde etwas früher etabliert und datierte am Anfang der 70er Jahre des letzten Jahrhunderts. Unter dem Einfluss der beiden Impulse, nämlich der Profilierung Deutschlands als Studienort für ausländische Studierende sowie der zunehmenden Zahl ausländischer Migranten, sah man die Notwendigkeit, Lehrkräfte im Bereich Deutsch als Fremdsprache auszubilden. Im Jahr 1970 wurde ein spezifischer germanistischer Studiengang für ausländische Studierende an der Universität Heidelberg eingerichtet. Ein Jahr später wurde der Vorgänger des „Fachverband Deutsch als Fremdsprache" – damals hieß er „Arbeitskreis Deutsch als Fremdsprache" – etabliert, was die Entwicklung dieses jungen Wissenschaftsbereichs maßgeblich gefördert hat. Damit schritthaltend wurden fachspezifische Publikationsorgane eingerichtet wie *Zielsprache Deutsch* im Jahr 1970, *Informationen Deutsch als Fremdsprache* im Jahr 1974, *Materialien Deutsch als Fremdsprache* im Jahr 1975 oder *Jahrbuch Deutsch als Fremdsprache* im Jahr 1975. Seit Mitte der 1970er Jahre wurden eigenständige Master- und Promotionsstudiengänge für Deutsch als Fremd- und Zweitsprache geschaffen, und somit eine Konsolidierung des Faches Deutsch als Fremdsprache an deutschen Hochschulen erreicht. (vgl. Lutz/Helbig/Henrici/Krumm 2001: 1 ff.).

Die Praxisorientierung der beiden didaktischen Disziplinen zeigt sich bereits in ihren Grundlagen. Bei Chinesisch als Fremdsprache werden „linguistische Theorie", „Lehrtheorie der interkulturellen Kommunikation", „Sprachlerntheorie" und „Sprachlehrtheorie" als Grundlagentheorien dieser Disziplin angesehen (vgl. Li Quan 2006: 188), die im Grunde genommen das „Was" und „Wie" beim Chinesischlehren und -lernen behandeln. D. h., was wird gelehrt bzw. gelernt (chinesische Sprache, interkulturelle Kompetenz) und wie wird gelehrt und gelernt (Sprachlehr- und lerntheorie). Da Lehren und Lernen untrennbar vom Lehr- und Lernsubjekt, der Lernumgebung, dem Lernzweck, der Lernleistungsmessung usw. betrachtet werden müssen und in der Praxis des Lehrens und Lernens viele Probleme zu lösen sind, ist Chinesisch als Fremdsprache eine Theorie und Praxis verbindende angewandte Disziplin. Insofern besteht beim Chinesischen als Fremdsprache

> der Zweck der theoretischen Forschung darin, die Praxis zu leiten, Probleme im Lehren und Lernen zu lösen, die Effektivität bzw. die Qualität des Lehrens und Lernens zu erhöhen und das Lehr- und Lernziel zu erreichen. Auch die Forschungsthemen des Chinesischen als Fremdsprache entstehen aus der Lehr- und Lernpraxis. Die Forschungsergebnisse oder die aufgestellten Theorien sollten die Praxis direkt leiten und von der Praxis bestätigt werden können (Liu 2000: 26 f.).

Das Fach Deutsch als Fremdsprache hat vier Schwerpunkte, nämlich „die linguistische Ausrichtung", „die lehr- und lernwissenschaftliche Ausrichtung", „die landeskundlich-kulturwissenschaftliche Ausrichtung" und „die literaturwissenschaftliche Ausrichtung", wobei die lehr- und lernwissenschaftlichen Aspekte dominieren. Dabei geht es letztendlich wie beim Chinesischen als Fremdsprache auch darum, was und wie gelehrt und gelernt wird (Lutz/Helbig/Henrici/Krumm 2001: 4 ff.). Insofern wird Deutsch als Fremdsprache ebenfalls als ein „Theorie und Praxis verbindend[es] Fach" angesehen, was auch erklären kann, „dass ein großer Teil der relativ geringen Forschungskapazitäten auf sogenannte anwendungs-/praxisbezogene Forschungen ausgerichtet ist" (Lutz/Helbig/Henrici/Krumm 2001: 8). Dabei gilt die empirische Forschung als eine wichtige Forschungsmethode (vgl. Neuner 2001: 38).

Diese Praxisorientierung der beiden didaktischen Disziplinen macht es verständlich, warum Zeitschriftenartikel im Teilkorpora ChaF und DaF oft Probleme in der Sprachverwendung bzw. in der Sprachlehr- oder -lernpraxis diskutieren, die thematische Struktur „Ist- und Sollzustand-Vorschlag" zeigen oder praktische didaktische Vorschläge machen. Denn die Zielsetzung der didaktischen Artikel ist es schließlich, durch begründete Handlungsempfehlungen zur Verbesserung der Unterrichtspraxis beizutragen. Auch empirische Untersuchungen können in der IMRAD-Struktur besser dargestellt werden, sodass diese thematische Struktur wesentlich häufiger in didaktischen als in linguistischen Zeitschriftenartikeln verwendet wird.

Da Chinesisch als Fremdsprache im Vergleich zur sinologischen Linguistik eine jüngere Disziplin darstellt, ist sie wenig traditionell belastet und hat sich besser an die westlichen wissenschaftlichen Konventionen angepasst. Damit lässt sich auch erklären, warum in den Zeitschriftenartikeln im Bereich Chinesisch als Fremdsprache die Bezugsträger sich einheitlich präsentieren und die eigenen Forschungsergebnisse sachlich relativieren können, was in den Zeitschriftenartikeln im Bereich der sinologischen Linguistik desselben Zeitraums leider nicht der Fall ist.

Literaturverzeichnis

Adamzik, Kirsten (1995): *Textsorten – Texttypologie. Eine kommentierte Bibliographie*. Münster: Nodus-Publ.
Adamzik, Kirsten (2001): *Kontrastive Textologie: Untersuchungen zur deutschen und französischen Sprach- und Literaturwissenschaft*. Tübingen: Stauffenburg.
Adamzik, Kirsten (2001): „Grundfragen einer kontrastiven Textologie". In: Kirsten Adamzik/Roger Gaberell/Gottfried Kolde (Hgg.): *Kontrastive Textologie*. Tübingen: Stauffenburg, 13–48.
Adamzik, Kirsten (2002): „Zum Problem des Textbegriffs. Rückblick auf eine Diskussion". In: Ulla Fix/Kirsten Adamzik/Gerd Antos/Michael Klemm (Hgg.): *Brauchen wir einen neuen Textbegriff? Antworten auf eine Preisfrage*. Frankfurt a. M.: Lang, 163–182.
Adamzik, Kirsten (2004): *Textlinguistik. Eine einführende Darstellung*. Tübingen: Niemeyer.
Androutsopoulos, Jannis K. (2000): „Zur Beschreibung verbal konstituierter und visuell strukturierter Textsorten: das Beispiel Flyer". In: Ulla Fix/Hans Wellmann (Hgg.): *Bild im Text – Text im Bild*. Heidelberg: Winter, 343–366.
Antos, Gerd/Tietz, Heike (Hgg.) (1997): *Die Zukunft der Textlinguistik. Tradition, Transformationen, Trends*. Tübingen: Niemeyer.
Antos, Gerd/Tietz, Heike (1997): „Einleitung: Quo vadis, Textlinguistik?" In: Gerd Antos/Heike Tietz (Hgg.): *Die Zukunft der Textlinguistik. Tradition, Transformationen, Trends*. Tübingen: Niemeyer, VII–X.
Arntz, Reiner (1990): „Überlegungen zur Methodik einer „Kontrastiven Textologie"". In: Reiner Arntz/Gisela Thome (Hgg.) *Übersetzungswissenschaft: Ergebnisse und Perspektiven: Festschrift für Wolfram Wilss zum 65. Geburtstag*. Tübingen: Narr, 393–404.
Assmann, Jan (1988): „Kollektives Gedächtnis und kulturelle Identität". In: Jan Assmann/Tonio Hölscher (Hgg.) *Kultur und Gedächtnis*. Frankfurt a. M.: Suhrkamp, 9–19.
Auer, Peter/Baßler, Harald (Hgg.) (2007): *Reden und Schreiben in der Wissenschaft*. Frankfurt a. M.: Campus Verlag.
Auer, Peter/Baßler, Harald (2007): „Der Stil der Wissenschaft". In: Peter Auer/Harald Baßler (Hgg.): *Reden und Schreiben in der Wissenschaft*. Frankfurt a. M.: Campus Verlag, 9–29.
Bachmann-Medick, Doris (^{4}2010): *Cultural Turns. Neuorientierungen in den Kulturwissenschaften*. Reinbek bei Hamburg: Rowohlt.
Bazermann, Charles (1988): *Shaping written knowledge. The genre and activity of the experimental article in science*.Wisconsin: Univ. of Wisconsin Press.
Baumann, Klaus-Dieter (1998): „Das Postulat der Exaktheit für den Fachsprachengebrauch". In: Lothar Hoffmann/Hartwig Kalverkämper/Herbert Ernst Wiegand (Hgg.): *Fachsprachen – Languages for Special Purposes. ein Internationales Handbuch zur Fachsprachenforschung und Terminologiewissenschaft. An International Handbook of Special Languages and Terminology Research*. Berlin/New York: de Gruyter, 373–377.
Baumann, Klaus-Dieter (1998): „Textuelle Eigenschaften von Fachsprachen". In: Lothar Hoffmann/Hartwig Kalverkämper/Herbert Ernst Wiegand (Hgg.): *Fachsprachen – Languages for Special Purposes. Ein Internationales Handbuch zur Fachsprachenforschung und Terminologiewissenschaft. An International Handbook of Special Languages and Terminology Research*. Halbbd. 1) Berlin/New York: de Gruyter, 408–416.
Baumann, Klaus-Dieter/Kalverkämper, Hartwig (1992): „Kontrastive Fachsprachenforschung – ein Begriff, ein Symposium und eine Zukunft. Zur Einführung". In: Klaus-Dieter

Baumann/Hartwig Kalverkämper (Hgg.) 1992: *Kontrastive Fachsprachenforschung*. Tübingen: Narr, 9–25.

Bausinger, Hermann (2003): „Kultur". In: Alois Wierlacher/Andrea Bognar (Hgg.): *Handbuch interkulturelle Germanistik*. Stuttgart/Weimar: Metzler, 271–276.

Beaugrande, Robert-Alain de/Dressler, Wolfgang Ulrich (1981): *Einführung in die Textlinguistik*. Tübingen: Niemeyer.

Beaugrande, Robert-Alain de (1997): „Textlinguistik: Zu neuen Ufern?". In: Gerd Antos/Heike Tietz (Hgg.): *Die Zukunft der Textlinguistik. Tradition, Transformationen, Trends*. Tübingen: Niemeyer, 1–11.

Biere, Bernd Ulrich (1998): „Verständlichkeit beim Gebrauch von Fachsprachen". In: Lothar Hoffmann/Hartwig Kalverkämper/Herbert Ernst Wiegand (Hgg.): *Fachsprachen – Languages for Special Purposes. ein Internationales Handbuch zur Fachsprachenforschung und Terminologiewissenschaft. An International Handbook of Special Languages and Terminology Research*. Berlin/New York: de Gruyter, 402–407.

Bierwisch, Manfred (2004): „Bis hierher, und wie weiter? Linguistik vor und nach der Jahrhundertwende". In: *Linguistische Berichte* 200/2004, 409–425.

Bolten, Jürgen (2001): *Interkulturelle Kompetenz*. Erfurt: Landeszentrale für politische Bildung Thüringen.

Bolten, Jürgen/Dathe, Marion/Kirchmeyer, Susanne/Roennau, Marc/Witchallls, Peter/Ziebell-Drabo, Sabine (1996): „Interkulturalität, Interlingualität und Standardisierung bei der Öffentlichkeitsarbeit von Unternehmen. Gezeigt an amerikanischen, britischen, deutschen, französischen und russischen Geschäftsberichten". In: Hartwig Kalverkämper/Klaus-Dieter Baumann (Hgg.): *Fachliche Textsorten. Komponenten – Relationen – Strategien*. Tübingen: Narr, 389–425.

Brinker, Klaus (1973): „Zum Textbegriff in der heutigen Linguistik". In: Horst Sitta/Klaus Brinker (Hgg.): *Studien zur Texttheorie und zur deutschen Grammatik*. Düsseldorf: Schwann, 9–41.

Brinker, Klaus (1985/⁵2001): *Linguistische Textanalyse: eine Einführung in Grundbegriffe und Methoden*. Berlin: Erich Schmidt.

Brinker, Klaus/Sager, Sven F. (1989/⁴2006): *Linguistische Gesprächsanalyse. Eine Einführung*. Berlin: Erich Schmidt.

Brinker, Klaus/Antos, Gerd/Heinemann, Wolfgang/Sager, Sven F. (Hgg.) (2000): *Text- und Gesprächslinguistik. Ein internationales Handbuch zeitgenössischer Forschung*. 2 Bde. Berlin/New York: de Gruyter.

Buhlmann, Rosemarie/Fearns, Anneliese (1987): *Handbuch des Fachsprachenunterrichts: unter besonderer Berücksichtigung naturwissenschaftlich-technischer Fachsprachen*. Berlin: Langenscheidt.

Gesetz über Urheberrecht und verwandte Schutzrechte (Urheberrechtsgesetz) vom 9. September 1965. In: *Bundesgesetzblatt Teil 1, Nr. 51*. 1273–1293.

Busch-Lauer, Ines-Andrea (1991): *Englische Fachtexte in der Pädagogischen Psychologie: eine linguistische Analyse*. Frankfurt a. M. u. a.: Lang.

Busch-Lauer, Ines-Andrea (2001): *Fachtexte im Kontrast: eine linguistische Analyse zu den Kommunikationsbereichen Medizin und Linguistik*. Frankfurt a. M. u. a.: Lang.

Chen, Qi (2013): *Text und Kultur. Eine kommunikative Gattungsanalyse der deutschen und chinesischen Todesanzeigen*. Bern: Lang.

Cheng, Yuzhen (2005): *Xin Zhongguo Duiwaihanyu Jiaoxue Fazhan Si (Die Entwicklungsgeschichte des Chinesischen als Fremdsprache seit der Gründung der Volksrepublik China)*. Beijing: Verlag der Universität Beijing.

Christ, Herbert (1991): *Fremdsprachenunterricht für das Jahr 2000: Sprachenpolitische Betrachtungen zum Lehren und Lernen fremder Sprachen*. Tübingen: Narr.
Claßen, Monika (2000): „Geld als Text". In: Ulla Fix/Hans Wellmann (Hgg.): *Bild im Text – Text im Bild*. Heidelberg: Winter, 399–407.
Clyne, Michael (1981): "Culture and Discourse Structure". In: *Journal of Pragmatics* 5, 61–65.
Clyne, Michael (1984): „Wissenschaftliche Texte Englisch- und Deutschsprachiger: Textstrukturelle Vergleiche". In: *Studium Linguistik* 15, 92–97.
Clyne, Michael (1987): "Cultural differences in the organization of academic texts: Englisch and German". In: *Journal of Pragmatics* 11, 211–247.
Clyne, Michael (1991): „Zu kulturellen Unterschieden in der Produktion und Wahrnehmung englischer und deutscher wissenschaftlicher Texte". In: *Info DaF* 4, 376–383.
Cui, Yonghua (2006): „Duiwaihanyu Jiaoxue Xueke Gaishuo (Grundzüge über die Disziplin des Lehrens und des Lernens Chinesisch als Fremdsprache)". In: Quan Li (Hg.): *Duiwaihanyu Jiaoxue Xiele Lilun Yanjiu (Theoretische Forschung zur Disziplin des Lehrens und des Lernens Chinesisch als Fremdsprache)*. Beijing: The Commercial Press, 129–149.
Dijk, Teun A. van (1980): *Textwissenschaft. Eine interdisziplinäre Einführung*. Tübingen: Niemeyer.
Drescher, Martina (2003): „Sprache der Wissenschaft, Sprache der Vernunft? Zum affektleeren Stil der Wissenschaft". In: Stephan Habscheid/Ulla Fix (Hgg.): *Gruppenstile: zur sprachlichen Inszenierung sozialer Zugehörigkeit*. Frankfurt a. M. u. a.: Lang, 53–79.
Dressler, Wolfgang (1972): *Einführung in die Textlinguistik*. Tübingen: Niemeyer.
Dürscheid, Christa (⁴2012): *Einführung in die Schriftlinguistik*. Göttingen: Vandenhoeck & Ruprecht.
Eckkrammer, Eva Martha(2002): „Brauchen wir einen neuen Textbegriff?" In: Ulla Fix/Kirsten Adamzik/Gerd Antos/Michael Klemm (Hgg.): *Brauchen wir einen neuen Textbegriff? Antworten auf eine Preisfrage*. Frankfurt a. M.: Lang, 31–57.
Ehlich, Konrad (1998): „Medium Sprache". In: Hans Strohner/Lorenz Sichelschmidt/Marina Hielscher (Hgg.): *Medium Sprache*. Frankfurt a.M: Lang, 9–21.
Eßer, Ruth (1997): *„Etwas ist mir geheim geblieben am deutschen Referat": kulturelle Geprägtheit wissenschaftlicher Textproduktion und ihre Konsequenzen für den universitären Unterricht von Deutsch als Fremdsprache*. München: iudicium.
Fehrmann, Gisela/Linz, Erika (2009): „Eine Medientheorie ohne Medien? Zur Unterscheidung von konzeptioneller und medialer Mündlichkeit und Schriftlichkeit". In: Elisabeth Birk/Jan Georg Schneider (Hgg.): *Philosophie der Schrift*. Tübingen: Niemeyer, 123–144.
Feilke, Helmuth (2000): „Die pragmatische Wende in der Textlinguistik". In: Klaus Brinker/Gerd Antos/Wolfgang Heinemann/Sven F. Sager (Hgg.): *Text- und Gesprächslinguistik. Ein internationales Handbuch zeitgenössischer Forschung. 2 Bde*. Berlin/New York: de Gruyter, 64–82.
Fijas, Liane (1998): „Das Postulat der Ökonomie für den Fachsprachengebrauch". In: Lothar Hoffmann/Hartwig Kalverkämper/Herbert Ernst Wiegand (Hgg.): *Fachsprachen – Languages for Special Purposes. ein Internationales Handbuch zur Fachsprachenforschung und Terminologiewissenschaft. An International Handbook of Special Languagesand Terminology Research*. Berlin/New York: de Gruyter, 390–397.
Fix, Ulla (1996): „Textstile und KonTextstile. Stil in der Kommunikation als umfassende Semiose von Sprachlichem, Parasprachlichem und Außersprachlichem". In: Ulla Fix/Gotthard Lerchner (Hgg.): *Stil und Stilwandel*. Frankfurt a. M.: Lang, 111–132.

Fix, Ulla (1996a): „Gestalt und Gestalten. Von der Notwendigkeit der Gestaltkategorie für eine das Ästhetische berücksichtigende pragmatische Stilistik". In: *Zeitschrift für Germanistik* 2/1996. 308–303.

Fix, Ulla (2001): „Grundzüge der Textlinguistik". In: Wolfgang Fleischer/Gerhard Helbig/ Gotthard Lerchner (Hgg.): *Kleine Enzyklopädie – Deutsche Sprache*. Frankfurt a. M. u. a.: Lang, 470–511.

Fix, Ulla (2005): „Die stilistische Einheit von Texten – auch ein Textualitätskriterium?" In: Ewald Reuter/Tina Sorvali (Hgg.): *Satz – Text – Kulturkontrast: Festschrift für Marja-Leena Piitulainen zum 60. Geburtstag*. Frankfurt a. M.: Lang, 35–50.

Fix, Ulla (2008): *Text und Textsorten – sprachliche kommunikative und kulturelle Phänomene*. Berlin: Frank &Timme.

Fix, Ulla/Adamzik, Kirsten/Antos, Gerd/Klemm, Michael (Hgg.) (2002): *Brauchen wir einen neuen Textbegriff? Antworten auf eine Preisfrage*. Frankfurt a. M.: Lang.

Fix, Ulla/Wellmann, Hans (Hgg.) (1997): *Stile, Stilprägungen, Stilgeschichte: über Epochen-, Gattungs- und Autorenstile; sprachliche Analyse und didaktische Aspekte; vergleichende Analysen*. Heidelberg: Winter.

Fix, Ulla/Wellmann, Hans (Hgg.) (2000): *Bild im Text – Text im Bild*. Heidelberg: Winter.

Fix, Ulla/Habscheid, Stephan/Klein, Josef (Hgg.) (2001): *Zur Kulturspezifik von Textsorten*. Tübingen: Stauffenburg.

Fluck, Hans-Rüdiger ([5]1996): *Fachsprachen. Einführung und Bibliographie*. Tübingen: Francke.

Folsom, Josef Kirk (1928): *Culture and Social Progress*. New York: Longmans, Green and Co.

Földes, Csaba (2003): Interkulturelle Linguistik. Vorüberlegung zu Konzepten, Problemen und Desiderata. Veszprém: Universitätsverlag/Wien: Edition Praesens.

Galtung, Johan (1983): „Struktur, Kultur und interkultureller Stil. Ein vergleichender Essay über sachsonische, teutonische, gallische und nipponische Wissenschaft". In: *Leviathan* 2, 303–338.

Gao, Xiaohe (2010): *Xueshu Lunwen Xiezuo (Schreiben der wissenschaftlichen Texte)*. Nanjing: Verlag der Universität Nanjing.

Gardt, Andreas/Haß-Zumkehr, Ulrike/Roelcke Thorsten (1999): *Sprachgeschichte als Kulturgeschichte*. Berlin/New York: de Gruyter.

Geertz, Clifford (1987/[3]1994): *Dichte Beschreibung: Beiträge zum Verstehen kultureller Systeme*. Übers. von Brigitte Luchesi und Rolf Bindemann. Frankfurt a. M.: Suhrkamp.

Gläser, Rosemarie (1990): *Fachtextsorten im Englischen*. Tübingen: Narr.

Gläser, Rosemarie (1992): „Methodische Konzepte für das Tertium comparationis in der Fachsprachenforschung – dargestellt an anglistischen und nordischen Arbeiten". In: Klaus-Dieter Baumann/Hartwig Kalverkämper (Hgg.): *Kontrastive Fachsprachenforschung*. Tübingen: Narr, 78–92.

Gläser, Rosemarie (1998): „Fachtextsorten der Wissenschaftssprachen I: Der wissenschaftliche Zeitschriftenaufsatz". In: Lothar Hoffmann/Hartwig Kalverkämper/ Herbert Ernst Wiegand (Hgg.): *Fachsprachen – Languages for Special Purposes. ein Internationales Handbuch zur Fachsprachenforschung und Terminologiewissenschaft. An International Handbook of Special Languages and Terminology Research*. Halbbd. 1. Berlin/New York: de Gruyter, 482–488.

Gnutzmann, Claus/Lange, Regina (1990): „Kontrastive Textlinguistik und Fachsprachenanalyse". In: Claus Gnutzmann (Hg.) 1990: *Kontrastive Linguistik*. Frankfurt a. M.: Lang, 85–116.

Gnutzmann, Claus/Oldenburg, Hermann (1990): „Kontrastive Fachtextanalyse Deutsch-Englisch". In: Bernd Spillner (Hg.): *Sprache und Politik. Kongreßberichte der 19. Jahrestagung der Gesellschaft für Angewandte Linguistik*. Frankfurt a. M.: Lang, 211–215.

Gnutzmann, Claus/Oldenburg, Hermann (1991): "Contrastive Text Linguistics in LSP-Research: Theoretical Considerations and some Preliminary Findings". In: Hartmut Schröder (Hg.): *Subject-oriented Texts. Languages for Special Purposes and Text Theory*. Berlin/New York: de Gruyter, 103–136.

Göpferich, Susanne (1995): *Textsorten in Naturwissenschaften und Technik: pragmatische Typologie – Kontrastierung – Translation*. Tübingen: Narr.

Graefen, Gabriele (1994): „Wissenschaftstexte im Vergleich. Deutsche Autoren auf Abwegen?". In: Gisela Brünner/Gabriele Graefen (Hgg.): *Texte und Diskurse. Methoden und Forschungsergebnisse der Funktionalen Pragmatik*. Opladen: Westdeutscher Verlag, 136–157.

Graefen, Gabriele (1997): *Der Wissenschaftliche Artikel: Textart und Textorganisation*. Frankfurt a. M. u. a.: Lang.

Graefen, Gabriele/Thielmann, Winfried (2007): „Der Wissenschaftliche Artikel". In: Peter Auer/Harald Baßler (Hgg.): *Reden und Schreiben in der Wissenschaft*. Frankfurt a. M.: Campus Verlag, 67–97.

Griffig, Thomas (2006): *Intertextualität in linguistischen Fachaufsätzen des Englischen und Deutschen*. Frankfurt a. M. u. a.: Lang.

Große, Ernst Ulrich (1976): *Text und Kommunikation. Eine linguistische Einführung in die Funktionen der Texte*. Stuttgart: Kohlhammer.

Guérin-Sendelbach, Valérie (2001): *Interkulturelle Kommunikation in der deutsch-französischen Wirtschaftskooperation: [Dokumentation des 7. Europakolloquiums des Zentrums für Europäische Integrationsforschung am 17./18. November 2000] / Zentrum für Europäische Integrationsforschung, Rheinische Friedrich-Wilhelms-Universität Bonn*. Bonn: ZEI.

Gülich, Elisabeth/Raible, Wolfgang (1977): *Linguistische Textmodelle. Grundlagen und Möglichkeiten*. München: Fink.

Günthner, Susanne (2001): „Kulturelle Unterschiede in der Aktualisierung kommunikativer Gattungen". In: *Info DaF* 28, 1, 15–32.

Günthner, Susanne/Linke, Angelika (2006): „Einleitung: Linguistik und Kulturanalyse. Ansichten eines symbiotischen Verhältnisses". In: *Zeitschrift für germanistische Linguistik. Themenheft Linguistik und Kulturanalyse*, 1–27.

Habscheid, Stephan (2009) *Text und Diskurs*. Paderborn: Fink.

Hahn, Walther von (1998): „Das Postulat der Explizitheit für den Fachsprachengebrauch". In: Lothar Hoffmann/Hartwig Kalverkämper/Herbert Ernst Wiegand (Hgg.): *Fachsprachen – Languages for Special Purposes. ein Internationales Handbuch zur Fachsprachenforschung und Terminologiewissenschaft. An International Handbook of Special Languages and Terminology Research*. Halbbd. 1. Berlin/New York: de Gruyter, 383–389.

Halliday, Michael A. K./Hasan, Ruqaiya (1976): *Cohesion in English*. London/New York: Longman.

Hansen, Klaus P. (^{3}2003): *Kultur und Kulturwissenschaft. Eine Einführung*. Tübingen/Basel: Francke.

Hartmann, Peter (1968): „Zum Begriff des sprachlichen Zeichens". In: *Zeitschrift für Phonetik, Sprachwissenschaft und Kommunikationsforschung* 21, 205–222.

Hartmann, Peter (1971): „Texte als linguistisches Objekt". In: Wolf-Dieter Stempel (Hg.): *Beiträge zur Textlinguistik*. München: Fink, 9–29.
Hartmann, Reinhart R. K. (1980): *Contrastive Textology: Comparative Discourse Analysis in Applied Linguistics*. Heidelberg: Groos.
Harweg, Roland (1968): *Pronomina und Textkonstitution*. München: Fink.
Hausenblas, Karel (1977): „Zu einigen Grundfragen der Texttheorie". In: František Daneš/ Dieter Viehweger (Hgg.): *Probleme der Textlinguistik II*. Berlin: Akademie-Verlag, 147–158.
Hausendorf, Heiko/Kesselheim, Wolfgang (2008): *Textlinguistik fürs Examen*. Göttingen: Vandenhoeck & Ruprecht.
He, Jiuying (2008): *Zhongguo Xiandai Yuyanxue Shi (Xiuding Ben) (Geschichte der modernen sinologischen Linguistik (überarbeitete Auflage)*. Beijing: The Commercial Press.
Heinemann, Wolfgang/Viehweger, Dieter (1991): *Textlinguistik. Eine Einführung*. Tübingen: Niemeyer.
Heinemann, Wolfgang (2008): „Textpragmatische und kommunikative Ansätze". In: Nina Janich (Hg.): *Textlinguistik. 15 Einführungen*. Tübingen: Narr, 113–143.
Heinemann, Margot/Heinemann, Wolfgang (2002): *Grundlagen der Textlinguistik: Interaktion – Text – Diskurs*. Tübingen: Niemeyer.
Hengst, Karlheinz (1985): „Gesichtspunkte zur Analyse von Makrostrukturen bei Fachtexten". In: *Linguistische Studien Reihe A 133*, Berlin: Akademie-Verlag, 41–49.
Henne, Helmut/Rehbock, Helmut (1979/⁴2001): *Einführung in die Gesprächsanalyse*. Berlin/ New York: de Gruyter.
Hermanns, Fritz (2003): „Interkulturelle Linguistik". In: Alois Wierlacher/Andrea Bognar (Hgg.): *Handbuch interkulturelle Germanistik*. Stuttgart/Weimar: Metzler, 363–373.
Hoffmann, Lothar (²1985): *Kommunikationsmittel Fachsprache. Eine Einführung*. Tübingen: Narr.
Hoffmann, Lothar (1988): *Vom Fachwort zum Fachtext. Beiträge zur Angewandten Linguistik*. Tübingen: Narr.
Hoffmann, Lothar/Kalverkämper, Hartwig/Wiegand, Herbert Ernst (Hgg.) (1998): *Fachsprachen – Languages for Special Purposes. ein Internationales Handbuch zur Fachsprachenforschung und Terminologiewissenschaft. An International Handbook of Special Languagesand Terminology Research*. Berlin/New York: de Gruyter.
Hofstede, Geert (1993): *Interkulturelle Zusammenarbeit: Kulturen – Organisationen – Management*. Aus d. Engl. übers. und überarb. Wiesbaden: Gabler.
Hu, Yushu (⁶1995): *Xiandai Hanyu (Modernes Chinesisch)*. Shanghai: Shanghai Educational Publishing House.
Huber, Oliver (2003): *Hyper-Text-Linguistik: TAH: ein textlinguistisches Analysemodell für Hypertexte; theoretisch und praktisch exemplifiziert am Problemfeld der typisierten Links von Hypertexten im World Wide Web*. München: Utz, Wiss.
Humboldt, Wilhelm von (2010): „Ueber die Verschiedenheit des menschlichen Sprachbaues und ihren Einfluss auf die geistige Entwicklung des Menschengeschlechts [1830–1835]". In: *Wilhelm von Humboldt Werke in fünf Bänden III, Schriften zur Sprachphilosophie*. Herausgegeben von Andreas Flitner und Klaus Giel.
Hundsnurscher, Franz (1986): „Theorie und Praxis der Textklassifikation". In: Inger Rosengren (Hg.): *Sprache und Pragmatik. Lunder Symposium 1984*. Malmö/Stockholm: Almqvist &Wiksell International, 75–97.
Hutz, Mattias (1997): *Kontrastive Fachtextlinguistik für den fachbezogenen Fremdsprachenunterricht: Fachzeitschriftenartikel der Psychologie im interlingualen Vergleich*. Trier: WVT Wissenschaftlicher Verlag.

Jäger, Ludwig (2006): „'ein nothwendiges Uebel der Cultur'. Anmerkungen zur Kulturwissenschaftlichkeit der Linguistik". In: *Zeitschrift für germanistischen Linguistik. Themenheft Linguistik und Kulturanalyse* 34, 28–49.

Jakobs, Eva-Maria (1999): *Textvernetzung in den Wissenschaften: Zitat und Verweis als Ergebnis rezeptiven, reproduktiven und produktiven Handelns.* Tübingen: Niemeyer.

Janich, Nina (Hgg.) (2008): *Textlinguistik. 15 Einführungen.* Tübingen: Narr.

Kallmeyer, Werner/Klein, Wolfgang/Meyer-Hermann, Reinhard/Netzer, Klaus/Siebert, Hans-Jürgen (1974): *Lektürekolleg zur Textlinguistik. Bd. 1: Einführung.* Frankfurt a. M.: Fischer Athenäum.

Kallmeyer, Werner/Meyer-Hermann, Reinhard (^{2}1980): „Textlinguistik". In: Hans-Peter Althaus/Helmut Henne/Herbert Ernst Wiegand (Hgg.) 1980^2: *Lexikon der germanistischen Linguistik.* Tübingen: Niemeyer, 242–258.

Kallmeyer, Werner/Schütze, Fritz (1976): „Konversationsanalyse". In: *Studium Linguistik* 1, 1–28.

Kalverkämper, Hartwig (1998): „Rahmenbedingungen für die Fachkommunikation". In: Lothar Hoffmann/Hartwig Kalverkämper/Herbert Ernst Wiegand (Hgg.): *Fachsprachen – Languages for Special Purposes. ein Internationales Handbuch zur Fachsprachenforschung und Terminologiewissenschaft. An International Handbook of Special Languages and Terminology Research.* Halbbd. 1) Berlin/New York: de Gruyter, 24–47.

Kaplan, R. B. (1966): „Cultural Thought Patterns in Intercultural Education". In: *Language Learning* 1966, 16, 1–20.

Kapr, Albert (1993): *Fraktur: Form und Geschichte der gebrochenen Schriften.* Mainz: Verlag Hermann Schmidt.

Klemm, Michael (2002): „Wie hältst Du's mit dem Textbegriff? Pragmatische Antworten auf eine Gretchenfrage der (Text-)Linguistik". In: Ulla Fix/Kirsten Adamzik/Gerd Antos/Michael Klemm (Hgg.): *Brauchen wir einen neuen Textbegriff? Antworten auf eine Preisfrage.* Frankfurt a. M.: Lang, 143–161.

Koch, Peter/Oesterreicher Wulf (2008): „Mündlichkeit und Schriftlichkeit von Texten". In: Nina Janich (Hg.): *Textlinguistik. 15 Einführungen.* Tübingen: Narr, 199–215.

Kotthoff, Helga (2007): "Ritual and Style across Cultures". In: Helga Kotthoff/Helen Spencer-Oatey (Hgg.): *Handbook of Intercultural Communication.* Berlin/New York: de Gruyter, 173–197.

Krause, Wolf-Dieter (2000): „Kommunikationslinguistische Aspekte der Textsortenbestimmung". In: Wolf-Dieter Krause (Hg.): *Textsorten. Kommunikationslinguistische und konfrontative Aspekte.* Frankfurt a. M. u. a.: Lang, 34–67.

Kretzenbacher, Heinz L./Weinrich, Harald (Hgg.) (1995): *Linguistik der Wissenschaftssprache.* Berlin/New York: de Gruyter.

Kretzenbacher, Heinz L. (1995): „Wie durchsichtig ist die Sprache der Wissenschaft?". In: Heinz L. Kretzenbacher/Harald Weinrich (Hgg.): *Linguistik der Wissenschaftssprache.* Berlin/New York: de Gruyter, 15–39.

Kretzenbacher, Heinz L. (1998): „Fachsprache als Wissenschaftssprache". In: Lothar Hoffmann/Hartwig Kalverkämper/Herbert Ernst Wiegand (Hgg.): *Fachsprachen – Languages for Special Purposes. ein Internationales Handbuch zur Fachsprachenforschung und Terminologiewissenschaft. An International Handbook of Special Languages and Terminology Research.* Halbbd. 1) Berlin/New York: de Gruyter, 133–142.

Kremer, Uta (2004): *Interkulturelle Kommunikation im deutsch-amerikanischen Arbeitsalltag: eine Analyse der Erfahrungen von Beschäftigten in Ostdeutschland zur Gestaltung von Vorbereitungsmaßnahmen und Konzeption eines zielgruppenspezifischen Trainings.* Leipzig (Univ. Diss.): Mikrofiche-Ausgabe.

Kristeva, Julia (1967): „Wort, Dialog und Roman bei Bachtin". In: Jens Ihwe (Hg.) (1972): *Literaturwissenschaft und Linguistik. Bd. 3: Zur linguistischen Basis der Literaturwissenschaft, II.* Frankfurt a. M.: Athenäum-Fischer-Taschenbuch-Verl., 345–375.

Kuhlen, Rainer (1991): *Nicht-lineare Strukturen in Hypertext.* Schömberg: Haessler.

Laskavceva, Elena Ju (2002): „Linguokulturologische Analyse russische und deutscher Volksmärchen im DaF-Unterricht". In: Marina Vollstedt (Hg.): *Das Wort. Germanistisches Jahrbuch 2002. GUS.* Bonn: DAAD, 283–289.

Lehker, Marianne (1996): „Die ‚contrastive rhetoric' als Bezugsrahmen für kulturkontrastive Untersuchungen auf Textebene". In: Eva Schoenke (Hgg.): *Wirtschaftskommentare. Textlinguistische Analysen – kontrastive Untersuchungen.* Bremen: Zentraldruckerei der Universität Bremen, 155–191.

Lehker, Marianne (1997): *Texte im chinesischen Aufsatzunterricht: eine kontrastive Analyse chinesischer und deutscher Aufsatzsorten.* Heidelberg: Groos.

Lehker, Marianne (2001): „Chinesische und deutsche Aufsatzsorten im Vergleich". In: Ulla Fix/Stephan Habscheid/Josef Klein (Hgg.): *Zur Kulturspezifik von Textsorten.* Tübingen: Stauffenburg, 131–146.

Li, Peiyuan (2006): „Zhongguo Duiwaihanyu Jiaoxue de Lishi Huigu (Rückblick auf die Geschichte des Lehren und des Lernens Chinesisch als Fremdsprache in China)". In: Quan Li (Hg.): *Duiwaihanyu Jiaoxue Xiele Lilun Yanjiu (Theoretische Forschung zur Disziplin des Lehrens und des Lernens Chinesisch als Fremdsprache).* Beijing: The Commercial Press, 327–342.

Liang, Yong (1991): „Zu soziokulturellen und textstrukturellen Besonderheiten wissenschaftlicher Rezensionen. Eine kontrastive Fachtextanalyse Deutsch/Chinesisch". In: *Deutsche Sprache* 4/1991, 289–311.

Lin, Qingzhang (2012): *Xueshu Lunwen Xiezuo Zhiyin: Wenke Shiyong (Anleitung zum Schreiben wissenschaftlicher Texte: Für Geisteswissenschaft).* Beijing: Jiu Zhou Press.

Linke, Angelika (2003): „Sprachgeschichte – Gesellschaftsgeschichte – Kulturanalyse". In: Helmut Henne/Horst Sitta/Herbert Ernst Wiegand (Hgg.): *Germanistische Linguistik: Konturen eines Faches.* Tübingen: Niemeyer, 25–65.

Linke, Angelika (2014): „Unauffälligkeit, aber unausweichlich. Alltagssprache als Ort von Kultur". In: Thomas Forrer/Angelika Linke (Hgg.): *Wo ist Kultur? Perspektiven der Kulturanalyse.* Zürich: vdf Hochschulverlag, 169–192.

Linke, Angelika/Nussbaumer, Markus (1997): „Intertextualität. Linguistische Bemerkungen zu einem literaturwissenschaftlichen Textkonzept". In: Gerd Antos/Heike Tietz (Hgg.): *Die Zukunft der Textlinguistik. Tradition, Transformationen, Trends.* Tübingen: Niemeyer, 109–126.

Lippert, Herbert (^{2}1981) *Das medizinische Manuskript.* München u. a.: Urban und Schwarzenberg.

Liu, Xie (2005): *Wen Xin Diao Long (Literarische Gesinnung und das Schnitzen von Drachen).* Übersetzt und kommentiert von Zhenfu Zhou. Nanjing: Jiangsu Educational Publishing House.

Liu, Xun (2000): *Duiwaihanyu Jiaoyuxue Yinlun (Einführung in die Pädagogik Chinesisch als Fremdsprache).* Beijing: Beijing Language and Culture University Press.

Liu, Zhiji (2014): *Shi Tong (Durch die Geschichte)*. Übersetzt und kommentiert von Yun Bai. Beijing: Zhonghua Book Company.
Lobin, Henning (Hg.) (1999): *Text im digitalen Medium*. Opladen: Westdt. Verlag.
Lu, Xun (2013): *Qie Jie Ting Zawen (Qie Jie Ting Essays)*. Nanjing: Yi Lin Press.
Luckmann, Thomas (1988): „Kommunikative Gattungen im kommunikativen „Haushalt" einer Gesellschaft". In: Gisela Smolka-Koerdt/Peter M. Spangenberg/Dagmar Tillmann-Bartylla (Hgg.): *Der Ursprung der Literatur: Medien, Rollen, Kommunikationssituationen zwischen 1450 und 1650*. München: Fink, 279–288.
Lun Yu im Deutsch-Chinesischen Vergleich (2010): ins moderne Chinesisch übersetzt von Bojun Yang, ins Deutsch übersetzt von Wilhelm Richard. Beijing: Foreign Language Teaching and Research Press.
Lüsebrink, Hans-Jürgen(2005): *Interkulturelle Kommunikation. Interaktion, Fremdwahrnehmung, Kulturtransfer*. Stuttgart/Weimar: Metzler.
Götze, Lutz/Helbig, Gerhard/Henrici, Gert/Krumm, Hans-Jürgen (2001): „Die Struktur des Faches". In: Gerhard Helbig/Lutz Götze/Gert Henrici/Hans-Jürgen Krumm (Hgg.): *Deutsch als Fremdsprache: ein internationales Handbuch*. Berlin/New York: de Gruyter, 1–11.
Meier, Jörg (2002): „Zwischen Textphilologie, Kulturwissenschaft und ‚neuen Medien'. Interdisziplinäre Anmerkungen und Fragestellungen zum Textbegriff". In: Ulla Fix/Kirsten Adamzik/Gerd Antos/Michael Klemm (Hgg.): *Brauchen wir einen neuen Textbegriff? Antworten auf eine Preisfrage*. Frankfurt a. M.: Lang, 83–92.
Neuner, Gerhard (2001): „Didaktisch-methodischer Ansatz: die lehr- und lernwissenschaftliche Perspektive". In: Gerhard Helbig/Lutz Götze/Gert Henrici/Hans-Jürgen Krumm (Hgg.): *Deutsch als Fremdsprache: ein internationales Handbuch*. Berlin/New York: de Gruyter, 31–41.
Nord, Christiane (1993): *Einführung in das funktionale Übersetzen. Am Beispiel von Titeln und Überschriften*. Tübingen/Basel: Francke.
Nussbaumer, Markus (1991): *Was Texte sind und wie sie sein sollen. Ansätze zu einer sprachwissenschaftlichen Begründung eines Kriterienrasters zur Beurteilung von schriftlichen Schülertexten*. Tübingen: Niemeyer.
Oksaar, Els (1998): „Das Postulat der Anonymität für den Fachsprachengebrauch". In: Lothar Hoffmann/Hartwig Kalverkämper/Herbert Ernst Wiegand (Hgg.): *Fachsprachen – Languages for Special Purposes. ein Internationales Handbuch zur Fachsprachenforschung und Terminologiewissenschaft. An International Handbook of Special Languages and Terminology Research*. Halbbd. 1. Berlin/New York: de Gruyter, 397–401.
Oldenburg, Antje (1995): „Methodologische Grundlagen der kontrastiven Fachtextlinguistik". In: *Fachsprache. International Journal of LSP* 17, Heft 1–2/1995, 107–116.
Oldenburg, Antje (1997): „Überlegungen zur interkulturellen Untersuchung von Wissenschaftsstilen". In: *Fachsprache. International Journal of LSP* 19, Heft 1–2/1997, 9–16.
Oldenburg, Hermann (1992): *Angewandte Fachtextlinguistik. „Conclusions" und Zusammenfassungen*. Tübingen: Narr.
Pan, Wenguo (2002): *Zi Benwei yu Hanyu Yanjiu (Zeichenstandart und Forschungen zu Chinesisch)*. Shanghai: East China Normal University Press.
Pan, Wenguo/Tan, Huimin (2006): *Duibi Yuyanxue, Lishi yu Zhexue Sikao (Kontrastive Linguistik: Historische und philosophische Überlegungen)*. Shanghai: Shanghai Educational Publishing Press.

Pankow, Christiane (2000): „Wie die Wahl des Mediums die Herausbildung von Stilmerkmalen beeinflußt". In: Ulla Fix/Hans Wellmann (Hgg.): *Bild im Text – Text im Bild.* Heidelberg: Winter, 243–257.

Petkova-Kessanlis, Mikaela (2009): *Musterhaftigkeit und Varianz in linguistischen Zeitschriftenaufsätzen. Sprachhandlungs-, Formulierungs-, Stilmuster und ihre Realisierung in zwei Teiltexten.* Frankfurt a. M. et al.: Lang.

Posner, Roland (1992): „Was ist Kultur? Zur semiotischen Explikation anthropologischer Grundbegriffe". In: Marlene Landsch/Heiko Karnowski/Ivan Bystřina (Hgg.): *Kultur-Evolution: Fallstudien und Synthese.* Frankfurt a. M. u. a.: Lang, 1–65.

Pöckl, Wolfgang (1995): „Nationalstile in Fachtexten?". Vom Tabu- zum Modethema. In: *Fachsprache. International Journal of LSP* 17, 3–4, 98–107.

Pöckl, Wolfgang (1999): „Kontrastive Textologie". In: Sylvia Reinart/Michael Schreiber (Hgg.): *Sprachvergleich und Übersetzen: Französisch und Deutsch: Akten der gleichnamigen Sektion des ersten Kongresses des Franko-Romanistenverbandes (Mainz, 24.– 26. September 1998).* Bonn: Romanistischer Verlag, 295–302.

Prinz, Wolfgang/Weingart, Peter (Hgg.) (1990): *Die sog. Geisteswissenschaften: Innenansichten.* Frankfurt a. M.: Suhrkamp.

Prinz, Wolfgang/Weingart, Peter (1990): „Innenansichten geisteswissenschaftlicher Forschung: Einleitende Bemerkungen". In: Wolfgang Prinz/Peter Weingart (Hgg.): *Sprachvergleich und Übersetzen: Französisch und Deutsch: Akten der gleichnamigen Sektion des ersten Kongresses des Franko-Romanistenverbandes (Mainz, 24.– 26. September 1998).* Bonn: Romanistischer Verlag, 9–26.

Püschel, Ulrich (1997): „,Puzzle-Texte'. Bemerkungen zum Textbegriff". In: Gerd Antos/Heike Tietz (Hgg.): *Die Zukunft der Textlinguistik. Tradition, Transformationen, Trends.* Tübingen: Niemeyer, 27–41.

Reinart, Sylvia/Schreiber, Michael (1999): *Sprachvergleich und Übersetzen: Französisch und Deutsch: Akten der gleichnamigen Sektion des ersten Kongresses des Franko-Romanistenverbandes (Mainz, 24.–26. September 1998).* Bonn: Romanistischer Verlag.

Reisacher, Ulrike/Tauber, Theresia/Yuan, Xueli (1997): *China – Wirtschaftspartner zwischen Wunsch und Wirklichkeit: ein Seminar für Praktiker.* Wien: Wirtschaftsverlag Ueberreuter.

Renz, Peter (1981): *Sprach- und Literaturwissenschaft in der Bundesrepublik Deutschland und in der DDR.* Erlangen: Institut für Gesellschaft und Wissenschaft (IGW) an der Universität Erlangen-Nürnberg.

Richards, Ivor Armstrong (1985): *Prinzipien der Literaturkritik.* Übers. von Jürgen Schlaeger. Frankfurt a. M.: Suhrkamp.

Sachtleber, Susanne (1993): *Die Organisation wissenschaftlicher Texte: eine kontrastive Analyse.* Frankfurt a. M.: Lang.

Sandig, Babara (1986): *Stil der deutschen Sprache.* Berlin/New York: de Gruyter.

Sandig, Babara (1995): „Tendenzen der linguistischen Stilforschung". In: Gerhard Stickel (Hg.): *Stilfragen.* Berlin/New York: de Gruyter, 27–61.

Sandig, Babara (1997): „Stilauffassung und kreative Methoden der Stilaneignung". In: Ulla Fix/Hans Wellmann (Hgg.): *Stile, Stilprägungen, Stilgeschichte: über Epochen-, Gattungs- und Autorenstile; sprachliche Analyse und didaktische Aspekte; vergleichende Analysen.* Heidelberg: Winter, 261–268.

Sandig, Babara (2000): „Textmerkmale und Sprach-Bild-Texte". In: Ulla Fix/Hans Wellmann (Hgg.): *Bild im Text – Text im Bild.* Heidelberg: Winter, 3–30.

Sandig, Babara (2000a): „Text als prototypisches Konzept". In: Martina Mangasser-Wahl (Hg.): *Prototypentheorie in der Linguistik: Anwendungsbeispiele – Methodenreflexion – Perspektiven*. Tübingen: Stauffenburg, 93–112.
Saussure, Ferdinand de (^{3}2001): *Grundfragen der Allgemeinen Sprachwissenschaft*. Herausgegeben von Charles Bally und Albert Sechehaye. Übersetzt von Herman Lommel. Berlin/New York: de Gruyter.
Savory, Theodore H. (1967): *The Language of Science*. London: Andre Deutsch. (The Language Library).
Schenker, Walter (1977): „Plädoyer für eine Sprachgeschichte als Textsortengeschichte. Dargestellt am Paradigma von Telefon, Radio, Fernsehen". In: *Deutsche Sprache* 2 (1977), 141–148.
Scherner, Maximilian (1996): „,Text'. Untersuchungen zur Begriffsgeschichte". In: *Archiv für Begriffsgeschichte* 39, 103–160.
Schiewe, Jürgen (2007): „Zum Wandel des Wissenschaftsdiskurses in Deutschland". In: Peter Auer/Harald Baßler (Hgg.): *Reden und Schreiben in der Wissenschaft*. Frankfurt a. M.: Campus Verlag, 31–49.
Schmidt, Heide (1996): „Der übersetzungsorientierte Vergleich textsortentypischer Makrostrukturen". In: Hartwig Kalverkämper/Klaus-Dieter Baumann (Hgg.): *Fachliche Textsorten. Komponenten – Relationen – Strategien*. Tübingen: Narr, 426–457.
Schröder, Hartmut (1989): „Gesellschaftswissenschaftliche Fachtexte und interkulturelle Fachkommunikation: Probleme für den Fremdsprachenlerner und Übersetzer". In: *Fachsprache.International Journal of LSP* 11, 1(1989), 37–41.
Schütz, Alfred/Luckmann, Thomas (2003): „Die Lebenswelt als unbefragter Boden der natürlichen Weltanschauung". In: Jürgen Bolten/Claus Ehrhardt (Hgg.): *Interkulturelle Kommunikation. Texte und Übungen zum interkulturellen Handeln*. Sternenfels: Verlag Wissenschaft & Praxis. 43–58.
Schwanzer, Viliam (1981): „Syntaktisch-stilistische Universalia in den wissenschaftlichen Fachsprachen". In: Theo Bungarten (Hg.): *Wissenschaftssprache. Beiträge zur Methodologie, theoretischen Fundierung und Deskription*. Hamburg: Fink, 213–230.
Selting, Margret (2001): „Stil – in interaktionaler Perspektive". In: Eva-Maria Jakobs/Annely Rothkegel, (Hgg.): *Perspektiven auf Stil*. Tübingen: Niemeyer, 3–20.
Snell-Hornby, Mary (Hg.) (^{2}1994): *Übersetzungswissenschaft – Eine Neuorientierung: zur Integrierung von Theorie und Praxis*. Tübingen: Francke.
Snell-Hornby, Mary (^{2}1994): „Übersetzen, Sprache, Kultur". In: Mary Snell-Hornby (Hg.) *Übersetzungswissenschaft – Eine Neuorientierung: zur Integrierung von Theorie und Praxis*. Tübingen: Francke, 9–29.
Spillner, Bernd (1981): „Textsorten im Sprachvergleich. Ansätze zu einer Kontrastiven Textologie". In: Wolfgang Kühlwein/Gisela Thome/Wolfram Wilss (Hgg.): *Kontrastive Linguistik und Übersetzungswissenschaft. Akten des Internationalen Kolloquiums*. Trier/Saarbrücken, 25.–.-30. 9. 1978. München: Fink, 239–250.
Spillner, Bernd (1982): „Stilanalyse semiotisch komplexer Texte. Zum Verhältnis von sprachlicher und bildlicher Information in Werbeanzeigen". In: *Kodikas/Code. Ars Semeiotica* 4/5 (1982), 91–108.
Standop, Ewald/Meyer, Matias L.G. (2008): *Die Form der wissenschaftlichen Arbeit: Grundlagen, Technik und Praxis für Schule, Studium und Beruf*. 18. bearb. und erw. Aufl., Heidelberg: Quelle & Meyer.
Steger, Hugo (1998): „Sprachgeschichte als Geschichte der Textsorten, Kommunikationsbereiche und Semantiktypen". In: Werner Besch/Anne Beten/

Oskar Reichmann/Stefan Sonderegger (Hgg.): *Sprachgeschichte. Ein Handbuch zur Geschichte der deutschen Sprache und ihrer Erforschung.* 2., vollst. neu bearb. und erw. Auflage. 1.Teilbd. Berlin/New York: de Gruyter, 284–300.

Stegu, Martin (2000): „Text oder Kontext: zur Rolle von Fotos in Tageszeitungen". In: Ulla Fix/Hans Wellmann (Hgg.): *Bild im Text – Text im Bild.* Heidelberg: Winter, 307–323.

Stempel, Wolfgang-Dieter (1990): „Zur Entwicklung der Sprachwissenschaft in der Bundesrepublik nach 1945". In: Wolfgang Prinz/Peter Weingart (Hgg.): *Die sog. Geisteswissenschaften: Innenansichten.* Frankfurt a. M.: Suhrkamp, 161–174.

Stöckl, Hartmut (2004): *Die Sprache im Bild – Das Bild in der Sprache. Zur Verknüpfung von Sprache und Bild in massenmedialen Text. Konzepte – Theorie – Analysemethoden.* Berlin/New York: de Gruyter.

Storrer, Angelika (2000): „Was ist „hyper" am Hypertext?". In: Werner Kallmeyer, (Hg.): *Sprache und Neue Medien.* Berlin/New York: de Gruyter, 222–252.

Storrer, Angelika (2004): „Text und Hypertext". In: Henning Lobin/Lothar Lemnitzer (Hgg.): *Texttechnologie – Perspektiven und Anwendungen.* Tübingen: Stauffenburg, 13–50.

Storrer, Angelika(2008): „Hypertextlinguistik". In: Nina Janich (Hg.): *Textlinguistik. 15 Einführungen.* Tübingen: Narr, 315–331.

Swales, John. W. (1981): *Aspects of Article Introductions.* Birmingham: The University of Aston, Language Studies Unit.

Swales, John W. (1990): *Genre Analysis. English in academic and research settings.* Cambridge u. a.: Cambridge University Press.

Tao, Jiawei (1998): *Xiezuo yu Wenhua (Schreiben und Kultur).* Shanghai: Shanghai Foreign Language Education Press.

Tegtmeyer, Henning (1997): „Der Begriff der Intertextualität und seine Fassungen – Eine Kritik der Intertextualitätskonzepte Julia Kristevas und Susanne Holthuis". In: Josef Klein/Ulla Fix (Hgg.): *Textbeziehungen. Linguistische und literaturwissenschaftliche Beiträge zur Intertextualität.* Tübingen: Stauffenburg, 49–81.

Theisen, Manuel René ([12]2005): *Wissenschaftliches Arbeiten. Technik – Methodik – Form.* München: Vahlen.

Thielmann, Winfried (2009): *Deutsche und englische Wissenschaftssprache im Vergleich: Hinführen – Verknüpfen – Benennen.* Heidelberg: Synchron Wissenschaftsverlag der Autoren.

Thomas, Alexander (1993): „Psychologie interkulturellen Lernens und Handelns". In: Alexander Thomas (Hg.) 1993: *Kulturvergleichende Psychologie.* Göttingen: Hogrefe, 377–424.

Tietz, Heike (1997): „Die Zukunft der Textlinguistik". In: Gerd Antos/Heike Tietz (Hgg.): *Die Zukunft der Textlinguistik. Tradition, Transformationen, Trends.* Tübingen: Niemeyer, 223–230.

Trumpp, Eva Cassandra (1998): *Fachtextsorten kontrastiv: englisch – deutsch – französisch.* Tübingen: Narr.

Turn, Turn, Turn? Oder: Braucht die Germanistik eine germanistische Wende? Eine Rundfrage zum Jubiläum der LiLi. LiLi Zeitschrift für Literaturwissenschaft und Linguistik 2013, 172.

Tylor, Edward Burnett (1871): *Primitive Culture: Research into the Development of Mythology, Philosophy, Religion, Language, Art and Custom.* London: John Murray.

Ulijn, Jan M. (1982): "Universals and Variants in Scientific and Technical English, French, German and Dutch". In: J. Høedt/L. Lundquist/H. Picht/J. Qvistgaard (Hgg.): *Proceedings*

of the 3rd European Symposium on LSP, "Pragmatics and LSP". Copenhagen, August 1981. Copenhagen, 217–218.
Vater, Heinz (1991/³2001): *Einführung in die Textlinguistik: Struktur und Verstehen von Texten.* München: Fink.
Vermeer, Hans J./Snell-Hornby, Mary (Hgg.) (²1994): „Übersetzen als kultureller Transfer". In: Mary Snell-Hornby (Hg.): *Übersetzungswissenschaft – Eine Neuorientierung: zur Integrierung von Theorie und Praxis.* Tübingen: Francke, 30–53.
Vietta, Silvio (2007): *Europäische Kulturgeschichte. Eine Einführung.* Paderborn: Fink.
Wang, Guoping/Xioang, Yuezhi (2006): „Zui Zao de Zhongguo Daxue Xuebao – Dongwu Xuebao Chuangkanhao „Xue Fu" Jiedu (Die erste chinesische Fachzeitschrift einer Hochschule – Interpretation der Fachzeitschrift der Universität Dongwu „Xue Fu")". In: *Academic Journal of Suzhou University (Philosophy and Social Science)*,3/2006, 7–11.
Wang, Huanyun (1993): *Hanyu Fenggexue Jianlun (Kurze Einführung in die Stilistik des Chinesischen).* Shijiazhuang: Hebei Educational Publishing Press.
Wang, Li (2006): *Zhongguo Yuyanxue Shi (Geschichte der sinologischen Linguistik).* Shanghai: Verlag der Fudan-Universität.
Warnke, Ingo (2002): „Adieu Text – bienvenue Diskurs? Über Sinn und Zweck einer poststrukturalistischen Entgrenzung des Textbegriffs". In: Ulla Fix/Kirsten Adamzik/Gerd Antos/Michael Klemm (Hgg.): *Brauchen wir einen neuen Textbegriff? Antworten auf eine Preisfrage.* Frankfurt a. M.: Lang, 125–141.
Weber, Max (1968): „Die ›Objektivität‹ sozialwissenschaftlicher und sozialpolitischer Erkenntnis". In: Johannes Winckelmann (Hg.): *Gesammelte Aufsätze zur Wissenschaftslehre.* Tübingen: Mohr, 146–214.
Weinrich, Harald (1989): „Formen der Wissenschaftssprache". In: *Jahrbuch 1988 der Akademie der Wissenschaften zu Berlin,* 119–158.
Weinrich, Harald (1995): „Wissenschaftssprache, Sprachkultur und die Einheit der Wissenschaften". In: Heinz L. Kretzenbacher/Harald Weinrich (Hgg.): *Linguistik der Wissenschaftssprache.* Berlin/New York: de Gruyter, 155–174.
Weise, Günter (1984): „Ansätze einer kommunikativen Textlinguistik. Zur kommunikativen Orientierung des fachbezogenen Fremdsprachenunterrichts". In: *Arbeitsberichte und wissenschaftliche Studien* 100. Halle/Saale: MLU Halle-Wittenberg.
Wellmann, Hans (1997): „Aspekte der (vergleichenden) Stilistik. Zur Innovation der Stilgeschichte". In: Ulla Fix/Hans Wellmann (Hgg.): *Stile, Stilprägungen, Stilgeschichte: über Epochen-, Gattungs- und Autorenstile; sprachliche Analyse und didaktische Aspekte; vergleichende Analysen.* Heidelberg: Winter, 11–14.
Widdowson, Henry George (1979): *Explorations in Applied Linguistics.*Oxford: Oxford University Press.
Wierlacher, Alois/Bognar, Andrea (Hgg.) (2003): *Handbuch interkulturelle Germanistik.* Stuttgart/Weimar: Metzler.
Wilske, Ludwig/Krause, Wolf-Dieter (1987): „Intertextualität als allgemeine und spezielle Texteigenschaft". In: *Wissenschaftliche Zeitschrift der Pädagogischen Hochschule Potsdam* 31/5, 890–895.
Wilss, Wolfram. (1977): *Übersetzungswissenschaft, Probleme und Methoden.* Stuttgart: Klett.
Wunderlich, Dieter (1976): *Studien zur Sprechakttheorie.* Frankfurt a. M.: Suhrkamp.
Yang, Xin (1997): „Zhongguohua Jianshang Yi (Kennerblick auf die chinesische Malerei)". In: Xin Yang/R. M. Bernhart: *Zhongguo Huihua Sanqian Nian (Dreitausend Jahre chinesische Malerei).* Beijing: Foreign Language Press; New Haven: Yale University Press, 1–5.

Yin, Lanlan (1999): *Interkulturelle Argumentationsanalyse*. Frankfurt a. M.: Lang.

Ylönen, Sabine/Neuendorff, Dagmar/Effe, Gottfried (1989): „Zur kontrastiven Analyse von medizinischen Fachtexten . Eine diachrone Studie". In: Christer Laurén/Marianne Nordman (Hgg.): *Special Language. From Humans Thinking to Thinking Machines*. Clevedon, Philadelphia, 203–224.

Zhang, Dexin (2006): „Duiwaihanyu Jiaoxue Fazhan Gaishu (Kurze Darstellung über die Entwicklung des Lehrens und des Lernens Chinesisch als Fremdsprache)". In: Quan Li (Hg.): *Duiwaihanyu Jiaoxue Xiele Lilun Yanjiu (Theoretische Forschung zur Disziplin des Lehrens und des Lernens Chinesisch als Fremdsprache)*. Beijing: The Commercial Press, 313–326.

Zhang, Wei (2009): *‚Frosche küssen' oder ‚meine Vorbestimmung suchen'. Deutsche und chinesische Kontaktanzeigen – eine Textgattung im Kulturvergleich*. Frankfurt a. M.: Lang.

Zhao, Jin (2007): „Imagebroschüre: Text oder Kommunikat?" In: *Muttersprache* 3/2007, 247–257.

Zhao, Jin (2008): *Interkulturalität von Textsortenkonventionen. Vergleich deutscher und chinesischer Kulturstile: Imagebroschüre*. Berlin: Frank &Timme.

Zhao, Jin/Zeng, Yihong (2013): „Wandel der Textsorte, Wandel der Kultur: kontrastive Analyse und diachronischer Vergleich deutscher und chinesischer wissenschaftlicher Rezensionen". In: *LiLi Zeitschrift für Literaturwissenschaft und Linguistik* Heft 169, 144–164.

Zhou, Xinnian (2012): *Kexue Yanjiu Fangfa yu Xueshu Lunwen Xiezuo: Lilun, Jixiao, Anli (Methoden der wissenschaftlichen Forschung und Schreiben der wissenschaftlichen Texte: Theorie, Technik und Fallbeispiele)*. Beijing: Science Press.

Zhou, Zhenpu (2005): „Einleitung". In: Xie Liu (2005): *Wen Xin Diao Long (Literarische Gesinnung und das Schnitzen von Drachen)*. Übersetzt und kommentiert von Zhenfu Zhou. Nanjing: Jiangsu Educational Publishing House, 5–45.

Zhu, Guangqian (1981): „Man Tan Shuoliwen (Allgemeine Diskussion über argumentative Texte)". In: Li Wang/Guangqian Zhu: *Zenyang Xie Xueshu Lunwen (Wie schreiben wir wissenschaftliche Texte?)* Beijing: Verlag der Universität Beijing, 36–42.

Zhu, Jianhua/Fluck, Hans-R./Hoberg, Rudolf (Hgg.) (2005): *Interkulturelle Kommunikation Deutsch-Chinesisch. Kolloquium zu Ehren von Siegfried Grosse, 25. 11.–27. 11. 2004*. Frankfurt a. M.: Lang.

Zhu, Qiang (2015): *Die Anmoderation wissenschaftlicher Konferenzvorträge: Ein Vergleich des Chinesischen mit dem Deutschen*. Tübingen: Narr.

Zimmermann, Klaus (1978): *Erkundungen zur Texttypologie: mit einem Ausblick auf die Nutzung einer Texttypologie für eine Corpustheorie*. Tübingen: Narr.

Anhang: Korpus

1 Teilkorpus Sinologische Linguistik (2006–2010)

ChLin2000er1 "有没有/有/没有 + VP" 句
(王森、王毅)《中国语文》2006 年第 1 期
Satztypen „Youmeiyou/You/Meiyou + VP"
von Wang, Sen/Wang, Yi, in *Chinesische Philologie* 1/2006

ChLin2000er2 "王冕死了父亲" 的生成方式——兼说汉语 "糅合" 造句
(沈家煊)《中国语文》2006 年第 4 期
Produktionsweise vom Satz „Wang Mian si le fuqing" – über die „vermischende" Satzbildung im Chinesischen
von Shen, Jiaxun, in *Chinesische Philologie* 4/2006

ChLin2000er3 论语素的大小与层级、融合与变异
(苏宝荣)《中国语文》2007 年第 3 期
Über den Umfang und die Schicht, die Vermischung und die Variation der Morpheme
von Su, Baorong, in *Chinesische Philologie* 3/2007

ChLin2000er4 网络语言的词汇语法特征
(张云辉)《中国语文》2007 年第 6 期
Grammatische Besonderheiten von Wortschatz der Internetsprache
von Zhang, Yunhui, in *Chinesische Philologie* 6/2007

ChLin2000er5 直系成分分析法——论结构分析中确保成分完整性的问题
(陆丙甫)《中国语文》2008 年第 2 期
Methode der Analyse von direkten Komponenten – über die Vollständigkeit der Elemente in der Strukturanalyse
von Lu, Bingfu, in *Chinesische Philologie* 2/2008

ChLin2000er6 汉语因果复句的关联标记模式与 "联系项居中原则"
(储泽祥、陶伏平)《中国语文》2008 年第 5 期
Verbindungsmarkierungen der chinesischen Kausalsätze und „das Prinzip des auf Mitte Setzens von verbindenden Elementen"
von Chu, Zexiang/Tao, Fuping, in *Chinesische Philologie* 5/2008

ChLin2000er7 汉语 "同宾结构" 的句法地位
(刘辉)《中国语文》2009 年第 3 期
Die syntaktische Stellung von „object sharing construction" im Chinesischen
von Liu, Hui, in *Chinesische Philologie* 3/2009

ChLin2000er8 论推理语境 "如果说" 中 "说" 的隐现
(李晋霞、刘云)《中国语文》2009 年第 4 期
Über das Verstecken von „shuo" in „ruguo shuo" der Schlussfolgerungssituation
von Li, Jinxia/Liu, Yun, in *Chinesische Philologie* 4/2009

ChLin2000er9 北京话姓氏的儿化现象
(江海燕)《中国语文》2010 年第 2 期
Nonsyllabischer „r" des Nachnamens im Beijinger Dialekt
von Jiang, Haiyan, in *Chinesische Philologie* 2/2010

ChLin2000er10	论语体的机制及其语法属性 (冯胜利)《中国语文》2010 年第 5 期 Über den Mechanismus und die grammatischen Eigenschaften des Textkommunikationsstils von Feng, Shengli, in *Chinesische Philologie* 5/2010
ChLin2000er11	汉语口语体受事前置句 (荣晶)《北京大学学报》2006 年第 4 期 Vorausgesetztes Objekt in der chinesischen gesprochenen Sprache von Rong, Jing, in *Journal of Peking University (Philosophy and Social Sciences)* 4/2006
ChLin2000er12	与无定名词主语句相关的理论问题 (张新华)《北京大学学报》2007 年第 6 期 Theoretische Fragen über Subjektsätze mit unbestimmten Nomen von Zhang, Xinhua, in *Journal of Peking University (Philosophy and Social Sciences)* 6/2007
ChLin2000er13	汉语语块研究初探 (钱旭菁)《北京大学学报》2008 年第 5 期 Forschungsversuche zu Syntagmen im Chinesischen von Qian, Xujing, in *Journal of Peking University (Philosophy and Social Sciences)* 5/2008
ChLin2000er14	/不比 0 句多义性动因考察 (王黎)《北京大学学报》2009 年第 3 期 Untersuchung der Beweggründe für die Mehrdeutigkeit vom Satz „/bubi0" von Wang, Li, in *Journal of Peking University (Philosophy and Social Sciences)* 3/2009
ChLin2000er15	试论《国语》的篇章结构及其笔法特征——以《左传》互见记载为参照 (李佳)《北京大学学报》2010 年第 6 期 Über die Textstruktur und stilistische Besonderheiten von *Guo Yu* – im Kontrast zu *Zuo Zhuan* anhand von denselben inhaltlichen Einträgen von Li, Jia, in *Journal of Peking University (Philosophy and Social Sciences)* 6/2010
ChLin2000er16	《国民经济和社会发展统计公报》的语篇分析 (张黎)《语言文字应用》2006 年第 1 期 Textanalyse von *Statistisches Bulletin über die Volkswirtschaft und die Gesellschaftsentwicklung* von Zhang, Li, in *Applied Linguistics* 1/2006
ChLin2000er17	"这么" 和 "那么" 篇章不对称考察 (杨玉玲)《语言文字应用》2007 年第 4 期 Untersuchung der Asymmetrie von „zhe me" und „na me" im Text von Yang, Yüling, in *Applied Linguistics* 4/2007
ChLin2000er18	三字词中的类词缀 (曾立英)《语言文字应用》2008 年第 2 期 Das wortähnliche Affix im Dreizeichen-Wort von Guan, Liying, in *Applied Linguistics* 2/2008
ChLin2000er19	手机短信语言使用状况研究 (夏历)《语言文字应用》2009 年第 1 期 Forschung zur Sprachverwendung in SMS von Xia, Li, in *Applied Linguistics* 1/2009

ChLin2000er20   论 2009 年度热词 "被X"
                (何洪峰、彭吉军)《语言文字应用》2010 年第 3 期
                Über das Wort des Jahres 2009 „bei X"
                von He, Hongfeng/Pen, Jiejun, in *Applied Linguistics* 3/2010

2 Teilkorpus Sinologische Linguistik (1956–1965)

ChLing1950er1   论汉语语法的历史继承性
                (高名凯)《北京大学学报》1955 年第 1 期
                Über die historische Tradierung von chinesischer Grammatik
                von Gao, Mingkai, in *Journal of Peking University (Philosophy and Social Sciences)* 1/1955

ChLing1950er2   现代汉语补足语里的轻音现象所反映出来的语法和语义问题
                (林焘)《北京大学学报》1957 年第 2 期
                Über die grammatischen und die semantischen Probleme der ohne Tonakzent gesprochenen Silbe in den Komplementen des modernen Chinesischen
                von Lin, Tao, in *Journal of Peking University (Philosophy and Social Sciences)* 2/1957

ChLing1950er3   试论相声的语言
                (汪景寿)《北京大学学报》1961 年第 6 期
                Über die Sprache des komischen Dialogs
                von Wang, Jingtao, in *Journal of Peking University (Philosophy and Social Sciences)* 6/1961

ChLing1950er4   词义和概念
                (薄鸣)《北京大学学报》1963 年第 2 期
                Wortsinn und Begriff
                von Bao, Ming, in *Journal of Peking University (Philosophy and Social Sciences)* 2/1963

ChLing1950er5   论语言的社会本质
                (濮之珍)《复旦学报》1959 年第 7 期
                Über das soziale Wesen der Sprache
                von Pu, Zhizhen, in *Journal of Fudan University (Social Sciences)* 7/1959

ChLing1950er6   关于许慎假借义例的解释和批评
                (郑权中)《复旦学报》1959 年第 8 期
                Erklärung von und Kritik an Beispielen der homophonen Schriftzeichen von Xu Shen
                von Zheng, Quanzhong, in *Journal of Fudan University (Social Sciences)* 8/1959

ChLing1950er7   关于语言的质变
                (范晓)《复旦学报》1960 年第 7 期
                Über die qualitative Änderung der Sprache
                von Fan, Xiao, in *Journal of Fudan University (Social Sciences)* 7/1960

ChLing1950er8   论汉语的特性和形态问题
                (张建木)《中国语文》1955 年 1 月号

	Über die charakteristischen Merkmale und die morphologischen Probleme des Chinesischen
	von Zhang, Jianmu, in *Chinesische Philologie* Januar 1955
ChLing1950er9	汉语拼音文字里隔音问题的研究
	(拓牧)《中国语文》1956 年 7 月号
	Untersuchung der Silbentrennung in der chinesischen Pinyin-Schrift
	Tu, Mu, in *Chinesische Philologie* Juli 1956
ChLing1950er10	汉语语法中字和词的问题
	(杨柳桥)《中国语文》1957 年 1 月号
	Über das Zeichen und das Wort in der chinesischen Grammatik
	von Yang, Liuqiao, in *Chinesische Philologie* Januar 1957
ChLing1950er11	略论汉语构词法
	(张寿康)《中国语文》1957 年 6 月号
	Kurze Diskussion über die Wortbildung im Chinesischen
	von Zhang, Shoukang, in *Chinesische Philologie* Juni 1957
ChLing1950er12	数词和数词结构
	(朱德熙)《中国语文》1958 年 4 月号
	Zahlwort und die Struktur des Zahlwortes
	von Zhu, Dexi, in *Chinesische Philologie* April 1958
ChLing1950er13	大跃进中汉语词汇的新发展
	(黎运汉、程达明)《中国语文》1958 年 11 月号
	Die neue Entwicklung des chinesischen Wortschatzes während des „Großen Sprungs"
	von Li, Yunhan/Cheng, Daming, in *Chinesische Philologie* November 1958
ChLing1950er14	词的借用和语言的融合
	(戚雨村)《中国语文》1959 年 2 月号
	Entlehnung der Wörter und Vermischung der Sprachen
	von Qie, Yucun, in *Chinesische Philologie* Februar 1959
ChLing1950er15	鲁迅作品中色彩词的运用
	(朱泳燚)《中国语文》1959 年 10 月号
	Die Verwendung von Farbwörtern in Werken von Lu Xun
	von Zhu, Yongyi, in *Chinesische Philologie* Oktober 1959
ChLing1950er16	兼语式和一些有关句子分析的问题
	(陈建民)《中国语文》1960 年 3 月号
	„Pivotal construction" und einige Probleme über die Analyse einiger einschlägiger Sätze
	von Chen, Jianmin, in *Chinesische Philologie* März 1960
ChLing1950er17	试论复杂谓语
	(马忠)《中国语文》1961 年 7 月号
	Diskussionsversuch über das komplizierte Prädikat
	von Ma, Zhong, in *Chinesische Philologie* Juli 1961
ChLing1950er18	词章学? 修辞学? 风格学?
	(张志公)《中国语文》1961 年 8 月号
	Kunst von Prosa und Lyrik? Rhetorik? Stilistik?
	von Zhang, Zhigong, in *Chinesische Philologie* August 1961
ChLing1950er19	主谓句主语前的成分
	(绕长荣)《中国语文》1963 年 3 月号

	Elemente vor dem Subjekt im „Subjekt-Prädikat-Satz"
	von Rao, Changrong, in *Chinesische Philologie* März 1963
ChLing1950er20	疑问代词的任指用法
	(于細良)《中国语文》1965 年 1 月号
	Die Verwendung von Fragepronomen ohne spezifische deiktische Hinweise
	von Yu, Xiliang, in *Chinesische Philologie* Januar 1965

3 Teilkorpus Chinesisch als Fremdsprache (2006–2010)

ChaF1	对外汉语中级精读课教学中教师的"中介作用"
	(金婷)《语言教学与研究》2006 年第3期
	„Mediation" der Lehrenden im intensiven Unterricht Chinesisch als Fremdsprache Mittelstufe
	von Jin, Tin, in *Language teaching and Language studies* 3/2006
ChaF2	汉语能愿动词语际迁移偏误生成原因初探
	(赖鹏)《语言教学与研究》2006 年第 5 期
	Untersuchungsversuch über die Entstehungsgründe von Fehlern im zwischensprachlichen Transfer der chinesischen Modalverben
	von Lai, Peng, in *Language teaching and Language studies* 5/2006
ChaF3	论形声字声旁在汉字教学中的作用
	(张熙昌)《语言教学与研究》2007 年第 2 期
	Über die Funktion der Lautradikale der Zeichen aus sinn- und lauttragenden Elementen im chinesischen Lehren und Lernen
	von Zhang, Xicang, in *Language teaching and Language studies* 2/2007
ChaF4	留学生汉字形误识别能力发展的实验研究
	(徐彩华、刘芳、冯丽萍)《语言教学与研究》2007 年第 4 期
	Experimentelle Untersuchung der Unterscheidungskompetenz von Schriftfehlern im Chinesisch von ausländischen Schülern in China
	von Xu, Caihua/Liu, Fang/Feng, Lipin, in *Language teaching and Language studies* 4/2007
ChaF5	对外汉语教学最低量基础词汇试探
	(史有为)《语言教学与研究》2008 年第 1 期
	Forschungsversuch zum Mindestgrundwortschatz im Lehren und Lernen Chinesisch als Fremdsprache
	von Shi, Youwei, in *Language teaching and Language studies* 1/2008
ChaF6	从母语儿童识字看对外汉字教学
	(崔永华)《语言教学与研究》2008 年第 2 期
	Diskussion über das Lehren und Lernen Chinesisch als Fremdsprache aus der Perspektive des Schriftzeichenerwerbs der muttersprachlichen Kinder
	von Cui, Yonghua, in *Language teaching and Language studies* 2/2008
ChaF7	不同认知风格留学生的汉语课堂学习需求分析
	(吴思娜、刘芳芳)《语言教学与研究》2009 年第 4 期
	Analyse des Lernbedarfs im chinesischen Unterricht von ausländischen Schülern in China mit verschiedenen Lernstilen
	von Wu, Sina/Liu, Fangfang, in *Language teaching and Language studies* 4/2009

ChaF8	对外汉语的轻声教学探讨
	(张燕来)《语言教学与研究》2009 年第 6 期
	Diskussion über das Lehren und Lernen der ohne Tonakzent gesprochenen Silben im Chinesisch als Fremdsprache
	von Zhang, Yanlai, in *Language teaching and Language studies* 6/2009
ChaF9	试论 "精视精读" 教学模式与教材编写
	(王飚)《语言教学与研究》2010 年第 3 期
	Diskussion über das Lehr- und Lernmodell „Intensives Videoanschauen und Intensives Lesen" sowie die Entwicklung der Lehrmaterialien dazu
	von Wang, Biao, in *Language teaching and Language studies* 3/2010
ChaF10	对外汉语文化教材话语态度分析
	(陈瑜敏)《语言教学与研究》2010 年第 6 期
	Analyse der Position der Diskursthemen in chinesischen Kulturlehrbüchern
	von Chen, Yuming, in *Language teaching and Language studies* 6/2010
ChaF11	"呢" 的功能、用法及在对外汉语教学中的应对策略
	(周士宏、申莉)《世界汉语教学》2006 年第 2 期
	Die Funktion, Verwendung von „ne" sowie die Lehr- und Lernstrategien dazu im Chinesisch als Fremdsprache
	von Zhou, Shihong/Shen, Li, in *Chinese teaching in the World* 2/2006
ChaF12	初中级留学生是非问的分布特征与发展过程
	(丁雪欢)《世界汉语教学》2006 年第 3 期
	Die Verteilungsmerkmale und die Verwendungsentwicklung von Ja-Nein-Fragesätzen unter den ausländischen Schülern der Unter- und Mittelstufe in China
	Von Ding, Xuehua, in *Chinese teaching in the World* 3/2006
ChaF13	美国大学中文教师师资培养模式分析
	(虞莉)《世界汉语教学》2007 年第 1 期
	Analyse des Ausbildungsmodells von Chinesischlehrern in amerikanischen Hochschulen
	von Yu, Li, in *Chinese teaching in the World* 1/2007
ChaF14	"认写分流、多认少写" 汉字教学方法的实验研究
	(江新)《世界汉语教学》2007 年第 2 期
	Experimentelle Untersuchung der Lehr- und Lernmethode von chinesischen Schriftzeichen „Lesen und Schreiben trennen, mehr Lesen als Schreiben"
	von Jiang, Xin, in *Chinese teaching in the World* 2/2007
ChaF15	词・语素・汉字教学初探
	(施正宇)《世界汉语教学》2008 年第 2 期
	Der erste Forschungsversuch zum Lehren und Lernen von Wort, Morphem und Schriftzeichen im Chinesisch
	von Shi, Zhengyu, in *Chinese teaching in the World* 2/2008
ChaF16	美国大学生汉语 "请求" 言语行为能力研究
	(孙晓曦、张东波)《世界汉语教学》2008 年第 3 期
	Untersuchung der Sprachhandlungskompetenz „bitten" im Chinesisch von amerikanischen Studenten
	von Sun, Xiaoxi/Zhang, Dongbo, in *Chinese teaching in the World* 3/2008
ChaF17	外国学生汉语词素的形音义加工与心理词典的建构模式研究
	(冯丽萍)《世界汉语教学》2009 年第 1 期

ChaF18	Untersuchung des Verarbeitungsmodells von Form, Laut und Bedeutung der chinesischen Morpheme sowie des Konstruktionsmodells des mentalen Lexikons von ausländischen Schülern von Feng, Lipin, in *Chinese teaching in the World* 1/2009 类型学背景下的汉泰语量词语义系统对比和汉语量词教学 (张赪)《世界汉语教学》2009 年第 4 期 Vergleich des semantischen Systems der Zähleinheitswörter im Chinesisch und Thailändisch im typologischen Hintergrund sowie das Lehren und Lernen der chinesischen Zähleinheitswörter von Zhang, Cheng, in *Chinese teaching in the World* 4/2009
ChaF19	海外企业人员短期汉语教学模式研究 (毛悦)《世界汉语教学》2010 年第 1 期 Forschung zum Modell des kurzzeitigen Chinesischlehrens und -lernens für und von Mitarbeiter(n) der ausländischen Unternehmen von Mao, Yue, in *Chinese teaching in the World* 1/2010
ChaF20	中介语动作动词混用的调查与分析 (蔡北国)《世界汉语教学》2010 年第 4 期 Untersuchung der Mischverwendung von Handlungsverben der Interimsprache von Cai, Beiguo, in *Chinese teaching in the World* 4/2010

4 Teilkorpus Germanistische Linguistik (2006–2010)

DtLin2000er1	Sprache und Fußball (Armin Burkhardt) *Muttersprache* 1/2006
DtLin2000er2	Freude, Frust und Fantasie. Über die Variabilität eines figurativen Stilelements (Dagmar Blei u. Dorothea Spaniel) *Muttersprache* 3/2006
DtLin2000er3	Die Wichtigkeit und Schwierigkeit von Deutsch als Arbeitssprache in der EU-Institution (Ulrich Ammon) *Muttersprache* 2/2007
DtLin2000er4	verhüllen-verdrängen-beschönigen Euphemismen im kulturellen Wandel (Horst Dieter Schlosser) *Muttersprache* 4/2007
DtLin2000er5	Potentiale der Redewiedergabe im Spannungsfeld von Mündlichkeit und Schriftlichkeit, Spracherwerb, Jugendsprach und Sprachdidaktik (Helga Kotthoff) *Muttersprache* 1/2008
DtLin2000er6	Bio, Burger oder Genfood – Streit ums Essen. bio(-) jetzt als selbstständiges Wort (Dennis Scheller-Boltz) *Muttersprache* 3/2008
DtLin2000er7	Das Paradox der französischen Sprachpolitik: Vorbild für Europa? (Petra Braselmann) *Muttersprache* 2/2009
DtLin2000er8	Transkulturelle Identitätskonstruktion durch Sprache (Marita Roth) *Muttersprache* 4/2009
DtLin2000er9	Selber und selbst als Wortbestandteile (Karin Pittner) *Muttersprache* 1/2010

DtLin2000er10	Die Regelkonformität in der Distribution von Fugenelementen (Sandra Hartkamp u. Karina Schneider-Wiejowski) *Muttersprache* 3/2010
DtLin2000er11	Kongruenz und Texteinbettung bei Genus-Sexus-Divergenz (Maria Thurmair) *Deutsche Sprache* 3/2006
DtLin2000er12	Kinder sind Kinder. Struktur, Semantik und Pragmatik tautologischer Äußerungen (Markus Hundt) *Deutsche Sprache* 4/2006
DtLin2000er13	Alltagswissen und Einstellungen zum Substandard am Beispiel des obersächsischen in seiner meißnischen und osterländischen Ausprägung (Christina Ada Anders) *Deutsche Sprache* 2/2007
DtLin2000er14	Uniform oder different? Zum syntaktischen Status nicht-restriktiver Relativsätze (Anke Holler) *Deutsche Sprache* 3/2007
DtLin2000er15	Die Brigitte nun kann der Hans nicht ausstehen. Gebundene Topiks im Deutschen (Eva Breindl) *Deutsche Sprache* 1/2008
DtLin2000er16	Komposita, Derivate und Phraseme des Deutschen im europäischen Vergleich (Elke Donalies) *Deutsche Sprache* 4/2008
DtLin2000er17	Überlegungen zu Artefaktbezeichnungen im Deutschen (Edeltraud Winkler) *Deutsche Sprache* 1/2009
DtLin2000er18	Der ‚DDR-Wortschatz' als Indikator einer nationalen Varietät? Mit einem Blick auf die Lexikographie des DDR-Wortschatzes (Norbert Richard Wolf) *Deutsche Sprache* 2/2009
DtLin2000er19	Plädoyer für eine Grammatikbenutzungsforschung: Anliegen, Daten, Perspektiven (Mathilde Hennig) *Deutsche Sprache* 1/2010
DtLin2000er20	Possessive Attribute im Deutschen (Gisela Zifonun) *Deutsche Sprache* 2/2010

5 Teilkorpus Germanistische Linguistik (1956–1965)

DtLin1950er1	Über den Bildanteil der Sprache (Michael Aschenbrenner) *Muttersprache* 1955
DtLin1950er2	Der Wortschatz der Heiratsanzeigen (Armin Fröhlich) *Muttersprache* 1956
DtLin1950er3	Nomen aus Farbe und Duft (Ingeborg Boldbeck) *Muttersprache* 1957
DtLin1950er4	Das Zahlwort als Problem (M. Schellenberger) *Muttersprache* 1958
DtLin1950er5	Die Namen unserer Lebensmittel (Heinrich Fincke) *Muttersprache* 1958
DtLin1950er6	Zur Geschichte des Wortes „Humor" (Karl-Otto Schütz) *Muttersprache* 1960
DtLin1950er7	Die Geschichte des Wortes "Kultur" und seiner Zusammensetzungen (Isolde Baur) *Muttersprache* 1961

DtLin1950er8	Sprachkreise, Sprachschichten, Stilbereiche. Zur Gliederung des Alltagssprache (Ulrich Engel) *Muttersprache* 1962
DtLin1950er9	Zeitungsdeutsch und Umgangssprache. Untersuchungen zur Sprache des SPIEGEL (Hartmut Lück) *Muttersprache* 1963
DtLin1950er10	Der Nominalstil in der Sicht der vergleichenden Stilistik (K.-Richard Bausch) *Muttersprache* 1964
DtLin1950er11	Über das Wort „und" (Gerhard Schubert) *Wirkendes Wort* 5/1955
DtLin1950er12	Hochsprache und Mundart (Hennig Brinkmann) *Wirkendes Wort* 2/1956
DtLin1950er13	Die Begründung der abendländischen Grammatik durch die Griechen und ihr Verhältnis zur modernen Sprachwissenschaft (Hans Glinz) *Wirkendes Wort* 3/1957
DtLin1950er14	Tiernamen bilden Verben (Helmut Carl) *Wirkendes Wort* 4/1958
DtLin1950er15	Zur Sprache des Oberkommandos der Wehrmacht (Jürgen Born) *Wirkendes Wort* 3/1959
DtLin1950er16	Die sagenbildende Kraft der Flurnamen (Wilhelm Schoof) *Wirkendes Wort* 2/1960
DtLin1950er17	Die Sprache im geteilten Deutschland (Hugo Moser) *Wirkendes Wort* 1/1961
DtLin1950er18	Über die Rolle und den Wert des Übersetzens (Peter Hartmann) *Wirkendes Wort* 3/1962
DtLin1950er19	Die wirkungsbezogene Sprachbetrachtung (Leo Weisgerber) *Wirkendes Wort* 5/1963
DtLin1950er20	Denken ohne Sprache? (Helmut Gipper) *Wirkendes Wort* 3/1964

6 Teilkorpus Deutsch als Fremdsprache (2006–2010)

DaF1	Namenkundedidaktik im DaF-Unterricht am Beispiel von Vornamen (Wassilios Klein) *Deutsch als Fremdsprache* 1/2006
DaF2	Phonetische und rhetorische Wirkungen sprechstimmlicher Parameter (Baldur Neuber) *Deutsch als Fremdsprache* 3/2006
DaF3	Kommunikation ist alles. Oder? Wider die Trivialisierung des Kommunikativen im kommunikativen Fremdsprachenunterricht (Barbara Schmenk) *Deutsch als Fremdsprache* 3/2007
DaF4	Irrelevanzausdruck und Feldergrammatik. Linguistische Beschreibung – didaktische Folgerungen (Torsten Leuschner) *Deutsch als Fremdsprache* 4/2007
DaF5	Grammatik und Korpuslinguistik. Überlegungen zur Unterrichtspraxis DaF (Claudia Schmidt) *Deutsch als Fremdsprache* 2/2008
DaF6	Anglizismen im DaF-Unterricht? Phänomen, Problemen und Möglichkeiten zur praktischen Erarbeitung (Christoph Meurer) *Deutsch als Fremdsprache* 4/2008

DaF7	Mnemotechnische Methoden im DaF-Erwerb. Eine experimentelle Studie zur Genuszuweisung (Jan Hendrik Opdenhoff) *Deutsch als Fremdsprache* 1/2009
DaF8	Die Wechselpräpositionen im DaF-Unterricht (Kristof Baten) *Deutsch als Fremdsprache* 2/2009
DaF9	Didaktisch-methodische Einsatzmöglichkeiten von Podcasts in der DaF-Lehrer-Ausbildung (Antje Stork, Sylwia Adamczak-Krysztofowicz) *Deutsch als Fremdsprache* 2/2010
DaF10	Bewertervariabilität im Umgang mit GeR-Skalen. Ein- und Aussichten aus einem Sprachtestprojekt (Katrin Wisniewski) *Deutsch als Fremdsprache* 3/2010
DaF11	Was müssen DaF-Lerner können? (Helmut Daller) *Zielsprache Deutsch* 1–2/2006
DaF12	Jugendsprache im DaF-Unterricht? (Joachim Gerdes) *Zielsprache Deutsch* 3/2006
DaF13	Lehrbuchtexte – eine Textart der Wissenschaftskommunikation. Vorschläge zur Vermittlung (Claudia Zech) *Zielsprache Deutsch* 1/2007
DaF14	Mit Bildender Kunst Deutsch lernen? (Babriele Huber) *Zielsprache Deutsch* 2/2007
DaF15	Erinnerungsorte. Deutsche Geschichte im DaF-Unterricht (Karl Esselborn) *Zielsprache Deutsch* 2/2008
DaF16	Russisch-deutsche Interaktion in der Schule. Empirische Untersuchungen zu Linguistik und Didaktik von interkultureller Unterrichtskommunikation (Hiltraud Casper-Hehne) *Zielsprache Deutsch* 3/2008
DaF17	Begriffsbildung und Zweitspracherwerb. Wiederbegegnung mit einem Argument für den muttersprachlichen Unterricht (Winfried Thielmann) *Zielsprache Deutsch* 1/2009
DaF18	Tragbriefe, Kängebloodyru und Pfeffersalz – Wie wir im Deutschen nicht wortbilden (Elke Donalies) *Zielsprache Deutsch* 3/2009
DaF19	Infinitivkonstruktionen im Unterricht für Deutsch als Fremdsprache (Angelika Gärtner) *Zielsprache Deutsch* 2/2010
DaF20	Unterrichtsmethodik: Rückgriff auf das muttersprachliche System im Alphabetisierungskurs (Anne Heyn) *Zielsprache Deutsch* 3/2010

www.ingramcontent.com/pod-product-compliance
Lightning Source LLC
Chambersburg PA
CBHW031759220426
43662CB00007B/462